독자의 1초를
아껴주는 정성을
만나보세요!

세상이 아무리 바쁘게 돌아가더라도 책까지 아무렇게나 빨리 만들 수는 없습니다.

인스턴트 식품 같은 책보다 오래 익힌 술이나 장맛이 밴 책을 만들고 싶습니다.

땀 흘리며 일하는 당신을 위해 한 권 한 권 마음을 다해 만들겠습니다.

마지막 페이지에서 만날 새로운 당신을 위해 더 나은 길을 준비하겠습니다.

길벗 IT 도서 열람 서비스

도서 일부 또는 전체 콘텐츠를 확인하고 읽어볼 수 있습니다.
길벗만의 차별화된 독자 서비스를 만나보세요.

더북(TheBook) ▶ https://thebook.io

더북은 (주)도서출판 길벗에서 제공하는 IT 도서 열람 서비스입니다.

읽기 쉬운 코드

Code that fits in your head

초판 발행 • 2024년 3월 25일

지은이 • 마크 시먼
옮긴이 • 김현규
발행인 • 이종원
발행처 • ㈜도서출판 길벗
출판사 등록일 • 1990년 12월 24일
주소 • 서울시 마포구 월드컵로 10길 56(서교동)
대표 전화 • 02)332-0931 | **팩스** • 02)323-0586
홈페이지 • www.gilbut.co.kr | **이메일** • gilbut@gilbut.co.kr

기획 및 책임편집 • 이원휘(wh@gilbut.co.kr) | **디자인** • 박상희 | **제작** • 이준호, 손일순, 이진혁, 김우식
마케팅 • 임태호, 전선하, 차명환, 박민영, 지운집, 박성용 | **유통혁신** • 한준희 | **영업관리** • 김명자 | **독자지원** • 윤정아, 최수빈

교정교열 • 강민철 | **전산편집** • 책돼지 | **출력 · 인쇄 · 제본** • 정민

▶ 잘못 만든 책은 구입한 서점에서 바꿔 드립니다.
▶ 이 책은 저작권법에 따라 보호받는 저작물이므로 무단전재와 무단복제를 금합니다.
  이 책의 전부 또는 일부를 이용하려면 반드시 사전에 저작권자와 ㈜도서출판 길벗의 서면 동의를 받아야 합니다.

ISBN 979-11-407-0896-3 93000
(길벗 도서번호 080314)

정가 33,000원

독자의 1초를 아껴주는 정성 길벗출판사

길벗 | IT교육서, IT단행본, 경제경영서, 어학&실용서, 인문교양서, 자녀교육서 www.gilbut.co.kr
길벗스쿨 | 국어학습, 수학학습, 어린이교양, 주니어 어학학습, 학습단행본 www.gilbutschool.co.kr

페이스북 • https://www.facebook.com/gbitbook
예제소스 • https://github.com/gilbutITbook/080314

로버트 C. 마틴 시리즈

읽기 쉬운 코드

Code That Fits in Your Head

마크 시먼 지음 | 김현규 옮김

길벗

부모님께

세세한 부분까지 신경 쓸 수 있게 해준, 나의 어머니 울라 시먼,

반항적인 기질을 물려주신, 나의 아버지 레이프 시먼,

미래는 이미 여기에 와 있습니다. 다만 고르게 퍼져 있지 않을 뿐입니다.

_윌리엄 깁슨

우리는 우리보다 앞선 사람들의 어깨 위에 서서 소프트웨어의 발전을 이뤄내고 있습니다. 마크는 철학적이고 구조적인 고려 사항부터 코드 작성의 정확한 세부 사항까지 방대하고 다양하게 경험 했습니다. 여러분들은 이 책에서 이러한 경험을 쌓을 수 있는 기회를 얻게 될 것입니다. 이 기회를 활용하세요.

— **애덤 랠프**(Adam Ralph) _발표자, 교육자, 소프트웨어 단순화 전문가, Particular Software

지난 몇 년 동안 마크의 블로그를 읽어왔는데, 늘 재미있을 뿐 아니라 깊이 있는 기술적 통찰력도 보여줍니다. 『읽기 쉬운 코드(Code That Fits in Your Head)』 역시 같은 방식으로, 자신의 기술을 한 단계 더 끌어올리려는 모든 소프트웨어 개발자에게 풍부한 정보를 제공합니다.

— **애덤 톤힐**(Adam Tornhill)
_CodeScene 설립자, 『Software Design X-Rays』와 『Your Code as a Crime Scene』의 저자

이 책에서 가장 마음에 든 부분은 코드베이스 하나를 작업 예제로 사용하는 방식입니다. 여러 코드 샘플을 별도로 내려 받는 것이 아니라, 전체 애플리케이션을 하나의 깃 저장소에 받아서 사용한다는 점이죠. 책에서 설명하는 개념을 따라 코드가 진화하는 과정을 보여주기 위해 커밋 이력을 자세히 적어두었습니다. 특정한 원칙이나 기법을 읽다 보면, 실제로 해당 기법이 적용된 커밋을 직접적으로 참고하고 있음을 알 수 있습니다. 물론 원한다면 코드를 둘러봐도 되고, 언제든 원하는 시점에 멈춰서 코드를 검사하고, 디버깅하고, 심지어 코드를 사용해서 자유롭게 실험해볼 수도 있습니다. 이 정도 수준까지 코드에 대해 상호작용이 가능한 책은 처음이며, 깃 특유의 설계 철학이 가진 장점을 더 새롭고 더 나은 방식으로 이용하고 있어 저에게 특별한 즐거움을 안겨주었습니다.

— **엔리코 캄피돌리오**(Enrico Campidoglio) _독립 컨설턴트, 발표자, 플루럴사이트(Pluralsight) 강사

마크 시먼은 수십 년간 대규모 소프트웨어 시스템의 아키텍처를 만들고 구축했을 뿐만 아니라, 시스템과 이를 만드는 팀 간의 복잡한 관계를 관리하고 확장하는 방식을 잘 알고 있는 사람입니다.

– 마이크 해들로(Mike Hadlow) _프리랜서 소프트웨어 컨설턴트이자 블로거

마크 시먼은 복잡한 개념을 명확하고 철저하게 설명하는 것으로 잘 알려져 있습니다. 그는 자신이 가지고 있는 폭넓은 소프트웨어 개발 경험을, 지속가능하고 사람이 읽기 쉬운 코드를 만들기 위한 일련의 실무적이고, 실용적인 기술로 압축하여 이 책에 담았습니다. 이 책은 모든 프로그래머가 반드시 읽어야 합니다.

– 스콧 블라신(Scott Wlaschin) _『Domain Modeling Made Functional』의 저자

마크는 '성공적인 소프트웨어는 지속된다'라고 합니다. 이 책은 이런 형태의 소프트웨어를 작성하는 데 도움이 될 것입니다.

– 브라이언 호건(Bryan Hogan) _소프트웨어 아키텍트, 팟캐스트 진행자, 블로거

마크는 다른 사람들이 소프트웨어 개발이라는 산업과 전문 분야에 대해 깊이 생각할 수 있도록 도와주는 특출한 재능을 가지고 있습니다. 우리가 논의한 모든 것을 이해하려면 .NET Rocks!에서 진행했던 모든 인터뷰로 되돌아가서 다시 들어봐야겠다는 생각이 들었습니다.

– 리처드 캠벨(Richard Campbell) _.NET Rocks!의 공동 진행자

손자가 코딩을 배우고 있습니다.

제대로 읽은 게 맞습니다. 18살 손자가 컴퓨터 프로그래밍을 배우고 있습니다. 누가 가르치고 있냐고요? 1986년생이자 16개월 전에 화학 공학에서 프로그래밍으로 진로를 바꾼 제 막내 딸이자 그 녀석의 고모가 가르치고 있습니다. 둘은 어디서 일하고 있을까요? 큰 아들이 막내 아들과 같이 두 번째 소프트웨어 컨설팅 회사를 창업하는 중입니다.

맞습니다. 소프트웨어는 저희 집안 내력입니다. 저 역시도 오랫동안 프로그래밍을 해왔습니다.

어쨌든 제 딸이 손자에게 한 시간 정도 컴퓨터 프로그래밍의 시작과 기초를 알려달라고 부탁했습니다. 그래서 저는 컴퓨터가 어떤 것이고, 어떻게 시작되었고, 초기 컴퓨터는 어떤 형태인지 등을 포함해 여러분이 알 만한 내용들로 강의를 진행했습니다.

강의가 끝날 무렵 저는 두 개의 이진수 정수를 곱하는 알고리즘을 PDP-8 어셈블리 언어로 코딩하고 있었습니다. 잘 모르시는 분들을 위해 간단히 설명하면, PDP-8에는 곱셈 명령이 따로 없기 때문에 숫자를 곱하려면 알고리즘을 작성해야 합니다. 게다가 PDP-8에는 빼기 명령어도 없기 때문에, 2의 보수를 이용해서 임의로 음수를 만든 다음 이 값을 더하는 방법을 사용해야 합니다.

코딩 예제를 끝냈을 때, 손자에게 너무 겁을 준 것은 아닌지 걱정이 되었습니다. 제가 18살이었을 때는 이렇게 자세한 부분까지 집요하게 파고드는 것이 정말 흥미로웠지만, 고모한테 간단한 클로저(Clojure) 프로그래밍을 배우고 있는 18살짜리 손자에게는 그다지 매력적인 부분이 아니었을 수도 있으니까요.

어쨌든 이를 계기로 저는 프로그래밍이란 것이 실제로 얼마나 어려운 것인지 다시 한번 생각하게 되었습니다. 실제로 프로그래밍은 어렵습니다. 정말 어렵습니다. 인간이 시도했던 것 중에 가장 어려운 것일 수도 있습니다.

소수(prime number) 여러 개를 계산하거나 피보나치 수열 또는 간단한 거품 정렬을 계산하는 코드를 작성하는 것이 어렵다는 의미가 아닙니다. 이건 그리 어렵지 않습니다. 하지만 항공 관제 시스템은 어떨까요? 수하물 관리 시스템이나 자재 명세서 시스템은 어떨까요? 앵그리버드(Angry Birds)요? 이런 건 정말 어렵습니다. 진짜 진짜 어렵죠.

저는 마크 시먼을 꽤 오래 전부터 알았습니다. 실제로 만난 기억은 없습니다. 어쩌면 같은 공간에 있었던 적이 없을지도 모르겠습니다. 하지만 마크와 저는 전문가를 위한 뉴스 그룹이나 소셜 네트워크를 통해 상당히 많이 교류해왔으며, 제가 좋아하지만 동조하지 않는 사람 중 한 명입니다.

저는 모든 면에서 마크와 의견이 다릅니다. 정적 타이핑(static typing)과 동적 타이핑(dynamic typing)에 대한 의견도 다르고, 운영체제와 언어에 대한 의견도 다릅니다. 그 외 지적으로 도전할 만한 여러 어려운 문제에 대해서도 의견이 다릅니다. 하지만 마크의 주장은 논리가 탄탄하기 때문에 마크의 의견을 반박하려면 신중하게 주의를 기울여야 했습니다.

그래서 이 책을 봤을 때, 책을 읽어가면서 동의하지 않는 부분을 찾아내는 것이 얼마나 재미있을지 생각했습니다. 그리고 정확히 그런 일이 발생했습니다. 책을 다 읽고 난 후, 동의하기 어려운 부분을 몇 개 찾아낸 거죠. 그리고 저의 논리로 책에 있는 논리를 대체할 수 있는 방법을 찾으려 머리를 쓰는 것이 즐거웠습니다. 한두 가지는 제 머릿속에서 성공하기까지 했습니다.

하지만 이건 중요하지 않습니다. 요점은 소프트웨어가 어렵다는 것이고, 지난 70년 동안 소프트웨어를 조금이라도 쉽게 만들 수 있는 방법을 찾기 위해 노력해왔다는 것입니다. 마크는 70년 동안 고안된 최고의 아이디어들을 모아서 이 책에 한 번에 정리해냈습니다.

그뿐만 아니라, 이런 기법들을 휴리스틱 방식(Heuristics)[1]과 여러 기법으로 정리하고 여러분이 실행해볼 수 있도록 순서대로 잘 배치했습니다. 이러한 휴리스틱 방식과 기법은 서로를 기반으로 구축되어, 소프트웨어 프로젝트를 개발하면서 다음 단계로 나아갈 수 있도록 도와줍니다.

실제로 마크는 이 책을 통해 하나의 소프트웨어 프로젝트를 개발하면서, 각각의 단계에서 도움이 되는 휴리스틱 방식과 기법을 설명합니다.

마크는 C#을 사용하지만(제가 동의하지 않는 것 중 하나입니다.), 이 부분은 별로 중요하지 않습니다. 코드가 간단하기 때문에 여기에 적용된 휴리스틱 방식이나 기법은 다른 언어에도 적용할 수 있습니다.

---

1 **역주** 휴리스틱이란, 정교하게 계산하기는 너무 복잡하기 때문에 경험에 의해 대략 어림짐작으로 최적화해서 근사치의 결과를 얻어내는 방식을 말하며, 경험에 의한 발견법이라고도 이야기합니다. 이 책에서는 되도록 휴리스틱이란 용어를 그대로 사용하지만, 문맥에 따라 경험적 방식, 발견적 방식, 어림짐작법이란 용어도 적절히 섞어서 사용합니다.

이 책에서는 체크리스트, 테스트 주도 개발, 명령과 쿼리의 분리, 깃, 순환 복잡도, 참조 투명성, 수직 슬라이스, 레거시 스트랭글러, 외부 접근 개발을 비롯한 다양한 주제를 다루고 있습니다.

게다가 책 곳곳에 말 그대로 주옥 같은 팁들이 흩어져 있습니다. 책을 읽다 보면 갑작스럽게 "여러분의 테스트 함수를 90도 옆으로 돌려서, 준비-행동-어설트의 세 부분에 있는 내용들이 균형을 이루고 있는지 확인해보라", 혹은 "우리의 목적은 코드를 빠르게 작성하는 것이 아니라, 지속가능한 소프트웨어를 만드는 것", 혹은 "데이터베이스 스키마를 깃에 커밋하라" 등의 팁을 만날 수 있다는 이야기입니다.

팁 중에는 심오한 것도 있고, 별로 쓸모 없어 보이는 것도 있고, 추측에 불과한 것도 있지만, 모두 마크가 오랜 시간 쌓아온 깊은 통찰력을 보여주는 예시라고 할 수 있습니다.

그러니 이 책을 읽어보세요. 되도록 주의 깊게 읽어보십시오. 마크의 흠잡을 데 없는 논리를 잘 생각하면서 따라가 보세요. 여기 나온 휴리스틱 방식과 기법을 습득해 내 것으로 만들어보세요. 통찰력이 느껴지는 팁이 나오면 잠시 멈춰서 음미해보세요. 그러다 보면 언젠가 손자를 가르쳐야 할 순간이 오더라도, 손자를 겁먹게 만들지 않을 것입니다.

로버트 C. 마틴(Robert C. Martin)

2000년대 후반부터 저는 한 출판사에서 기술 리뷰를 해왔습니다. 몇 권의 책을 작업했을 때, 편집자에게 '의존성 주입' 관련 책에 대해 연락을 받았습니다. 연락을 받았는데 좀 이상했습니다. 보통 출판사에서 기술 리뷰를 요청할 때는 저자와 목차가 이미 정해져 있는데, 이번에는 그렇지 않았거든요. 편집자는 기술 리뷰가 아니라 이 주제를 책으로 낼 만한지 논의하고 싶었던 것이죠. 며칠 동안 고민한 결과, 이것이 영감을 불러일으키는 흥미로운 주제임을 깨달았습니다. 한편으로는 책 한 권으로 만들 필요가 있을 만한 주제인지 확신이 없었습니다. 여러 블로그, 라이브러리 문서, 기사는 물론이고, 몇몇 책에서까지 이 주제를 이미 다루고 있었기 때문입니다. 그러나 잘 살펴보니 정보는 많지만 흩어져 있고, 일관성이 없으며, 때때로 상충되는 용어를 사용하고 있었습니다. 이러한 지식들을 수집하고 일관된 형식의 언어로 잘 표현하면 가치 있는 책이 될 것 같았죠.

그리고 2년 후, 저는 자랑스럽게도 책을 출간하게 되었습니다. 몇 년 후 저는 다른 책을 쓰고 싶었습니다. 이 책이 아니라 다른 주제에 관한 책이었습니다. 계속해서 세 번째, 네 번째 아이디어가 떠올랐지만 이 책은 아니었습니다. 그렇게 10년이 지나면서 깨달은 바가 있습니다. 제가 다른 팀에게 더 좋은 코드를 작성하는 방법을 조언할 때 나보다 더 뛰어난 사람들에게 배운 프랙티스(practice)[1]를 제안한다는 사실을요. 이러한 지식들 역시 이미 존재하지만 흩어져 있었고, 일관된 설명으로 연결한 사람은 거의 없었습니다. 첫 책에서 얻은 경험 덕분에 저는 서로 이질적인 정보를 모아 일관된 방식으로 제시하는 것이 충분히 가치가 있음을 알고 있습니다. 이 책은 그러한 지식의 꾸러미를 만들기 위한 저의 두 번째 시도입니다.

대상 독자

이 책은 전문적인 개발을 최소 몇 년 이상 경험한 프로그래머를 대상으로 합니다. 이 책을 읽는 분들은 좋지 않은 소프트웨어 개발 프로젝트 때문에 고통받거나, 유지보수할 수 없는 코드를 경험한 적이 있을 겁니다. 그리고 이를 개선하고 싶어 한다고 생각합니다.

핵심 독자는 '엔터프라이즈 개발자(특히 백엔드 개발자)'입니다. 제 커리어가 대부분 이 분야였기 때문에 이 분야의 전문성이 반영되었을 겁니다. 하지만 프런트엔드 개발자, 게임 프로그래머, 개

1 　역주　프랙티스란 '관행', '사례'를 의미하며, 개발자들이 흔히 쓰는 대로 '프랙티스'라는 용어를 책에서도 그대로 사용하겠습니다.

발 도구 엔지니어, 혹은 완전히 다른 분야의 개발자도 이 책을 읽으면서 많은 것을 얻을 수 있을 것입니다.

이 책을 이해하려면 C 언어 계통의, 컴파일되도록 만들어진 객체 지향 언어로 된 코드를 편하게 읽을 수 있어야 합니다. 저는 대부분의 커리어를 C# 프로그래머로 일했지만, C++ 또는 자바 예제 코드가 실려 있는 책에서 많은 것을 배웠습니다[2]. 이 책은 그 반대입니다. 예제 코드는 C#으로 되어 있지만 자바, 자바스크립트, C++ 개발자도 유용하게 활용할 수 있을 것입니다.

전제 조건

이 책은 초보자를 위한 책이 아닙니다. 소스 코드를 구성하고 구조화하는 방법을 다루지만, 가장 기본적인 세부 사항은 설명하지 않습니다. 들여쓰기가 왜 유용한지, 긴 메서드가 왜 문제인지, 전역 변수가 왜 나쁜지 등은 이미 이해하고 있다고 생각합니다. 『코드 컴플리트(Code Complete)』[65]를 완독하지는 않았더라도, 그 책에서 다루는 기본 내용 중 몇 가지는 알고 있을 거라 가정합니다.

소프트웨어 아키텍트

'아키텍트'라는 용어는 소프트웨어 개발에만 한정해도 상황에 따라 혹은 사람에 따라 서로 다른 뜻으로 받아들일 수 있습니다. 어떤 아키텍트는 큰 그림에 집중해 전체 조직이 노력하여 성공할 수 있도록 도와줍니다. 또 다른 아키텍트는 코드에 깊이 관여하여 주로 특정 코드베이스의 지속가능성에 관심을 둡니다.

저는 소프트웨어 아키텍트이며, 후자에 해당합니다. 장기적인 비즈니스 목표를 달성하기 위해 어떻게 소스 코드를 구성해야 하는지 연구합니다. 그러므로 이 책은 저와 비슷한 부류의 아키텍트에게 더 유용할 것입니다. 이 책에 아키텍처 트레이드오프 분석 방법(Architecture Tradeoff Analysis Method, ATAM), 고장 형태 영향 분석(Failure Mode and Effects Analysis, FMEA), 서비스 검색 등에 대한 내용은 없습니다. 이러한 내용은 이 책의 범위를 벗어납니다.

---

2   어떤 책을 말하는지 알고 싶다면 참고 문헌을 확인해보십시오.

구성

이 책은 방법론에 대한 책이지만, 코드 예제를 중심으로 구성되었으며 이 코드 예제는 책 전체에 걸쳐 이어집니다. 이러한 구성이 일반적으로 사용되는 '패턴 나열식' 구성보다 코드 읽기 경험을 더 매력적으로 만들어줄 것입니다. 또한, 코드의 배경 이야기에 맞는 프랙티스와 휴리스틱(경험적 방법)을 녹여 내기에도 좋습니다. 팀을 코칭할 때도 같은 순서로 기술을 소개합니다.

코드 예제는 레스토랑 예약 시스템을 구현하는 샘플 코드베이스를 만들어가는 구성입니다. 해당 샘플 코드베이스의 소스 코드는 https://github.com/gilbutITbook/080314에서 확인할 수 있습니다. 이 책을 핸드북처럼 사용할 수 있도록 모든 프랙티스의 목록과 페이지 정보를 부록에 넣어놓았으니, 부록을 참고하기 바랍니다.

코드 스타일

예제 코드는 최근 몇 년 동안 빠르게 발전하고 있는 C# 언어로 작성되었습니다. C#은 함수형 프로그래밍에서 문법 관련 아이디어를 점점 더 많이 차용하고 있습니다. 참고로 이 책에서는 언어의 새로운 기능 중 일부는 무시합니다. 이 책을 쓰는 동안 공개된 불변 레코드 형식(immutable record types)이 바로 그런 예입니다. 그 이유는 옛날 C# 코드가 자바 코드와 여러 면에서 매우 비슷하기 때문입니다. 최신 C#은 그렇지 않습니다. 저는 가능한 한 많은 독자가 이 책의 코드를 이해하기를 바라며, 제가 자바 예제 책에서 많은 것을 배웠던 것처럼, 여러분이 C# 구문을 모르더라도 이 책을 잘 활용했으면 좋겠습니다. 그래서 다른 프로그래머도 읽을 수 있도록 보수적으로 C# 서브셋을 사용하려고 노력했습니다.

물론 그렇다고 책에서 제시하는 개념이 바뀌는 것은 아닙니다. 경우에 따라 C#에서 조금 더 간결하게 적을 수 있는 방법도 있을 수 있겠지만, 조금 더 개선할 수 있다는 의미일 뿐입니다.

var를 쓸 것인가, 말 것인가?

var 키워드는 2007년 C#에 도입되었습니다. 이 키워드를 사용하면 변수의 형식을 명시하지 않고도 변수를 선언할 수 있습니다. 대신 컴파일러는 주변 상황(context)을 고려해서 형식을 추론합니다. 명확하게 말하면 var로 선언된 변수는 정적으로 형식이 선언된 경우, 변수에 대한 형식이 명시적으로 선언된 것과 별 차이 없이 동작합니다[3]. 이 키워드를 사용하는 것에 대한 해묵은 논란이 있지만, 대부분의 사람들은 아직까지 이 키워드를 사용하고 있으며, 저도 마찬가집니다. 하지만 가끔 마음속으로 '이래도 되나' 싶을 때가 있습니다.

저는 var를 전문적으로 잘 사용하지만 책을 위한 코드, 즉 지면에서는 그렇지 않습니다. IDE를 사용할 수 있는 개발 환경에서는 변수가 어떤 형식으로 추론되는지 빠르게 확인할 수 있지만, 책에서는 그렇지 않기 때문입니다. 이런 이유로 종종 변수 형식을 명시했습니다. 대부분의 예제 코드에서는 코드를 더 짧게 하거나 지면상의 이유(줄 너비의 제한)로 var 키워드를 사용했습니다. 하지만 책에서 코드를 읽을 때 더 쉽게 이해할 수 있도록 변수를 선언할 때 의도적으로 형식을 명시한 경우도 있습니다.

코드 예제

본문 중 대부분의 코드는 예제 코드베이스에서 가져왔습니다. 코드베이스는 깃 저장소로 제공되며, 책에서는 다양한 개발 단계에 적합한 부분의 코드를 적절하게 발췌했습니다. 각각의 코드 목록에는 해당 파일의 상대 경로를 표시했습니다. 해당 파일의 경로 중 일부는 깃 커밋 ID입니다.

예를 들어 예제 2-1의 상대 경로는 Restaurant/f729ed9/Restaurant.RestApi/Program.cs입니다. 이 경로는 예제를 커밋 ID f729ed9에서 가져온 Restaurant.RestApi/Program.cs 파일이라는 의미입니다. 즉, 이 파일의 특정 버전을 보려면 해당 커밋을 다음과 같이 체크아웃해야 합니다.

```
$ git checkout f729ed9
```

모든 작업이 끝났으면, 이제 Restaurant.RestApi/Program.cs 파일에서 프로그램 전체를 실행시키는 부분의 내용을 살펴볼 수 있을 것입니다.

---

3 **역주** 즉, 실행 시간에 동적으로 형식을 판단하는 것이 아니라 컴파일 단계에서 형식을 추론하는 것이죠.

참고 문헌

참고 문헌에는 책뿐만 아니라 블로그 게시물, 영상 등 다양한 자료를 넣어놓았습니다. 많은 자료가 온라인에 있어 URL을 함께 표시했으며, 가능한 한 안정적으로 제공되는 자료를 넣고자 노력했습니다. 그러나 상황은 계속 바뀌게 마련이라, 나중에 이 책을 읽다가 유효하지 않은 URL을 발견하면 인터넷 아카이빙 서비스를 이용해보기 바랍니다. 이 글을 쓰는 현재는 Internet Archive(https://archive.org)가 가장 좋지만, 이 사이트도 나중에는 없어질 수 있습니다.

저자 본인의 자료 인용 문제

참고 문헌에는 다른 자료 외에 저의 저작물도 포함되어 있습니다. 사례를 들 때 자신의 글을 인용하는 것이 타당하지 않다는 것은 알고 있습니다. 꼼수를 쓰려는 의도는 아닙니다. 오히려 더 자세한 내용을 알고자 하는 독자를 위해 넣어 놓았습니다. 참고 문헌에 있는 제 자료에서 책의 내용보다 확장된 주장이나 더 자세한 코드 예제를 찾을 수 있기 때문입니다.

감사의 글

함께한 순간마다 사랑과 지원을 아끼지 않은 아내 세실(Cecille)과 말썽 피우지 않고 얌전히 기다려준 나의 아이들, 리나(Linea)와 얄(Jarl)에게 고마움을 전합니다.

저의 오랜 친구이자 이 책의 첫 번째 리뷰어기도 한 카르스텐 스트뢰백(Karsten Strøbæk)에게 감사를 전합니다. 25년 동안이나 저를 너그럽게 이해해주었을 뿐 아니라 다양한 LaTeX 관련 팁과 요령을 알려주었고, 저보다 더 많은 항목을 찾아보기에 추가해주었습니다.

더불어 본문에서 자신의 작업에 대한 부분에 피드백을 보내준 애덤 톤힐(Adam Tornhill)에게도 감사의 뜻을 전하고 싶습니다.

어쩌면 2011년부터 '읽기 쉬운 코드(Code That Fits in Your Head)'라는 말을 제 잠재의식 속에 심어준 댄 노스(Dan North)에게도 신세를 졌습니다. 감사합니다.

저는 반도체 IP를 개발하는 사람이라고 저 자신을 규정하고 있습니다. 반도체 IP 중에는 HDL(Hardware Description Language)이라는 논리 설계 언어를 이용해서 고수준에서 설계하고, 이 소스 코드(혹은 그 변형된 형태)를 판매하는 소프트 IP라는 형태가 있습니다. 설계한 결과물이 반도체에 적용될 수 있도록 일종의 도메인 지식이 필요하지만, 설계 방법에 있어서는 소프트웨어의 개발 방법론이 매우 유효한 분야라 할 수 있겠습니다. (물론 이 과정에서 순수하게 소프트웨어 작업을 해야 하는 경우도 매우 많습니다만) 저는 이 부분을 업으로 삼고 있습니다.

어느 정도 이상의 규모를 가진 코드를 다루다 보면 나중에 항상 문제가 되는 부분이 있습니다. 작성된 코드는 점점 유지보수하기 어려워지고, 점점 더 낡은 코드가 되다가 어느 순간 그 누구도 건드리기 어려운, 엔지니어의 생명력을 길게 만들어주는 코드가 된다는 것이죠. 이건 어느 순간 코드가 사유화된다는 의미로도 볼 수 있을 것입니다. 공동 작업의 결과물이자 우리가 진행한 작업의 가장 최종적인 산출물이 말이죠.

이런 문제를 줄이기 위해서 하드웨어나 소프트웨어 쪽에서 모두 다양한 프랙티스와 더불어 '코딩 스타일'에 주목했다고 생각합니다. 공통된 프랙티스와 코딩 스타일을 사용해서 비슷한 코드를 작성함으로써 유사한 컨텍스트를 가지게 되면, 코드를 이해하기가 더 편해진다고 생각한 것이겠죠.

하지만 이것만으로는 한계가 있습니다. 공통의 컨텍스트가 적더라도 어떻게 하면 조금 더 읽기 쉬운 코드를 만들 수 있을까요? 이런 방향성의 작업들이 '클린 코드'라는 이름으로 체계화되어온 지도 꽤 지났습니다. 이 과정에서 여러 부분을 분리해서 단순화하고, 디자인 패턴으로 일관된 방식을 가져가고, 다양한 개념을 통해서 원하는 부분을 빠르게 찾아갈 수 있고, 이해하기 쉬운 코드를 만드는 방법론이 정립되어가고 있습니다. 이런 과정은 모두 일관된 방향성을 가지고 있었다고 생각합니다. 결국은 읽기 좋은 코드가 더 좋은 코드라는 것이죠. 생산성 측면에서 맞다고 봅니다.

저는 임베디드 프로세서를 비롯한 반도체 IP를 만들다 보니, 이를 위한 컴파일러, 운영체제, 펌웨어를 조금이라도 더 빠르게 처리하도록 코드를 작성하는 게 중요할 때도 있고, 메모리가 매우 제한되어 있어 코드를 더 작게 만드는 것이 우선시되는 때도 분명히 있었습니다. 이런 경우는 읽기 쉬운 코드와 상반되는 부분들이 있습니다. 하지만 해당 부분을 잘 분리하고, 인터페이스를 명확하게 만들어 사용함으로써 조금 더 읽기 쉬운 코드를 만들 수 있을 것입니다. 그렇지만 쉽지 않았습니다.

제 생각에 "읽기 좋은 코드를 만들어야 한다"는 명제는 기술 혹은 프랙티스를 통해서 해소할 수 있는 부분이기도 하지만, 그 전에 조직에서 이 부분을 지지하고 지원해야 하고, 엔지니어들이 일치된 의견, 즉 강력한 컨센서스를 가지고 있어야 한다고 생각합니다. 그렇지 않은 경우에는 "동작하니까 된 거 아니냐"는 항의를 들으며 지루한 다툼을 해나가야 하기 때문입니다.

동작하는 코드가 만들어진 이후에는 코드가 소위 '자체적인 생명력'을 가지면서 코드를 수정하는 데 심리적 저항감이 생기는 경우가 많습니다. 즉, '동작하는 코드'라는 부분이 최우선의 가치를 가진다면 '처음에는 빠르게 동작하지만, 나중에는 더 이상 손댈 수 없는 코드'를 반복적으로 만들어 내면서 더 이상 새로운 것을 만들 수 없는 조직이 될 것입니다. 따라서 읽기 좋은 코드를 작성한다는 '가치'를 모두 같이 공유하는 것이 가장 중요하다고 할 수 있을 것입니다.

처음 이 책에 대한 번역을 제안받았던 그때가 생각납니다. 회사를 옮긴 후 해석하기 어려운 레거시 코드와 씨름을 하고 있었고, 알 수 없는 판단들의 근거를 찾아내기 위해서 분투하고 있었습니다. 다행히 회사에는 클린 코드의 생각에 동조하는 동료가 많았고(물론 동의하지 않는 사람도 있었고), 어떻게 하면 조금 더 좋은 코드를 만들 수 있을지 고민하는 사람들이 있었습니다.

그간 몇 번에 걸쳐 책을 번역했지만 최근에는 좀처럼 번역을 하지 않고 있었습니다. 하지만 책을 한번 훑어보면서 '이건 나에게 필요한 책'이라는 생각이 들었습니다. 그간 고민하던 많은 부분이 담겨 있었기 때문이고, 제가 이 책을 보면서 해소할 수 있었던 부분을 다른 많은 분도 고민하고 있을 것이기 때문입니다.

저는 이 책을 코드라는 산출물을 다뤄야 하는 많은 엔지니어와 매니저들에게 권하고 싶습니다. 코드라는 궁극적인 산출물을 어떻게 인식하고, 어떻게 관리해야 할 것인지, 그리고 코딩이라는 작업을 어떤 관점에서 바라봐야 할 것인지에 대해서 대한 이야기도 충분하게 하고 있다고 봅니다.

이 책을 저에게 제안해주고, 찬찬히 읽어 보고, 조금 더 읽기 쉽도록 여러 가지 방법을 알려준 길벗의 이슬 편집자님께 감사드립니다. 이슬 편집자님의 뒤를 이어 여러 기술 및 용어적인 오류들을 바로잡아 주고, 정말 꼼꼼하게 알려주고, 대안을 제안해준 길벗의 이원휘 편집자님께 감사드립니다.

마지막으로 귀한 주말 시간에 게임, 프로그래밍 아니면, 책 읽기와 책 번역을 반복하고 있는 심심한 남편을 지지해준 안사람과 이제는 중학생이 되어 더 이상 아빠의 책을 읽어주지는 않지만 주말마다 부족한 카페인에 시달리는 아빠에게 커피를 사다 주는 우리 딸에게 감사할 뿐입니다. 감사합니다.

김현규

이 책은 개발자들이 코드를 작성할 때 고려해야 할 사항들을 체계적으로 정리하고 있습니다. 특히 코드의 가독성을 높이는 방법과 유지보수하기 쉬운 코드를 작성하는 방법에 대해 자세히 다루고 있습니다.

가장 도움이 되었던 부분은 코드의 가독성을 높이는 방법입니다. 변수명, 함수명, 주석 등을 작성하는 방법과 코드의 구조를 설계하는 방법을 설명하고 있습니다. 이러한 방법들은 실제로 코드를 작성할 때 많은 도움이 되었습니다. 인상 깊었던 부분은 '2부 지속가능성'입니다. 기존 코드를 보강하고 새로운 문제를 해결할 수 있도록 코드를 모듈화하고, 리팩터링 및 테스트를 작성하는 방법에 대해 설명하고 있습니다.

이 책을 읽으면서 자신이 작성한 코드를 되돌아보고, 책에서 제시하는 방법들을 적용해보면 좋을 것 같습니다. 코드의 가독성과 유지보수성을 높일 수 있으며, 읽기 쉬운 코드를 작성하는 것은 개발자의 역량을 향상시키는 데 매우 중요합니다. 이 책은 개발자들이 읽기 쉬운 코드를 작성하는 데 필요한 지식과 기술을 습득하고, 개발자로서 성장할 수 있는 기회를 얻는 데 큰 도움이 될 것입니다.

이석곤 _빅데이터 개발자, (주)아이알컴퍼니

경험을 쌓아가면서 순간 순간의 결정에 어떠한 이유가 있다는 생각이 어렴풋하게 들었습니다. 특히 후배 개발자나 같은 동료 개발자에게 결정의 이유를 전달하는 데 있어 휴리스틱하게 느껴지는 것들이 어딘가 정리되면 참 좋겠다고 생각했습니다.

이 책은 엔지니어링에서 속도를 내는 법과 속도를 지속하는 법이 종합선물세트처럼 일목요연하게 정리되어 있습니다. 수직 슬라이스 기법은 프로젝트 초반 빠르게 동작하는 소프트웨어 위에서 속도를 붙이는 효과적인 방법입니다. 스트랭글러 패턴은 통해 호흡이 긴 리팩터링에 대해서도 자신감을 가지고 레거시 코드와 공존할 수 있도록 합니다. 또한 이 책은 리듬에 대해서도 흥미롭게 다루고 있습니다. 리듬을 위해 컴퓨터 앞에서 벗어나라는 단순하고도 어려운 조언이 흥미로웠습니다.

양완수 _17년차 백앤드 개발자, 컬리

이 책은 사람의 인지적 한계를 인정하며, 이를 바탕으로 누구나 이해할 수 있는 코드를 작성하는 방법을 탐구합니다. 저자는 코드 가독성을 최우선으로 하여, 수직 슬라이스, 체크리스트, 유닛 테스트, 단순화, 고무 오리 디버깅과 같은 다양한 전략들을 소개함으로써 복잡한 문제를 해결할 수 있도록 안내합니다. 이러한 접근법은 개발자들이 복잡성을 효과적으로 관리하고 지속가능한 소프트웨어를 개발하는 과정에서 인지 부담을 줄이는 데 도움을 줍니다. 이 책은 더 명확하고 이해하기 쉬운 코드를 작성하도록 격려하며, 이를 통해 전체 개발 프로세스의 개선에 효과적인 가이드가 될 것입니다.

조유민 _애플리케이션 개발자, 플랜잇스퀘어

그동안 읽기 쉬운 코드가 좋은 코드라는 말을 들어보기만 했습니다. 그리고 그 실체가 과연 어떠한 것일지 아직도 고민하며 개발합니다. 이 책은 읽기 쉬운 코드에 대해 먼저 고민해준 선배가 전하는 이야기입니다. 소프트웨어의 패러다임과 노하우를 통해 전수되는 소프트웨어 산업의 특징과 함께, 노하우의 형태로만 전수될 수 밖에 없는 복잡미묘한 테크닉을 체계적으로 정리해, 개발자가 꼭 봐야할 책입니다. 이전 책에서는 볼 수 없었던 테크닉이 될 수 밖에 없었던 이유를 이해함으로써 좋은 코드에 대한 정의와 기술을 익힐 수 있을 것입니다.

문주영 _웹 프론트엔드 개발자, 스타트업

소프트웨어 개발을 여타 프로젝트와 비교하는 것이 맞지 않다는 것을 명시적으로 알 수 있었습니다. 책에서도 나오지만 정적 분석 도구의 활용은 생산성을 높여준다고 생각합니다. 마틴 파울러가 '작은 부분을 바꾸려 해도 프로그래머는 이해하기 어려운 코드를 상당히 광범위하게 이해해야 합니다.'라고 말했다고 하는데 프로그래머라면 공감할 내용이라 생각합니다.

그 외 이 책에서 공감했던 내용은, 동작하는 코드가 나빠지지 않으려면 자동화된 테스트를 추가해 주는 것이 좋다는 것, 캡슐화란 객체의 상태가 잘못되지 않게 보장해 주는 것, 브랜치를 통해 각자가 작은 커밋을 지속적으로 하는 것이 좋다는 것 등입니다. 특히 소프트웨어 설계 목표는 인간의 머리에 잘 들어오는 조각을 만드는 것이라는 내용이 좋았습니다.

이승표 _15년차 서버 개발자, (주)인포바인

여러 곳에서 팀 프로젝트나 공모전을 나가다 보니 마감 기간에 쫓겨 유지보수하기 어려운 코드를 만들고는 했습니다. 요령이 없을 때는 천 줄짜리 PR 리뷰를 요청하며 미안해하곤 했습니다. 이 책을 통해 이런 실수를 예방할 수 있는 방법을 알게 되었습니다. 작은 개선 사항을 더해가며 레스토랑 예약 API 코드를 완성해가며 어떻게 이런 실수를 예방할 수 있을지 구체적인 수단을 알 수 있었습니다.

저자는 합리적인 근거를 기반으로 사람이 인지적으로 이해하기 쉬운 방향으로 프로그램을 만들어갑니다. 이러한 전반적인 과정을 체험하며 습관으로 가질 만한 여러 프랙티스를 배울 수 있게 되어 기쁩니다.

고주형 _ 백엔드 개발자 취업 준비 중, 중앙대학교 소프트웨어학부

제 1 부

속도를
높여봅시다

이 책을 시작하며 먼저 프로그래밍에 관한 배경 이야기를 자유롭게 이야기하겠습니다. 첫 번째 파일을 만드는 것부터 첫 번째 기능을 만들 때까지 모든 예제 코드는 앞에서 이야기한 코드베이스에서 가져왔습니다.

처음에는 코드 변경 사항을 하나씩 자세하게 살펴봅니다. 책의 내용이 진행될수록 점차 세세한 부분에 대한 설명은 생략할 것입니다. 예제 코드를 사용하는 목적은 상황에 따라 다양한 프랙티스와 기술을 소개하기 위한 것이기 때문입니다.

생략된 세부 사항에 대해 더 알고 싶다면 깃 저장소를 참조하면 됩니다. 각 예제 코드에는 소스를 정확히 식별할 수 있는 커밋 ID를 같이 적어두었습니다.

커밋 이력(commit history) 역시 깔끔하게 정리해두었습니다. 깃에서 해당 부분에 대한 이력을 읽어 보면 제가 거의 실수를 하지 않은 것처럼 보이지만, 그렇지 않습니다.

사람은 누구나 실수를 하며, 저도 실수를 많이 합니다. 하지만 깃의 멋진 기능을 이용해 이력을 다시 적을 수 있습니다. 저는 여러 번 리베이스(rebase)하여 저장소에서 해당 부분을 원하는 대로 다듬었습니다.

실수를 감추기 위한 것이 아니라, 저장소를 통해 배우려는 독자들에게 제 실수를 보고 학습에 방해되지 않는 것이 것이 교육적으로 더 좋겠다고 생각했기 때문입니다.

예제 코드는 앞으로 설명할 프랙티스를 자연스럽게 엮어 내기 위한 배경을 기반으로 만들었습니다. 책의 첫 부분에서는 코드가 아무것도 없는 상태부터 기능을 배포하는 지점까지 속도를 높여나가는 과정을 볼 수 있습니다. 그린필드 개발(greenfield development)*이 아니더라도 이러한 기술들을 사용한다면 효율성을 높일 수 있을 겁니다.

---

* 역주 그린필드 개발이란 아무것도 없는 것에서부터 개발을 해나가는 것을 의미합니다.

1^장

예술인가? 과학인가?

여러분은 과학자인가요? 예술가인가요? 혹은 엔지니어나 기술자인가요? 아니면 정원사, 요리사, 시인, 건축가인가요? 그것도 아니라면 프로그래머나 소프트웨어 개발자인가요? 자신이 어디에 속해 있다고 생각하나요?

이 질문에 대해 저는 다음과 같이 대답할 겁니다. "글쎄요. 어디에도 속하지 않습니다."

저는 스스로 프로그래머라고 생각하지만, 위에서 이야기한 모든 것에도 조금은 해당합니다. 그렇지만 어떤 것에도 완전히 속하지는 않습니다.

이 질문은 아주 중요합니다. 소프트웨어 개발 산업이 70년 넘게 발전하면서 우리는 여전히 이 질문에 대한 답을 알아내려고 노력하는 중이니까요. 오랫동안 제기된 문제 중 하나는 "소프트웨어 개발을 어떻게 '생각'해야 하는가"입니다. 그래서 다음과 같은 질문을 접할 수 있습니다. 소프트웨어 개발은 집을 짓는 것과 비슷한가요? 아니면 시를 쓰는 것과 비슷한가요?

수십 년 동안 다양한 비유가 나왔지만 모두 완벽하지 않았습니다. 소프트웨어를 개발하는 건 집을 짓는 것과 비슷한 부분이 있지만, 그렇지 않은 부분도 있습니다. 마찬가지로 정원을 가꾸는 것과 비슷한 부분이 있지만, 역시 그렇지 않은 부분도 있습니다. 그 어떤 비유도 딱 들어맞지는 않습니다.

이 이야기를 하는 이유는, 소프트웨어 개발을 어떻게 생각하는 방식이 우리가 어떻게 일해야 하는지를 정한다고 믿기 때문입니다. 만일 소프트웨어 개발이 집을 짓는 것과 비슷하다고 생각한다면 실수를 범하게 될 것입니다.

1.1 집 짓기 비유

수십 년 동안 사람들은 소프트웨어 개발을 집을 짓는 것에 빗대어 설명해왔습니다. 이에 대해 켄트 벡(Kent Beck)은 다음과 같이 이야기합니다.

> "불행하게도, 소프트웨어 설계는 물리적 설계 활동에서 비롯된 메타포들 때문에 족쇄가 채워져 있다."[5]

다른 것에 빗대어 소프트웨어를 설명하는 경우가 많고 그럴듯하게 들리기도 하지만, 집 짓기는 소프트웨어 개발 개념을 정확하게 이해하는 데 오히려 방해가 되어 그다지 좋지 않은 비유입니다.

1.1.1 프로젝트라고 생각해서 발생하는 문제

소프트웨어 개발이 집을 짓는 것과 비슷하다고 생각했을 때, 가장 먼저 저지르는 실수는 프로그래밍을 프로젝트라고 생각하는 것입니다. 프로젝트는 시작과 끝이 있고, 마지막에 도달하면 모든 작업이 끝납니다.

하지만 소프트웨어 개발에서 작업이 끝나는 건 소프트웨어가 실패했을 때뿐입니다. 성공한 소프트웨어는 지속됩니다. 개발한 소프트웨어가 운 좋게 성공했다면 배포 이후 다음 배포를 위해 다시 개발 단계를 진행해야 하며, 이 과정은 몇 년 동안 이어질 수 있습니다. 매우 성공한 몇몇 소프트웨어는 수십 년간 개발이 지속되기도 합니다[1].

집을 다 지으면 사람들이 들어와 살 테고 살면서 보수해야 할 부분도 있겠지만, 이 비용은 처음에 집을 지을 때에 비하면 아주 적습니다. 물론 소프트웨어 개발에도 비슷한 경우가 있기는 합니다. 예를 들어 기업에서 사용하는 사내 업무용 프로그램은 한 번 만들면(build)[2] 끝이고, 사용자는 만들어진 기능만 사용합니다. 이런 종류의 소프트웨어는 프로젝트가 종료된 후 유지보수 단계로 전환될 수 있습니다.

하지만 대부분의 소프트웨어는 그렇지 않습니다. 다른 소프트웨어와 경쟁해야 하는 소프트웨어는 결코 개발이 끝나지 않습니다. 만일 '집 짓기' 비유에 사로잡혀 있다면 소프트웨어 개발이란 몇 개의 프로젝트로 구성된다고 생각할 수도 있습니다.

예를 들어 9개월 후에 제품의 다음 버전을 만들어 출시한다는 계획을 세웠는데, 놀랍게도 경쟁사는 3개월마다 버전을 개선해 발표한다는 겁니다. 이렇게 되면 '프로젝트'를 더 단축하려고 열심히 노력합니다. 마침내 3개월마다 새 버전을 출시할 수 있게 되자, 이번에는 경쟁사가 한 달에 한 번 버전을 출시해버립니다. 이 과정이 어떻게 끝날지 대충 짐작되지 않나요?

그 끝은 지속적 배포(Continuous Delivery; CD)[49]입니다. 지속적 배포를 하지 못한다면 결국 사업을 접어야 할 수도 있습니다. 『디지털 트랜스포메이션 엔진: 고성과 기술 조직 구축 및 진화(Accelerate)』[29]라는 책에서는 다양한 연구를 통해, 성과가 좋은 팀과 성과가 낮은 팀을 구별하는 핵심 능력이 바로 '주저하지 않고 빠르게 출시하는 능력'임을 매우 설득력 있게 주장합니다.

지속적 배포를 할 수 있다면 소프트웨어 개발에서 '프로젝트'라는 개념은 더 이상 성립되지 않습니다.

---

1 이 책을 집필하는 데 사용한 LaTeX 프로그램은 1984년에 처음 배포되었습니다.

2 저는 'build'라는 동사를 소프트웨어 개발 과정에 되도록 사용하지 않으려 하지만, 특수한 맥락에 따라서는 쓸 수 있다고 봅니다.

1.1.2 단계가 있다고 생각해서 발생하는 문제

집 짓기 비유로 인해 생기는 또 다른 오해는 소프트웨어 개발이 잘 구분된 '단계'로 진행되어야 한다고 생각하는 것입니다. 집을 지을 때는 우선 건축가가 설계도를 그리고, 이를 바탕으로 공사 계획을 세운 다음, 자재를 준비해 집을 지을 현장으로 옮긴 뒤에야 집을 짓기 시작할 수 있습니다.

이 비유를 소프트웨어 개발에 적용해볼까요? 우선 계획을 세울 책임자인 '소프트웨어 아키텍트'를 지정해 설계를 하고, 설계 계획이 만들어진 후에야 개발을 시작할 수 있습니다. 건축의 관점에서 보면 머리를 쓰는 일은 계획(planning) 단계에서만 이루어집니다. 또한, 프로그래밍 단계는 실제 집을 짓는 단계(construction)에 해당하므로, 개발자는 언제든 교체 가능한 작업자[3]로 취급됩니다. 기본적으로 타이피스트보다 약간 나은 존재로 생각되는 셈입니다.

사실과는 완전히 다른 이야기죠. 1992년, 잭 리브스(Jack Reeves)가 이야기한 것처럼 소프트웨어 개발에서 '건축(construction)'에 해당하는 단계는 소스 코드를 컴파일(compile)할 때라고 볼 수 있습니다[87]. 집 짓기와 달리 컴파일 과정에서는 실질적인 비용이 전혀 들어가지 않습니다. 대부분의 작업은 설계(design) 단계에서 일어납니다. 케블린 헤니(Kevlin Henney)의 표현을 빌리면 다음과 같습니다.

> "프로그램을 상세한 부분까지 명확하게 기술하는 것과 프로그래밍하는 것은 하나이며 같은 것이다."[42]

즉, 소프트웨어 개발에는 건축 단계라 할 만한 것이 없습니다. 그렇다고 해서 계획을 세우는 것 자체가 도움이 되지 않는다는 뜻은 아닙니다. 다만 '집 짓기' 비유를 소프트웨어 개발에 가져다 쓰는 것은 아무리 좋게 봐도 별 도움이 되지 않습니다.

1.1.3 의존성의 차이

집을 지을 때는 물리적인 현실 자체가 제약으로 작용합니다. 먼저 기초를 만들어야 벽을 세울 수 있고, 벽을 세우고 나서야 지붕을 올릴 수 있습니다. 즉, 지붕은 벽에 의존하고, 벽은 기초에 의존합니다.

---

3   저는 건설 노동자에 아무런 반감이 없습니다. 제 아버지 역시 석공이었습니다.

이 비유는 사람들이 의존성을 관리해야 한다고 생각하도록 유도합니다. 저 역시 정교한 간트 차트(Gantt chart)를 만들어 프로젝트를 계획하던 프로젝트 매니저와 일한 적이 있습니다.

저는 수많은 팀과 일해왔는데, 대부분의 팀이 새로운 개발 프로젝트를 시작할 때 관계형 데이터베이스 스키마부터 설계합니다. 데이터베이스가 대부분의 온라인 서비스에서 기초가 되기 때문에, 데이터베이스 없이는 사용자 인터페이스도 개발할 수 없다는 관념이 확고한 것 같습니다.

어떤 팀은 제대로 작동하는 소프트웨어를 만들어내지 못하기도 합니다. 데이터베이스를 설계한 후에는 데이터베이스와 함께 사용할 프레임워크가 필요하다고 생각합니다. 그래서 컴퓨터 과학 부문의 베트남 전쟁[70]이라고 불릴 정도로 복잡하게 얽혀 있는 객체 관계형 매퍼(Object-Relational Mapper; ORM)를 새로 만들기 시작합니다.

집 짓기 비유가 해로운 이유는 소프트웨어 개발을 특정한 방식으로만 진행해야 한다고 생각하도록 만들기 때문입니다. 즉, 현실을 직시하지 못하고 기회를 놓치는 경우가 발생합니다. 현실에서의 소프트웨어 개발은 집을 지을 때 지붕부터 만들 수도 있습니다. 이 책의 뒷부분에서 여기에 대한 예제를 볼 수 있습니다.

1.2 정원 가꾸기 비유

CODE THAT FITS IN YOUR HEAD

집 짓기 비유는 별로였지만, 다른 것에 비유하면 괜찮을까요? 2010년대에는 소프트웨어 개발의 비유로 정원 가꾸기가 주목받았습니다. 냇 프라이스(Nat Pryce)와 스티브 프리먼(Steve Freeman)이 자신들이 저술한 책의 이름을 『테스트에 의해서 객체 지향 소프트웨어 가꾸기(Growing Object-Oriented Software, Guided by Tests)』[4][36]라고 지은 것은 우연이 아닙니다.

이 관점은 소프트웨어를 가꾸고, 조정하고, 가지치기를 해야 하는 살아 있는 유기체로 봅니다. 설득력 있는 또 다른 비유라고 할 수 있습니다. 코드베이스에 고유한 생명력이 있다고 느낀 적이 있나요?

---

4 **역주** 국내 번역서 제목은 『테스트 주도 개발로 배우는 객체 지향 설계와 실천』인데, 여기서는 소프트웨어를 가꾸는 내용을 강조하고 있어서 번역서명이 아닌 원서명을 번역해서 썼습니다. 테스트 케이스에 대해 아주 잘 쓰여진 책입니다.

이 관점에서 소프트웨어 개발을 살펴보는 것도 새로운 시각을 얻고 이해의 폭을 넓히는 데 도움이 될 수 있습니다. 적어도 소프트웨어 개발이 집을 짓는 것과 같다는 믿음을 흔들어서 관점을 바꿀 수는 있겠지요.

소프트웨어를 살아 있는 유기체란 관점에서 봤을 때, 정원 가꾸기 비유는 가지치기를 강조합니다. 정원을 그대로 두면 야생 상태로 돌아가 버리기 때문입니다. 정원사는 원하는 식물을 돌보이게 하기 위해 가지를 치고 잡초를 제거하면서 정원을 가꿔야 합니다. 소프트웨어 개발에 비유하면, 코드가 못 쓰게 되지 않도록 리팩터링(refactoring)하거나 죽은 코드를 삭제하는 활동에 집중하는 것입니다.

이 비유는 집 짓기 비유만큼 문제가 있지는 않지만, 여전히 전체적인 그림을 모두 설명하지는 못합니다.

1.2.1 무엇이 정원을 키워주나요?

저는 무질서에 대항해서 싸우는 활동을 강조하는, 정원 가꾸기 비유를 좋아합니다. 가지를 치고 잡초를 제거하는 것처럼 리팩터링을 하고, 코드베이스의 기술 부채(technical debt)[5]를 갚아야 한다는 것을 알려주기 때문입니다.

하지만 이 비유는 코드가 만들어지는 방법에 대해서는 설명하지 않습니다. 정원의 식물은 물과 햇빛, 영양분만 있으면 별다른 노력 없이 자랍니다. 하지만 소프트웨어는 자동으로 성장하지 않습니다. 어두운 방에 컴퓨터, 과자, 탄산음료를 놔둔다고 해서 소프트웨어가 스스로 자라나지는 않습니다. 가장 중요한 요소인 프로그래머가 없기 때문입니다.

코드는 누군가가 작성해야 합니다. 코드를 작성하는 일은 적극적이고 능동적인 과정이며, 정원 가꾸기 비유로는 이 부분을 제대로 설명할 수 없습니다. 코드에 무엇을 적고, 무엇을 적지 말아야 할지 어떻게 결정할까요? 코드를 어떻게 구성할지 어떤 방식으로 결정해야 할까요?

소프트웨어 개발 산업을 개선하려면, 이러한 질문들도 같이 해결해야 합니다.

---

5 [역주] 기술 부채란 당장 급하지 않은 기술적인 문제를 뒤로 미뤄두는 것을 말하는 소프트웨어 공학 용어입니다.

1.3 / 공학으로 나아가기

소프트웨어 개발에 대한 다른 비유도 있습니다. 예를 들어 앞에서 이미 회계사의 표현인 기술 부채라는 말을 사용했으며, 코드 작성 과정이 다른 종류의 저작 과정과 비슷한 점이 있다는 것도 이야기했습니다. 완전히 잘못된 비유도 없겠지만, 완벽하게 옳은 비유도 없습니다.

여기서 집 짓기 비유를 집중적으로 살펴본 이유는 첫째로 너무 널리 퍼져 있고, 둘째로 어떻게 손쓸 방법이 없을 정도로 잘못된 비유이기 때문입니다.

1.3.1 소프트웨어를 기술로 바라보는 관점

저는 몇 년 전 집 짓기 비유가 유익하지 않다는 결론에 도달했습니다. 어떤 관점을 버리려면 보통은 새로운 관점이 필요합니다. 저는 소프트웨어 장인 정신(software craftmanship)에서 새로운 관점을 찾을 수 있었습니다.

소프트웨어 개발을 본질적으로 기술, 즉 숙련된 작업으로 보는 것은 타당해 보입니다. 이를 위해 컴퓨터 공학 교육을 받기도 하지만 꼭 필요한 것은 아니며, 저 역시 컴퓨터 공학을 배우지 않았습니다[6].

전문적인 소프트웨어 개발자로 일하기 위해 필요한 기술은 상황에 따라 달라집니다. 예를 들어 특정 코드베이스가 어떤 구조를 가지고 있는지 배워야 하며, 특정한 프레임워크를 사용하는 법도 배워야 합니다. 프로덕션 환경에서 버그를 해결하는 데 3일을 낭비하는 시련도 겪을 수 있습니다. 뭐, 일이란 게 다 그런 거죠.

이런 경험을 할수록 일에 점점 더 능숙해집니다. 몇 년간 같은 회사에서 하나의 코드베이스로 일하면, 해당 코드에 대해 전문가가 될 수 있습니다. 하지만 다른 회사로 이직했을 때도 이런 지식이 도움이 될까요?

다양한 코드베이스를 살펴보면 더 빨리 배울 수 있습니다. 백엔드 개발을 하고, 프런트엔드 개발도 해보세요. 게임 프로그래밍이나 머신러닝도 시도해볼 만합니다. 이런 시도를 통해 다양한 문제를 접하고 경험을 쌓을 수 있습니다.

---

6 궁금한 분들을 위해 이야기하면, 대학 학위는 가지고 있습니다. 경제학 학위지만, 덴마크 경제 정책부에서 근무했던 시절 외에 학위가 필요했던 적은 없습니다.

이 과정은 예전 유럽에 있었던 숙련공 기간(journeyman years)[7]의 전통과 놀라울 정도로 비슷합니다. 그 시절 목수나 석공 같은 기술공은 일을 하면서 유럽의 이곳 저곳을 이동했습니다. 이를 통해 다양한 문제에 대한 여러 가지 해결책을 경험했습니다. 덕분에 자신의 기술을 점점 발전시킬 수 있었던 겁니다.

소프트웨어 개발자를 같은 방식으로 생각하는 건 설득력이 있습니다. 심지어 『실용주의 프로그래머(The Pragmatic Programmer)』라는 책[50]에는 "숙련공에서 장인으로(From Journeyman to Master)"라는 부제가 붙어 있습니다.

이 비유가 사실이라면, 소프트웨어 개발 산업도 비슷하게 구조화해야 합니다. 즉, 장인과 함께 견습생을 일하게 하고, 길드를 조직할 수도 있습니다.

'만일' 그게 사실이라면 말입니다.

소프트웨어 장인 정신 역시 또 다른 비유입니다. 앞에서 다양한 방식으로 이 비유가 잘 맞는 부분에 조명을 들이댔지만, 빛을 비추면 그림자도 생기는 법입니다. 그림 1-1에서 보는 것처럼 빛이 밝을수록 그림자는 더욱 짙어집니다.

❤ 그림 1-1 물체를 비추는 빛이 밝을수록 그림자가 더 어둡게 보입니다.

이 그림에는 빠진 부분이 있습니다.

1.3.2 휴리스틱 방식

저에게 숙련공 시절은 어떤 의미에서 완전히 환멸을 느끼던 기간이었습니다. 단순히 경험을 쌓았다 뿐이지 기술적으로 얻은 것도 없고, 소프트웨어 개발 방법론이라 할 만한 것도 없었던 것 같습니다. 그러니까 모든 것은 상황에 따라 달라진다는 말입니다. 절대적으로 옳은 방법이나 잘못된 방법은 없다는 말이기도 하죠.

7　역주 어느 정도 배운 기술공이 일정 기간 떠돌아다니며 기술을 익히는 기간을 의미합니다.

당시의 프로그래밍은 기본적으로 예술이었다고 할 수 있겠습니다.

저는 그게 잘 맞았습니다. 항상 예술을 좋아했고, 심지어 어렸을 때는 예술가가 되고 싶었습니다[8].

이 관점의 문제는 확장성이 없다는 점입니다. 새로운 프로그래머를 '만들어내려면' 견습생들을 받아서 적어도 숙련공이 되어 여행을 떠날 때까지 충분히 가르쳐야 한다는 점이죠. 여기서부터 숙달될 때까지 또 몇 년이 더 필요합니다.

프로그래밍을 예술이나 기술로 보는 관점의 또 다른 문제는 실제 현실과 맞지 않는다는 점입니다. 2010년 즈음, 저는 경험 법칙과 가르칠 수 있는 가이드라인, 즉 휴리스틱 방식을 통해 프로그래밍하고 있다는 생각이 들기 시작했습니다[106].

처음에는 별다른 것이 없었습니다. 하지만 수 년에 걸쳐 정기적으로 다른 개발자를 가르쳐야 하는 위치에 서게 되면서, 종종 코드를 특정한 방식으로 작성해야 하는 여러 지침과 이유를 공식화하곤 했습니다.

이때부터 제가 가지고 있던 허무주의가 틀렸다는 걸 깨닫게 되었습니다. 이런 지침이 프로그래밍을 공학적 규칙으로 바꿔주는 열쇠가 될 수도 있는 것이죠.

1.3.3 소프트웨어 공학의 초기 개념

소프트웨어 공학(Software Engineering)[9]이란 개념은 1960년대 후반으로 거슬러 올라갑니다. 프로그래밍이란 것이 생각보다 어렵다는 점을 막 깨닫기 시작한 현대 소프트웨어 위기(software crisis)와 관련이 있습니다[10].

당시 프로그래머들은 실제로 자신이 하는 일을 잘 알고 있었습니다. 에츠허르 데이크스트라(Edsger Dijkstra), 토니 호어(Tony Hoare), 도널드 커누스(Donald Knuth), 앨런 케이(Alan Kay) 같이 업계에서 큰 명성을 떨치고 있는 사람들이 그때 활동했습니다. 당시 사람들에게 2020년대에는 프로그래밍이 공학에 편입될 것인지 물어봤다면 아마 '그렇다'고 대답했을 것입니다.

여기서 소프트웨어 공학이라는 개념은 일상적인 소프트웨어의 개발에 대한 사실이 아닌 원대한

---

8 가장 오래된 꿈은 유럽 전통의 만화가가 되는 것이었습니다. 10대 시절에는 기타를 들고 록스타가 되는 꿈을 꿨습니다. 그림 그리는 것과 노는 것을 모두 즐겼지만 특별히 재능이 있지는 않았습니다.

9 **역주** 소프트웨어 공학이 국내에서는 소프트웨어 관리 공학으로 인식되는 경우가 많은데, 여기서는 원래 의미대로 소프트웨어 공학 전반을 포괄하는 개념입니다.

10 이 용어가 이보다 오래되었을 수도 있지만 명확하지 않으며, 제가 그 당시를 살던 것도 아니지만 1968년과 1969년에 열린 두 차례의 NATO 회의에서 소프트웨어 공학이라는 용어가 대중화되었다는 것에는 논란의 여지가 없어 보입니다[4].

목표로서 논의한 주제였음을 눈치챘을 겁니다. 이 세상에서 실제 소프트웨어 공학의 전통을 지속해온 집단이 있을 수도 있지만[11], 제 경험으로 봤을 때 대부분의 소프트웨어 개발은 서로 다른 방식으로 진행됩니다.

소프트웨어 공학이 여전히 원대한 목표라고 생각하는 것은 저 혼자만이 아닙니다. 애덤 바(Adam Barr)는 이 부분을 아름답게 표현했습니다.

> "여러분도 나와 같다면, 소프트웨어 공학이 사려 깊고 체계적인 방식으로 연구되고, 프로그래머의 지침이 마치 흘러내리는 개인 경험의 모래(the shifting sands of individual experience)[12]처럼 흩어지지 않고 실험에 기반을 두는 날을 꿈꿀 것입니다."[4]

애덤 바는 소프트웨어 공학의 발전 과정과 함께 그 과정에서 발생한 문제도 설명합니다. 문제는 바로 개인용 컴퓨터입니다. 개인용 컴퓨터는 집에서 스스로 프로그래밍하는 법을 배운 프로그래머 세대를 만들어냈습니다. 이들은 홀로 컴퓨터를 만지면서 지식을 쌓았기 때문에, 기존에 존재하던 지식 체계를 거의 알지 못했습니다.

이러한 상황은 오늘날까지 지속되고 있습니다. 앨런 케이는 컴퓨팅을 대중 문화라고 부릅니다.

> "대중 문화는 역사를 무시합니다. 대중 문화는 정체성과 참여감이 가장 중요하며, 협력이나 과거 또는 미래와는 별 관련이 없고, 지금 현재에 살아 있는 것입니다. 돈을 위해 코드를 작성하는 대부분의 사람들도 마찬가지라고 생각합니다. 그들은 '그들의 문화가 어디서 왔는지' 전혀 모릅니다."[52]

소프트웨어 공학이 거의 발전을 이루지 못한 채 50년을 허비했다고 생각할 수도 있지만, 다른 방식으로 발전한 것일 수도 있습니다.

1.3.4 소프트웨어 공학으로 나아가기

엔지니어가 하는 일이 뭘까요? 엔지니어는 교량, 터널, 고층 빌딩이나 발전소 같은 큰 구조물부터 마이크로프로세서처럼 작은 물체에 이르기까지 사물을 설계하고 만드는 것을 감독합니다[13]. 즉,

---

11 NASA가 이런 작업을 하는 집단 중의 하나라 추측할 수 있습니다.

12 **역주** 이 책에서 자주 나오는 '흘러내리는 개인 경험의 모래'라는 표현은 개인의 경험으로 얻은 노하우이지만, 체계적으로 구축되지 못해서 손안에서 흘러내리는 모래처럼 다른 사람들에게 잘 전달되지 않는 지식을 의미합니다. 이 책에서는 이런 휴리스틱에 해당하는 방식들을 조금 더 체계화하는 방법을 찾아내는데 초점을 맞추고 있어서 이 말이 자주 언급됩니다.

13 화학공학을 전공한 친구가 있는데, 그 친구는 대학 졸업 후 칼스버그 맥주의 양조사가 되었습니다. 엔지니어는 맥주도 만듭니다.

엔지니어는 사물을 만드는 데 도움을 주는 사람입니다.

▼ 그림 1-2 알렉산드리네 여왕(Dronning Alexandrine) 대교. 보통 묀브로엔(Mønbroen)이라 불립니다. 1943년에 완공되어 덴마크의 셸란(Zealand)과 묀(Møn)이라는 작은 섬을 연결하는 다리입니다.

프로그래머는 그렇지 않습니다. 소프트웨어는 손으로 만져지는 형체가 없기 때문이죠. 잭 리브스가 이야기한 것처럼[87], 소프트웨어는 실체가 있는 물체를 만드는 것이 아니기 때문에 구조물을 만드는 일(construction) 자체는 사실상 돈이 들지 않습니다. 소프트웨어 개발은 기본적으로 설계(design) 활동이라고 할 수 있습니다. 즉, 편집기에 코드를 입력하는 일은 작업자가 어떤 것을 만드는 작업이 아니라 엔지니어가 설계도를 그리는 것에 해당합니다.

실제 엔지니어는 일반적으로 성공적인 결과를 만들어 내도록 정리된 방법론(methodology)을 따릅니다. 프로그래머도 같은 방식을 사용하길 원하지만, 프로그래머의 작업에 의미가 있을 만한 활동들만 조심스럽게 골라서 가져와야 합니다. 사물을 설계할 때는 실제 구조물을 만드는 과정에서 비용이 많이 듭니다. 다리를 건설할 때 시험 삼아 다리의 일부를 만든 후에 생각보다 좋지 않다고 해서 만들어진 다리를 부수고 다시 짓는 것은 거의 불가능합니다. 구조물을 만드는 과정은 아주 비싸기 때문에 엔지니어는 계산과 시뮬레이션을 이용합니다. 다리의 강도를 판단하기 위해 다리를 만들어보는 것보다는 다리의 강도를 계산해보는 것이 시간과 재료가 훨씬 덜 들어갑니다.

모든 엔지니어링 과정은 물류와 관련되어 있으며, 관련된 사람들 모두 세밀하게 물류 계획을 만드는 데에 참여합니다. 실제적인 물체를 만들어낼 때 가장 안전하고 저렴한 방법이기 때문입니다.

이 부분에서 소프트웨어 분야로 가져올 만한 것은 아무것도 없습니다.

물론 이 외에도 우리에게 영감을 줄 수 있는 여러 가지 공학적 방법론이 있습니다. 엔지니어는 창의적이고 인간적인 작업을 수행하지만, 프레임워크를 구성하는 경우도 많습니다. 보통 어떤 작업은 특정 작업 이후에 진행되어야 하며, 해당 작업들은 서로의 작업을 검토하고 승인하는 과정이 필요합니다. 그래서 이 작업들은 체크리스트를 따릅니다[40].

여러분도 같은 방식을 적용할 수 있습니다.

이 책에서는 바로 이런 것들을 다룹니다. 이 책은 제가 직접 경험하고, 유용하다고 생각한 휴리스틱 방법들에 대한 안내서입니다. 말하자면 과학적으로 확립된 일련의 법칙이 아닌 애덤 바의 말처럼 '끊임없이 흘러내리는 모래 같은 개인 경험'을 모아둔 것에 더 가깝습니다.

저는 이것이 소프트웨어 산업의 현재 상태를 더욱 잘 반영한다고 생각합니다. 만일 모든 것에 대해 확실한 과학적인 증거가 있어야 한다고 생각한다면 『소프트웨어 공학의 요정들(The Leprechauns of Software Engineering)』[14][13]이란 책을 읽어보길 권장합니다.

1.4 / 결론

소프트웨어 개발의 역사라고 하면, 여러분은 아마도 엄청난 발전을 떠올릴 것입니다. 그러나 발전의 대부분은 소프트웨어 측면이 아니라 하드웨어 측면의 발전이었습니다. 물론 그럼에도 불구하고 지난 50년 동안 소프트웨어 개발 역시 눈부시게 발전했다는 것도 알고 있습니다.

오늘날 우리는 50년 전과 비교해서 훨씬 더 발전된 프로그래밍 언어, 인터넷(스택 오버플로(StackOverflow) 같은 사실상의 온라인 도움도 포함해서), 객체 지향 및 함수형 프로그래밍, 자동화된 테스트 프레임워크, 깃, 통합 개발 환경 등을 갖추고 있습니다.

반면 (반세기 동안 계속 지속되어 왔으니 위기라고 할 수 있을지 논란의 여지가 있습니다만) 여전히 소프트웨어 위기로 인한 어려움을 겪고 있습니다.

진지한 노력에도 불구하고 소프트웨어 개발 산업은 여전히 다른 공학 분야와 다릅니다. 공학과 프로그래밍 사이에는 몇 가지 근본적인 차이점이 있습니다. 이 차이를 정확하게 이해해야 뭔가 발전시켜 나갈 수 있을 것입니다.

좋은 소식은 엔지니어가 하는 많은 부분(마음가짐이나, 따라야 할 프로세스 등)을 여러분도 할 수 있다는 점입니다.

---

14 [역주] 소프트웨어 공학의 몇 가지 개념을 수식이나 다양한 근거로 설명한 책입니다. 국내에는 출간되지 않았습니다.

공상과학 소설가 윌리엄 깁슨[15]은 이렇게 말했습니다

"미래는 이미 여기에 와 있습니다. 다만 고르게 퍼져 있지 않을 뿐입니다."[16]

『디지털 트랜스포메이션 엔진: 고성과 기술 조직 구축 및 진화』라는 책에서 언급한 것처럼 어떤 조직은 이미 선진 기술을 사용하는 반면 다른 조직들은 뒤처져 있습니다[29]. 실제로 미래는 고르게 분포되어 있지 않은 것입니다. 좋은 소식은 발전된 고급 아이디어를 무료로 사용할 수 있다는 점입니다. 이걸 활용하는 것은 온전히 여러분의 몫입니다.

2장에서는 여러분이 해볼 수 있는 구체적인 활동을 처음 맛보게 될 것입니다.

---

15 [역주] 윌리엄 깁슨은 미국의 공상과학 소설가입니다. 사이버스페이스에 대한 상상이 담긴 책이자 사이버펑크의 시초인 뉴로맨서(Neuromancer)의 작가입니다.

16 이 구절은 출처가 명확하지 않은 인용구입니다. 아이디어나 표현으로 봤을 때 윌리엄 깁슨의 표현이라는 점은 논란의 여지가 없지만, 정확히 언제 처음 이 이야기를 했는지는 명확하지 않습니다.

memo

2^장

체크리스트

프로그래머에서 소프트웨어 엔지니어로 거듭나려면 어떻게 해야 할까요? 이 질문에 대한 확실한 답이 이 책에 있다고 장담하지는 않겠지만, 이 책이 여러분을 엔지니어로의 길로 인도하기를 바랍니다.

소프트웨어 개발은 역사가 오래되지 않았기 때문에, 우리가 아직 이해하지 못하는 부분이 많다고 생각합니다. 하지만 모든 것을 알아낼 때까지 기다릴 수는 없죠. 우리는 실험을 통해 배웁니다. 이 책에 담긴 활동과 방법론은 저보다 앞선 많은 위대한 사람들[1]에게 영감을 받았습니다. 이 책의 프랙티스(practice)들은 저와 제가 가르쳤던 많은 사람들에게 효과가 있었습니다. 여러분에게도 도움이 되기를 바라며, 더 좋은 방법을 찾는 데 영감을 준다면 좋겠습니다.

2.1 기억 보조 수단

소프트웨어 개발의 근본적인 문제는 아주 많은 일이 동시에 벌어진다는 점입니다. 우리의 두뇌는 동시에 많은 것을 추적하지 못합니다.

또한, 당장 중요해 보이지 않는 일은 건너뛰는 경향도 있습니다.

문제는 어떻게 일해야 하는지를 모르는 게 아니라, 해야 할 일 자체를 잊는다는 점입니다.

이 문제는 프로그래밍에만 국한된 것이 아닙니다. 항공기 조종사들도 이 문제로 골머리를 앓아왔으며, 결국 간단하고 효과적인 해결 방법을 찾았습니다. 바로 체크리스트(checklist)입니다.

너무 간단한가요? 일단 체크리스트가 어떻게 만들어졌는지 한번 따라가 보죠. 아툴 가완디(Atul Gawande)[40]에 따르면, 1935년 B-17 폭격기에 처음 체크리스트가 도입되었다고 합니다. B-17은 이전 비행기보다 훨씬 복잡했고, 너무 복잡해서 무기 구매자를 위한 시연 비행에서 추락하여 조종사를 포함한 승무원 2명이 사망할 정도였습니다.

조사 결과 추락 사고의 원인은 '조종사 실수'로 결론이 났습니다. 사고를 낸 조종사가 육군 항공단(Army Air Corps; AAC)에서 가장 경험이 많은 시범 조종사였다는 점을 생각해보면, 단순히 훈련 부족으로 치부할 수는 없었습니다. 당시 신문에서 보도한 것처럼 '한 사람이 조종하기에는 너무 복

---

1   영감을 주신 사람들을 여기 나열하기에는 너무 많아 참고 문헌에 담았습니다. 최선을 다해 꼼꼼하게 담았지만 일부는 놓쳤을 수 있습니다. 이 점에 대해서는 사과드립니다.

잡한 비행기'[40]였던 것이죠.

시범 조종사 그룹은 해결책으로, 이륙과 착륙 과정에서 수행해야 할 간단한 작업들을 나열한 체크리스트를 고안해냈습니다.

간단한 체크리스트는 비행기 조종사 같은 숙련된 전문가에게 큰 힘이 되었습니다. 작업이 복잡하면 고려해야 할 부분 중 한두 가지를 잊는 경우가 종종 있는데, 체크리스트는 사소한 일에 신경 쓰지 않고 작업의 어려운 부분에 집중하도록 도와줍니다. 사소한 것까지 모두 기억하려고 노력할 필요 없이, 중간 중간 체크리스트를 확인하는 것만 기억하면 됩니다.

중요한 건, 체크리스트가 작업하는 사람을 감시하거나 감독하려는 것이 아니라, 실무자를 지원하고 작업을 진행하는 데 조금 더 편리하도록 만들어졌음을 이해하는 것입니다. 체크리스트의 장점은 적절한 상황에 맞게 사용하는 것이지, 증거를 남기기 위함이 아닙니다. 아마도 가장 강력한 목록은 따로 체크를 하지 않아도 되는 (즉, 흔적을 남기지 않아도 되는) 목록일 것입니다. 예를 들면 포스트잇, 클립보드, 링바인더 같은 곳에 짧게 적어 둘 수 있겠지요.

체크리스트는 사용자에게 제약을 걸기 위해서가 아니라 결과를 개선하기 위한 것입니다. 아툴 가완디에게 정보를 제공한 어떤 사람은 다음과 같이 이야기했습니다.

> "외과 의사의 수술 체크리스트를 본 적이 있습니다. '반드시 손을 씻는다', '팀원 전부에게 이야기해야 한다' 등의 목록은 기술을 향상시키지 않고도 좋은 수술 결과를 이끌어냅니다. 이것이 바로 우리가 체크리스트를 사용하면서 얻길 바라는 것입니다."[40]

조종사와 외과 의사가 체크리스트를 따른다면 우리도 못할 이유가 없겠죠. 핵심은 바로 이것입니다.

> 실력을 향상시키지 않고도 결과를 개선할 수 있다.

앞으로 이 책의 곳곳에서 체크리스트를 소개할 겁니다. 체크리스트가 이 책에서 배우게 될 유일한 '공학적 방법'은 아니지만, 가장 간단한 방법이며 시작하기도 좋습니다.

다시 말하지만, 체크리스트는 기억을 돕는 보조 수단일 뿐이지, 여러분을 제한하는 도구가 아닙니다. 수술 전에 손을 씻는 것과 같이 사소하지만 중요한 행동을 잊지 않도록 돕기 위한 것입니다.

2.2 새로운 코드베이스를 위한 체크리스트

이제부터 제시하는 체크리스트는 일종의 제안입니다. 에어버스 A380의 이륙 체크리스트와 B-17의 이륙 체크리스트가 다른 것처럼, 저의 프로그래밍 접근 방식을 기준으로 만든 체크리스트는 다른 상황에 놓여 있는 여러분의 경우에 완벽하게 맞지 않을 수 있기 때문이죠.

제안한 체크리스트를 그대로 사용해도 되고, 여기서 영감을 얻는 것도 좋습니다.

다음은 새로운 코드베이스(code base)를 시작할 때 필요한 체크리스트입니다.

- ☑ 깃을 사용할 것
- ☑ 빌드를 자동화할 것
- ☐ 모든 오류 메시지를 켜둘 것

너무 간단해 보이나요? 의도적으로 그렇게 만들었습니다. 체크리스트는 해야 할 일을 자세하게 적은 복잡한 순서도가 아니라, 몇 분 안에 처리할 수 있는 간단한 항목으로 만든 목록입니다.

체크리스트의 형태는 '읽기-실행', '실행-확인' 두 가지입니다[40]. '읽기-실행' 형태의 체크리스트를 사용한다면 각 항목을 읽고, 다음 항목으로 넘어가기 전에 즉시 작업을 실행합니다. '실행 획인' 형태의 체크리스트를 사용한다면 모든 작업을 실행하고, 모든 작업을 빠짐없이 완료했는지 확인합니다.

위 목록은 일부러 개념적이고 모호하게 적었지만 명령형 문장으로 되어 있으므로 '읽기-실행' 형태의 체크리스트입니다. '실행-확인' 형태의 체크리스트로 쉽게 바꿀 수 있지만, 이 경우에는 적어도 다른 사람(한 명 이상)과 같이 확인해야 합니다. 조종사들이 이런 방식으로 한 명은 체크리스트를 읽고 다른 한 명은 확인해나갑니다. 혼자 진행하면 한 단계를 빼먹기 쉬우므로, 보조 조종사가 같이 확인하는 것입니다.

깃을 사용하고, 빌드를 자동화하고, 모든 오류 메시지를 어떻게 정확히 켜는지는 여러분의 상황에 따라 다르겠지만, 위의 체크리스트를 구체화하기 위해 자세한 실행 예를 보면서 설명하겠습니다.

2.2.1 깃을 사용할 것

깃은 사실상 표준 소스 제어 시스템이 되었습니다. 반드시 사용해야 합니다[2]. CVS나 서브버전(Subversion) 같은 중앙 집중식 소스 제어 시스템(centralised source control system)과 비교하면 분산 소스 제어 시스템(distributed source control system)은 엄청난 장점을 제공합니다. 사용법만 잘 안다면 말이죠.

깃이 가장 사용자 친화적인 기술은 아니지만, 여러분은 프로그래머입니다. 이 말은 프로그래밍 언어를 적어도 하나는 배웠다는 이야기죠. 그에 비하면 깃의 기초를 배우는 건 아주 쉽습니다. 하루이틀 정도 투자해서 배워보세요. 깃의 GUI(그래픽 사용자 인터페이스)를 사용하는 방법이 아니라 실제로 어떻게 동작하는지를 배우는 게 중요합니다.

깃은 코드를 편하게 실험할 수 있는 기능을 제공합니다. 어떤 것을 시도해보고 동작하지 않으면 변경 사항을 취소하면 됩니다. 깃은 하드 드라이브에서 소스 제어 시스템이 작동하기 때문에, 중앙 집중식 버전 제어 시스템보다 좋습니다.

깃을 위한 다양한 그래픽 사용자 인터페이스(GUI)가 있지만, 이 책에서는 명령줄 인터페이스만 사용하겠습니다. 이는 깃의 기반이 될 뿐 아니라 제가 평소 작업하는 방식이기도 합니다. 저는 윈도우 환경에서 작업하지만, 깃 배시(Git Bash)를 이용하고 있습니다.

새로운 코드베이스에서 가장 먼저 해야 할 일은 로컬 깃 저장소(repository)를 만드는 것입니다[3]. 코드를 저장할 디렉터리에서 명령줄 창을 열어 다음 명령어를 입력하세요[4]. 현재로서는 깃허브 같은 온라인 깃 서비스에 대해 고민하지 않아도 됩니다. 나중에 언제든지 저장소에 연결할 수 있기 때문이죠.

```
$ git init
```

이게 전부입니다. 제 친구인 엔리코 캄피돌리오의 조언[17]에 따르면, 그냥 아무것도 없이 커밋(commit)[5]할 수도 있습니다.

---

2 깃은 대부분의 다른 소스 제어 도구보다 좋지만, 문제점도 있습니다. 가장 큰 문제는 명령어 인터페이스가 복잡하고 일관성이 없다는 점입니다. 나중에 더 좋은 분산 소스 제어 시스템이 나오면 편하게 그쪽으로 이동해도 좋습니다. 하지만 이 글을 쓰는 시점에서는 이보다 더 좋은 대안이 없습니다.

3 일주일 이상 사용할 코드베이스라면 이 규칙을 지키도록 합시다. 저는 잠깐 쓸 코드라도 깃 저장소를 만듭니다. 저장소를 만드는 것이 별로 힘들지 않기 때문이죠. 필요한 경우 .git 디렉터리를 삭제하여 언제든지 되돌릴 수 있습니다.

4 명령어 왼쪽의 $는 명령줄 프롬프트를 나타내는 표시이므로 입력하지 마세요. 이 표시는 이후로도 명령줄에서 일어나는 일을 알려줄 때 사용할 예정입니다.

5 역주 버전 제어 시스템에서 변화를 기록하는 과정을 의미합니다.

```
$ git commit --allow-empty -m "Initial commit"
```

저는 온라인 깃 서비스에 저장소를 올리기 전에 위 명령을 자주 사용합니다. 깃은 저장소의 이력 (history)을 다시 변경할 수 있기 때문입니다. 하지만 보통 이렇게까지 할 필요는 없습니다.

2.2.2 빌드를 자동화할 것

코드가 별로 없을 때는 컴파일, 테스트, 배포를 자동화하기 쉽습니다. 하지만 기존의 코드베이스에 지속적 배포를 다시 적용하는 것은 만만치 않은 작업이죠. 그렇기 때문에 이 작업을 지금 바로 해야 합니다.

지금은 아직 코드가 없고 깃 저장소만 있습니다. 뭔가를 컴파일하려면 최소한의 애플리케이션이 필요합니다. 배포할 수 있는 최소한의 코드를 만들고 배포를 해봅시다. 이는 작동하는 골격 (Walking Skeleton)[6][36]과 비슷한 아이디어지만 그림 2-1에 있는 것처럼 개발 프로세스상에서 한 단계 더 빠릅니다.

▼ 그림 2-1 코드 생성기(wizard) 또는 스캐폴딩(scaffolding)[7]. 프로그램을 사용하여 애플리케이션의 틀을 만들어 커밋하고 배포합니다. 이후에 자동화된 테스트를 사용해서 커밋하고 배포할 수 있는 작동하는 골격[36]을 만들면 됩니다.

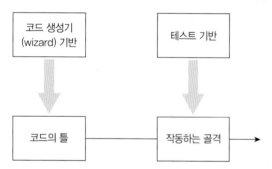

작동하는 골격은 실제 기능을 가진 가장 간단한 구현을 의미합니다. 따라서 자동으로 빌드, 배포와 더불어 모든 부분의 테스트까지 가능하도록 구현해야 합니다[36]. 나중에 할 수도 있지만, 배포 파이프라인(deployment pipeline)[8]을 먼저 구축하는 것도 가치가 있습니다.

---

6 [역주] 요구 사항이 맞는지 확인하기 위해서 가장 간단한 형태로 구현해보는 것을 의미합니다. 4장에 조금 더 자세한 설명이 있습니다.

7 [역주] MVC 프레임워크에서 프로그램을 통해서 데이터베이스 접근 관련 코드를 생성하는 기법 혹은 여러 도구를 이용한 프로젝트 생성 기법을 의미합니다.

8 [역주] 배포에 필요한 여러 단계를 자동화하는 것을 의미합니다. CI/CD 파이프라인이라고도 이야기합니다.

배포 파이프라인 설정과 관련된 일반적인 문제

아직 배포 파이프라인을 설정할 수 없다면 어떻게 해야 할까요? 지속적 통합(continuous integration)을 위한 서버가 없다면, 우선 지속적 통합 서버를 만들어야 합니다. 요즘에는 클라우드 기반의 지속적 통합 서비스도 많기 때문에, 실제로 서버를 마련할 필요는 없습니다.

아직 프로덕션 환경(production environment)[9]이 없을 수도 있습니다. 이 경우 되도록 실제 프로덕션 환경과 비슷한 환경을 만들어 배포 파이프라인에 포함시킴으로써 문제를 해결할 수 있습니다. 프로덕션 환경과 동급의 컴퓨팅 환경을 구성하기 어렵더라도, 적어도 네트워크 구성은 프로덕션 환경과 비슷하게 만들어서 동작 여부를 실험해보는 것이 좋습니다. 물론 더 작은 머신, 가상머신 혹은 컨테이너 등을 사용해도 됩니다.

이 책에서 제안하는 대부분의 정책은 비용이 들지 않지만, 서버나 소프트웨어, 클라우드 기반 서비스는 일반적으로 비용이 듭니다. 이 비용은 프로그래머 연봉에 비하면 일부에 불과하므로, 소프트웨어 개발의 총 비용에 비하면 충분히 지출할 만한 비용입니다.

배포 파이프라인을 설정하기 전에, 일단 코드를 쉽게 컴파일하고 테스트할 수 있는지 확인해야 합니다. 이를 위해서 몇 가지 코드가 필요합니다.

이 책은 온라인 서비스에서 중추적인 역할을 하는 예제를 중심으로 구성되어 있습니다. C#으로 온라인 레스토랑 예약 시스템을 개발하는 방법을 살펴볼 것입니다. 일단은 HTTP 요청을 처리할 웹 서비스가 필요합니다.

이를 위해 비주얼 스튜디오(Visual Studio)를 사용해 ASP.NET Core 웹 프로젝트를 만들겠습니다[10]. 자주 사용하는 작업은 명령줄 인터페이스를 사용하는 것이 훨씬 더 좋지만, 가끔 하는 작업이라면 IDE에서 제공하는 대로 진행하는 것이 편합니다. 물론 명령줄 도구를 사용해도 되지만 결과는 같아야 합니다. 예제 2-1과 2-2는 비주얼 스튜디오에서 생성한 파일입니다[11].

웹 사이트를 실행하면, 다음 내용이 포함된 텍스트 파일 하나만 있을 것입니다.

```
Hello World!
```

지금은 이 정도로 충분합니다. 코드를 깃에 커밋합시다.

---

9   역주 프로덕션 환경이란 실제 서비스를 운영하기 위한 환경으로, 운영 환경이라고도 합니다.

10   이 책에서는 스크린샷을 비롯해 진행 과정을 자세하게 설명하지 않습니다. 사실 별로 어려울 것이 없는 간단한 과정이며, 버전이 업데이트되면 책이 출판되기도 전에 예전 버전에 대한 설명이 될 것이기 때문입니다.

11   C#은 비교적 장황한 언어이므로, 파일에서 중요한 부분만 볼 것입니다. 예를 들면 using 지시문과 namespace 선언문들은 모두 제외했습니다.

예제 2-1 비주얼 스튜디오가 만든 ASP.NET Core 웹 서비스의 진입점(entry point)[12]

(Restaurant/f729ed9/Restaurant.RestApi/Program.cs)

```csharp
public class Program
{
    public static void Main(string[] args)
    {
        CreateHostBuilder(args).Build().Run();
    }

    public static IHostBuilder CreateHostBuilder(string[] args) =>
        Host.CreateDefaultBuilder(args)
            .ConfigureWebHostDefaults(webBuilder =>
            {
                webBuilder.UseStartup<Startup>();
            });
}
```

이 단계의 목표는 빌드를 자동화하는 것입니다. IDE를 통해서 코드를 컴파일할 수는 있지만, 이 과정을 자동화할 수는 없을 것입니다. 따라서 빌드를 수행하는 스크립트 파일을 만들고, 이 파일도 깃에 커밋합시다. 처음에는 예제 2-3에 있는 것처럼 아주 간단합니다.

저는 윈도우에서 작업할 때도 명령줄 인터페이스에서 배시(Bash)를 사용하기 때문에 셸 스크립트로 빌드 스크립트를 작성했습니다. 원한다면 .bat이나 파워셸(PowerShell) 스크립트를 만들어도 됩니다[13]. 중요한 건 현재 dotnet build를 호출한다는 것입니다. 배포용으로 빌드 스크립트를 구성했다는 점도 놓치지 마세요. 자동화된 빌드는 최종 운영 환경을 반영해야 합니다.

빌드 단계를 추가할 때는 빌드 스크립트에도 추가해야 합니다. 스크립트에서 중요한 점은 개발자 자신의 컴퓨터에서 큰 이질감 없이 실행시킬 수 있도록 만들어야 한다는 점입니다. 빌드 스크립트가 개발자의 컴퓨터에서 정상적으로 동작하면, 바뀐 부분을 지속적 통합 서버(continuous integration server)에 푸시(push)[14]해도 됩니다.

---

12 **역주** 진입점이란 프로그램의 처음 시작 시점을 의미합니다.

13 문서를 생성하거나, 패키지 관리 프로그램에서 사용되는 재사용 가능한 패키지를 컴파일하는 등의 복잡한 작업이 필요한 경우 온전한 빌드 도구를 생각해볼 수 있습니다. 하지만 일단 간단하게 시작하고 필요할 때 하나씩 추가하는 것을 고려하세요. 보통 뭔가 추가하지 않는 경우가 많습니다.

14 **역주** 변경 사항을 내 컴퓨터의 저장소(local repository)에서 원격 저장소(remote repository)로 보내는 것을 의미합니다.

예제 2-2 비주얼 스튜디오가 만든 기본적인 Startup 파일. 지면에 맞게 주석의 줄을 바꾼 상태입니다.
(Restaurant/f729ed9/Restaurant.RestApi/Startup.cs)

```csharp
public class Startup
{
    // 이 메서드는 런타임에 호출됩니다.
    // 컨테이너에 서비스를 추가하려면 이 메서드를 사용하세요.
    // 애플리케이션을 구성하는 방법에 대한 자세한 내용은 다음 링크를 참조하세요.
    // https://go.microsoft.com/fwlink/?LinkID=398940
    public void ConfigureServices(IServiceCollection services)
    {
    }

    // 이 메서드는 런타임에 호출됩니다.
    // 이 메서드는 HTTP 요청 파이프라인을 구성할 때 사용하세요.
    public void Configure(IApplicationBuilder app, IWebHostEnvironment env)
    {
        if (env.IsDevelopment())
        {
            app.UseDeveloperExceptionPage();
        }

        app.UseRouting();

        app.UseEndpoints(endpoints =>
        {
            endpoints.MapGet("/", async context =>
            {
                await context.Response.WriteAsync("Hello World!");
            });
        });
    }
}
```

예제 2-3 빌드 스크립트 (Restaurant/f729ed9/build.sh)

```bash
#!/usr/bin/env bash
dotnet build --configuration Release
```

다음 단계는 배포 파이프라인을 만드는 것입니다. master[15]에 새로운 파일을 커밋하면 (성공한 경우) 자동으로 변경 사항을 운영 환경에 배포하거나, 최소한 수동으로 확인만 하면 배포할 수 있게 모든 것이 준비된 버전으로 만들어주는 프로세스가 동작해야 합니다.

이 작업을 수행하는 데 관련된 자세한 사항은 이 책의 범위를 벗어나므로 다루지 않습니다. 이 내용은 사용하는 지속적 통합 서버 또는 서비스와 버전에 따라 다르고, 계속해서 바뀔 겁니다. 애저 데브옵스 서비스(Azure DevOps Services), 젠킨스(Jenkins), 팀시티(TeamCity) 등에서 이 기능을 활성화하는 방법을 보여줄 수 있지만, 그렇게 되면 이 책은 특정 기술을 설명하는 책이 되어버릴 것입니다.

2.2.3 모든 오류 메시지를 켜둘 것

예전에 다른 프로그래머에게 기존 코드베이스에 유닛 테스트를 추가하는 방법을 가르친 적이 있는데, 얼마 지나지 않아 문제가 발생했습니다. 코드가 컴파일되긴 했지만 제대로 동작하지 않은 것이죠. 그 프로그래머는 혼란에 빠진 채로 코드베이스를 미친 듯이 돌아다니면서 여기에서 한 줄, 저기에서 한 줄 정신없이 코드를 고쳐나갔으며, 저는 다음과 같이 물어보았습니다.

"컴파일러 경고가 있는지 확인해볼까요?"

저는 무엇이 문제인지 잘 알고 있었지만, 사람들이 스스로 발견해서 발전할 수 있도록 도와주려고 노력합니다. 그렇게 하면 더 잘 배우기 때문이죠.

그 프로그래머는 "그건 소용없어요. 이 코드베이스에는 컴파일러 경고가 수백 개쯤 있으니까요."라고 대답했습니다.

진짜였습니다. 그래도 저는 경고 목록을 살펴봐야 한다는 주장을 굽히지 않았습니다. 예상했던 대로 문제에 대한 경고를 찾을 수 있었으며, 그 경고는 문제를 정확하게 나타내고 있었습니다.

컴파일러 경고를 비롯한 여러 가지 자동화 도구들은 코드의 문제를 감지할 수 있습니다. 반드시 사용하세요.

깃을 사용하는 것과 더불어 가장 손쉽게 좋은 결과를 기대할 수 있는 부분입니다. 쉽게 구할 수 있는 도구를 사용하는 사람이 너무 적다는 사실이 매우 안타깝습니다.

---

15 **역주** 깃에서 기본 브랜치(branch) 이름입니다. 최근에는 중립적 표현을 사용하는 경향에 맞춰 master 대신 main으로 바꿔서 사용하기를 권장하고 있습니다.

대부분의 프로그래밍 언어와 이를 위한 환경에는 컴파일러, 린터(Linter), 코드 분석 도구, 스타일 및 서식 지원 도구처럼 코드를 검사하는 다양한 도구가 함께 제공됩니다. 이 도구들이 틀리는 경우는 거의 없으므로, 최대한 활용하는 것이 좋습니다.

이 책의 예제에서는 C#을 사용합니다. C#은 컴파일 기반의 언어이므로, 컴파일 과정에서 코드에 문제가 있다고 판단될 때마다 컴파일러는 경고를 띄웁니다. 경고는 대체로 정확하며, 잘못 나오는 경우는 거의 없기 때문에 어떤 문제인지 신경을 써야 합니다.

앞의 이야기처럼 이미 경고가 124개나 떠 있는 경우, 컴파일러에서 새로 띄우는 경고를 발견하기는 어렵습니다. 따라서 경고에 예외를 허용하지 말아야 합니다. 항상 경고가 0개여야 한다는 말이죠.

다시 말해, 경고를 오류로 처리해야 합니다.

(제가 사용해본) 모든 컴파일 언어에는 컴파일러의 경고를 오류로 바꾸는 옵션이 있습니다. 이 옵션은 경고를 쌓아 놓을 수 없게 만드는 효과적인 방법입니다.

이전부터 누적된 수백 개의 경고를 해결하는 건 어려운 작업입니다. 경고가 표시될 때마다 하나씩 처리하는 것이 훨씬 쉽습니다. 따라서 새 코드베이스에서는 처음 시작할 때부터 'warnings-as-errors' 옵션을 켜십시오. 이 옵션을 통해 컴파일러 경고가 누적되는 것을 효과적으로 방지할 수 있습니다.

2.2.2절에서 만들었던 코드베이스는 'warnings-as-errors' 옵션을 켜도 컴파일이 잘 됩니다. 비주얼 스튜디오에서 만든 짧은 코드는 다행히 경고를 만들지 않습니다[16].

많은 언어와 프로그래밍 환경에는 부가적으로 사용할 수 있는 자동화 도구들이 있습니다. 예를 들어 린터(linter)는 코드에서 악취가 풍기는 것을[17] 경고해주는 도구입니다. 맞춤법 오류를 확인해주기도 합니다. 자바스크립트(Javascript)나 하스켈(Haskell) 등 다양한 언어를 위한 린터가 있습니다.

C#에는 이와 비슷한 분석기(analyser)라는 유틸리티가 있습니다. 경고를 오류로 바꾸는 것은 체크 상자를 사용하면 되지만, 분석기를 추가하는 것은 조금 더 복잡합니다. 그래도 최신 버전의 비주얼 스튜디오에서는 간단합니다[18].

---

16 비주얼 스튜디오에서는 빌드 설정마다 'warnings-as-errors'를 설정해야 합니다. 배포(Release) 모드는 물론 디버그 모드에서도 이 옵션을 설정해야 합니다. 두 모드에서 모두 설정을 변경하려면, 작업을 두 번 수행해야 합니다. 체크리스트에 이 부분을 추가하는 것도 좋겠습니다.

17 [역주] 코드 악취(code smell)란 코딩 스타일 등에 문제가 있어서 코드가 읽기 어렵거나 논리상으로 좋지 않은 경우를 의미합니다.

18 다시 말하지만, 작업을 위한 실제 과정은 책을 출판하기도 전에 예전 버전에 대한 설명이 될 수 있기 때문에, 자세한 설명은 하지 않습니다.

이 분석기는 .NET 코드 작성 방법에 대해 수십 년간 축적된 지식을 알려줍니다. 이 도구는 UrtCop이라는 내부용 도구로 시작되어 .NET 프레임워크 개발 초기에 사용되었습니다. .NET 1.0보다 이전부터 있었던 도구인 거죠. 나중에 FxCop[23]라고 이름이 바뀐 뒤 .NET 환경에서 제대로 사용되지 못했지만, 최근 Roslyn 컴파일러 툴 체인 위에 다시 구현되었습니다.

이 프레임워크는 다양한 지침과 규칙을 포함하여 명명 규칙 위반, 잠재적 보안 문제, 알려진 라이브러리 API의 잘못된 사용, 성능 문제 등을 찾아낼 수 있으며 확장도 가능합니다.

예제 2-1과 2-2의 샘플 코드에서 기본 규칙을 적용한 코드 분석기를 켜면 최소 7개의 경고가 발생합니다! 이제 컴파일러는 경고를 오류로 처리하므로 더 이상 컴파일되지 않습니다. 언뜻 보기에는 작업을 끝내는 데 방해가 되는 것처럼 보일 수 있지만, 정말 방해가 되는 건 코드에 대해 신중하게 고민하지 않아도 유지보수가 가능할 것이라는 착각입니다.

오늘 나온 경고 7개는 미래에 나올 수백 가지 경고보다 해결하기 쉽습니다. 충격을 극복하고 살펴보면, 대부분 코드의 일부를 삭제해서 고칠 수 있는 문제임을 알 수 있습니다. 일단 Program 클래스에서는 한 가지만 바꾸면 됩니다. 예제 2-4에서 결과를 볼 수 있습니다. 어떤 부분이 바뀌었는지 발견했나요?

예제 2-4 분석기의 경고를 해결한 ASP.NET Core 웹 서비스의 진입점 (Restaurant/caafdf1/Restaurant.RestApi/Program.cs)

```
public static class Program
{
    public static void Main(string[] args)
    {
        CreateHostBuilder(args).Build().Run();
    }

    public static IHostBuilder CreateHostBuilder(string[] args) =>
        Host.CreateDefaultBuilder(args)
            .ConfigureWebHostDefaults(webBuilder =>
            {
                webBuilder.UseStartup<Startup>();
            });
}
```

Program 클래스에 static 키워드를 붙였습니다. 클래스에 공유 멤버만 있는 경우는 인스턴스화를 지원할 이유가 없습니다. 코드 분석 규칙 중 한 가지 예라 할 수 있습니다. 바꿔야 할 것이 단순히 클래스 선언에 키워드를 하나 추가하는 것이니, 조언을 따르지 않을 이유가 없습니다. 다른 경우에도 여기 있는 규칙을 이용해서 코드베이스를 조금 더 이해하기 쉽게 만들 수 있습니다.

Startup 클래스에서는 여러 가지를 바꿨습니다. 몇 부분에서 코드를 삭제했고, 결과적으로 더 좋아졌습니다. 바뀐 부분은 예제 2-5를 참고하세요.

예제 2-5 분석기의 경고를 해결한 Startup 파일. 예제 2-2의 코드와 비교해보세요.
(Restaurant/caafdf1/Restaurant.RestApi/Startup.cs)

```csharp
public sealed class Startup
{
    // 이 메서드는 런타임에 호출됩니다.
    // 이 메서드는 HTTP 요청 파이프라인을 구성할 때 사용하세요.
    public static void Configure(
        IApplicationBuilder app,
        IWebHostEnvironment env)
    {
        if (env.IsDevelopment())
        {
            app.UseDeveloperExceptionPage();
        }

        app.UseRouting();

        app.UseEndpoints(endpoints =>
        {
            endpoints.MapGet("/", async context =>
            {
                await context.Response.WriteAsync("Hello World!")
                    .ConfigureAwait(false);
            });
        });
    }
}
```

무엇이 바뀌었나요? 가장 눈에 띄는 것은 아무것도 하지 않는 ConfigureServices 메서드를 삭제한 것입니다. 그리고 클래스에 sealed 키워드를 추가하고 ConfigureAwait에 대한 호출을 추가했습니다.

각각에 적용된 코드 분석 규칙은 온라인 문서(documentation)에 나옵니다. 여기서 규칙을 사용하는 이유와 경고를 해결하는 방법에 대해 확인할 수 있습니다.

정적 코드 분석은 자동화된 코드 리뷰(code review)와 같습니다. 사실 개발 조직에서 C# 코드 리뷰를 해달라고 요청이 오면, 저는 먼저 분석기를 실행하라고 이야기해 줍니다. 이를 통해 몇 시간 분의 수수료를 절약할 수 있을테니까요.

보통 이렇게 이야기하면 해당 고객에게 다시 요청이 오는 경우가 별로 없습니다[19]. 기존의 코드베이스에서 분석기를 실행하면 경고가 보통 수천 개는 쉽게 나오기 때문에 압도당할 수 있습니다. 이를 피하려면 이러한 분석 도구를 즉시 사용하십시오.

컴파일러 경고와 달리 린터 또는 .NET의 Roslyn 분석기와 같은 정적 코드 분석 도구는 간혹 오탐지에 의한 경고(false positive)를 띄울 수 있습니다[20]. 자동화된 도구들은 일반적으로 오탐지 경고를 줄일 수 있는 다양한 옵션이 있기 때문에, 오탐지 때문에 못 쓰겠다는 이야기는 말이 안 됩니다.

컴파일러 경고를 오류로 처리하고, 린터 및 정적 코드 분석 경고 역시 오류로 처리합시다. 처음에는 답답하겠지만 코드의 질이 좋아질 것이며, 이를 통해 더 나은 프로그래머가 될 수 있을 것입니다.

이것이 공학(engineering)일까요? 이걸로 끝일까요? 당연히 아닙니다. 하지만 여러분이 할 수 있는 첫 번째 단계일 겁니다. 공학이란 것은 광범위하게 이야기하면 궁극적인 성공의 기회를 높이기 위

_____

19 저는 장사 수완이 좋지 못합니다.

20 의미에 맞춰 내용을 바꿨지만, 원래 단어인 false positive(위양성: 거짓 양성)라는 용어가 혼란스러울 수 있습니다. 여기서 양성(positive)은 경고가 발생했음을 의미하기 때문에 코드가 잘못된 것처럼 보인다는 의미입니다. 의미상 긍정적인 것으로 보이지는 않겠지만, 이진 논리 회로에서 양성(positive)이란 어떤 신호가 있음을 나타내고, 음성(negative)은 어떤 신호가 없음을 의미합니다. 이 정의는 소프트웨어 테스트나 의학에서도 사용됩니다. 코로나19 양성(positive)이 무슨 뜻인지 생각해보세요.

해서 모든 휴리스틱 방식(heuristics), 결정론적 방법(deterministic)이나 장치들을 사용하는 것입니다. 이러한 도구는 자동화된 체크리스트라고 볼 수 있습니다. 실행할 때마다 수천 가지 잠재적인 문제를 확인해주기 때문이죠.

도구 중 몇 가지는 상당히 예전부터 있었지만, 제가 본 바로는 사용하는 사람이 많지 않습니다. 미래가 고르게 퍼져 있지 않은 것이죠. 도구를 사용하세요. **기술을 향상시키지 않고도 결과를 향상시킬 수 있습니다.**

완전히 새로운 코드베이스에서는 경고를 만들 코드가 없으므로, 처음부터 경고를 오류로 취급하는 것이 가장 쉽습니다. 이렇게 하면 오류를 한 번에 하나씩 처리할 수 있습니다.

2.3 기존 코드베이스를 위한 체크리스트

CODE THAT FITS IN YOUR HEAD

실무에서는 새로운 코드베이스부터 시작할 기회가 별로 없습니다. 회사에서 개발하는 소프트웨어는 대부분 기존에 작업했던 코드를 가지고 있습니다. 새로운 코드베이스에서 경고를 오류로 처리하는 것이 덜 까다롭지만, 기존 코드베이스에서도 불가능한 것은 아닙니다.

2.3.1 점진적 개선

핵심은 점진적으로 하나씩 처리해나가는 것입니다. 기존 코드베이스는 대부분 그림 2-2처럼 여러 가지 라이브러리[21]를 포함합니다. 따라서 한 번에 라이브러리 하나씩 추가 확인 옵션을 켜나가면 됩니다.

한 번에 한 가지 유형의 경고만 켤 수도 있습니다. 기존 코드베이스에는 컴파일러가 이미 수백 개의 경고를 띄우고 있을 수 있습니다. 이런 경우에는 경고의 목록을 추출하고 유형별로 묶은 다음, 대략 열 개 정도의 경고를 띄우는 유형을 하나 선택해서 수정하면 됩니다. 컴파일러 경고를 오류로 바꾸지 않고 경고 상태로 유지하면 코드를 계속 사용하는 데는 문제가 없습니다. 개선할 때마다 깃에 변경 사항을 반영하십시오. 점진적인 개선 사항을 master에 병합해나가는 것입니다.

---

21 라이브러리는 패키지라고도 합니다. 비주얼 스튜디오 개발자는 종종 라이브러리를 솔루션 내의 프로젝트로 참조합니다.

▼ 그림 2-2 패키지로 구성한 코드베이스. 이 예에서는 HTTP API, 도메인 모델, 데이터 접근 패키지가 사용되었습니다.

선택했던 경고 메시지를 코드베이스에서 모두 제거했다면, 해당 유형의 경고를 오류로 바꾸세요. 그런 다음에는 다른 경고를 선택해서 제거하거나, 다른 코드에서 같은 경고 메시지가 발생하지 않도록 처리합니다.

린터와 분석기로도 같은 작업을 할 수 있습니다. 예를 들어 .NET 분석기에서는 활성화할 규칙을 설정할 수 있습니다. 한 번에 하나씩 규칙을 켜서 해당 규칙에 의해 만들어진 모든 경고를 제거하고, 제거한 다음에는 이 규칙을 계속 켜서 코드에서 해당 규칙에 의한 경고가 더이상 발생하지 않도록 해야 합니다.

마찬가지로 C#의 널 가능 참조 형식 기능 또한 점진적으로 활성화할 수 있습니다.

모든 경우의 핵심은 보이스카우트 규칙[22][61]을 따르는 것입니다. 코드를 손대기 전보다 더 좋은 상태로 만드십시오.

2.3.2 조직 문화를 바꾸는 전략

컨퍼런스나 사용자 그룹에서 발표를 하고 나면, 사람들이 다가와 이런 이야기를 하곤 합니다. 보통은 발표에서 영감을 얻었지만, 관리자들이 내부 품질(internal quality)에 집중하도록 놔두지 않을 것 같다는 겁니다.

경고를 오류로 처리할 때 얻을 수 있는 장점은 제도적(institutional)으로 품질이 떨어지는 것을 막을 수 있다는 점입니다. 경고를 오류로 취급하고 정적 코드 분석(static code analysis)을 켜면, 코드에

---

22 [역주] 보이스카우트 규칙은 "언제나 처음 왔을 때보다 깨끗하게 해놓고 캠프장을 떠날 것"이라는 규칙입니다. 즉, 눈에 보이는 대로 하나씩이라도 깨끗하게 만드는 작업을 하라는 말입니다.

대한 통제력을 일부 포기하는 셈입니다. 통제력을 잃는다는 말이 별로 좋지 않게 들리지만 때로는 장점이 될 수도 있습니다.

'정석대로 할 시간이 없다'는 이유로 '그냥 배포하라'라는 압력을 받았을 때 다음과 같이 대답할 수 있습니다.

"죄송하지만 그렇게 하면 코드가 컴파일되지 않습니다."

이 대답은 개발 원칙을 무시하려는 이해관계자들의 고집을 막아줍니다. 자동 검사를 우회할 수도 있지만, 이걸 모든 사람에게 알려줄 필요는 없습니다. 즉, 이전에는 인간이 결정하던 부분을 기계가 강제하는 규칙으로 바꿔버리는 전략을 사용하는 것이죠.

이 방법이 도덕적으로 적절하냐고요? 그건 여러분의 판단에 맡기겠습니다. 소프트웨어 개발자를 직업으로 가진 여러분은 기술 전문가입니다. 기술적인 판단을 내리는 것은 말 그대로 여러분의 일이며, 자세한 부분까지 상사에게 보고할 수는 있지만 기술직이 아닌 관리자에게는 대부분의 정보가 무의미할 것입니다. 이해관계자가 이해할 수 없거나 사용할 수 없는 부분까지 알려줘서 이해관계자들을 혼란스럽게 만들지 않는 것도 전문적인 기술 지식을 전달하는 일에 포함되어 있습니다.

건전한 조직에서 가장 좋은 전략은 자신이 하는 일에 대해 솔직히 공개하고 정직하게 작업하는 것입니다. 하지만 건전하지 않은 조직(예를 들자면 '허슬 문화(hustle culture)'[23]가 만연한 조직)에서는 반대 전략을 취하는 것이 좋을 수도 있습니다. 자동화된 품질 관리 도구를 이용해서 조직 문화를 약간 바꿀 수 있습니다. 약간의 속임수가 사용되겠지만, 궁극적인 목표는 우수한 소프트웨어 공학이 진행되도록 지원하는 것입니다. 이는 조직 전체에도 이득이 됩니다.

스스로 도덕적 판단 기준을 내리십시오. 개인적인 목표뿐만 아니라 조직의 이익을 위해 이를 적용합시다.

2.4 / 결론

CODE THAT FITS IN YOUR HEAD

체크리스트는 기술의 향상 없이도 결과를 개선할 수 있습니다[40]. 반드시 사용하기 바랍니다. 체크리스트는 올바른 결정을 내리기 위해 필요한 것들을 기억하도록 도와줍니다. 여러분을 돕고 지

---

23 **역주** 작업의 질보다 최선을 다해서 열심히 일하는 것을 우선시하는 조직 문화를 의미합니다.

원하는 것이지 통제하려는 것이 아닙니다.

이 장에서는 새로운 코드베이스를 시작할 때 적용 가능한 간단한 체크리스트의 예와 체크리스트를 도입했을 때의 결과에 대해서 살펴봤습니다. 체크리스트는 간단하지만 큰 효과를 낼 수 있습니다.

깃을 시작하는 방법도 확인했습니다. 체크리스트에 있는 세 가지 항목 중 가장 간단합니다. 이처럼 아주 쉬운 단계를 잊지 않고 수행하는 작은 노력이 나중에 수많은 이득을 가져올 수 있습니다.

빌드를 자동화하는 방법도 확인했으며, 이 역시 쉽게 바로 적용할 수 있습니다. 빌드 스크립트를 만들고 사용하세요.

마지막으로 컴파일러의 경고를 오류로 바꾸는 방법을 확인했습니다. 린터나 정적 코드 분석기 같이 추가적인 자동화 검사를 사용할 수도 있습니다. 이런 기능을 켜는 것이 얼마나 간단한지 생각해보면 사용하지 않을 이유가 없습니다.

이 책의 나머지 부분에서 이러한 초기 결정들이 코드베이스에 어떤 영향을 미치는지 확인할 수 있을 것입니다.

공학이란 체크리스트를 따르거나 자동화할 수 있는 것을 자동화하는 것 이상의 일이지만, 이런 조치를 했다는 것 자체가 올바른 방향으로 나아가는 첫 걸음입니다. 또한, 여러분이 오늘 당장 할 수 있는 작은 개선 사항이기도 합니다.

3^장

복잡성을
잘 다루는 법

수학을 사용하거나 계산하지 말고, 직관을 사용해서 다음의 간단한 문제를 풀어봅시다.

야구 방망이와 공은 합쳐서 1.10달러입니다. 방망이는 공보다 1달러 더 비쌉니다. 공의 가격은 얼마일까요?

❤ 그림 3-1 공의 가격은 얼마일까요?

지금 당장 답을 적어보세요.

아주 쉬운 질문처럼 보이지만, 함정이 있는지 의심스럽겠죠? 이 책은 공학이라는 까다롭고 지적인 학문을 다루니까요.

답은 잠시 후에 알아보죠.

이 장에서는 다음의 근본적인 질문에 대한 답을 다른 관점에서 살펴보려고 합니다.

　"소프트웨어 개발이 왜 이렇게 어려운가요?"

이 질문에 대한 이 책의 대답 역시 근본적이며, 이 책의 핵심 주제이기도 합니다. 바로 인간의 머리(두뇌)가 동작하는 방식과 관련이 있다는 것이죠. 여러분의 머리에 잘 들어오는 코드(code that fits in your head)를 작성하는 방법에 대해 알아보기 전에, 머리에 잘 들어오는 코드, 즉 읽고 이해하기 쉬운 코드란 어떤 것인지부터 알아보겠습니다.

이 책의 나머지 장은 여기서 확인한 지식을 실천에 옮기는 과정입니다.

3.1 목적

1장과 2장을 읽고 나서 약간 당황했을 수도 있습니다. 소프트웨어 공학이란 지적이고, 정교하고, 신비로우면서도 난해한 학문이라 생각했는데, 지금까지 살펴본 부분은 그렇지 않기 때문입니다.

물론 지금보다 훨씬 더 정교하게 만들 수 있지만, 일단 어디에서든 시작해야 합니다. 그림 3-2처럼 언덕을 오르는 것도 밑바닥에서 시작합니다. 소프트웨어 공학 역시 가장 쉬운 부분에서 시작하면 어떨까요?

❤ 그림 3-2 언덕을 오르는 것도 밑바닥에서 시작합니다.

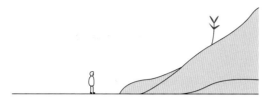

계속 진행하기 전에 잠시 멈추고 해결하고자 하는 문제가 무엇인지 이야기해봅시다. 문제가 뭔가요?

이 책에서 풀려고 하는 문제 중 하나는 지속가능성(sustainability)입니다. 일반적인 환경 생태학적 의미가 아니라, 코드를 소유한 조직 자체를 유지하도록 만드는 부분에 대한 것입니다.

3.1.1 지속가능성

조직은 다양한 이유로 소프트웨어를 만듭니다. 보통 돈을 벌기 위해, 때로는 돈을 절약하기 위해서죠. 때로는 정부가 국민을 위한 디지털 인프라를 제공하기 위해 소프트웨어 프로젝트를 하기도 하는데, 이런 경우에는 소프트웨어에서 직접적인 이익이나 비용 절감 효과를 얻지는 못하더라도 달성해야 할 목표가 있을 것입니다.

복잡한 소프트웨어를 개발하려면 수 개월에서 길게는 몇 년까지 걸리는 경우가 많습니다.

많은 소프트웨어가 수년에서 수십 년까지 살아남습니다. 소프트웨어가 사용되는 동안 새로운 기능이 추가되고, 버그를 고치는 등 여러 가지 변화가 일어나며, 이를 위해 코드베이스에서 지속적으로 작업해야 합니다.

소프트웨어는 어떤 방식으로든 조직을 지원하기 위해 존재합니다. 새로운 기능을 추가하거나, 결함을 고치는 것 모두 조직을 지원하는 것이라 할 수 있습니다. 반년 전에 그랬던 것처럼, 오늘도 지원할 수 있다면 가장 좋습니다. 그리고 반년 후에도 지금처럼 지원할 수 있다면 더욱 좋겠죠.

이러한 노력은 계속 이어져야 합니다. 즉, 지속가능해야 합니다.

마틴 파울러(Martin Fowler)는 내부 품질(internal quality)을 고려하지 않으면 감당할 수 있는 시간 안에 개선할 수 있는 능력을 매우 빠르게 잃어버린다고 이야기했습니다.

"내부 품질이 좋지 않으면 이런 일이 발생합니다. 처음에는 작업 진행이 빠르지만, 시간이 지남에 따라 새로운 기능을 추가하기가 점점 더 어려워집니다. 작은 것을 변경하려 해도 프로그래머는 이해하기 어려운 코드의 많은 영역을 이해해야 합니다. 어떤 것을 바꿨을 때 의도하지 않게 잘못된 부분이 생기면서 오랫동안 테스트해야 하고, 고쳐야 할 새로운 결함들이 발생합니다."[32]

바로 이런 상황을 소프트웨어 공학이 해결해야 합니다. 소프트웨어 개발 프로세스를 더욱 규칙적으로 만들고 이 프로세스가 조직을 지탱해야 합니다. 몇 달, 몇 년, 혹은 수십 년간 말이죠.

> 소프트웨어 공학은 소프트웨어 개발 프로세스를 더욱 '규칙적'으로 만들고, 조직을 '유지'할 수 있어야 합니다.

3.1.2 가치

소프트웨어는 목적을 달성하기 위해 존재합니다. 가치를 제공해야 하죠. 종종 가치를 외면하는 소프트웨어 전문가들을 만나곤 합니다. 자신이 작성한 코드가 가치를 제공하지 않는다면, 코드를 작성해야 할 이유가 있을까요?

가치에 우선순위를 두는 건 당연해 보입니다. 그리고 자신에게 어떤 일이 주어졌을 때 프레임워크를 직접 만드느라 몇 시간씩 허비하는 엔지니어를 만난 경험도 적지 않습니다.

이런 일은 회사에서도 마찬가지입니다. 리처드 P. 가브리엘(Richard P. Gabriel)에게 루시드(Lucid)라는 회사의 흥망성쇠에 대한 이야기를 들어봅시다[38]. 루시드가 Common Lisp를 상업적으로 완벽하게 구현하려고 고심하는 동안 C++가 등장해 다양한 플랫폼(cross-platform)에서 돌아가는 소프트웨어 개발용 프로그래밍 언어 시장을 장악해버렸습니다.

루시드는 C++보다 Common Lisp가 훨씬 좋다고 생각했지만, 고객들이 C++를 선택한 이유를 가브리엘은 명확히 이해했습니다. C++는 일관성이 떨어지고 더 복잡했지만 정상적으로 동작하고 고객들이 사용할 수 있었습니다. 루시드의 제품은 그렇지 않았죠. 결국 루시드는 폐업했습니다. 가브리엘은 이 예에서 "부족한 것이 더 좋다(worse is better)"¹라는 격언을 만들었습니다.

그림 3-3의 오른쪽은 목적을 생각하지 않고 기술에만 집착하는 사람들입니다.

---

1 **역주** 이 말만 봤을 때는 이상해 보이겠지만, "기능을 추가하기 위해서 복잡하게 만드는 것보다 간단하게 구현하는 것을 최우선으로 하라"라는 의미로, 기능이 더 적은 것(worse)이 더 낫다(better)는 뜻입니다.

❤ 그림 3-3 어떤 프로그래머는 자신이 작성한 코드의 가치를 전혀 고려하지 않는 반면, 어떤 프로그래머는 즉시 정량화할 수 있는 결과에 집착합니다. 지속가능성은 그 중간 어딘가에 있습니다.

가치에 초점을 맞추는 것은 이러한 사고방식의 대척점에 있다고 할 수 있습니다. 코드가 목적에 부합하는지 묻는 것은 당연한 일입니다. 가치라는 용어는 측정할 수 없음에도 불구하고, 종종 목적을 대변하는 수단으로 사용됩니다. 다음과 같은 생각[88]을 바탕에 두고 있는 프로젝트 관리 학파도 있습니다.

1. 변경 사항이 가져올 영향에 대해 가설을 세웁니다.

2. 변경합니다.

3. 실제 영향을 측정하고 예측과 비교해봅니다.

이 책은 프로젝트 관리에 대한 책은 아니지만, 합리적인 접근 방법으로 보입니다. 『디지털 트랜스포메이션 엔진』이란 책[29]에서 관찰한 결과와도 일치합니다.

코드가 가치를 만들어야 한다는 생각은, 유감스럽게도 가치를 만들어내지 않는 코드는 금지되어야 한다는 논리적 오류로 이어집니다. 여기에도 "부족한 것이 더 좋다"는 개념을 적용할 수 있습니다.

이는 잘못된 생각입니다. 모든 코드가 직접적으로 측정 가능한 가치를 만드는 것은 아니기 때문입니다. 반면 코드를 지웠을 때 어떤 영향을 주는지 측정해볼 수도 있습니다. 간단한 예로 보안을 들 수 있습니다. 온라인 시스템에 인증을 추가하는 경우의 가치는 측정하기 어렵지만, 인증이 없는 경우 미치는 영향의 가치는 측정할 수 있습니다.

내부 품질에 대한 파울러의 주장도 마찬가지입니다[32]. 제대로 된 아키텍처가 없어서 발생하는 문제는 측정할 수 있긴 하지만, 이미 때가 너무 늦은 상황이 되어야 측정할 수 있을 겁니다. 저는 내부 품질이 좋지 않아서 회사가 폐업하는 경우를 한 번 이상 보았습니다.

지속가능성은 그림 3-3의 중간 지점에 있습니다. 기술만을 위한 기술 개발은 지양해야 하지만, 근시안적인 관점에서 가치에 초점을 맞추는 것도 좋지 않습니다.

소프트웨어 공학은 지속가능성을 높여줍니다. 체크리스트를 따르고, 경고를 오류로 처리하는 등의 방법으로 균열[32]이 생기는 것을 방지할 수 있습니다. 이 책에서 제시하는 방법론과 경험론적 휴리스틱 방식들이 완벽한 결과를 보장하는 것은 아니지만, 올바른 방향으로는 이끌어줄 것입니다. 물론 여러분의 경험과 판단도 사용해야 합니다. 결국 이것이 소프트웨어 공학의 기술(art)^{2}입니다.

3.2 프로그래밍이 어려운 이유

소프트웨어 개발은 왜 어려운 걸까요? 여러 가지 이유가 있겠지만, 그중 하나는 1.1절에서 보았던 것처럼 부적절한 은유를 사용하기 때문입니다. 우리가 명확하게 생각하지 못하게 만들죠. 하지만 이게 유일한 이유는 아닙니다.

또 다른 문제는 컴퓨터와 두뇌가 기억할 수 있는 양이 다르다는 점입니다. 맞습니다. 이 역시 문제가 있는 은유입니다.

3.2.1 두뇌에 비유하는 것

보통 당연하게 컴퓨터를 두뇌에 비유하고, 반대로 두뇌를 컴퓨터에 비유하기도 합니다. 물론 표면적으로는 비슷한 부분이 있습니다. 둘 다 계산을 할 수 있고, 과거에 일어난 사건을 기억해낼 수 있으며, 정보를 저장하고 찾아낼 수 있기 때문입니다.

▼ 그림 3-4 두뇌와 컴퓨터가 비슷하다고요? 겉으로 보이는 유사점에 현혹되지 마십시오.

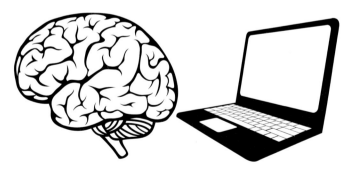

2 　역주　 여기서 말한 'art'란 기술의 최고 경지를 나타내기도 합니다(우리말의 '예술'과는 약간 의미의 차이가 있습니다). 이 책에서는 art가 기술의 최고 경지를 나타낼 때는 '기술'이라고 하고, 유연하게 바뀔 수 있는 것을 나타낼 때는 '예술'이라고 적었습니다.

컴퓨터가 두뇌와 비슷하다고요? 제 생각에는 같은 부분보다 다른 부분이 더 많은 것 같습니다. 컴퓨터는 직관적인 추론이 불가능하며, 시각과 청각을 제대로 해석할 수 없고[3], 내적 동기도 없습니다.

그러면 뇌는 컴퓨터와 비슷할까요? 컴퓨터와 비교하면 인간의 계산 능력은 매우 느리고, 기억력은 신뢰하기 어렵습니다. 우리는 중요한 것을 잊어버리고, 기억은 왜곡되거나 조작될 수도 있으며[109], 어떤 일이 일어났다는 사실조차 알지 못합니다. 예를 들어 여러분은 20년 전 어떤 파티에서 가장 친한 친구와 같이 놀았다고 생각하지만, 그 친구는 그 파티에 간 적도 없다고 합니다. 여러분의 기억이나 친구의 기억, 둘 중 하나가 틀렸겠지요.

작업 기억(working memory)은 어떻습니까? 컴퓨터는 RAM에 있는 수백만 가지를 추적할 수 있는 반면, 인간의 단기 기억(Short Term Memory; STM)은 4개에서 7개[4] 정도의 정보만 저장할 수 있습니다[80][109].

이런 차이가 프로그래밍에 엄청난 영향을 미칩니다. 일반적인 서브루틴이라도 수십 개의 변수와 분기 명령문을 만들어냅니다. 여러분이 소스 코드의 동작을 이해하려고 할 때, 머릿속에서는 프로그래밍 언어의 에뮬레이터를 실행하는 것과 비슷한 일이 벌어지지만, 너무 많은 일이 진행되면 모든 것을 추적할 수는 없습니다.

여기서 많다는 건 어느 정도를 말할까요?

이 책에서는 뇌의 단기 기억의 한계로 7을 사용합니다. 여러분이 간혹 아홉 가지 이상을 기억할 수도 있겠지만, 7이라는 값도 이 개념을 잘 나타낼 수 있을 것입니다.

3.2.2 코드는 작성하는 것보다 읽는 경우가 더 많다

이 명제는 프로그래밍에 대한 근본적인 문제를 제기합니다.

> 여러분은 보통 코드를 작성하는 것보다 읽는 데 더 많은 시간을 사용합니다.

---

3 최근 몇 년간 인공지능(AI)이 발전했지만 여전히 어린 아이도 쉽게 해결할 수 있는 수준의 문제를 놓고 연구자들이 고생하고 있습니다. 컴퓨터에 농장 동물 그림이 있는 유아용 책을 보여주고, 각각의 그림에 어떤 것이 있는지 물어보십시오.
   역주 최근에는 인공지능이 급격하게 발전하면서, 저자의 설명이 조금 맞지 않는 것 같습니다. 이제 인공지능은 사물 인식뿐만 아니라 트랜스포머 등의 모델을 통해서 상당히 높은 수준의 추론이 가능한 상태이며, 일정 수준의 전문가보다 뛰어난 결과를 보이고 있습니다. 이 책을 독자들이 읽고 있는 순간에는 인간의 능력을 여러 부분에서 뛰어 넘었을지도 모르겠네요.

4 '마법의 수 7, 더하기 2 혹은 빼기 2'라는 말을 들어본 적 있나요? 중요한 건 정확한 숫자 자체가 아니라 컴퓨터의 작업 메모리보다 훨씬 작다는 점입니다.
   역주 '마법의 수 7, 더하기 2 혹은 빼기 2'란 심리학에서 인간의 작업 기억으로 한 번에 처리할 수 있는 정보의 수가 7±2개라는 말입니다.

코드 한 줄을 작성하더라도 여러 번 읽습니다[61]. 새로운 코드베이스에서 작업하는 경우는 거의 없으며, 기존의 코드베이스에서 제대로 코드를 고치려면 먼저 코드를 이해해야 합니다. 새 기능을 추가하려면 기존 코드를 읽어서 어떤 내용이 있고, 어느 부분을 재활용할 수 있으며, 어디에 어떤 코드를 추가해야 하는지 알아내야 합니다. 버그를 해결하려면 먼저 버그의 원인을 이해해야 합니다. 즉, 여러분은 프로그래밍 시간 대부분을 기존 코드를 읽기 위해 보냅니다.

> 가독성 좋게 코드를 최적화하세요.

여러분은 새로운 프로그래밍 언어, 새로운 라이브러리, 새로운 프레임워크 또는 더 많은 코드를 빠르게 생성할 수 있는 IDE의 새로운 기능에 대해 끊임없이 듣고 있을 겁니다. 앞에서 이야기한 루시드의 사례에서 알 수 있듯이, 이런 기능이 그럴듯해 보이기는 하지만, 지속가능한 소프트웨어 개발을 위한 좋은 전략은 아닙니다. 많은 코드를 빠르게 만들어내는 건 읽어야 할 코드가 그만큼 더 많아진다는 뜻입니다. 즉, 코드를 많이 만들어낼수록 읽어야 할 코드의 양이 늘어나기 때문에, 자동화된 코드 생성은 문제를 악화시킬 뿐입니다.

마틴 파울러는 낮은 코드 품질에 대해 다음과 같이 이야기했습니다.

> "작은 부분을 바꾸려 해도, 프로그래머는 이해하기 어려운 코드를 상당히 광범위하게 이해해야 합니다."[32]

이해하기 어려운 코드는 작업 속도를 느리게 만듭니다. 반면 코드를 이해하기 쉽게 만드는 데 투자한 시간은 나중에 10배 이상으로 보상받습니다.

3.2.3 가독성

작성하기 편한 코드보다 가독성이 좋은 코드를 중요시해야 한다고 말하기는 쉽지만, 그럼 가독성 좋은 코드란 정확히 어떤 코드일까요?

어떤 코드를 보고 "이런 쓰레기 같은 코드를 누가 만든 거야?"라고 혼잣말로 중얼거린 적이 있나요? 코드를 조사[5]해보니 자기가 작성한 코드였던 적도 있나요?

누구에게나 일어날 수 있는 일입니다. 코드를 작성할 때는 코드에 관련된 모든 상황을 알고 있지만, 코드를 읽을 때는 관련 사항을 이미 잊어버린 상태입니다.

---

5   이처럼 코드를 누가 어떤 커밋으로 수정했는지 확인할 때는 `git blame` 명령이 가장 훌륭한 도구입니다.

결국 남는 것은 코드 밖에 없습니다. 문서는 오래되거나 없어질 수 있습니다. 코드를 작성한 사람은 휴가 중이거나 이미 퇴사했을 수도 있지요.

설상가상으로 우리의 두뇌는 형식적인 문장을 읽고 해석하는 일을 잘하지 못합니다. 이 장 처음에 제시한 야구 방망이와 공 질문에 뭐라고 대답했나요?

머릿속에 즉각적으로 떠오른 숫자는 아마도 '10'이었을 겁니다. 대부분 이렇게 대답합니다[51].

하지만 오답이죠. 공의 가격이 10센트라면 방망이의 가격은 1.10달러여야 하고, 총 가격은 1.20달러가 되니까요. 정답은 5센트입니다.

핵심은 우리가 항상 실수를 한다는 것입니다. 별것 아닌 수학 문제를 풀 때도, 코드를 읽을 때도 말입니다.

어떻게 하면 가독성 좋은 코드를 작성할 수 있을까요? 여러분의 직감을 믿지 마세요. 그 대신 실행 가능한 수단이 더 있어야 합니다. 휴리스틱 방식, 체크리스트... 그리고 소프트웨어 공학 같은 것 말입니다. 이 책 전반에 걸쳐 이 주제를 다시 다룰 것입니다.

3.2.4 지적인 작업

차를 몰고 가다가 10분쯤 지나 갑자기 정신이 퍼뜩 들면서 겁을 먹고 "내가 여기까지 어떻게 왔지?" 하고 스스로 물어본 적이 있나요?

저는 그랬던 적이 있습니다. 졸았던 게 아니라, 생각에 빠져서 운전을 하고 있다는 사실 자체를 잊었습니다. 그 외에도 자전거를 타다가 집을 지나쳐 간 적도 있고, 우리 집이 아니라 아랫집 문을 열려고 한 적도 있습니다.

방금 저의 고백을 들었으니 여러분이 제 차를 타고 싶어하지 않을 것 같네요. 제 말은 제가 쉽게 산만해진다는 게 아니라, 우리가 의식하지 않아도 두뇌는 계속해서 동작하고 있다는 점입니다.

우리가 생각하지 않아도 두뇌는 호흡을 조절합니다. 의식적으로 제어하지 않아도 두뇌는 다양한 운동 기능을 처리하고, 그 이상의 역할도 하고 있을 것입니다.

위 사건이 있었을 때, 운전대를 잡고 여기까지 어떻게 왔는지 궁금해하는 저 자신을 발견하고 소스라치게 놀랐습니다. 그때 고향인 코펜하겐에서 운전하던 중이었고, 목적지에 가기 위해 여러 가지 복잡한 작업을 처리했을 것입니다. 신호등의 빨간불에 정지하고, 좌회전하고, 도시 곳곳의 수많은 자전거와 부딪치지 않고 우회전하면서 원하는 목적지까지 올바르게 찾아간 것입니다. 하지만 저는 이런 일을 한 기억이 전혀 없었습니다.

즉, 복잡하고 지적인 작업을 하기 위해 의식적인 자각이 반드시 필요한 것은 아닙니다.

프로그래밍을 하는 동안 무아지경에 빠져본 적이 있나요? 화면을 보다 고개를 돌렸을 때 이미 창밖은 어두워져 있고, 몇 시간 동안 작업했다는 것을 깨달은 경험이 있나요? 심리학에서는 이런 정신 상태를 몰입(flow)이라고 부릅니다[51]. 몰입 상태에서는 자신이 하는 일에 너무 깊게 빠져서 자신에 대한 인식을 잃어버리게 됩니다.

의식하지 않더라도 프로그래밍을 할 수 있습니다. 물론 당연히 의식하면서 코드를 작성할 수도 있지요. 요점은 명확하게 인식하지 않더라도 우리 두뇌에서는 수많은 일이 일어난다는 점입니다. 즉, 두뇌가 다양한 작업을 처리할 때, 의식은 수동적인 구경꾼에 지나지 않을 수도 있습니다.

지적인 작업이 100% 의도적인 생각의 산물이라고 생각하겠지만, 사실은 무의식적인 활동도 많이 포함됩니다. 심리학자이자 노벨상 수상자인 대니얼 카너먼(Daniel Kahneman)은 다음과 같이 시스템 1과 시스템 2, 두 가지 시스템으로 구성된 사고 모델을 제안했습니다.

> "시스템 1은 노력이 거의 또는 전혀 필요하지 않으며, 제어할 필요 없이 저절로 빠르게 동작합니다.
>
> 시스템 2는 복잡한 계산처럼 정신적인 노력을 통해 의도적으로 주의를 기울여야 합니다. 시스템 2의 동작은 보통 주체성, 선택, 집중 등 주관적인 경험과 관련이 있습니다."[51]

프로그래밍은 전적으로 시스템 2의 영역에 속한다고 생각하기 쉽지만, 반드시 그런 것은 아닙니다. 보고 있는 코드를 이해하기 위해 시스템 1이 항상 백그라운드에서 실행되고 있는 것과 같습니다. 문제는 시스템 1이 빠르긴 하지만 별로 정확하지는 않다는 점입니다. 앞에서 야구 방망이와 공 문제에서 가장 먼저 '10'을 떠올렸던 것처럼, 종종 잘못된 추론을 합니다.

소스 코드가 우리 두뇌에서 잘 이해되도록 구성하려면, 시스템 1에서도 잘 동작할 수 있도록 만들어야 합니다. 카너먼의 이야기를 들어봅시다.

> "시스템 1의 기본적인 특성은 활성화되어 있는 아이디어만 처리한다는 것입니다. (무의식적이라도) 기억 속에 없는 정보는 사용할 수 없습니다. 시스템 1은 현재 활성화된 아이디어를 모아서 가능한 최고의 이야기로 구성하는 데 탁월하지만, 가지고 있지 않은 정보는 활용할 수 없습니다.
>
> 시스템 1이 잘 동작하려면 시스템이 만드는 이야기가 일관성을 가져야 합니다. 이야기의 기반이 되는 데이터의 양이나 품질은 별로 관련이 없습니다. 흔히 시스템 1은 정보가 부족한 경우에 성급하게 결론을 내려버리는 장치로 동작합니다."[51]

즉, 머릿속에는 성급하게 결론을 내리는 장치가 있으며[6], 이 장치가 여러분의 코드를 보고 있는 것입니다. 따라서 관련된 정보가 활성화되도록 코드를 구성하는 것이 좋습니다. 카너먼의 말처럼 보이는 것이 전부입니다(what you see is all there is; WYSIATI)[51].

이 내용으로 전역 변수와 숨겨진 부수 효과(side effect)[7]가 코드를 모호하게 만드는 이유를 설명할 수 있습니다. 여러분이 코드의 한 부분을 볼 때는 전역 변수를 확인할 수 없습니다. 시스템 2가 전역 변수에 대해 알고 있더라도 해당 지식이 활성화되어 있지 않으므로 시스템 1은 이 정보를 고려하지 않습니다.

따라서 관련된 코드를 서로 가깝게 배치하세요. 필요한 모든 의존성, 변수, 결정들을 한꺼번에 볼 수 있어야 합니다. 이 내용은 이 책 전체를 관통하는 주제이기 때문에, 7장에서 관련 사례를 많이 볼 수 있게 준비해놓았습니다.

3.3 / 소프트웨어 공학으로 나아가기

CODE THAT FITS IN YOUR HEAD

소프트웨어 공학의 목적은 소프트웨어를 소유한 조직을 지원하는 것이어야 하고, 지속가능한 속도로 변경해나갈 수 있어야 합니다.

하지만 코드를 작성하는 일은 형태가 명확하지 않아 어렵습니다. 코드를 작성하는 것보다 읽는 데 더 많은 시간을 소모하는데, 야구 방망이와 공의 문제에서 본 것처럼 우리 두뇌는 아주 쉽게 현혹됩니다.

소프트웨어 공학은 이 문제를 해결해야 합니다.

3.3.1 컴퓨터 과학과의 관계

컴퓨터 과학이 도움이 될 수 있을까요? 안 될 이유는 없지만, 물리학이 기계공학과 다른 것처럼 컴퓨터 과학은 (소프트웨어) 공학이 아닙니다.

---

6 왜 시스템 1은 항상 실행되지만, 시스템 2는 실행되지 않을까요? 집중에는 더 많은 에너지가 소모되기 때문입니다[51]. 즉, 시스템 1은 에너지 절약을 위한 장치인 것이죠.

7 역주 프로그래밍에서 부수 효과란 함수가 실행되면서 외부 변수 혹은 외부의 상태를 변경시키는 것을 의미합니다.

각각의 분야가 서로 상호작용할 수는 있지만, 같지는 않습니다. 그림 3-5처럼 성공적인 프랙티스가 과학자에게 영감과 통찰력을 제공할 수 있고, 과학의 결과 역시 공학에 적용할 수 있습니다.

▼ 그림 3-5 과학과 공학은 상호작용하지만 같은 것은 아닙니다.

예를 들어 컴퓨터 과학의 결과는 재사용 가능한 패키지에 넣어서(캡슐화) 활용할 수 있습니다.

저는 정렬 알고리즘을 배우지 않고도 몇 년 동안 소프트웨어 개발 분야에서 일했습니다. 컴퓨터 과학에 대한 정규 교육을 받지 않고 독학으로 코딩을 배웠습니다. C++, 비주얼 베이직(Visual Basic), VBScript에서 배열을 정렬해야 할 경우에는 필요한 메서드를 호출했습니다.

컬렉션(collection)[8]을 정렬하기 위해 퀵 정렬(quick sort)이나 병합 정렬(merge sort)을 직접 구현할 필요는 없습니다. 데이터베이스에서 데이터를 질의(query)하기 위해 해시 인덱스, SSTable, LSM-트리, B-트리[9] 등에 대해 반드시 알아야 하는 것도 아닙니다.

컴퓨터 과학이 소프트웨어 개발 산업의 발전 자체에 도움을 주고 있지만, 여기서 나온 지식 역시 재사용 가능한 소프트웨어로 패키징할 수 있습니다. 컴퓨터 과학에 대해 알아두면 좋지만, 소프트웨어 공학을 사용하기 위해 꼭 알아야 하는 것은 아닙니다. 몰라도 할 수 있습니다.

3.3.2 인간 친화적인 코드

정렬 알고리즘은 캡슐화하여 재사용 가능한 라이브러리로 배포할 수 있습니다. 정교한 저장 구조와 검색 데이터 구조는 범용 데이터베이스 소프트웨어로 패키징하거나 클라우드 기반 인프라로 제공할 수 있습니다.

하지만 여러분은 여전히 코드를 작성해야 합니다.

그것도 지속가능한 방식으로 코드를 구성해야 합니다. 즉, 우리 뇌에 잘 맞는 방식으로 구조화해야 합니다.

마틴 파울러는 다음과 같이 이야기했습니다.

8 　**역주** 데이터의 집합체 형태를 가지는 데이터 구조를 통칭합니다. List, Set, Map 등이 컬렉션에 포함됩니다.

9 　데이터베이스 동작에 사용되는 데이터 구조 중 몇 가지 예입니다[55].

"컴퓨터가 인식 가능한 코드는 바보라도 작성할 수 있지만, 인간이 이해할 수 있는 코드는 실력 있는 프로그래머만 작성할 수 있다."[34]

뇌는 컴퓨터가 가진 한계와는 완전히 다른 인지적 한계를 가지고 있습니다. 컴퓨터는 RAM 안에 있는 수많은 것들을 추적해나갈 수 있지만, 우리의 뇌는 7개 정도만 추적할 수 있습니다.

컴퓨터는 프로그래머가 참조하도록 만든 정보만 사용해서 결정을 내리지만, 우리의 뇌는 성급하게 결론을 내리는 경향이 있습니다. 눈에 보이는 것이 전부입니다.

소프트웨어가 원하는 대로 동작하게 만들려면 당연히 코드를 작성해야 합니다. 하지만 이 부분은 더 이상 소프트웨어 공학에서 다루는 주요 문제가 아닙니다. 문제는 우리 뇌에 맞게 코드를 구조화하는 것입니다. 코드는 반드시 인간 친화적이어야 합니다.

이를 위해서는 짧고 독립적인 함수를 작성해야 합니다. 이 책에서는 인간의 단기 기억 한계로 7을 사용할 것입니다. 따라서 인간 친화적인 코드는 의존성이 7개를 넘지 않아야 하고, 순환 복잡도(cyclomatic complexity)[10]나 다른 부분 역시 7을 넘지 않아야 합니다.

악마는 세세한 부분[11]에 있기 마련이기 때문에, 지금부터 많은 예제를 소개하겠습니다.

3.4 / 결론

CODE THAT FITS IN YOUR HEAD

소프트웨어 공학이 해결해야 하는 가장 핵심적인 문제는 소프트웨어 자체가 너무 복잡해서 인간의 두뇌에 잘 맞지 않는다는 점입니다. 1986년 프레더릭 브룩스(Frederick Brooks)[12]는 다음과 같이 분석했습니다.

"소프트웨어 개발의 고전적인 문제들 대부분은 소프트웨어가 가지고 있는 본질적인 복잡성과 더불어 크기가 커짐에 따라 폭발적으로 증가하는 복잡도로 인해 발생합니다. [...] 복잡성 때문에 프로그램에 존재할 수 있는 모든 상태를 이해하는 것은 물론, 이런 상태를 나열하는 것조차도 어려워졌습니다."[14]

---

10 역주 프로그램의 복잡도를 측정하는 지표로, 조건 분기문과 그 복잡도를 측정해서 얼마나 복잡한 제어 경로를 가지는지 나타냅니다.

11 역주 The devil is in the detail. 문제가 되는 것들은 세부적인 내용 안에 있다는 의미로 자주 사용됩니다.

12 역주 IBM System/360 개발을 지휘한 유명한 컴퓨터 과학자이며, 1999년 튜링상 수상자이기도 합니다.

저는 복잡성(complexity)이란 말을 리치 히키(Rich Hickey)[13]가 사용하는 방식과 똑같이 사용합니다[45]. 즉, 복잡성이란 단순함(하나로 통합된 것)의 반대말로, '여러 부분이 얽혀 있거나 조합되어 있는 상태'를 의미합니다.

뇌는 제한된 복잡성만 처리할 수 있습니다. 인간의 단기 기억은 7개 대상만 추적할 수 있는데, 주의를 기울이지 않으면 어느새 한 번에 7개 이상의 일을 처리하는 코드를 만들게 됩니다. 컴퓨터는 이 부분을 관리해주지도, 막아주지도 않습니다.

소프트웨어 공학은 복잡성을 증가시키지 않겠다는 의도를 담은, 신중한 과정이어야 합니다.

여러분은 이 내용에 대해 반발할 수도 있습니다. 오히려 작업이 느려질 뿐이라고 생각할 수도 있지요.

그게 바로 핵심입니다. J. B. 라인스베르거(J.B. Rainsberger)[86]의 말을 빌리면, 우리는 조금 느려질 필요가 있습니다. 입력 속도가 빠를수록 모든 사람이 유지 관리해야 하는 코드가 늘어납니다. 코드는 자산이 아니라, 책임입니다[77].

마틴 파울러가 주장한 것처럼, 좋은 아키텍처를 적용해야 지속가능한 속도를 유지할 수 있습니다[32]. 소프트웨어 공학이란 이를 위한 수단입니다. 소프트웨어 공학은 소프트웨어 개발을 순수한 예술(art)에서 방법론(methodology)으로 전환하려는 시도입니다.

---

13 <u>역주</u> 자바 기반의 함수형 언어인 클로저(Clojure) 언어를 만든 프로그래머입니다.

4^장

수직 슬라이스

4 장

수직 슬라이스

몇 년 전, 단골 고객이 프로젝트를 도와달라고 요청해왔습니다. 가보니 팀은 거의 반년 동안 아무런 성과를 내지 못하고 작업만 하고 있었습니다.

작업이 벅찰 정도로 많기도 했지만, 분석 마비(analysis paralysis)[1][15]에 사로잡혀 있는 것이 문제였습니다. 즉, 이 팀은 주어진 요구 사항이 너무 많아서 모든 요구 사항을 해결할 방법을 찾을 수 없는 상태였습니다. 이런 일은 다른 팀에서도 종종 일어납니다.

가끔은 그냥 시작하는 것이 가장 좋은 전략일 때가 있습니다[2]. 그래도 미리 생각해보고 계획을 세워야 합니다. 미리 생각하는 것에 의도적으로 무관심하거나 심드렁하게 대할 필요는 없지만, 계획이란 것은 너무 적어도 너무 많아도 좋지 않을 수 있습니다. 배포 파이프라인을 이미 구축했다면[49], 기능이 부족하더라도 작동하는 소프트웨어를 빨리 배포할수록 이해관계자로부터 더 빨리 피드백을 수집할 수 있습니다[29].

애플리케이션의 수직 슬라이스(vertical slice)[3]를 만들고 배포하는 것부터 시작합시다.

4.1 동작하는 소프트웨어에서 시작하기

소프트웨어가 동작하는지 어떻게 알 수 있을까요? 제품이 배포되고 설치되어서 실제 사용자가 사용할 때까지는 제대로 동작하는지 확인할 수 없습니다. 하지만 이것도 최종 평가는 아닙니다. 개발한 소프트웨어가 의도대로 작동하더라도 실제로는 사용자의 문제를 해결하지 못할 수도 있습니다. 이 문제를 해결하는 방법은 이 책의 범위를 벗어나기 때문에 여기서는 넘어가겠습니다[4]. 결국 소프트웨어 공학이란 소프트웨어가 의도한 대로 동작하고, 계속 유지되도록 만드는 방법론입니다.

수직 슬라이스 기법 뒤에 숨어 있는 핵심 개념은 가능한 한 빨리 작동하는 소프트웨어를 사용자에게 전달하는 것입니다. 사용자 인터페이스부터 데이터 저장소에 이르기까지 전체 과정의 기능을

---

1 **역주** 생각이 너무 많아서 분석만 하다가 문제 해결을 하지 못하게 되는 현상을 의미합니다.

2 **역주** 분석 마비를 해소하는 가장 좋은 방법이 그냥 시작하는 것이기 때문입니다.

3 **역주** 국내에서 많이 사용되는 MVP(Minimum Viable Product)와 비슷하지만 다릅니다. 전체적인 데이터 흐름을 최소한의 기능으로 나타낸다는 점은 비슷하지만, MVP가 최종적인 제품(product)에서 하려는 동작을 제한적으로나마 가져야 하는 반면, 수직 슬라이스는 그런 제약이 없습니다. 본문의 예제도 실제로 API로의 의미는 가지지 못하지만, 전체적인 데이터 흐름을 표현해서 개발의 기반을 만들었다는데 의미가 있습니다.

4 이러한 주제에 대해 더 알아보고 싶다면, 『린 스타트업』[88]과 『디지털 트랜스포메이션 엔진』[29] 같은 책이 처음에 보기 좋습니다.

최대한 간단하게 구현해보면 됩니다.

4.1.1 데이터 수신에서 데이터 보존까지

대부분의 소프트웨어는 외부와 연결하는 두 가지 형태의 경계가 있습니다. 그림 4-1과 비슷한 다이어그램을 본 적이 있나요? 데이터가 위쪽 경계에 도달하면 애플리케이션은 입력에 다양한 변형을 가한 후 최종적으로 그 값을 저장할 것인지 결정합니다.

❤ 그림 4-1 일반적인 아키텍처 다이어그램. 데이터가 맨 위에 도달하면 애플리케이션(상자)을 통해 흘러서 맨 아래에 있는 부분(원통 모양)에 저장된 후 데이터가 보존됩니다.

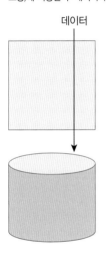

데이터가 저장되지 않는 읽기 작업 역시 입력으로 간주할 수 있습니다. 쿼리는 보통 어떤 데이터를 요청하는지 나타내는 쿼리 매개변수와 같이 사용되는데, 이 경우에도 소프트웨어는 입력값을 데이터 저장의 상호작용으로 바꿔줍니다.

데이터 저장소는 전용 데이터베이스를 이용하거나, 혹은 다른 형태의 시스템이 될 수도 있습니다. 예를 들어 인터넷에 있는 HTTP 기반 서비스일 수도, 메시지 대기열이나 파일 시스템 또는 로컬 컴퓨터의 표준 출력 스트림일 수도 있습니다.

데이터를 저장하는 대상이 쓰기 전용 시스템(write-only system) (예 표준 출력 스트림)이거나 읽기 전용 시스템(read-only system) (예 다른 회사의 HTTP API) 또는 읽기-쓰기 시스템(예 파일 시스템 또는 데이터베이스)일 수 있습니다.

따라서 추상화 수준이 충분히 높은 경우, 그림 4-1의 다이어그램은 웹사이트부터 명령줄 유틸리티(command line utility)에 이르기까지 대부분의 소프트웨어의 동작을 설명할 수 있습니다.

4.1.2 가장 간단한 수직 슬라이스

코드를 구성하는 방법은 다양합니다. 일반적인 아키텍처는 구성 요소를 여러 계층(layer)으로 구성합니다[33][26][50][60]. 반드시 이렇게 해야 하는 것은 아니지만, 계층화된 애플리케이션 아키텍처의 형태를 생각해보면 수직 슬라이스라고 부르는 이유를 이해할 수 있을 것입니다.

> 코드를 반드시 계층 구조 형태로만 만들어야 하는 건 아니지만, 이 절에서는 수직 슬라이스라는 용어를 설명하기 위해
> 계층 구조를 가지는 코드만 다루겠습니다.

그림 4-2와 같이 계층은 보통 수평 층으로 표현되며, 데이터는 맨 위 계층으로 들어와 맨 아래 계층에서 저장됩니다. 기능 하나를 온전하게 구현하려면, 데이터는 들어오는 부분부터 저장되는 계층까지 모든 계층을 거치면서 이동해야 합니다. 각각의 계층이 수평 층을 형성하고 있다고 가정하면, 하나의 기능은 모든 계층을 가로지르는 수직 슬라이스라고 할 수 있습니다.

▼ 그림 4-2 전형적인 애플리케이션 아키텍처의 수평 층을 통과하는 수직 슬라이스

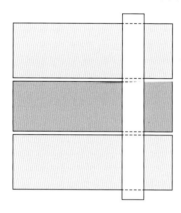

코드를 계층 구조로 구성하든 다른 방식으로 구성하든, 입력부터 저장까지 아우르는 기능(end-to-end feature)을 구현해보면 적어도 다음 두 가지를 얻을 수 있습니다.

1. 소프트웨어 개발 프로세스 전체 과정에 대한 피드백을 빠르게 받을 수 있습니다.
2. 작동하는 소프트웨어이기 때문에, 누군가에게는 쓸모가 있을 수 있습니다.

저는 실제 애플리케이션의 기능을 구현하기 전에, 자체 개발한 데이터베이스 접근 프레임워크를 만드는 데 몇 달을 보낸 프로그래머를 만난 적이 있습니다. 그들은 종종 현실에 맞지 않는 사용 패턴을 가정하고 설계하곤 합니다. '나중에 필요할지 모르는' 기능을 코드에 추가하는 추측성 일반화

(speculative generality)[5]는 피해야 합니다. 즉, 기능 구현에 필수적인 부분만 가장 간단한 코드로 작성해야 하며, 나중에 기능을 추가할 때는 중복된 부분이 없도록 주의해야 합니다.

수직 슬라이스를 구현함으로써 어떤 종류의 코드가 필요하고, 어떤 코드가 필요 없는지 매우 효과적으로 확인할 수 있습니다.

CODE THAT FITS IN YOUR HEAD

4.2 동작하는 골격

코드를 바꿔야 하는 동기를 찾아보세요. 이런 동기는 실질적으로 코드에 변화를 이끌어내는 수단(driver)으로 작용합니다.

앞에서 이미 이처럼 변화를 불러오는 수단의 몇 가지 예를 살펴봤습니다. 경고를 오류로 취급하거나 린터(linter) 및 기타 정적 코드 분석기(static code analyzer)를 켰을 때 코드를 바꿔야 한다는 외적 동기가 발생합니다. 이런 방법은 주관적인 판단을 어느 정도 배제하기 때문에 도움이 됩니다.

소프트웨어의 변화를 이끌어내는 수단이 무엇인지에 따라, 'XX-주도 개발'이란 이름의 소프트웨어 개발 방법론들이 나타났습니다.

1. 테스트 주도 개발(Test-Driven Development; TDD)[9]
2. 행위 주도 개발(Behavior-Driven Development; BDD)
3. 도메인 주도 설계(Domain-Driven Design; DDD)[26]
4. 형식 주도 개발(Type-Driven Development)
5. 속성 주도 개발(Property-Driven Development)[6]

3장에서 본 야구 방망이와 공 문제를 생각해보면, 우리가 얼마나 쉽게 실수를 저지르는지 알 수 있습니다. 실수를 하지 않고 코드를 지속적으로 개선하기 위해서는 외적인 변화 수단을 사용해야 합니다. 어떤 방식으로든 이러한 수단과 상호작용하면서 여러분이 코드를 수정해나가도록 만들어야 합니다.

---

5 **역주** 막연히 추측만으로 범용 코드를 만드는 것을 의미합니다.

6 속성 기반 테스트의 예는 15.3.1절을 참조하세요.

린터뿐만 아니라 자동화된 테스트 코드 역시 여러분의 코드를 바꾸도록 만드는 수단이 될 수 있습니다. 저는 종종 외부 접근 형태(outside-in)의 테스트 주도 개발을 사용할 때가 있습니다. 이 기법은 첫 번째 단계에서 테스트할 시스템의 고수준 경계부터 작성한 코드를 테스트할 수 있습니다. 여기에 필요에 따라 구체적이고 세부적인 구현에 대한 테스트를 추가하여 외부 접근 형태로 작업을 진행할 수 있습니다. 4.3절에서 예제를 통해 자세히 설명하겠습니다.

이제 우리는 테스트 스위트(test suite)[7]가 필요합니다.

4.2.1 특성화 테스트

이 장의 나머지 부분에서는 2.2.2절에서 개발하기 시작한 레스토랑 예약 HTTP API에 어떻게 수직 슬라이스를 추가할 수 있는지 알아볼 예정입니다. 아직까지는 Hello World!라는 텍스트만 출력합니다.

시스템에 간단한 자동화 테스트를 추가하면 테스트 주도 개발을 할 수 있습니다. 자동으로 테스트하고 배포할 수 있는 기능의 일부인 '동작하는 골격(walking skeleton)'[36]이 됩니다.

비주얼 스튜디오 솔루션에 유닛 테스트(unit test) 프로젝트를 추가할 때는 2.2절에서 언급한 '새로운 코드베이스를 위한 체크리스트'를 따르세요. 새 테스트 프로젝트를 깃에 추가하고, 경고를 오류로 처리하도록 만들고, 자동화된 빌드가 테스트를 실행하는지 확인해야 합니다.

모두 완료되었으면, 예제 4-1에 있는 첫 번째 테스트 케이스를 추가합시다.

예제 4-1 HTTP 홈 리소스에 대한 통합 테스트 (Restaurant/3ee0733/Restaurant.RestApi.Tests/HomeTests.cs)

```
[Fact]
public async Task HomeIsOk()
{
    using var factory = new WebApplicationFactory<Startup>();
    var client = factory.CreateClient();

    var response = await client
        .GetAsync(new Uri("", UriKind.Relative))
        .ConfigureAwait(false);

    Assert.True(
```

---

7 [역주] 테스트 케이스(test case)라 부르는 다양한 테스트를 모아둔 것을 의미합니다.

```
        response.IsSuccessStatusCode,
        $"Actual status code: {response.StatusCode}.");
}
```

사실 저는 소스 코드를 만들고 테스트 코드를 작성했기 때문에 테스트 주도 개발 과정을 따른 것은 아닙니다. 이런 형태의 테스트는 이미 있는 소프트웨어의 동작을 특성화(즉, 설명)하는 것이므로, 특성화 테스트(characterization test)[27]라고 합니다.

이미 소프트웨어가 있는 상태였으므로 이런 방식으로 작업했습니다. 2장에서 코드 생성기로 초기 코드를 만들었던 것을 기억할 겁니다. 현재까지는 의도한 대로 동작하지만, 계속 제대로 동작할지 어떻게 알 수 있을까요?

코드가 다시 나빠지는 것을 막으려면 자동화된 테스트를 추가하는 것이 좋습니다.

예제 4-1의 테스트에서는 xUnit.net 유닛 테스트 프레임워크를 사용합니다. 이 책 전체에서 이 테스트 프레임워크를 사용할 것입니다. xUnit.net 프레임워크는 잘 알려진 유닛 테스트 패턴[66]을 사용하므로, 이 프레임워크에 익숙하지 않더라도 예제를 쉽게 따라할 수 있을 것입니다.

여기서는 테스트를 위해 WebApplicationFactory<T> 클래스로 HTTP 애플리케이션의 호스팅 인스턴스(self-hosting instance)를 생성합니다. Startup 클래스(예제 2-5 참조)는 애플리케이션 자체를 정의하고 띄워주는(bootstraps) 역할을 합니다.

여기에 기술된 어설션(assertion)[8]은 시스템의 가장 표면적인 속성만을 나타냅니다. 즉, API에서 응답하는 HTTP 상태 코드가 200 근처의 값(웹 200 OK 또는 201 Created)으로 응답하는지 확인하는 것이죠. 현재 애플리케이션의 동작은 단순히 Hello World!를 반환해서 데이터를 표시하는 것이므로, 그보다 더 많은 부분을 확인할 필요는 없다고 생각합니다. 물론 앞으로는 바꿔줘야 합니다.

어설션은 부울 표현식이 '참'이어야 한다고 표명하는 것이므로, true를 기대했으나 실제로는 false 값이 나온 경우에만 어설션 라이브러리에서 메시지를 출력합니다. 대부분의 경우에는 어설션이 켜지지 않으며, 특정한 상황에 대한 추가 정보를 제공할 수 있기 때문에 도움이 됩니다. 위 코드에서는 추가 메시지를 Assert.True의 두 번째 인자로 오버로드해서 이 작업을 처리했습니다.

테스트가 너무 장황하지만 컴파일되고 테스트도 통과합니다. 차차 테스트 코드를 개선해나가겠지만, 우선은 새로운 코드베이스를 위한 체크리스트를 따르는 것을 염두에 두어야 합니다. 테스트

---

8 역주 값이나 식이 어떻게 되어야 한다고 표명하는 부분입니다. '주장', '단언', '표명'이라 쓰기도 하는데, 이 책에서는 조금 더 명확하게 하기 위해서 '어설션'이라고 쓰겠습니다.

스위트를 추가했으니, 이제 빌드 스크립트를 바꿔서 테스트가 처리되도록 만들어야 합니다. 어떻게 바꾸면 되는지는 예제 4-2와 같습니다.

예제 4-2 테스트를 위한 빌드 스크립트 (Restaurant/3ee0733/build.sh)

```
#!/usr/bin/env bash
dotnet test --configuration Release
```

예제 2-3과 비교했을 때 유일한 차이점은 dotnet build 대신 dotnet test를 호출한다는 것입니다. 체크리스트를 따라야 한다는 것을 잊지 마세요. 즉, 깃에 변경 사항을 커밋해야 합니다.

4.2.2 준비-행동-어설트(AAA 패턴)

예제 4-1에서 테스트의 구조를 볼 수 있습니다. 테스트의 구조는 두 문장으로 시작해서, 빈 줄 하나, 세 줄짜리 단일문, 빈 줄 하나, 마지막으로 세 줄짜리 단일문으로 구성되어 있습니다.

이 구조는 대부분 의도적인 방법론의 결과물입니다. 여기서는 몇몇 문장이 여러 줄에 걸쳐서 기술된 이유를 설명하지 않고 넘어가고, 7.1.3절에서 더 자세히 설명하겠습니다.

반면 빈 줄로 코드를 나눈 것은 AAA 패턴이라고 부르는 준비-행동-어설트(Arrange-Act-Assert) 패턴[9]을 따랐기 때문입니다. 이 구성의 배경이 되는 아이디어는 유닛 테스트를 다음과 같이 세 부분으로 나누는 것입니다.

1. **준비**(Arrange) 단계: 테스트에 필요한 모든 것을 준비합니다.
2. **행동**(Act) 단계: 테스트하려는 작업을 호출합니다.
3. **어설트**(Assert) 단계: 실제 결과가 예상 결과와 일치하는지 확인합니다.

경험을 통해서 이 패턴을 바꿔나갈 수도 있지만, 저는 보통 예제 4-1처럼 세 단계로 나누고 이를 빈 줄로 구분해서 표시합니다.

이 방식은 테스트 자체에 빈 줄을 추가하지 않아도 되는 경우에만 사용할 수 있습니다. 보통 준비(Arrange) 부분이 너무 길어져서 가독성을 위해 빈 줄을 추가하는 경우 문제가 발생합니다. 이렇게 하면 테스트 코드에 빈 줄이 두 개 이상 생기면서, 앞에서 이야기한 세 단계를 명확하게 구분하기 어려워집니다.

일반적으로 이를 코드가 커지면서 발생하는 코드의 악취[34]라고 이야기합니다. 저는 세 단계의 크기가 균형을 이룰 때가 가장 좋습니다. 보통 행동(Act) 부분이 가장 짧지만, 그림 4-3과 같이 코드를 90° 회전시켰다고 상상했을 때 행동 부분을 중심으로 테스트 코드의 균형이 맞도록 만들어야 합니다.

❤ 그림 4-3 테스트 코드를 90° 회전시켰다고 상상해보세요(여기에 나타낸 코드는 예시이지만, 모든 유닛 테스트 코드도 마찬가지입니다). 테스트 코드의 동작 단계가 대충 중앙에 위치한다면 균형이 맞는 것입니다.

테스트 코드가 너무 커서 빈 줄을 넣어야 하는 경우, 주석을 이용해서 세 단계를 다시 분류하는 건 어떨까요?[92] 별로 좋은 방법이 아닙니다.

반대로 아주 작은 테스트를 작성하는 경우도 있을 수 있습니다. 코드가 단 세 줄이고, 한 줄마다 서로 다른 AAA 단계에 속하는 경우에는 빈 줄을 생략할 수 있습니다. 코드가 한두 줄만 있는 경우도 마찬가지입니다. AAA 패턴의 목적은 잘 알려진 구조를 사용함으로써 테스트 코드를 조금 더 읽기 쉽게 만드는 것이기 때문입니다. 두세 줄의 코드라면 테스트가 충분히 작기 때문에 이미 편하게 읽을 수 있습니다.

4.2.3 정적 분석 조절

예제 4-1은 코드 몇 줄에 불과하지만 여전히 너무 장황합니다. 특히 행동 부분은 가독성이 더 좋아야 합니다. 여기에는 다음 두 가지 문제가 있습니다.

1. ConfigureAwait를 호출하는 것은 뭔가 중복되는 것 같습니다.

2. 빈 문자열을 인수로 전달하기 위해 상당히 복잡한 방법을 사용합니다.

각 문제를 차례로 해결해보겠습니다.

ConfigureAwait가 중복된다면 왜 여기에 있을까요? 이 부분이 없다면 코드가 컴파일되지 않기 때문입니다. 새로운 코드베이스를 만들 때 사용하는 체크리스트에 따라 정적 코드 분석을 추가하고, 경고를 오류로 바꾸도록 테스트 프로젝트를 구성했습니다.

정적 코드 분석 규칙[9] 중 하나로, 호출을 기다리는 태스크에서 ConfigureAwait를 호출할 것을 권장하는 규칙이 있습니다. 해당 규칙 관련 문서에는 규칙이 만들어진 이유가 설명되어 있습니다. 간단히 설명하면, 태스크는 원래 태스크가 생성한 스레드에 의해서만 재개될 수 있지만, ConfigureAwait(false)를 호출하면 어떤 스레드라도 태스크를 재개시킬 수 있게 되면서 교착 상태(deadlock) 및 특정 상황에서의 성능 문제를 피할 수 있습니다. 따라서 재사용이 가능한 라이브러리를 구현하는 코드에서는 이 메서드를 호출해야 한다고 강력히 권장합니다.

하지만 일반적으로 테스트 라이브러리는 재사용 가능한 라이브러리가 아니며, 사용할 클라이언트도 이미 알고 있습니다. 즉, 비주얼 스튜디오에 내장된 테스트 실행기(test runner)나 지속적 통합 서버에서 제공하는 테스트 실행기 등 2~3개의 표준 테스트 실행기 정도가 될 것입니다.

규칙에 대한 분서에는 어떤 경우에 해당 규칙을 적용하지 않아도 괜찮은지 설명하는 부분도 있는데, 유닛 테스트 라이브러리가 이 설명에 부합합니다. 따라서 해당 규칙을 제거해 테스트에서 불필요한 잡음을 없앨 수 있습니다.

유닛 테스트 단계에서는 이런 규칙을 꺼두는 것이 좋지만, 제품을 위한 코드에서는 반드시 켜두어야 합니다. 이 부분을 제외한 특성화 테스트 코드가 예제 4-3입니다.

예제 4-1의 또 다른 문제는 GetAsync 메서드에서 Uri 객체 대신 string을 오버로드해서 사용하고 있다는 점입니다. 테스트는 new Uri("", UriKind.Relative) 대신 ""를 사용하면 더욱 읽기 쉬울 것입니다. 물론 또 다른 정적 코드 분석 규칙[10]은 이런 형태의 오버로드를 권장하지 않습니다.

'문자열 형식'[3] 코드를 피해야 합니다[11]. 문자열 대신 적절하게 캡슐화된 객체를 사용하는 것이 좋습니다. 저는 이 원칙이 중요하다고 생각하기 때문에 ConfigureAwait에서 보았던 것처럼 해당 규

---

9 "CA2007: 태스크를 직접 기다리지 마세요(코드 분석)"

   역주 .NET에서 비동기 메서드에서 태스크를 직접 기다리게 만드는 경우 나오는 린트 경고입니다.

10 "CA2234: 문자열 대신 System.Uri 객체를 전달합니다."

11 기본형 집착(primitive obsession)이라고도 부릅니다[34].

칙을 꺼둘 생각은 없습니다.

하지만 규칙에도 원칙에 근거한 예외를 만들 수 있다고 생각합니다. 눈치챘겠지만 Uri 객체는 string으로 채워야 합니다.

string 대신 Uri 객체를 사용하면, 수신 측에서 캡슐화된 객체를 받기 때문에 일반적인 문자열을 받았을 때보다 형태를 조금 더 명확하게 확인할 수 있습니다[12]. 객체를 만드는 쪽에서는 별다른 차이가 없습니다. 따라서 소스 코드에 string 형의 변수가 아닌 리터럴(literal)[13]을 사용하는 경우에도 경고를 표시하지 않는 것이 합리적입니다.

예제 4-3 코드 분석 관련 경고가 적게 나오도록 만든 테스트 (Restaurant/d8167c3/Restaurant.RestApi.Tests/HomeTests.cs)

```
[Fact]
[SuppressMessage(
    "Usage", "CA2234:Pass system uri objects instead of strings",
    Justification = "URL isn't passed as variable, but as literal.")]
public async Task HomeIsOk()
{
    using var factory = new WebApplicationFactory<Startup>();
    var client = factory.CreateClient();

    var response = await client.GetAsync("");

    Assert.True(
        response.IsSuccessStatusCode,
        $"Actual status code: {response.StatusCode}.");
}
```

예제 4-3은 모든 테스트에 대해 ConfigureAwait 규칙을 끄고, 특정 테스트에 대해 Uri 규칙을 끈 테스트 코드입니다. 행동 부분이 세 줄에서 한 줄로 줄었습니다. 가장 중요한 건 코드 읽기가 더 쉬워졌다는 점입니다. (내용상으로 봤을 때) 잡음에 해당하던 코드가 제거되었습니다.

테스트 메서드의 속성을 사용하여 Uri 관련 사항을 꺼둔 것을 볼 수 있습니다. 해당 부분을 꺼둔 이유도 같이 적었다는 점에 주목하세요. 3장에서 이야기한 것처럼 여러분이 작성한 것 중에서 가장 중요하며, 결국 마지막까지 남는 것은 바로 여러분의 코드입니다. 나중에 코드를 읽는 사람이 코드가 왜 이런 형태로 구성되었는지를 이해해야 합니다[14].

---

12 5장에서 보증 및 캡슐화에 대해 자세히 설명합니다.

13 역주 리터럴은 변수에 넣지 않는 데이터 그 자체를 말하며, 컴파일되었을 때 읽기 전용 데이터 영역에 있는 데이터나 문자열을 의미합니다.

14 보통 깃 기록에서 변경된 사항을 재구성할 수 있지만, 왜 변경되었는지 이유를 찾아내는 것은 훨씬 어렵습니다.

> 문서화할 때는 결정된 **내용**을 설명하는 것보다 이렇게 결정한 **이유**를 설명하려고 노력해야 합니다.

정적 코드 분석이 유용하기는 하지만 오탐지에 의한 경고 문제도 있습니다. 필요에 따라 규칙이나 특정 경고를 꺼도 되지만, 신중하게 진행해야 합니다. 적어도 이렇게 결정한 이유를 문서화하고, 되도록 결정에 대한 피드백을 받으세요.

4.3 외부 접근 개발

이제 속도를 낼 수 있습니다. HTTP 요청에 응답하는 시스템이 있고 (많은 일을 하는 건 아니지만) 자동화된 테스트도 있습니다. 이것이 우리가 가진 동작하는 골격[36]입니다.

시스템은 쓸모 있는 작업을 처리할 수 있어야 합니다. 이 장의 목표는 HTTP 경계에서 데이터 저장에 이르는 시스템의 수직 슬라이스를 구현하는 것입니다. 2.2.2절에서 말한 것처럼 우리는 간단한 온라인 레스토랑 예약 시스템을 만들려고 합니다. 따라서 수직 슬라이스로는 유효한 예약을 받아서 데이터베이스에 저장하는 동작이 가장 좋겠습니다. 그림 4-4가 대략의 설계 계획입니다.

▼ 그림 4-4 유효한 예약을 수신해서 데이터베이스에 저장하는 시스템을 수직 슬라이스 형태로 만드는 것이 우리의 계획입니다.

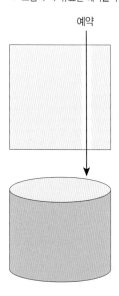

예약

이 시스템은 JSON 문서를 수신하고 응답하는 HTTP API여야 하며, 이를 통해 외부와 상호작용할 것입니다. API는 동작에 관한 외부 클라이언트와의 계약(contract)이기 때문에 한번 설정한 다음에는 가급적 그대로 유지하는 것이 중요합니다.

인터페이스 동작에서 퇴행을 방지하려면 어떻게 해야 할까요? 한 가지 방법은 HTTP 인터페이스 부분에 맞춰서 자동화된 테스트를 작성하는 것입니다. 어떤 것을 구현하기 전에 테스트부터 작성하면, 테스트 주도 개발을 실현하는 수단으로 사용할 수 있습니다.

이러한 테스트는 자동화된 승인 테스트[49] 역할도 할 수 있으므로, 이 과정을 승인–테스트 주도 개발(acceptance-test-driven development)이라고 부를 수 있습니다. 하지만 이보다는 외부 접근 테스트 주도 개발(outside-in test-driven development)[15]이라 부르는 것이 더 좋을 것 같습니다. 인터페이스에서 시작하는 동안에도 내부 동작을 구현할 수 있기 때문입니다. 곧 이 부분에 대한 예를 살펴보겠습니다.

4.3.1 JSON 수신

새로운 코드베이스를 시작할 때는 해야 할 일이 아주 많습니다. 꾸준히 조금씩이라도 앞으로 나아가는 것이 쉽지는 않겠지만 계속해서 시도해야 합니다. 레스토랑 예약 시스템의 예에서 가장 간단하게 바꿀 만한 부분은 API의 응답이 JSON 문서인지 확인하는 것입니다.

현재까지 우리가 만든 웹 애플리케이션은 단순히 하드코딩된 문자열 Hello World!를 일반 텍스트 형식으로 반환할 뿐이기 때문에 이런 기능이 아직 없습니다.

좋은 테스트 주도 형식이라면 응답의 형태가 JSON임을 가정하는 새로운 테스트를 만들 수 있겠지만, 대부분은 예제 4–3의 있던 테스트 내용을 반복할 것입니다. 테스트 코드를 복제해서 사용하는 대신 기존 테스트를 조금 더 정교하게 만들 수 있습니다. 예제 4–4는 확장된 테스트입니다.

예제 4–4 홈 리소스가 JSON을 반환하는지 확인하는 테스트 (Restaurant/316beab/Restaurant.RestApi.Tests/HomeTests.cs)

```
[Fact]
[SuppressMessage(
    "Usage", "CA2234:Pass system uri objects instead of strings",
    Justification = "URL isn't passed as variable, but as literal.")]
public async Task HomeReturnsJson()
```

---

15 여기서 새로 만든 용어가 아닙니다. 어디서 처음 들었는지 기억나지 않지만, 『테스트 주도 개발로 배우는 객체 지향 설계와 실천』[36]에서 처음 보았던 용어입니다.

```
{
    using var factory = new WebApplicationFactory<Startup>();
    var client = factory.CreateClient();

    using var request = new HttpRequestMessage(HttpMethod.Get, "");
    request.Headers.Accept.ParseAdd("application/json");
    var response = await client.SendAsync(request);

    Assert.True(
        response.IsSuccessStatusCode,
        $"Actual status code: {response.StatusCode}.");
    Assert.Equal(
        "application/json",
        response.Content.Headers.ContentType?.MediaType);
}
```

세 부분이 바뀌었습니다.

1. 테스트 이름을 좀 더 구체적으로 변경했습니다.

2. 테스트에서 request의 Accept 헤더를 application/json으로, 명시적으로 설정했습니다.

3. 어설션을 하나 더 추가했습니다.

Accept 헤더를 설정함으로써 클라이언트는 HTTP의 내용 협상(content negotiation) 프로토콜을 사용하게 되었습니다. 서버가 JSON 응답을 줄 수 있다면 JSON으로 줘야 합니다. 이 부분을 검증하기 위해서 response의 Content-Type[16]을 확인하는 어설션을 추가했습니다.

테스트에서 Content-Type 헤더가 application/json일 것으로 예상했지만, 실제로는 null이 반환되면서 두 번째 어설션은 실패합니다. 이렇게 실패한 테스트를 작성한 다음 이 테스트가 통과하도록 만드는 것은 테스트 주도 개발과 비슷합니다.

ASP.NET으로 작업할 때는 MVC(Model-View-Controller) 패턴을 따라야 합니다. 예제 4-5는 제가 구현할 수 있는 가장 간단한 컨트롤러입니다.

---

16 테스트에는 어설션이 단 하나만 있어야 한다는 이야기를 들어봤을 것입니다. 또한, 여러 개의 어설션이 있는 경우를 '어설션 룰렛'이라 하며, 코드 악취 중 하나라는 이야기도 들었을 겁니다. 어설션 룰렛은 코드 악취 중 하나지만, 테스트에 여러 개의 어설션을 넣는다고 해서 모두 여기에 해당하는 것은 아닙니다. 어설션 룰렛은 어설션 부분에 준비와 행동 코드를 반복적으로 삽입하거나 어설션에서 제공하는 유용한 메시지가 부족한 경우입니다[66].

```
[Route("")]
public class HomeController : ControllerBase
{
    public IActionResult Get()
    {
        return Ok(new { message = "Hello, World!" });
    }
}
```

4

수직 슬라이스

하지만 이것만으로는 충분하지 않습니다. ASP.NET에도 MVC 프레임워크를 사용한다는 것을 알려야 합니다. 예제 4–6과 같이 Startup 클래스에서 이 부분을 처리할 수 있습니다.

예제 **4-6** MVC를 ASP.NET에 설정하기 (Restaurant/316beab/Restaurant.RestApi/Startup.cs)

```
public sealed class Startup
{
    public static void ConfigureServices(IServiceCollection services)
    {
        services.AddControllers();
    }

    public static void Configure(
        IApplicationBuilder app,
        IWebHostEnvironment env)
    {
        if (env.IsDevelopment())
            app.UseDeveloperExceptionPage();

        app.UseRouting();
        app.UseEndpoints(endpoints => { endpoints.MapControllers(); });
    }
}
```

이 코드는 예제 2–5와 비교해 더 간단해 보입니다. 따라서 더 개선되었다고 볼 수 있습니다.

이렇게 바꾸면 예제 4–4의 테스트를 통과합니다. 변경 사항을 깃에 커밋하고 배포 파이프라인을 통해 푸시합시다[49].

4.3.2 예약 게시

수직 슬라이스의 목적은 시스템의 동작을 확인하는 것입니다. 일단 각각의 구성요소를 잘 배치하는데 신경을 썼습니다. 새로운 코드베이스에서는 이런 작업을 먼저 진행하는 것이 일반적이며, 이제는 모든 준비가 끝났습니다.

첫 번째 수직 슬라이스의 기능을 선택할 때는 몇 가지를 고려해야 합니다. 제 경험을 통해 발견한 것들이므로 휴리스틱(heuristic)이라고 할 수 있겠네요.

1. 구현하기 간단한 기능이어야 합니다.

2. 되도록이면 데이터 입력이 가능해야 합니다.

영구 데이터(persisted data)를 사용하는 시스템을 개발할 때 다른 부분을 테스트하기 위해서는 약간의 데이터가 필요하다는 것을 금방 알게 됩니다. 시스템에 데이터를 추가하는 기능으로 시작하면 이 문제를 깔끔하게 해결할 수 있습니다.

따라서 웹 애플리케이션이 레스토랑 예약 정보를 수신하고 저장할 수 있도록 만드는 것이 좋겠습니다. 외부 접근 테스트 주도 개발(outside-in test-driven development) 방식을 사용하여 예제 4-7과 같은 테스트를 작성할 수 있습니다.

수직 슬라이스를 만들 때는 원래 기대했던 대로 모든 조건이 맞아 예외나 오류가 발생하지 않는 상태를 목표로 삼습니다[66]. 잘못될 가능성이 있는 것은 일단 무시하세요[17]. 수직 슬라이스의 목표는 시스템에서 어떤 기능이 가능한지 증명하는 것입니다. 이 예에서 원하는 기능은 예약을 수신하고 저장하는 것입니다.

그렇게 해서 예제 4-7은 서비스에 유효한 예약을 게시합니다. 예약은 유효한 날짜, 이메일, 이름, 손님의 수를 반드시 포함해야 합니다. 테스트에서는 JSON 객체를 모사하기 위해서 익명 유형을 사용하며, 직렬화 이후에 나오는 JSON의 구조와 필드 이름은 같습니다.

예제 4-7 HTTP API로 유효한 예약을 게시하는 테스트. PostReservation 메서드는 예제 4-8에 있습니다.
(Restaurant/90e4869/Restaurant.RestApi.Tests/ReservationsTests.cs)

```
[Fact]
public async Task PostValidReservation()
{
    var response = await PostReservation(new {
```

---

17 물론 생각나는 것이 있으면 잊어버리지 않도록 적어둬야 합니다[9].

```
            date = "2023-03-10 19:00",
            email = "katinka@example.com",
            name = "Katinka Ingabogovinanana",
            quantity = 2 });

        Assert.True(
            response.IsSuccessStatusCode,
            $"Actual status code: {response.StatusCode}.");
    }
```

고수준 테스트에서는 어설션이 비교적 쉽게 통과할 수 있도록 만들어야 합니다. 개발 과정에서 세부 사항이 많이 바뀌므로, 어설션을 너무 구체적으로 작성하면 자주 수정해야 하기 때문입니다. 따라서 가볍게 접근하는 것이 좋습니다. 예제 4-7의 테스트는 4.2.1절에서 이야기한 것처럼 HTTP 상태 코드가 성공을 나타내는지 확인만 합니다. 테스트 코드를 추가함에 따라 시스템의 예상 동작을 점점 더 자세히 설명하게 되므로, 이 작업을 반복해서 진행해야 합니다.

PostReservation 메서드에서 모든 테스트가 진행됩니다. 이것은 예제 4-8의 테스트 유틸리티 메서드[66]입니다.

대부분의 코드는 예제 4-4와 비슷합니다. 테스트에서 이 부분을 적어도 되는데, 왜 그렇게 하지 않았을까요? 몇 가지 이유가 있지만, 이 역시 소프트웨어 공학이 과학이라기보다 예술이라고 할 수 있기 때문입니다[18].

한 가지 이유는 테스트 자체의 가독성을 높일 수 있기 때문입니다. 테스트를 위해서 필요한 부분만 남겨두니까요. 서비스에 어떤 값을 게시하면 성공 여부를 응답으로 보내줍니다. 로버트 마틴의 추상화 정의에 따르면 이런 형태는 추상화의 좋은 예가 될 수 있습니다.

“추상화란 무관한 것을 제거하고, 본질적인 것을 강조하는 것입니다.”[60]

예제 4-8 PostReservation 도우미 메서드. 이 메서드는 테스트 코드베이스 안에 정의되어 있습니다.
(Restaurant/90e4869/Restaurant.RestApi.Tests/ReservationsTests.cs)

```
[SuppressMessage(
    "Usage",
    "CA2234:Pass system uri objects instead of strings",
    Justification = "URL isn't passed as variable, but as literal.")]
private async Task<HttpResponseMessage> PostReservation(
```

---

18 **역주** 과학은 고정적이며 반복적으로 적용될 수 있는 것을 의미하지만, 예술은 그때그때 적절하게 바꿀 수 있는 것을 의미합니다.

```
        object reservation)
    {
        using var factory = new WebApplicationFactory<Startup>();
        var client = factory.CreateClient();

        string json = JsonSerializer.Serialize(reservation);
        using var content = new StringContent(json);
        content.Headers.ContentType.MediaType = "application/json";
        return await client.PostAsync("reservations", content);
    }
```

도우미 메서드를 정의하는 또 다른 이유는 이 작업을 처리하는 방법을 필요할 때 마음대로 변경하고 싶기 때문입니다. 코드의 마지막 줄에서 하드코딩된 상대 경로인 "reservations"를 사용하여 PostAsync를 호출하는데, 이는 예약 리소스가 https://api.example.com/reservations와 같은 URL에 있음을 의미합니다. 하지만 이 URL 자체가 API 계약의 일부가 되는 것은 바라지 않을 겁니다.

게시된 URL 템플릿으로 HTTP API를 작성할 수는 있지만, 계약을 위반하지 않고 API를 변경하기는 어렵기 때문에 REST가 될 수 없습니다[2]. 클라이언트가 문서화된 URL 템플릿을 요구하는 형태의 API의 경우 HTTP 요청 메서드는 사용할 수 있지만, 하이퍼미디어 제어는 사용할 수 없습니다[19].

지금 당장 하이퍼미디어 제어(CH 링크)를 사용하기에는 처리해야 할 것이 너무 많기 때문에, 나중에 변경할 권한을 확보하기 위해 SUT[20] 캡슐화[66]를 통해 서비스의 상호작용을 캡슐화해둘 수 있습니다.

예제 4-8에서 또 하나 이야기할 부분은, 4.2.3절에서 설명했던 것처럼 Uri 객체 사용을 요구하는 코드 분석 규칙을 꺼놨다는 점입니다.

테스트를 실행하면 예상대로 실패합니다. 어설션 메시지[66]는 "Actual status code: NotFound."가 나옵니다. 이 메시지는 /reservations 리소스가 서버에 존재하지 않는다는 뜻으로, 아직 구현하지 않았기 때문에 당연한 일입니다.

예제 4-9에서 볼 수 있듯이 이 부분은 손쉽게 고칠 수 있습니다. 다음은 기존의 모든 테스트를 통과할 수 있게 최소한으로 구현한 것입니다.

---

19 리처드슨(Richardson)의 성숙도 모델에서는 REST를 (1) 자원 (2) HTTP 메서드 (3) 하이퍼미디어 제어의 세 단계로 구분합니다[114].

20 SUT는 테스트 대상 시스템(System Under Test)을 말합니다.

(Restaurant/90e4869/Restaurant.RestApi/ReservationsController.cs)

```
[Route("[controller]")]
    public class ReservationsController
    {
#pragma warning disable CA1822 // 멤버를 static으로 표시하세요.
        public void Post() { }
#pragma warning restore CA1822 // 멤버를 static으로 표시하세요.
    }
```

코드에서 가장 눈에 띄는 부분은 덕지덕지 붙어 있는 #pragma입니다. Post 메서드를 static으로 만들면 테스트가 실패하기 때문에, 주석에 있는 것처럼 Post 메서드를 static으로 만들어야 한다는 정적 코드 분석 규칙을 끄겠다고 표시한 것입니다. ASP.NET MVC 프레임워크는 관례에 따라 HTTP 요청을 컨트롤러 메서드와 일치시켜야 하며, 이때 메서드는 반드시 인스턴스 메서드여야 하기 때문에 static 메서드가 될 수 없습니다.

.NET 분석기의 경고를 억제하는 방법은 여러 가지가 있으나, 여기서는 //TODO 주석을 남기는 대신 일부러 가장 끔찍한 방법을 선택했습니다. #pragma 지시문이 //TODO 주석과 같은 효과도 거둘 수 있기를 바랍니다.

현재는 Post 메서드가 아무 동작도 하지 않지만, 나중에는 그렇지 않겠지요. 하지만 일단 지금은 코드를 컴파일시키기 위해 해당 경고가 나오지 않도록 설정해야 합니다. 경고를 오류로 취급하면 어느 정도 대가가 따르지만, 속도를 조절하는 것도 감수할 만한 가치가 있습니다. 잊지 마세요. 우리의 목표는 지속가능한 소프트웨어를 만드는 것이지, 코드 생산성을 높이는 것이 아닙니다.

> 우리의 목표는 코드를 빨리 작성하는 것이 아니라 지속가능한 소프트웨어입니다.

이제 모든 테스트를 통과했습니다. 깃에 변경 사항을 커밋하고 배포 파이프라인을 통해 푸시할 때가 되었습니다[49].

4.3.3 유닛 테스트

예제 4-9를 보면, 우리가 만든 웹 서비스는 게시된 예약을 처리하고 있지 않습니다. 예제 4-10에 있는 테스트처럼 다른 테스트를 통해 동작이 목표에 더 가까워지도록 유도할 수 있습니다.

```
[Fact]
public async Task PostValidReservationWhenDatabaseIsEmpty()
{
    var db = new FakeDatabase();
    var sut = new ReservationsController(db);

    var dto = new ReservationDto
    {
        At = "2023-11-24 19:00",
        Email = "juliad@example.net",
        Name = "Julia Domna",
        Quantity = 5
    };
    await sut.Post(dto);

    var expected = new Reservation(
        new DateTime(2023, 11, 24, 19, 0, 0),
        dto.Email,
        dto.Name,
        dto.Quantity);
    Assert.Contains(expected, db);
}
```

앞에서 보았던 테스트와 다르게, 시스템의 HTTP API에 대한 테스트가 아니라, 유닛 테스트[21]입니다. 이 부분에서 외부 접근 테스트 주도 개발의 핵심 아이디어를 확인할 수 있습니다. 즉, 시스템의 경계에서 시작해서 점차 안쪽으로 들어가면서 작업을 진행하는 것입니다.

이렇게 이의를 제기할 수도 있을 겁니다. "하지만 시스템의 경계는 시스템이 외부 세계와 상호 작용하는 곳이므로, 이 단계에서 동작을 테스트해야 하지 않을까요?"

타당한 의문처럼 보이지만, 아쉽게도 현실적이지 않습니다. 경계에서의 테스트를 통해 모든 동작과 엣지 케이스(edge case)[22]를 확인하려 한다면 필요한 테스트의 조합이 폭발적으로 증가하기 때문에 이 부분을 모두 확인하려면 테스트를 수만 개는 작성해야 합니다[85]. 하지만 외부 테스트와

---

21 유닛 테스트라는 용어는 정의에 대한 합의가 없어 정확하게 정의되어 있지 않습니다. 저는 유닛 테스트를 의존성과 분리하여 유닛별로 테스트하는 자동화된 테스트로 정의하고 있지만, 여기서도 '유닛'이란 정의 자체가 명확하지 않기 때문에 여전히 모호합니다. 보통 작은 동작을 유닛이라고 생각하지만, 역시 정확히 얼마나 작은 것인지 정의되지는 않았습니다.

22 역주 데이터 값이 알고리즘에서 상정한 범위를 넘어가는 경우 혹은 그 경계에 해당하는 경우를 의미합니다. 비슷하지만 다른 경우로 코너 케이스(corner case)가 있습니다. 이것은 여러 변수들의 조합에 의해서 오류가 발생할 수 있는 경우로 테스트하기 쉽지 않은 경우라 할 수 있습니다.

분리된 유닛 테스트 수행하면 이런 문제를 해결할 수 있습니다.

예제 4-10의 유닛 테스트는 겉으로 보기에 단순해 보여도 뒤에서는 많은 일이 진행되고 있습니다. 이것도 핵심적인 부분은 강조하고, 관련 없는 요소는 제거하는 추상화의 또 다른 예입니다. 분명히 말하지만, 관련이 없는 코드는 없습니다. 중요한 것은 테스트를 위해 ReservationDto, Reservation이나 FakeDatabase의 세부적인 내용까지 이해할 필요는 없다는 점입니다.

이 테스트는 준비, 행동, 어설션[9]을 휴리스틱 방식[92]으로 구성했으며, 빈 줄을 이용해서 각 단계를 구분했습니다. 준비 단계에서는 FakeDatabase와 SUT(System Under Test)를 생성합니다[66].

행동 단계에서는 데이터 전송 객체(DTO)[33]를 생성하고 이를 Post 메서드로 전달합니다. 물론 준비 단계에서 DTO를 만들 수도 있습니다. 어떤 방식을 사용해도 되지만, 저는 4.2.2절에서 이야기했던 것처럼 균형이 가장 잘 맞는 방식을 선택하는 편입니다. DTO 초기화를 준비 단계에 두면 3-1-2의 형태인데, 행동 단계에 두면 2-2-2 구조로 각 단계마다 2개의 문장을 둘 수 있기 때문에 조금 더 균형이 잘 맞습니다.

마지막으로 어설트 단계에서는 데이터베이스에 expected와 같은 예약이 있는지 확인합니다.

지금까지 테스트의 전반적인 흐름과 구성 형식을 짧게 다루고, 왜 이렇게 구조화했는지 이유를 설명했습니다. 여기서 살펴본 추상화 방식을 통해서 처음 보는 새로운 클래스를 만나더라도 비슷한 작업을 진행할 수 있기를 바랍니다. 다음 예제 4-11을 보기 전에 ReservationDto가 어떤 모양일지 상상해봅시다.

4.3.4 DTO와 도메인 모델

코드를 보고 놀랐나요? 완벽하게 정상적인 C# DTO입니다. 이 코드는 들어오는 JSON 문서의 구조를 확인하고 값을 가져옵니다.

예제 4-11 예약을 위한 DTO. 프로덕션 코드의 일부분입니다. (Restaurant/bc1079a/Restaurant.RestApi/ReservationDto.cs)

```csharp
public class ReservationDto
{
    public string? At { get; set; }
    public string? Email { get; set; }
    public string? Name { get; set; }
    public int Quantity { get; set; }
}
```

Reservation 클래스의 모습을 어떻게 예상했나요? 왜 코드에 이름이 비슷한 클래스가 2개나 포함되었을까요? 둘 다 예약을 나타내지만 역할이 다르기 때문입니다.

DTO의 역할은 입력되는 데이터를 데이터 구조 형식으로 가져오거나, 데이터 구조를 출력 형태로 변환해주는 것입니다. DTO는 캡슐화를 제공하지 않으므로 다른 용도로는 사용할 수 없습니다. 마틴 파울러는 다음과 같이 이야기했습니다.

"데이터 전송 객체(DTO)는 우리 어머니가 절대 작성하지 말라고 한 객체 중 하나입니다."[33]

반면에 Reservation 클래스의 목적은 예약에 적용되는 비즈니스 규칙을 캡슐화하는 것으로, 코드에서 도메인 모델[33][26]의 일부분이라고 할 수 있습니다. 예제 4-12가 초기 버전입니다. 예제 4-11보다 조금 더 복합적으로 보이지만[23] 실제로는 그렇지 않습니다. 구성 요소의 수는 완전히 똑같습니다.

예제 4-12 Reservation 클래스. 도메인 모델의 일부입니다. (Restaurant/bc1079a/Restaurant.RestApi/Reservation.cs)

```csharp
public sealed class Reservation
{
    public Reservation(
        DateTime at,
        string email,
        string name,
        int quantity)
    {
        At = at;
        Email = email;
        Name = name;
        Quantity = quantity;
    }

    public DateTime At { get; }
    public string Email { get; }
    public string Name { get; }
    public int Quantity { get; }

    public override bool Equals(object? obj)
    {
        return obj is Reservation reservation &&
                At == reservation.At &&
```

---

23 여기서 복합적으로 보인다는 말은 여러 부분을 모아 만들었다는 의미[45]이지, 복잡하다는 말이 아닙니다.

```
                Email == reservation.Email &&
                Name == reservation.Name &&
                Quantity == reservation.Quantity;
        }

    public override int GetHashCode()
    {
        return HashCode.Combine(At, Email, Name, Quantity);
    }
}
```

코드를 보고 이런 질문이 나올 수도 있습니다.

"아니, 코드가 훨씬 많은데요. 속인 것 아닌가요? 구현을 위한 테스트는 어디 있나요?"

Reservation 클래스에 대한 테스트는 없는 게 맞습니다(예제 4-10을 제외하면 말이죠). 여기서 테스트 주도 개발을 철저히 지키겠다고 이야기한 적은 없습니다.

이 장의 앞부분에서 코드를 제대로 작성하고 있다고 확신하기 어려운 이유에 대해 설명했습니다. 야구 방망이와 공 문제를 다시 한번 생각하면서 우리의 뇌가 얼마나 쉽게 속아 넘어가는지 떠올려보세요. 반면에 저는 우리가 사용하는 코드 작성 도구를 신뢰합니다. 자동 생성 코드를 별로 좋아하지 않지만 예제 4-12에 있는 대부분의 코드는 비주얼 스튜디오가 자동으로 만든 것입니다.

4개의 읽기 전용 속성을 작성한 다음 비주얼 스튜디오의 생성자 생성 도구(generate constructor)를 사용해서 생성자를 만들고, Equals 및 GetHashCode 생성 도구("Generate Equals and GetHashCode" 메뉴)를 사용해서 나머지 부분을 채워 넣었습니다. 마이크로소프트가 제품에 포함한 기능을 잘 테스트했다고 믿습니다.

Reservation 클래스가 예약에 대한 비즈니스 규칙을 어떻게 잘 캡슐화할 수 있을까요? 현재로서는 별 내용이 없지만, 가장 중요한 차이점은 DTO와 달리 도메인 객체는 네 가지 구성값이 모두 있어야 한다는 것입니다[24]. 또한, Date는 DateTime으로 선언되어 임의의 문자열이 아닌 적절한 날짜 값이 들어가야 함을 보장하고 있습니다. 어떤 방식으로 추상화될지 아직 확신이 들지 않으면 5.3절이나 7.2.5절에서 조금 더 설득력 있게 수정한 Reservation을 참고하세요.

---

24 널 가능 참조 형식을 사용하고 있다는 점을 기억해야 합니다. 프로퍼티(property)를 선언할 때 물음표가 없으면 null이 될 수 없습니다. 예제 4-11에는 모든 문자열 속성에 물음표가 있어서 null일 수도 있다는 것을 나타냈던 것과 비교해보면 차이가 분명합니다.

Reservation이 값 객체(Value Object)[25]처럼 보이는 이유는 무엇일까요? 다양한 이점이 있고, 테스트 역시 더 쉽게 만들 수 있기 때문입니다[104]. 도메인 모델에는 되도록이면 값 객체를 사용하세요[26].

예제 4-10의 어설션 부분을 살펴봅시다. 여기서는 db에서 expected를 찾습니다. 어떻게 expected 가 db에 들어가 있을까요? 아직 하지는 않았지만, 이런 작업이 가능한 객체입니다. 즉, 어설션 과정에서는 객체의 예상 값과 실제 값이 같은지 비교하는 등가 비교를 정의해서 사용하며, Reservation 클래스에서 Equals 메서드를 오버라이드합니다. 변경할 수 없는 클래스에서만 구조적 동등성(structural equality)[26]을 안전하게 구현할 수 있습니다. 그렇지 않은 경우에는 변경 가능한 두 객체를 비교해서 같다고 판단한 이후에만 두 객체의 값을 다르게 만들 수 있습니다.

구조적 동등성은 우아하게 어설션을 구현할 수 있게 해줍니다[104]. 테스트에서 예상 결과를 나타 내는 객체를 만들고 실제 결과와 비교하기만 하면 되기 때문이죠.

4.3.5 가짜 객체

예제 4-10에서 마지막으로 볼 클래스는 예제 4-13에 있는 FakeDatabase입니다. 이름에서 알 수 있듯이 테스트 더블(Test Double)[66][27]의 일종인 가짜 객체(fake object)[66]입니다. 데이터베이스인 척 하는 것이죠.

예제 4-13 가짜 데이터베이스. 테스트 코드의 일부입니다. (Restaurant/bc1079a/Restaurant.RestApi.Tests/FakeDatabase.cs)

```
[SuppressMessage(
    "Naming",
    "CA1710:Identifiers should have correct suffix",
    Justification = "The role of the class is a Test Double.")]
public class FakeDatabase :
    Collection<Reservation>, IReservationsRepository
{
    public Task Create(Reservation reservation)
    {
        Add(reservation);
```

---

25 값 객체[33]는 값이 변하지 않는 객체로 여러 값을 묶어서 하나의 데이터 값으로 보이게 해줍니다. 가장 전형적인 예는 통화와 금액으로 구성된 Money 클래스입니다[33].

26 역주 두 객체의 내용이 같음을 의미합니다.

27 테스트 더블을 모형(mock)과 조각(stub)이라고 알고 있을 겁니다. 유닛 테스트라는 용어와 마찬가지로 이 용어 역시 실제로 어떤 것을 의미 하는지에 대한 합의가 있는 건 아닙니다. 따라서 이 용어는 되도록 사용하지 않을 예정입니다. 「xUnit 테스트 패턴」[66]이라는 훌륭한 책에서 이 용어에 대한 명확한 정의를 내렸지만, 안타깝게도 아무도 사용하지 않습니다.

```
        return Task.CompletedTask;
    }
}
```

사실 가짜 데이터베이스는 IReservationsRepository 인터페이스를 구현한 일반적인 인메모리(in memory) 컬렉션입니다. Collection<Reservation>에서 파생된 것이므로 Add를 비롯한 다양한 컬렉션 메서드를 사용할 수 있습니다. 예제 4-10에서 Assert.Contains가 정상적으로 동작하는 것도 이 때문입니다.

가짜 객체[66]는 테스트 전용 객체임에도 불구하고, 제대로 동작합니다. 실제 데이터베이스 대신 사용할 경우에는 일종의 인메모리 데이터베이스로 생각할 수 있습니다. 따라서 상태 기반 테스트에서 잘 작동합니다[100]. 예제 4-10에 있는 테스트가 바로 이런 종류입니다. 어설션 단계에서 실제 상태가 예상 상태와 맞는지 확인하며, db의 상태를 확인합니다.

4.3.6 저장소 인터페이스

FakeDatabase 클래스는 예제 4-14에 있는 것처럼 IReservationsRepository 인터페이스를 구현한 것입니다. 코드베이스를 만든 초기의 인터페이스에는 한 가지 메서드만 정의되어 있습니다.

현재는 인터페이스에 저장소(Repository) 패턴[33]이라는 이름을 붙였지만, 패턴의 원래 설명과 유사한 부분이 많지는 않습니다. 다만 많은 사람이 이 이름에 익숙하고 어떤 식으로든 데이터 접근을 모델링한다는 점을 쉽게 이해시키기 위해 이런 이름을 붙여둔 것인데, 나중에 이름을 바꿀 수도 있습니다.

예제 4-14 저장소 인터페이스. 도메인 모델의 일부분입니다.

(Restaurant/bc1079a/Restaurant.RestApi/IReservationsRepository.cs)

```
public interface IReservationsRepository
{
    Task Create(Reservation reservation);
}
```

4.3.7 저장소 생성

예제 4-10부터 여기까지 봐왔던 것처럼 유닛 테스트를 위해서 여러 가지 새로운 것들을 만들었습니다. 코드베이스 초기에는 기존 코드가 거의 없기 때문에 간단한 테스트만 해도 작성해야 할 코드가 폭발적으로 증가할 수밖에 없습니다. 아주 자연스러운 현상이죠.

테스트 환경에서 테스트와의 상호작용을 지원하기 위해 ReservationsController의 생성자와 Post 메서드도 수정해야 합니다. 생성자는 IReservationsRepository 매개변수를 받을 수 있도록 바꿔야 하고, Post 메서드는 ReservationDto 매개변수를 받을 수 있도록 바꿔야 합니다. 모든 부분을 수정하면 드디어 컴파일이 가능해져서 테스트를 진행할 수 있습니다.

물론 테스트를 실행하면 예상대로 실패합니다.

테스트를 통과하려면 Post 메서드에서 Reservation 객체를 저장소에 추가할 수 있도록 바꿔야 합니다. 그 방법은 예제 4-15에 있습니다.

ReservationsController는 생성자 주입(constructor injection)[25]을 사용해서 주입된 repository를 수신하고, 나중에 사용할 수 있도록 읽기 전용 프로퍼티로 저장합니다. 클래스가 적절하게 초기화되면 Post 메서드에서 이 정보를 사용할 수 있다는 의미입니다. 하드코딩된 예약을 생성하면 일단 테스트는 통과할 수 있습니다. 하지만 이 방식은 명백하게 잘못된 방식이죠. 테스트를 동작시킬 수 있는 가장 산난한[28] 방법일 뿐입니다.[22]

예제 4-15 주입된 저장소에 예약 정보를 저장합니다. (Restaurant/bc1079a/Restaurant.RestApi/ReservationsController.cs)

```
[ApiController, Route("[controller]")]
public class ReservationsController
{
    public ReservationsController(IReservationsRepository repository)
    {
        Repository = repository;
    }

    public IReservationsRepository Repository { get; }

    public async Task Post(ReservationDto dto)
    {
```

---

28 DTO에서 값을 복사하는 것만큼 간단하다고 이야기할 수 있습니다. 두 방식이 같은 (코드의 복잡도 지표 중 하나인) 순환 복잡도(cyclomatic complexity)와 줄 수가 같은 것은 사실이지만, 변환 우선순위 전제(Transformation Priority Premise; TPP)[64]를 고려해서 변수보다는 상수를 단순하게 생각합니다. TPP에 대한 자세한 내용은 5.1.1절을 참고하세요.

```
        if (dto is null)
            throw new ArgumentNullException(nameof(dto));

        await Repository
            .Create(
                new Reservation(
                    new DateTime(2023, 11, 24, 19, 0, 0),
                    "juliad@example.net",
                    "Julia Domna",
                    5))
            .ConfigureAwait(false);
    }
}
```

DTO가 null인지 확인하는 부분(guard clause)[7]이 추가된 이유는 정적 코드 분석 규칙을 만족시키기 위해서입니다. 다시 말하지만, 테스트 주도 개발과 더불어 분석기 혹은 린터를 동시에 사용할 수 있으며, 그 외에도 코드 만드는 걸 도와주는 도구가 여럿 있습니다. 저는 비주얼 스튜디오의 'null 검사 추가' 도구를 사용해서 확인하는 부분을 추가했습니다.

예제 4-15의 코드는 예제 4-10의 테스트는 통과하지만, 이제 다른 테스트가 실패합니다!

4.3.8 의존성 구성

새로운 테스트는 성공하지만, 예제 4-7의 경계 테스트는 실패합니다. ReservationsController가 더 이상 매개변수가 없는 생성자가 아니기 때문입니다. 프로덕션 코드에 필요한 IReservationsRepository 인터페이스를 구현하는 클래스가 없기 때문에 ASP.NET 프레임워크에서 클래스의 인스턴스를 만들 때 추가해야 하는 부분들이 있습니다.

모든 테스트를 통과하는 가장 간단한 방법은 인터페이스에 널 객체(null object)[118] 구현을 추가하는 것입니다. 예제 4-16은 Startup 클래스 안에 임시로 중첩된 클래스인, 아무것도 하지 않는 IReservationsRepository를 구현한 것입니다.

예제 4-16 널 객체 구현. 이 부분은 임시로 중첩된 private 클래스 형태로 만들었습니다.
(Restaurant/bc1079a/Restaurant.RestApi/Startup.cs)

```
private class NullRepository : IReservationsRepository
{
    public Task Create(Reservation reservation)
```

```
    {
        return Task.CompletedTask;
    }
}
```

이 부분을 ASP.NET에 내장된 의존성 주입 컨테이너(Dependency Injection Container)[25]에 등록하면 모든 문제가 해결됩니다. 이를 처리하는 방법이 예제 4-17입니다.

NullRepository는 상태를 저장하지 않기 때문에, 싱글턴(Singleton) 수명[25]으로 단일 객체를 등록할 수 있습니다. 즉, 웹 서비스의 프로세스가 유지되는 동안 모든 스레드에서 같은 객체를 공유할 수 있습니다.

예제 4-17 ASP.NET에서 NullRepository를 내장 의존성 주입 컨테이너로 등록합니다.
(Restaurant/bc1079a/Restaurant.RestApi/Startup.cs)

```
public static void ConfigureServices(IServiceCollection services
{
    services.AddControllers();

    services.AddSingleton<IReservationsRepository>(
        new NullRepository());
}
```

이제 모든 테스트를 통과합니다. 깃에서 변경 사항을 커밋하고 배포 파이프라인을 통해 푸시합시다.

4.4 슬라이스 완성

수직 슬라이스를 만들다 보면 그림 4-5에서 뭔가 빠져 있다는 것을 알 수 있습니다. 예약을 영구적인 저장소에 저장하려면 IReservationsRepository를 제대로 구현해야 하며, 이 부분이 끝나야 수직 슬라이스를 끝낼 수 있습니다.

▼ 그림 4-5 지금까지의 진행 상황. 그림 4-4의 계획과 비교해보세요.

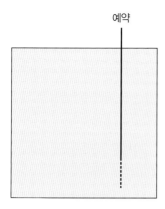

예약

이렇게 질문할 수 있겠죠. "잠깐만요, 이건 동작한다고 할 수 없죠. 이미 지정된 예약, 하드코딩된 예약을 저장하는 거잖아요? 입력 유효성 검사, 로깅, 보안은 어떻게 하나요?"

그 부분은 나중에 천천히 다룰 것입니다. 당장은 하드코딩된 예약을 입력하더라도 시스템의 상태 변화를 일으킬 수 있으므로 이 정도면 충분합니다. 이를 이용해서 외부 이벤트(HTTP POST)로 애플리케이션의 상태를 수정할 수 있으니, 이에 대해 알아보겠습니다.

4.4.1 스키마

예약을 어떤 형식으로 저장해야 할까요? 관계형 데이터베이스나 그래프 데이터베이스[89] 혹은 문서 데이터베이스에 저장해야 할까요?

『테스트 주도 개발로 배우는 객체 지향 설계와 실천(Growing Object-Oriented Software, Guided by Tests; GOOS)』[36]의 정신을 따른다면 테스트 주도 개발을 가장 잘 지원하는 기술을 선택해야 합니다. 가급적 자동화된 테스트 내에서 호스팅할 수 있는 것이 좋습니다. 문서 데이터베이스가 적당해 보이네요.

하지만 저는 교육적인 목적으로 관계형 데이터베이스, 특히 SQL 서버를 선택하겠습니다. 이유는 첫째, 원칙에 입각한 외부 접근 테스트 주도 개발을 학습하는 경우에 GOOS[36]라는 이미 훌륭한 참고 자료가 있습니다. 둘째, 관계형 데이터베이스는 어디서나 사용되기 때문입니다. 특정 관계형 데이터베이스를 반드시 사용해야 하는 경우도 있습니다. 조직에서 특정 공급업체와 지원 계약을 맺고 있거나, 운영팀에서 유지 관리하고 백업하는 방법을 알고 있다는 이유로 특정 시스템을 선호할 수 있습니다. 또는 동료들이 특정한 데이터베이스에 가장 익숙할 수도 있습니다.

NoSQL 운동이 벌어지고 있음에도 불구하고 관계형 데이터베이스는 엔터프라이즈 소프트웨어 개발에서 아직 필수적인 부분입니다. 따라서 예제에서 관계형 데이터베이스를 다룸으로써 이 책이 더 유용하기를 바랍니다. SQL 서버는 표준적인 마이크로소프트 기술 스택에 들어 있는 부분이라 쉽게 사용할 수 있지만, 다른 데이터베이스를 선택하더라도 적용해야 하는 기술이 크게 바뀌는 것은 아닙니다.

예제 4-18은 Reservations 테이블의 초기 스키마입니다.

저는 SQL로 데이터베이스 스키마를 정의하는 것을 좋아합니다. 스키마는 데이터베이스의 기본 언어라고 할 수 있기 때문입니다. 대신 객체 관계형 매퍼나 도메인 특화 언어(Domain-Specific Language)를 사용하는 것을 선호한다면 그것도 괜찮습니다. 중요한 부분은 데이터베이스 스키마 역시 소스 코드가 있는 깃 저장소에 커밋해야 한다는 것입니다.

예제 4-18 Reservations 테이블을 위한 데이터베이스 스키마
(Restaurant/c82d82c/Restaurant.RestApi/RestaurantDbSchema.sql)

```
CREATE TABLE [dbo].[Reservations] (
    [Id]        INT             NOT NULL IDENTITY,
    [At]        DATETIME2       NOT NULL,
    [Name]      NVARCHAR (50)   NOT NULL,
    [Email]     NVARCHAR (50)   NOT NULL,
    [Quantity]  INT             NOT NULL
    PRIMARY KEY CLUSTERED ([Id] ASC)
)
```

자, 이제 데이터베이스 스키마를 깃 저장소에 커밋합시다.

4.4.2 SQL 저장소

이제 데이터베이스 스키마가 어떻게 생겼는지 알았으니, 데이터베이스를 위한 IReservations Repository 인터페이스를 구현할 수 있습니다. 예제 4-19는 제가 구현한 것입니다. 다만, 앞에서 이야기했듯 저는 객체 관계형 매퍼(ORM)를 그다지 좋아하지 않습니다.

기본적인 ADO.NET API의 경우 엔티티 프레임워크(Entity Framework)[29]에 비해 코드를 더 많이 작성해야 한다고 생각할 수 있지만, 코드 작성 속도는 중요하지 않습니다. 코드 가독성을 최적화

---

29 **역주** 엔티티 프레임워크는 ADO.NET용 오픈소스 관계형 매핑 프레임워크를 말합니다.

하는 데에도 객체 관계형 매퍼를 사용하는 것이 더 읽기 쉽다고 생각할 수 있습니다. 이 부분은 어느 정도 주관적인 판단이 개입되는 부분이라고 생각합니다.

원한다면 객체 관계형 매퍼를 사용해도 됩니다. 중요한 건 그게 아니라, 구현의 세부 사항[30]에 의해 도메인 모델[33]이 오염되지 않도록 해야 한다는 점입니다.

예제 4-19의 구현에서 제가 가장 좋아하는 부분은 쉽게 변하지 않는다는 점입니다. 이 구현은 상태를 저장하지 않고, 스레드에 안전한 객체입니다. 따라서 단일 인스턴스를 생성한 후에 애플리케이션 수명 동안 재사용할 수 있습니다.

예제 4-19 Repository 인터페이스의 SQL 서버 구현
(Restaurant/c82d82c/Restaurant.RestApi/SqlReservationsRepository.cs)

```
public class SqlReservationsRepository : IReservationsRepository
{
    public SqlReservationsRepository(string connectionString)
    {
        ConnectionString = connectionString;
    }

    public string ConnectionString { get; }

    public async Task Create(Reservation reservation)
    {
        if (reservation is null)
            throw new ArgumentNullException(nameof(reservation));

        using var conn = new SqlConnection(ConnectionString);
        using var cmd = new SqlCommand(createReservationSql, conn);
        cmd.Parameters.Add(new SqlParameter("@At", reservation.At));
        cmd.Parameters.Add(new SqlParameter("@Name", reservation.Name));
        cmd.Parameters.Add(new SqlParameter("@Email", reservation.Email));
        cmd.Parameters.Add(
            new SqlParameter("@Quantity", reservation.Quantity));

        await conn.OpenAsync().ConfigureAwait(false);
        await cmd.ExecuteNonQueryAsync().ConfigureAwait(false);
    }

    private const string createReservationSql = @"
```

---

30 의존성 역전 원칙(Dependency Inversion Principle; 되도록 변하지 않는 것에 의존하라는 원칙)이 적용된 것입니다. 세부 사항은 추상화에 따라 달라지기 때문에, 추상화할 때는 세부 사항에 의존하면 안 됩니다[60]. 여기서 추상화는 도메인 모델, 즉 Reservation입니다.

```
INSERT INTO
    [dbo].[Reservations] ([At], [Name], [Email], [Quantity])
VALUES (@At, @Name, @Email, @Quantity)";
}
```

"마크, 하지만 그 클래스는 테스트 주도로 만들지 않았잖아요."라고 항의할 수 있겠죠.

사실 SqlReservationsRepository는 험블 객체(Humble Object)[31][66]라고 생각하기 때문에 따로 테스트 주도로 만들지는 않았습니다. 이 구현은 쉽게 자동화할 수 없는 하위 시스템에 의존하기 때문에 유닛 테스트를 진행하기 어렵습니다. 대신 논리 분기나 결함을 일으키기 쉬운 객체들을 사용하지 않았습니다

SqlReservationsRepository의 유일한 분기는 정적 코드 분석에 의해 비주얼 스튜디오에서 만들어낸 객체가 null인지 확인하는 부분입니다.

데이터베이스와 관련된 자동화된 테스트를 추가하는 방법은 12.2절에서 살펴보겠습니다.

4.4.3 데이터베이스 설정

IReservationsRepository을 제대로 만들었으니 이제 ASP.NET에도 알려줘야 합니다. 예제 4-20은 Startup 클래스에서 바꿔야 할 부분입니다.

예제 4-20 Startup 파일에서 SQL 서버에 대해 애플리케이션이 동작하도록 설정된 부분
(Restaurant/c82d82c/Restaurant.RestApi/Startup.cs)

```
public IConfiguration Configuration { get; }

public Startup(IConfiguration configuration)
{
    Configuration = configuration;
}

public void ConfigureServices(IServiceCollection services)
{
    services.AddControllers();

    var connStr = Configuration.GetConnectionString("Restaurant");
    services.AddSingleton<IReservationsRepository>(
```

---

31 **역주** 비즈니스 로직을 함수에 위임하고 흐름만 제어하는 객체를 의미합니다.

```
        new SqlReservationsRepository(connStr));
    }
```

예제 4-16의 NullRepository 클래스 대신 새로 만든 SqlReservationsRepository 클래스를 사용하여 AddSingleton을 호출했으므로, 이제 NullRepository는 삭제해도 됩니다.

연결 문자열이 없으면 SqlReservationsRepository 인스턴스를 만들 수 없으므로, ASP.NET의 구성에서 가져와야 합니다.

따라서 예제 4-20과 같이 Startup에 생성자를 추가하면, 프레임워크가 자동으로 IConfiguration 인스턴스를 제공합니다.

적절한 연결 문자열로 애플리케이션을 구성해야 하며, 여러 옵션 중에서 구성 파일을 이용할 수 있습니다. 예제 4-21은 깃에 커밋한 구성 파일의 내용입니다. 필요한 구성의 구조를 커밋하는 것이 동료에게 도움이 되지만, 실제 연결 문자열(connection string)은 포함시키지 말아야 합니다. 환경에 따라 다르지만, 버전 제어에 있어서는 안 되는 비밀 정보가 같이 포함될 수 있기 때문입니다.

예제 4-21 연결 문자열 구성의 구조. 깃에도 커밋해야 합니다. 단, 비밀 정보가 포함되지 않도록 주의하세요.
(Restaurant/c82d82c/Restaurant.RestApi/appsettings.json)

```
{
  "ConnectionStrings": {
    "Restaurant": ""
  }
}
```

구성 파일에 실제 연결 문자열을 넣으면 애플리케이션이 동작할 것입니다.

4.4.4 스모크 테스트 수행

소프트웨어가 작동하는지 어떻게 알 수 있을까요? 우리는 결국 자동화된 시스템 테스트를 추가하지 않았습니다.

물론 자동화된 테스트가 좋지만, 수동 테스트도 잊어서는 안 됩니다. 때때로 시스템을 켜서 제대로 동작하는지 확인해야 합니다. 이것을 스모크 테스트(smoke test)[32]라고 합니다.

---

32 **역주** 시스템의 안정성이나 심각한 버그가 있는지 확인하기 위해 시스템을 켜서 동작을 확인하는 테스트입니다. 전자회로에서 전원을 넣었을 때 연결 문제 등으로 기판에서 연기가 나는지 확인했던 것에서 유래했다고 합니다.

구성 파일에 적절한 연결 문자열을 넣고 개발 시스템을 시작하면, 예약을 POST 할 수 있습니다. HTTP API와 상호작용하는 데 사용할 수 있는 다양한 도구가 있습니다. .NET 개발자는 포스트맨(Postman)이나 피들러(Fiddler)와 같은 GUI 기반 도구를 선호하는 경향이 있지만, 약간 시간을 내서 자동화하기 쉬운 도구를 배우는 것이 좋습니다. 저는 cURL을 자주 사용하는데, cURL의 예는 다음과 같습니다(페이지에 맞게 여러 줄로 나눠 두었습니다.)

```
$ curl -v http://localhost:53568/reservations
  -H "Content-Type: application/json"
  -d "{ \"at\": \"2022-10-21 19:00\",
       \"email\": \"caravan@example.com\",
       \"name\": \"Cara van Palace\",
       \"quantity\": 3 }"
```

위 명령은 적절한 URL에 JSON 예약을 전송합니다. 애플리케이션을 위해 구성한 데이터베이스를 확인해보면, Julia Domna에 대한 예약 행을 볼 수 있습니다[33].

시스템은 여전히 하드코딩된 예약만 저장하지만, 적어도 입력을 넣으면 어떤 일이 발생한다는 것을 확인했습니다.

4.4.5 가짜 데이터베이스를 사용한 경계 테스트

이제 남은 유일한 문제는 예제 4-7의 경계 테스트가 여전히 실패한다는 것입니다. Startup 클래스는 연결 문자열을 이용해서 SqlReservationsRepository 서비스를 구성해야 하지만, 테스트 내용에는 연결 문자열이나 데이터베이스가 없습니다.

자동화된 테스트를 위해 데이터베이스 설정과 해제를 자동화할 수 있지만, 번거롭고 테스트 속도도 느려집니다. 나중에 할 예정이지만[34] 지금은 아닙니다.

대신 예제 4-13에 있는 FakeDatabase에 대한 경계 테스트를 실행할 수 있습니다. 이를 위해서는 테스트의 WebApplicationFactory가 작동하는 방식을 바꿔야 합니다. ConfigureWebHost 메서드를 재정의하는 방법은 예제 4-22와 같습니다.

ConfigureServices 부분 코드는 Startup 클래스의 ConfigureServices 메서드가 실행된 이후에

---

33 역주 의아할 수 있지만, 아직 API를 통해서 예약을 저장하는 부분의 구현이 없으므로, 앞의 예제 4-15에서 저장소를 만들때 하드코딩해서 저장한 것만 보이는 것입니다.

34 12.2절에서 진행합니다.

실행됩니다. IReservationsRepository 인터페이스를 구현하는 모든 서비스(하나만 있습니다)를 찾아서 제거하고, 대신 FakeDatabase 인스턴스를 추가합니다.

예제 4-22 테스트를 위해 실제 의존성을 가짜로 대체하는 방법

(Restaurant/c82d82c/Restaurant.RestApi.Tests/RestaurantApiFactory.cs)

```
public class RestaurantApiFactory : WebApplicationFactory<Startup>
{
    protected override void ConfigureWebHost(IWebHostBuilder builder)
    {
        if (builder is null)
            throw new ArgumentNullException(nameof(builder));

        builder.ConfigureServices(services =>
        {
            services.RemoveAll<IReservationsRepository>();
            services.AddSingleton<IReservationsRepository>(
                new FakeDatabase());
        });
    }
}
```

유닛 테스트에서는 새로운 RestaurantApiFactory 클래스를 사용해야 하는데, 기존의 Post Reservation 도우미 메서드에서 한 줄만 바꾸면 됩니다. 예제 4-23을 예제 4-8과 비교해보세요.

예제 4-23 웹 애플리케이션 팩토리를 사용하도록 바꾼 테스트 도우미 메서드. 예제 4-8과 비교해서 바뀐 부분을 강조해놨는데, 이 부분에서는 변경된 factory를 초기화해서 사용합니다.

(Restaurant/c82d82c/Restaurant.RestApi.Tests/ReservationsTests.cs)

```
[SuppressMessage(
    "Usage",
    "CA2234:Pass system uri objects instead of strings",
    Justification = "URL isn't passed as variable, but as literal.")]
private async Task<HttpResponseMessage> PostReservation(
    object reservation)
{
    using var factory = new RestaurantApiFactory();
    var client = factory.CreateClient();

    string json = JsonSerializer.Serialize(reservation);
    using var content = new StringContent(json);
    content.Headers.ContentType.MediaType = "application/json";
```

```
    return await client.PostAsync("reservations", content);
  }
```

다시 한번 모든 테스트를 통과했습니다. 이제 깃에 변경 사항을 커밋하고 배포 파이프라인을 통해 푸시합시다. 변경 사항이 프로덕션에 적용되면 프로덕션 시스템에 또 다른 수동 스모크 테스트를 수행하세요.

4.5 결론

얇은 수직 슬라이스는 소프트웨어가 실제로 작동할 수 있음을 입증하는 효과적인 방법입니다. 지속적 배포(Continuous Delivery)[49]와 같이 사용하면 프로덕션 환경으로 작업한 소프트웨어를 빠르게 배치할 수 있습니다.

첫 번째 수직 슬라이스가 너무 '얇아서' 무의미할까요? 이 장에서는 데이터베이스에 예약을 저장하는 방법을 보여주었지만 저장되는 값은 시스템에 제공되는 값이 아닙니다. 이게 무슨 의미가 있을까요?

아직은 그렇지 않지만, 배포 파이프라인과 더불어 동작하는 시스템을 구성하게 되었다는 점에서 가치가 있습니다[49]. 이제 개선해나갈 수 있는 것입니다. 즉, 작은 개선 사항들을 지속적으로 제공함에 따라 점점 더 쓸모 있는 시스템이 될 것이며, 다른 이해관계자들은 시스템의 유용성을 평가할 수 있는 더 좋은 장치들을 가지고 있을 것입니다. 여러분의 임무는 그들이 평가를 잘 수행할 수 있도록 지원하는 것입니다. 가능한 한 자주 배포하고, 필요한 작업이 완료되면 다른 이해관계자들에게 알려주세요.

5^장

캡슐화하기

집, 땅, 회사, 자동차 같이 가치가 높은 것을 구입한 적이 있나요?

그렇다면 아마도 계약을 체결했을 것입니다. 계약(contract)은 쌍방의 권리와 의무를 규정합니다. 판매자는 자산을 양도하기로 약속하고, 구매자는 지정된 시간에 지정된 금액을 지불하기로 약속합니다. 판매자는 자산의 상태에 대해 보증을 일부 제공할 수 있으며, 구매자는 거래가 완료된 후 판매자에게 손해에 대한 책임을 묻지 않기로 약속하기도 하죠.

계약이란 원래는 존재하지 않았을 일정 수준의 신뢰를 도입하고 형식을 정하는 일입니다. 낯선 사람을 믿는 것은 위험하지만 계약이란 제도를 통해서 조금 더 안전하게 처리할 수 있는 것이죠.

이것이 바로 캡슐화(encapsulation)입니다. 객체가 합리적으로 작동한다고 어떻게 신뢰할 수 있을까요? 객체가 그렇게 작동하게끔 계약을 맺으면 되죠.

5.1 데이터 저장하기

4장은 사실 제대로 동작하는 것을 확인하지 못한 채 끝을 맺었습니다. 예제 4-15는 Post 메서드가 수신한 데이터를 무시하고, 미리 하드코딩한 예약을 저장합니다.

이 부분은 결함이라 할 수 있습니다. 이 문제를 해결하려면 코드를 추가해야 하는데, 캡슐화에 대해 논의하기 딱 좋은 부분이기도 합니다. 일석이조라 할 수 있으니, 이 부분부터 다뤄보도록 하겠습니다.

5.1.1 변환 우선순위 전제

개발 방법론에 입각해 코드를 작성하도록 유도하는 수단을 꼭 사용하세요. 예제 4-15의 하드코딩된 값은 하나의 테스트 케이스를 동작시키기 위해 만든 것입니다. 이 상황을 어떻게 개선할 수 있을까요?

대단한 기술이 필요하지 않으므로 간단히 코드를 고치면 될 것 같다는 유혹에 빠지기 쉽지만, 저는 팀을 코칭할 때 개발자들에게 속도를 늦추라고 끊임없이 이야기합니다. 테스트 또는 분석기 같이 코딩의 동기를 주는 수단을 하나씩 도입하고, 이에 대응하면서 프로덕션 코드를 작성하면 됩니다. 조금씩 개선해나가면 실수의 위험이 줄어듭니다.

코드를 고친다는 건 코드를 하나의 상태에서 다른 상태로 바꾼다는 의미입니다. 이런 변환은 원자적[1]으로 일어나지 않기 때문에 코드를 고치는 동안에는 컴파일이 되지 않을 수 있습니다. 그림 5-1에서 볼 수 있듯이 코드가 유효하지 않은 시간을 최대한 짧게 유지해야 합니다. 이렇게 해야 두뇌가 추적해야 하는 항목의 수를 줄일 수 있습니다.

▼ 그림 5-1 코드를 고치는 건 한 작업 상태에서 다른 상태로 변화시키는 과정입니다. 변환 시간(작동하지 않는 시간)은 최대한 짧게 유지해야 합니다.

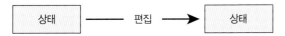

2013년에 로버트 마틴은 코드 변환의 우선순위 목록을 발표했습니다[64]. 초기에 고려할 만한 순서를 이야기한 것이지만, 지침(guideline)으로도 유용합니다. 목록은 다음과 같습니다.

- ({}→nil): 코드 없음 → nil[2]을 사용해서 코드 작성하기
- (nil→**상수**)
- (**상수→상수+**): 단순한 상수를 조금 더 복잡한 상수로 바꾸기
- (**상수→스칼라 변수**) : 상수를 변수나 매개변수로 바꾸기
- (**문장→여러 문장**): 조건 없는 문장 추가하기
- (**무조건문→조건문**): 실행 경로 나누기
- (**스칼라 변수→배열**)
- (**배열→컨테이너 변수**)
- (**문장→재귀**)
- (**조건문→반복문**)
- (**수식→함수**): 수식을 함수나 알고리즘으로 바꾸기
- (**변수→할당문**): 변수의 값 바꾸기

이 목록을 보면 간단한 변환이 위에 오고, 복잡한 변환이 아래에 오도록 정렬되어 있습니다.

일부 용어가 명확하지 않더라도 걱정하지 마세요. 이 책에 있는 다른 많은 지침과 마찬가지로 엄격한 규칙이 아닌 생각할 거리를 제공하는 것입니다. 여기서 핵심은 null[3] 대신 하드코딩된 상수

---

1 **역주** 분리될 수 없는 것을 원자적이라고 표현합니다.

2 **역주** 빈 값을 반환하는 것을 의미합니다.

3 로버트 마틴은 정의되지 않은 값을 nil이라고 부르지만 문맥상 null을 의미하는 것으로 보입니다. 일부 언어(예 루비)는 null을 nil이라 부릅니다.

로 바꾸거나, 하나의 값을 배열로 바꾸는 것처럼, 조금씩 바꿔나가는 것입니다.

현재 Post 메서드는 상수를 저장하지만, 스칼라 데이터로 구성된 dto에서 데이터를 가져와 저장하도록 바꿔야 합니다. 위 목록에서 "상수→스칼라(혹은 이런 형태의) 변수" 변환을 적용해보는 것입니다.

변환 우선순위 전제(Transformation Priority Premise)의 핵심은 위 목록에 있는 작은 변화들을 통해 코드를 바꿔나가는 것입니다.

우리가 바꿔야 할 부분들을 명확히 했으니, 이제 계속해서 진행해봅시다.

5.1.2 매개변수를 이용하는 테스트

변환 우선순위 전제의 배경에는, 변환해야 할 것을 인식했다면 변화를 이끌어낼 수 있는 테스트를 만들어야 한다는 생각이 깔려 있습니다.

새로운 테스트 메서드를 작성할 수도 있지만, 예제 4-10에 있는 dto에서 몇 가지 다른 프로퍼티(property) 값만 바꾸면 나머지는 대부분 같기 때문에, 기존 테스트를 살짝 바꿔서 매개변수를 사용할 수 있도록 만들겠습니다[66].

예제 5-1 유효한 예약을 보내주는 매개변수를 사용하는 테스트. 예제 4-10과 비교해서 강조된 부분만 새로 작성한 것입니다.
(Restaurant/4617450/Restaurant.RestApi.Tests/ReservationsTests.cs)

```
[Theory]
[InlineData(
    "2023-11-24 19:00", "juliad@example.net", "Julia Domna", 5)]
[InlineData("2024-02-13 18:15", "x@example.com", "Xenia Ng", 9)]
public async Task PostValidReservationWhenDatabaseIsEmpty(
    string at,
    string email,
    string name,
    int quantity)
{
    var db = new FakeDatabase();
    var sut = new ReservationsController(db);

    var dto = new ReservationDto
    {
        At = at,
        Email = email,
```

```
        Name = name,
        Quantity = quantity
    };
    await sut.Post(dto);

    var expected = new Reservation(
        DateTime.Parse(dto.At, CultureInfo.InvariantCulture),
        dto.Email,
        dto.Name,
        dto.Quantity);
    Assert.Contains(expected, db);
}
```

예제 5-1에서 바뀐 부분을 볼 수 있습니다. [Fact] 속성 대신 [Theory][4] 속성을 사용하여 매개변수를 이용한 테스트라는 것을 나타내고, [InlineData] 속성 두 개로 데이터를 제공합니다. 첫 번째 [InlineData] 속성은 예제 4-10과 동일한 테스트 값을 제공하는 반면, 두 번째 속성은 새로운 테스트 케이스가 포함되어 있습니다.

한 가지 거슬리는 부분은 테스트의 어설션 단계의 코드가 본질적으로 구현해야 할 코드와 중복된 것처럼 보인다는 점인데, 이 부분은 확실히 완벽하지 않습니다. 기억력을 지나치게 신뢰해서 일종의 복식 부기 같은 장치 없이 프로덕션 코드를 작성해서는 안 됩니다. 이런 작업은 코드와 테스트가 서로 다른 관점을 사용했을 때 의미가 있는데, 여기서는 아닙니다.

하지만 "완벽은 좋은 것의 적"[5]입니다. 이 변경으로 인해 테스트 코드에 문제가 발생했지만 그 목적은 Post 메서드가 작동하지 않는다는 걸 보여주기 위한 것입니다. 실제 테스트 스위트를 실행하면 새로운 테스트 케이스가 실패합니다.

5.1.3 DTO를 도메인 모델로 복사하기

예제 5-2는 Post 메서드를 최대한 단순하게 바꿔서 모든 테스트가 통과되도록 만든 예입니다.

---

4   xUnit.net의 매개변수 테스트용 API이며, 다른 프레임워크에서도 비슷하거나 혹은 다른 방식으로 해당 기능을 지원합니다. 이 기능을 제공하지 않는 프레임워크는 거의 없지만, 만일 지원하지 않는다면 다른 프레임워크를 찾아보는 게 좋습니다. 매개변수화된 테스트를 작성하는 기능은 유닛 테스트 프레임워크의 가장 중요한 기능 중 하나입니다.

5   역주 "Perfect is the enemy of the good"는 이탈리아 속담에서 온 격언으로, 완벽함을 추구하다 보면 과도한 노력이 들어가면서 효율이 크게 떨어진다는 것을 의미합니다.

```csharp
public async Task Post(ReservationDto dto)
{
    if (dto is null)
        throw new ArgumentNullException(nameof(dto));

    var r = new Reservation(
        DateTime.Parse(dto.At!, CultureInfo.InvariantCulture),
        dto.Email!,
        dto.Name!,
        dto.Quantity);
    await Repository.Create(r).ConfigureAwait(false);
}
```

예제 4-15에 비해서는 개선된 것 같지만, 여전히 해결해야 할 문제가 있습니다. 지금 당장 더 개선하고 싶다는 생각에서 벗어나세요. 예제 5-1에서는 테스트 케이스를 추가해서 작은 코드 변환을 만들어냈습니다. 완벽하지는 않지만 코드가 개선되었으며, 모든 테스트를 통과합니다. 변경 사항을 깃에 커밋하고 배포 파이프라인을 통해 푸시합시다.

dto.At, dto.Email, dto.Name 뒤에 있는 느낌표가 왜 있는지 궁금한가요? 이 부분에 아직 몇 가지 결함이 남아 있습니다.

이 코드베이스는 C#의 널 가능 참조 형식을 사용하며, 대부분의 dto 속성은 널 가능한 형식으로 선언됩니다. 느낌표가 없는 경우 컴파일러는 코드가 실제 null에 접근하는지 확인하지 않은 상태에서 널 가능 값에 접근하는 것에 대해 경고합니다. ! 연산자는 컴파일러가 경고를 알려주지 않도록 하기 때문에, 느낌표가 있는 부분의 코드는 컴파일됩니다.

이런 방식은 좋지 않습니다. 코드가 컴파일되더라도, 런타임에 NullReferenceException을 발생시킬 가능성이 높기 때문이죠. 컴파일 과정에서 발생할 수 있는 오류를 런타임에 발생할 수 있는 오류로 바꾸는 것은 좋지 않은 방식이므로, 이 부분에 대한 조치를 취해야 합니다.

예제 5-2에 숨겨져 있는 또 다른 잠재적 런타임 예외는 DateTime.Parse 메서드 호출이 성공한다는 보장이 없다는 것입니다. 이 문제도 해결해야 합니다.

5.2 / 검증

예제 5-2의 코드에서 클라이언트가 at 프로퍼티 없이 JSON 문서를 게시하면 어떻게 될까요?

Post 메서드가 NullReferenceException을 발생시킬 것이라 생각하겠지만, 실제로는 DateTime. Parse에서 대신 ArgumentNullException을 발생시킵니다. 이 메서드는 적어도 입력 유효성 검사를 합니다. 우리도 유효성을 검사해야 합니다.

NullReferenceException보다 ArgumentNullException이 좋을까요?

메서드에서 어떤 예외가 발생했는지가 중요할까요? 어떤 것이 발생해도 제대로 처리하지 않으면 결국 프로그램은 중단됩니다.

예외를 처리하려는 경우에는 예외 유형이 가장 중요합니다. try/catch 블록을 작성해서 처리할 수 있는 예외들을 다룰 수 있지만, 문제는 처리할 수 없는 예외들입니다.

일반적으로 NullReferenceException은 필요한 객체가 없을 때(즉, null일 때) 발생하는데, 작업에서 사용할 객체가 없는 경우에는 할 수 있는 것이 별로 없습니다. NullReferenceException처럼 ArgumentNullException도 할 수 있는 것이 없기는 마찬가지인데, null을 확인하는 예외를 발생시키기 위해서 왜 이렇게까지 신경을 써야 할까요?

둘의 차이점은 NullReferenceException이 예외 메시지에 유용한 정보를 전달하지 않는다는 점입니다. 즉, 어떤 객체가 null이라는 정보만 받을 뿐, 정확히 어떤 객체에 문제가 있는지는 알려주지 않습니다. 반면 ArgumentNullException은 어떤 인자가 null이라는 정보를 같이 전달합니다.

로그 또는 오류 보고서를 받았을 때 예외에 관련된 메시지가 있을 때 아무런 정보가 없는 NullReference Exception과 null인 인자의 이름을 포함하고 있는 ArgumentNullException 중에 어떤 예외 정보가 더 좋을까요? 저라면 항상 ArgumentNullException을 사용할 것입니다.

ASP.NET 프레임워크는 처리되지 않은 예외를 500 Internal Server Error 응답으로 변환합니다. 이건 우리가 원하는 결과가 아니죠.

5.2.1 날짜가 잘못 입력된 경우

입력이 유효하지 않으면 HTTP API는 400 Bad Request[2]를 반환해야 하지만, 실제로는 반환하지 않습니다. 일단 문제를 재현하는 테스트를 추가합시다.

예제 5-3은 예약 날짜와 시간이 누락되었을 때 어떤 동작을 하는지 테스트하는 부분을 보여주고 있습니다. 왜 [Theory]에 하나의 테스트 케이스만 적었는지, 왜 [Fact] 부분에 적지 않았는지 궁금할 것입니다.

이 부분에서 약간의 속임수를 썼습니다. 다시 한번 소프트웨어 공학의 예술(art of software engineering)이라 할 수 있는 부분이 나옵니다. ('흘러내리는 모래 같은 개인 경험'[4]을 통해) 시간이 지남에 따라 더 많은 테스트 케이스를 추가할 것을 이미 알고 있으므로 조금 더 편하게 [Theory]에 추가한 것입니다.

예제 5-3 at 값이 누락된 예약 DTO를 게시하면 어떻게 되는지 테스트합니다.
(Restaurant/9e49134/Restaurant.RestApi.Tests/ReservationsTests.cs)

```
[Theory]
[InlineData(null, "j@example.net", "Jay Xerxes", 1)]
public async Task PostInvalidReservation(
    string at,
    string email,
    string name,
    int quantity)
{
    var response =
        await PostReservation(new { at, email, name, quantity });
    Assert.Equal(HttpStatusCode.BadRequest, response.StatusCode);
}
```

응답의 상태 코드로 500 Internal Server Error가 반환되므로 테스트는 실패합니다.

다음 예제 5-4의 코드를 사용하면 테스트를 쉽게 통과할 수 있습니다. 예제 5-2와 가장 큰 차이점은 null인지 확인하고 그다음을 보호하는 부분(null guard)이 추가되었다는 것입니다.

예제 5-4 At 프로퍼티에 Null이 있는지 확인하는 부분 추가
(Restaurant/9e49134/Restaurant.RestApi/ReservationsController.cs)

```
public async Task<ActionResult> Post(ReservationDto dto)
{
    if (dto is null)
        throw new ArgumentNullException(nameof(dto));
    if (dto.At is null)
        return new BadRequestResult();

    var r = new Reservation(
        DateTime.Parse(dto.At, CultureInfo.InvariantCulture),
        dto.Email!,
        dto.Name!,
```

```
            dto.Quantity);
        await Repository.Create(r).ConfigureAwait(false);

        return new NoContentResult();
    }
```

C# 컴파일러는 null을 확인하는 보호절(guard clause)이 있다는 것을 감지할 수 있으므로, 이제 dto.At 뒤의 느낌표를 제거할 수 있습니다.

email 프로퍼티를 누락시킨 다른 테스트 케이스를 추가할 수도 있지만, 한 단계 더 빠르게 진행해 보겠습니다. 예제 5-5에는 새로운 테스트 케이스가 2개 포함되어 있습니다.

예제 5-5 유효하지 않은 예약에 대한 테스트 케이스 추가
(Restaurant/3fac4a3/Restaurant.RestApi.Tests/ReservationsTests.cs)

```
[Theory]
[InlineData(null, "j@example.net", "Jay Xerxes", 1)]
[InlineData("not a date", "w@example.edu", "Wk Hd", 8)]
[InlineData("2023-11-30 20:01", null, "Thora", 19)]
public async Task PostInvalidReservation(
    string at,
    string email,
    string name,
    int quantity)
{
    var response =
        await PostReservation(new { at, email, name, quantity });
    Assert.Equal(HttpStatusCode.BadRequest, response.StatusCode);
}
```

가장 마지막에 있는 [InlineData] 속성은 email 프로퍼티가 누락된 경우의 테스트 케이스이며, 중간에 있는 테스트 케이스는 날짜와 시간이 아닌 at 값을 주는 테스트입니다.

예제 5-6 유효하지 않은 입력값을 다양하게 넣어서 확인 (Restaurant/3fac4a3/Restaurant.RestApi/ReservationsController.cs)

```
public async Task<ActionResult> Post(ReservationDto dto)
{
    if (dto is null)
        throw new ArgumentNullException(nameof(dto));
    if (dto.At is null)
        return new BadRequestResult();
```

```
    if (!DateTime.TryParse(dto.At, out var d))
        return new BadRequestResult();
    if (dto.Email is null)
        return new BadRequestResult();

    var r = new Reservation(d, dto.Email, dto.Name!, dto.Quantity);
    await Repository.Create(r).ConfigureAwait(false);

    return new NoContentResult();
}
```

예제 5-6의 코드는 모든 테스트를 통과합니다. 이메일이 null이 되는 경우를 확인하는 부분을 넣어서, 다른 부분의 느낌표도 제거할 수 있습니다.

5.2.2 빨강-초록-리팩터

예제 5-6을 살펴봅시다. 예제 4-15 이후로 계속해서 복잡도가 증가했는데, 더 간단하게 만들 수 있을까요?

이 질문은 반복해서 확인해야 하는 중요한 질문입니다. 실제로 테스트가 반복될 때마다 이 질문을 해야 합니다. 이것이 '빨강-초록-리팩터(Red-Green-Refactor)'[9] 주기의 일부입니다.

- **빨강**: 실패하는 테스트를 작성합니다. 대부분의 테스트 실행기(test runner)에서 실패는 빨간색(red)로 표시됩니다.
- **초록**: 최대한 조금만 바꿔서 모든 테스트를 통과하도록 만듭니다. 테스트 실행기에서 성공은 보통 초록색(green)으로 표시됩니다.
- **리팩터**: 동작을 바꾸지 않고 코드를 개선합니다.

세 단계를 모두 통과하면, 실패하는 새로운 테스트에서 다시 시작합니다. 그림 5-2처럼 말이죠.

지금까지 수행한 예제에서는 '빨강-초록'만 계속 반복했습니다. 이제 세 번째 단계를 추가할 때입니다.

▼ 그림 5-2 빨강-초록-리팩터 주기

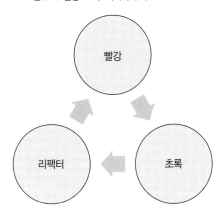

테스트 주도 개발의 과학

빨강-초록-리팩터 과정은 컴퓨터 공학에서 가장 과학적인 방법론 중 하나라고 생각합니다.

과학적 방법에서는 먼저 증명 가능한 결과를 예측하는 형태로 가설을 만든 뒤, 실험을 하고 결과를 측정합니다. 마지막으로 실제 결과와 예측 결과를 비교합니다.

익숙한 방식이죠?

은유를 지나치게 강조하지 않도록 주의해야 하겠지만, 빨강-초록-리팩터는 준비-행동-어설트[9] 패턴과 비슷해 보입니다. 행동 단계는 실험, 어설트(assert) 단계는 예상 결과와 실제 결과를 비교하는 단계와 비슷합니다.

빨강-초록-리팩터 주기에서, 빨강과 초록 단계는 자체적으로 만든 작은 규모의 과학 실험과 같습니다.

'빨강 단계'의 가설은 방금 작성한 테스트를 실행하면 실패할 것이라는 점입니다. 이 테스트는 우리가 수행할 측정 가능한 실험이며, 테스트가 통과하거나 실패한다는 정량적 결과가 나타납니다.

빨강-초록-리팩터 과정을 일관성 있게 계속 진행하다 보면, 이 과정에서 테스트가 생각보다 자주 성공한다는 사실에 놀랄 겁니다. 우리 뇌가 얼마나 쉽게 결론을 내버리는지 떠올려보세요[51]. 의도하지 않게 거의 비슷한 어설션을 중복해서 작성할 수도 있습니다[105]. 결과로 위양성(false positive)[6]이 나타나지만, 실험을 수행하지 않으면 발견하지 못할 것입니다.

마찬가지로 '초록 단계'에도 이미 존재하는 가설이 있습니다. 테스트를 실행하면 성공할 것이라는 가설이죠. 다시 말하지만, 진행할 테스트는 정량적인 결과가 나오는 '측정 가능한 실험'입니다.

소프트웨어 공학으로 나아가길 원하고, 과학과 공학 사이에 관계가 있다고 믿고 있다면 테스트 주도 개발이 가장 적합한 방법입니다.

---

6 [역주] 위양성이란 실제는 틀린 결과지만 성공한 것으로 나오는 경우를 말합니다.

리팩터(refactor) 단계에서는 초록 단계에서 작성한 코드를 대상으로 합니다. 코드를 향상시킬 수 있을까요? 만일 개선할 수 있다면 그것이 리팩터링(refactoring)입니다.

> "리팩터링은 코드의 외부 동작을 바꾸지 않고 내부 구조를 개선하는 방식으로 소프트웨어 시스템을 바꿔나가는 과정입니다."[34]

외부 동작을 바꾸지 않았다는 것을 어떻게 알 수 있을까요? 보편적인 추측을 증명하는 것은 어렵지만, 반증을 하는 것은 쉽습니다. 코드를 바꾼 다음에 자동화된 테스트가 하나라도 실패한다면, 뭔가를 잘못 건드렸다는 것을 알아차릴 수 있습니다. 따라서 리팩터링에서 필요한 최소한의 기준은 코드 구조를 변경하더라도 모든 테스트를 통과해야 한다는 것입니다.

모든 테스트를 통과하면서 예제 4-15를 개선할 수 있을까요? 이미 알고 있듯이, dto.At에 있는 null을 확인하는 부분이 중복되어 있습니다. 예제 5-7은 이 부분을 간략하게 수정한 Post 메서드입니다.

예제 5-7 DateTime.TryParse에 이미 null을 확인하는 부분이 있으므로, At 프로퍼티에서 null을 다시 확인할 필요는 없습니다. (Restaurant/b789ef1/Restaurant.RestApi/ReservationsController.cs)

```
public async Task<ActionResult> Post(ReservationDto dto)
{
    if (dto is null)
        throw new ArgumentNullException(nameof(dto));
    if (!DateTime.TryParse(dto.At, out var d))
        return new BadRequestResult();
    if (dto.Email is null)
        return new BadRequestResult();

    var r = new Reservation(d, dto.Email, dto.Name!, dto.Quantity);
    await Repository.Create(r).ConfigureAwait(false);

    return new NoContentResult();
}
```

위 코드는 여전히 잘 동작합니다. 왜 그럴까요? DateTime.TryParse에서 이미 null을 확인하고 입력이 null이면 false를 반환했기 때문입니다.

이걸 어떻게 알 수 있었냐고요? 재현 가능한 결과를 이끌어낼 수 있는 답변인지는 확신이 서지 않지만, 이 리팩터링을 생각해낼 수 있었던 건 DateTime.TryParse의 동작을 알고 있었기 때문입니다. 소프트웨어 공학의 예술인 끊임없이 흘러내리는 모래 같은 개인 경험[4]에 따른 프로그래밍의 또 다른 예입니다.

5.2.3 자연수

캡슐화는 null을 확인하는 것을 넘어서, 객체와 호출자 간의 유효한 상호작용을 나타내는 일종의 계약입니다. 유효성을 지정하는 방법 중 하나는 유효하지 않다고 간주되는 것을 명시하는 것입니다. 이 경우 다른 것들은 암시적으로 모두 유효합니다.

null 참조를 금지하면 null이 아닌 모든 객체를 암시적으로 허용하는 것입니다. 제약 조건을 더 추가하지 않는 한 말이죠. 예제 5-7에서 dto.At에 대해 이미 제약 조건을 추가해두었습니다. 즉, null이 금지될 뿐만 아니라 문자열도 적절한 날짜와 시간을 나타내야 합니다.

> **계약을 기반으로 설계하기**
>
> 캡슐화는 구현의 세부 사항에 대한 자세한 지식이 없어도 객체와 상호작용할 수 있어야 한다는 개념입니다. 이 개념을 통해서 다음 두 가지 목적을 이룰 수 있습니다.
>
> - 리팩터링을 통해서 구현을 바꿀 수 있습니다.
> - 객체를 추상화해서 생각할 수 있습니다.
>
> 두 번째 내용은 소프트웨어 공학에 있어서 중요합니다. 3장에서 프로그래밍이 어려운 이유가 근본적으로 뇌의 인지적 제약 문제 때문이라고 설명했습니다. 단기 기억에서는 7가지 항목만 기억할 수 있습니다. 캡슐화를 사용하면 객체 구현의 많은 세부 사항을 간단한 계약으로 '대체'할 수 있습니다. 로버트 마틴이 추상화에 대해 다음과 같이 정의했던 것을 떠올려보세요.
>
> > "추상화란 무관한 것을 제거하고, 본질적인 것을 강조하는 것입니다."[60]
>
> 객체의 본질적인 품질은 계약에서 온다고 할 수 있습니다[7]. 일반적으로 계약이 구현보다 간단하기 때문에 우리 두뇌가 더 잘 받아들일 수 있습니다.
>
> 계약을 객체 지향 프로그래밍의 명시적인 부분으로 만든다는 아이디어는 버트란드 메이어(Bertrand Meyer)와 에펠(Eiffel) 언어에 밀접하게 연관되어 있습니다[8]. 에펠 언어에서는 명시적으로 계약을 정의했기 때문이죠[67].
>
> 현대 언어는 에펠처럼 계약을 명시적으로 만들지 않지만 여전히 계약을 염두에 두고 설계할 수 있도록 만들어져 있습니다. 예를 들어 데이터 유효성 확인부(guard clause)[7]는 잘못된 입력을 거부해 계약이 제대로 지켜지도록 만들 수 있습니다.
>
> 어떤 입력이 유효한 것인지 확인하는 부분과 어떤 출력을 제공할지 보장하는 부분이 잘 드러나게 설계해야 합니다.

---

7 [역주] 계약의 내용을 통해서 객체의 품질을 판단할 수 있습니다.

8 [역주] 버트란드 메이어는 컴퓨터 언어인 에펠을 통해 계약 주도 설계 방법이라는 아이디어를 처음 제안했습니다.

예약의 다른 구성 요소는 어떨까요? 예제 4-11에 있는 ReservationDto 클래스는 Quantity에 ? 를 사용하지 않았으므로, C#의 정적 유형 시스템에 의해서 null이 될 수 없다고 선언한 것입니다. 하지만 모든 정수가 예약에 적절한 숫자가 될 수 있을까요? 2? 0? 혹은 −3이라면요?

인원을 지정하는 수로 2는 합리적으로 보이지만, −3은 아닙니다. 0은 어떤가요? 아무도 오지 않는데 예약을 할 필요가 없겠죠.

예약할 때 인원 수는 자연수로 보는 것이 가장 합리적일 것 같습니다. 제 경험에 따르면 도메인 모델을 발전시킬 때 이런 가정을 하는 경우가 자주 발생합니다[33][26]. 모델은 현실 세계[9]를 나타내려는 시도인데, 현실 세계에서는 대부분 자연수를 사용하기 때문입니다.

예제 5-8은 예제 5-5와 같은 테스트 메서드이지만, 인원 수가 유효하지 않은 새로운 테스트 케이스 2개를 추가했습니다.

예제 5-8 유효하지 않은 인원 수에 대한 테스트 케이스 추가. 강조 표시된 테스트 케이스가 예제 5-5에서 새로 추가된 것입니다. (Restaurant/a6c4ead/Restaurant.RestApi.Tests/ReservationsTests.cs)

```
[Theory]
[InlineData(null, "j@example.net", "Jay Xerxes", 1)]
[InlineData("not a date", "w@example.edu", "Wk Hd", 8)]
[InlineData("2023-11-30 20:01", null, "Thora", 19)]
[InlineData("2022-01-02 12:10", "3@example.org", "3 Beard", 0)]
[InlineData("2045-12-31 11:45", "git@example.com", "Gil Tan", -1)]
public async Task PostInvalidReservation(
    string at,
    string email,
    string name,
    int quantity)

{
    var response =
        await PostReservation(new { at, email, name, quantity });
    Assert.Equal(HttpStatusCode.BadRequest, response.StatusCode);
}
```

예제 5-9처럼, 새로운 테스트 케이스를 통해서 Post 메서드에 자연수만 허용하는 새로운 보호절[7]이 추가되도록 유도했습니다.

---

9 '현실 세계'가 비즈니스 프로세스에 불과하더라도 말이죠.

예제 5-9 이제 Post 메서드는 유효하지 않은 값을 확인합니다.
(Restaurant/a6c4ead/Restaurant.RestApi/ReservationsController.cs)

```csharp
public async Task<ActionResult> Post(ReservationDto dto)
{
    if (dto is null)
        throw new ArgumentNullException(nameof(dto));
    if (!DateTime.TryParse(dto.At, out var d))
        return new BadRequestResult();
    if (dto.Email is null)
        return new BadRequestResult();
    if (dto.Quantity < 1)
        return new BadRequestResult();

    var r = new Reservation(d, dto.Email, dto.Name!, dto.Quantity);
    await Repository.Create(r).ConfigureAwait(false);

    return new NoContentResult();
}
```

대부분의 프로그래밍 언어에는 데이터 유형이 내장되어 있으며, 보통 여러 가지 형태의 정수 데이터 유형이 있습니다(8비트 정수, 16비트 정수 등).

하지만 일반적인 정수에는 부호가 있으므로, 양수일 수도 있고 음수일 수도 있습니다. 그래서 종종 음수를 사용하면 안 되는 경우가 있지요.

부호 없는 정수(unsigned integer)를 사용해서 문제를 해결할 수 있지만, 부호 없는 정수는 0을 허용하기 때문에 이번 경우에는 제대로 동작하지 않습니다. 사람이 없는 예약을 거부하려면 여전히 데이터 유효성 확인부(guard clause)가 필요합니다.

이제 예제 5-9의 코드는 컴파일이 되고 모든 테스트를 통과합니다. 깃에 변경 사항을 커밋하고 배포 파이프라인을 통해 푸시하세요.

5.2.4 포스텔의 법칙

지금까지의 과정을 요약해봅시다. 유효한 예약이란 어떤 것이죠? 날짜는 정확한 날짜 형식을 갖춰야 하고, 방문객의 수는 자연수여야 하며, 이메일은 null이 아니어야 합니다. 그런데 이게 전부일까요?

이메일 주소가 올바른 형식인지, 이름이 정확한지 등은 필요하지 않나요?

이메일 주소는 검증하기가 매우 어렵기로 악명이 높기 때문에[41], SMTP[10] 사양을 완벽하게 구현해도 제대로 대응이 안 될 수 있습니다.

이메일 형식에 맞게 가짜 이메일 주소를 만들어 입력하는 것은 간단합니다. 이메일 주소를 실제로 검증하는 유일한 방법은 이메일 주소로 메시지를 보낸 후 여기에 대한 응답(데 사용자가 검증 링크를 클릭)이 오는지 확인하는 것입니다. 하지만 이 과정은 오랜 시간을 두고 실행되는 비동기 프로세스이므로 이 방식을 이용해서 예약 차단 메서드를 호출할 수는 없을 것입니다.

결론적으로 이메일 주소가 null이 아닌지 확인하는 것 외에는 이메일 주소의 유효성을 검사하는 것이 별로 의미가 없습니다. 따라서 여기서는 이메일을 검증하기 위한 다른 것은 추가하지 않겠습니다.

이름은 어떨까요? 사실 이름은 편의를 위한 것입니다. 레스토랑에 도착하면 지배인이 이메일 주소나 예약 ID 대신 이름을 물어보니까요. 예약할 때 이름을 말하지 않았다면 레스토랑에서는 이메일 주소로 대신 예약을 확인할 수 있습니다.

따라서 이름으로 null이 들어오는 경우에는 거부하는 대신 빈 문자열로 변환할 수 있습니다. 물론 무슨 이름을 입력할지는 고객의 자유이므로 이런 설계 결정은 포스텔의 법칙을 따르도록 하겠습니다.

포스텔의 법칙

계약에 따라 객체의 상호작용을 설계한다는 것은 사전 및 사후 조건에 대해 명확하게 생각한다는 것을 의미합니다. 클라이언트가 객체와 상호작용하기 전에 어떤 조건을 충족해야 하는지, 또한 객체는 상호작용 후 조건에 대해 어떤 보장을 제공해야 하는지는 입/출력 선언과 매우 밀접하게 관련되어 있습니다.

사전 및 사후 조건을 심사숙고할 때 포스텔의 법칙을 사용할 수 있습니다. 포스텔의 법칙을 약간 변형해서 적자면 다음과 같습니다.

"보내는 부분은 보수적으로, 받는 부분은 더 자유롭게 만드세요."

존 포스텔(Jon Postel)은 원래 이 지침을 TCP 사양의 일부분으로 포함시켰지만, API 설계라는 맥락에서 조금 더 폭넓게 적용할 수 있는 유용한 지침이라 생각합니다.

계약에서 제공자가 더 강력한 보증을 제공하고, 상대방의 보증은 덜 요구할수록 더욱 매력적인 계약을 맺을 수 있습니다.

API 설계에 있어서 포스텔의 법칙은 의미 있게 작업할 수 있는 정도까지 입력을 허용하고, 그 이상은 허용하지 않아야 한다고 해석할 수도 있습니다. 결과적으로 받아들일 수 있는 한도 내에서는 최대한 자유롭게 받아들이지만, 여전히 받아들일 수 없는 입력도 있을 것입니다. 유효하지 않은 입력을 감지하면 되도록 빠르게 실패를 판단하고 입력을 거부해야 합니다.

---

10 [역주] SMTP는 Simple Mail Transfer Protocol의 약자로 이메일 전송을 위한 프로토콜입니다.

이러한 변경을 이끌어낼 수 있는 수단이 있어야 하므로, 예제 5–10처럼 새로운 테스트 케이스를 추가합니다. 예제 5–1과 비교해서 가장 큰 변화는 세 번째 [InlineData] 속성으로 추가된 새로운 테스트 케이스입니다. 이 테스트 케이스는 빨강–초록–리팩터 과정에 따라 수행되어야 하기 때문에 처음에는 실패합니다.

예제 5–10 이름이 null로 되어 있는 또 다른 테스트 케이스. 강조된 부분이 예제 5–1과 비교해서 새로 추가된 테스트 케이스입니다.
(Restaurant/c31e671/Restaurant.RestApi.Tests/ReservationsTests.cs)

```
[Theory]
[InlineData(
    "2023-11-24 19:00", "juliad@example.net", "Julia Domna", 5)]
[InlineData("2024-02-13 18:15", "x@example.com", "Xenia Ng", 9)]
[InlineData("2023-08-23 16:55", "kite@example.edu", null, 2)]
public async Task PostValidReservationWhenDatabaseIsEmpty(
    string at,
    string email,
    string name,
    int quantity)
{
    var db = new FakeDatabase();
    var sut = new ReservationsController(db);

    var dto = new ReservationDto
    {
        At = at,
        Email = email,
        Name = name,
        Quantity = quantity
    };
    await sut.Post(dto);

    var expected = new Reservation(
        DateTime.Parse(dto.At, CultureInfo.InvariantCulture),
        dto.Email,
        dto.Name ?? "",
        dto.Quantity);
    Assert.Contains(expected, db);
}
```

초록 단계에서는 테스트를 통과시킵니다. 예제 5–11이 그 방법 중 하나입니다. 표준적인 삼항 연산자를 사용하는 방법도 있지만, C#의 널 병합 연산자(??)가 더 간결합니다. ?? 연산자는 ! 연산자를 대체하는 것처럼 보이지만, 컴파일러의 널 검사를 막지 않기 때문에 좋은 절충안입니다.

리팩터 단계에서는 코드를 개선할 수 있을지 생각해봐야 합니다. 여러분이 할 수 있다고 생각하지만, 이 부분은 긴 논의가 필요합니다. 초록 단계와 리팩터 단계 사이에 체크인을 금지하는 규칙은 없습니다. 일단 현재까지의 변경 사항을 깃에 커밋하고 배포 파이프라인을 통해서 푸시합시다.

예제 5-11 Post 메서드는 null로 들어온 이름을 빈 문자열로 변환합니다.
(Restaurant/c31e671/Restaurant.RestApi/ReservationsController.cs)

```
public async Task<ActionResult> Post(ReservationDto dto)
{
    if (dto is null)
        throw new ArgumentNullException(nameof(dto));
    if (!DateTime.TryParse(dto.At, out var d))
        return new BadRequestResult();
    if (dto.Email is null)
        return new BadRequestResult();
    if (dto.Quantity < 1)
        return new BadRequestResult();

    var r =
        new Reservation(d, dto.Email, dto.Name ?? "", dto.Quantity);
    await Repository.Create(r).ConfigureAwait(false);

    return new NoContentResult();
}
```

5.3 변하지 않는 값 보호하기

여러분이 보기에 예제 5-11에 문제가 있나요? 어떤가요?

이 코드를 복잡도 관점에서 보면 그리 나빠 보이지 않습니다. 비주얼 스튜디오는 순환 복잡도[11], 상속 수준(Depth of Inheritance), 코드 줄 수 등과 같이 간단한 코드 복잡도 계산기를 기본적으로 제공합니다. 제가 가장 주목하는 기준은 순환 복잡도입니다. 만일 순환 복잡도가 7[12]을 넘으면 이 수

---

11 역주 Visual Studio에서는 '순환 복잡성'이라 표기되어 있으나, 여기서는 일반적으로 많이 사용하는 순환 복잡도라는 용어를 사용했습니다.
12 3.2.1절에서 뇌의 단기 기억 한계를 7이라고 말한 것을 기억하시죠?

를 줄이기 위한 방법을 찾아야 하는데, 현재까지는 6입니다.

반면 전체 시스템까지 고려하면 더 많은 일이 진행됩니다. 하지만 Post 메서드 예약이 유효한지 확인하는 동안에는 해당 지식이 별로 필요하지 않습니다. 여기서는 Repository의 Create 메서드를 호출하며, 이 메서드는 예제 4-19의 SqlReservationsRepository 클래스에서 구현됩니다.

만일 유지보수 담당 프로그래머가 예제 4-19에 있는 코드베이스를 처음 본다면 reservation 매개변수에 대해 의문이 생길 수 있습니다.

At은 적절한 날짜를 가지고 있을까? Email은 null이 아님을 보장할까? Quantity는 자연수일까?

예제 4-12의 Reservation 클래스를 보면 Email의 경우 null이 될 수 없는 형식을 사용하고 있기 때문에 null이 아님을 보장할 수 있으며, 날짜의 경우도 마찬가지입니다. 하지만 방문객의 수가 음수 또는 0이 아니라고 어떻게 확신할 수 있을까요?

현재 이 질문에 답할 수 있는 유일한 방법은 각 형식을 확인하는 것입니다. Create 메서드를 호출하는 다른 코드는 무엇인가요? 현재는 한 곳에서만 호출하지만, 나중에는 바뀔 수 있습니다. 여러 곳에서 호출한다면 머릿속으로 추적해나가야 할 것이 너무 많아집니다.

객체가 이미 검증되었음을 보장할 수 있는 방법이 있다면 더 간편하지 않을까요?

5.3.1 항상 유효한 상태

본질적으로 캡슐화에서는 객체가 유효하지 않은 상태로 갈 수 없다는 것을 보장해줘야 합니다. 이 부분을 정의하려면 '유효'와 '상태'라는 두 가지 차원에서 접근해야 합니다.

이미 포스텔의 법칙 같은 휴리스틱 기법을 통해 어떤 방식으로 어떤 값을 유효하거나 유효하지 않아도 될 것으로 가정할지 생각해보았습니다. 그럼 상태의 경우는 어떻게 해야 할까요?

객체의 상태는 객체를 구성하는 속성들의 조합이며, 이 조합은 항상 유효해야 합니다. 객체가 상태의 변화를 지원하는 경우 각각의 동작은 상태를 변화시키게 되는데, 이로 인해 유효하지 않은 상태로 바뀌면 안 됩니다.

불변(immutable) 객체의 매력적인 특징 중 하나는 그 유효성을 한 군데, 즉 생성자에서만 고려하면 된다는 것입니다. 초기화에 성공하고 나면 객체는 유효한 상태여야 합니다. 예제 4-12에 있는 현재의 Reservation 클래스는 그렇지 않습니다.

이것으로는 아직 불완전합니다. 고객의 수가 음수인 상태로 Reservation 객체를 생성할 수 없도록 해야 합니다. 이는 예제 5-12에 있는 매개변수 테스트[66]를 사용하여 바꿀 수 있습니다.

예제 5-12 유효하지 않은 고객의 수로 Reservation 객체를 만들 수 없음을 검증하기 위한 매개변수 테스트
(Restaurant/b3ca85e/Restaurant.RestApi.Tests/ReservationTests.cs)

```
[Theory]
[InlineData( 0)]
[InlineData(-1)]
public void QuantityMustBePositive(int invalidQantity)
{
    Assert.Throws<ArgumentOutOfRangeException>(
        () => new Reservation(
            new DateTime(2024, 8, 19, 11, 30, 0),
            "mail@example.com",
            "Marie Ilsøe",
            invalidQantity));
}
```

이 부분의 테스트를 매개변수화한 이유는 0이라는 값은 음수와 근본적으로 다르다고 생각하기 때문입니다. 0이 자연수에 포함된다고 생각할 수도, 자연수가 아니라고 생각할 수도 있습니다. 다른 많은 것과 마찬가지로[13] 명확한 합의가 없습니다. 그럼에도 이 테스트에서는 0이 유효하지 않은 고객의 숫자임이 분명합니다. 음수의 예로는 −1을 사용했습니다.

테스트에서는 잘못된 고객의 수로 Reservation 객체를 초기화하는 경우 예외를 발생시킵니다. 예외 메시지 부분에 대한 어설션은 만들지 않았다는 점에 유의하세요. 예외 메시지 자체는 객체 동작의 일부라고 할 수 없습니다. 메시지가 중요하지 않다는 말은 아니지만 필요 이상으로 세부적인 구현까지 테스트와 연결시킬 필요는 없습니다. 나중에 예외 메시지를 변경하려는 경우 테스트 대상 시스템(SUT)과 테스트를 모두 바꿔야 하기 때문입니다. 똑같은 일을 반복하지 마세요[50].

빨강–초록–리팩터에서 빨강 단계에서는 테스트가 실패합니다. 테스트를 통과시켜 초록 단계로 이동시켜야 합니다. 예제 5-13은 이 결과로 만들어진 생성자를 보여줍니다.

Reservation 클래스는 변경할 수 없으므로, 그 자체로 유효하지 않은 상태로 바뀌지 않을 것이라는 점을 보장할 수 있습니다[14]. 즉, 코드에서 Reservation 객체를 사용할 때 항상 방어적으로 코딩하지 않아도 됩니다.

---

13 유닛 테스트에서 유닛에 대한 정의나 모형(mock)에 대한 정의처럼 말이죠.

14 FormatterServices.GetUninitializedObject를 사용하는 방법도 있겠지만, 여기서는 사용하지 않을 것입니다.

예제 5-13 Reservation 생성자에 quantity가 0을 포함하지 않은 양수가 되도록 보호하는 부분을 추가했습니다.
(Restaurant/b3ca85e/Restaurant.RestApi/Reservation.cs)

```
public Reservation(
    DateTime at,
    string email,
    string name,
    int quantity)
{
    if (quantity < 1)
        throw new ArgumentOutOfRangeException(
            nameof(quantity),
            "The value must be a positive (non-zero) number.");

    At = at;
    Email = email;
    Name = name;
    Quantity = quantity;
}
```

At, Email, Name, Quantity 속성은 값이 채워지도록 보장되며, Quantity는 양수입니다. 7.2.5절에서는 Reservation에 보장되어 있는 특성을 어떻게 하면 잘 활용할 수 있는지 살펴보겠습니다.

5.4 / 결론

CODE THAT FITS IN YOUR HEAD

캡슐화는 객체 지향 프로그래밍에서 잘못 이해하기 쉬운 개념 중 하나입니다. 많은 프로그래머가 클래스 필드를 직접 노출하는 것이 금지되어 있으며, 클래스 필드는 데이터 접근 메서드인 획득자(게터, getter)와 설정자(세터, setter) 함수 뒤에 숨어서 '캡슐화'되어야 한다고 생각합니다. 하지만 이는 캡슐화와 거의 관련이 없습니다.

가장 중요한 개념은 객체가 잘못된 상태가 되지 않음을 완벽하게 보장해줘야 한다는 점이며, 이 부분은 호출하는 쪽의 책임이 아닙니다. 객체는 '유효'하다는 의미와 이를 어떻게 보장해야 하는지 가장 잘 알고 있습니다.

객체와 호출 함수 간의 상호작용은 계약을 준수해야 합니다. 계약이란 사전 및 사후 조건의 집합입니다. 사전 조건은 호출 코드의 책임을 설명하고, 사후 조건은 호출 코드가 의무를 이행했을 때 객체가 제공할 수 있는 보장 사항을 설명합니다.

사전 및 사후 조건을 함께 사용하면 불변(invariant)의 형식이 됩니다. 포스텔의 법칙을 사용하여 조금 더 유용한 계약을 설계할 수 있습니다. 즉, 호출자에게 덜 요구할수록 호출자는 객체와 더 쉽게 상호작용할 수 있으며, 더 나은 보장을 제공할수록 호출자가 작성해야 하는 방어 코드가 줄어듭니다.

6^장

다각화하기

몇 년 전 한 고객이 레거시 코드베이스[1]와 관련하여 도와달라고 요청해 왔습니다. 개발자 몇 명과 인터뷰할 기회가 있었고, 가장 최근에 합류한 팀원에게 스스로 프로젝트에 기여하고 있다는 느낌을 받을 때까지 얼마나 걸렸는지 물어보았습니다.

그 팀원은 이렇게 대답했습니다. "3개월이요."

코드를 건드려도 되겠다는 자신감이 생길 정도로 기존 코드베이스에 대한 이해도를 높이는 데 그 정도로 오랜 시간이 걸린 것입니다. 코드의 일부를 직접 보니 생각보다 정말 복잡했습니다. 보통 7가지 이상의 일이 진행되고 있었고, 어떤 메서드에서 벌어지는 일은 70가지를 가볍게 넘기기도 했습니다.

코드베이스를 탐색하는 방법을 배우는 건 시간이 걸리지만 불가능한 것은 아닙니다. 인간의 뇌는 최대 7개까지 추적할 수 있다는 주장에 반하는 증거라고 생각할 수도 있겠지만, 저는 여전히 그 주장이 유효하다고 생각합니다. 지금부터 그 이유를 설명하겠습니다.

6.1 단기 기억과 장기 기억

3.2.1절에서 숫자 7이 단기 기억(short-term memory)과 관련되어 있다고 설명했습니다. 뇌에는 이런 작업 기억(working memory) 외에도 완전히 다른 규모의 장기 기억(long-term memory)이 있습니다[80].

3.2.1절에서 이야기했던 것처럼 두뇌를 컴퓨터에 비유하는 것은 주의해야 하지만, 우리 뇌에는 분명 많은 용량과 엄청난 범위를 가진 일종의 기억장치가 있습니다. 불안정하긴 하지만요. 이 기억장치는 그림 6-1처럼 단기 기억과 서로 다른 시스템이지만, 어느 정도 연관이 있기는 합니다.

이상한 꿈을 꾸다가 깨어나면 꿈의 일부가 기억나더라도, 잠시 후에는 금방 기억에서 사라집니다.

예전에는 전화를 걸려면 잠깐 동안 전화번호를 외워서 눌러야 했습니다. 요즘에도 2단계 인증을 위한 일회용 코드를 몇 초 동안 기억했다가 입력해야 합니다. 물론, 그 잠깐의 순간이 지나고 나면 번호를 잊어버립니다.

---

1 **역주** 레거시 코드(Legacy Code)는 그냥 오래된 코드를 의미하는 게 아니라, 규칙 없이 프로그래밍을 해서 코딩 스타일이나 코드의 구조가 제대로 잡혀 있지 않은 코드나, 테스트 코드가 없는 코드를 말합니다. 즉, 보통 '땜빵 코드'라 말하는 것들이 지저분하게 엮여서 손대기 어려운 상황까지 온 코드를 의미합니다.

❤ 그림 6-1 단기 기억은 장기 기억보다 훨씬 작습니다. 단기 기억 덩어리 중 대부분은 '범위를 벗어나면 사라지지만' 일부는 때때로 장기 기억에 도달해서 오랫동안 머무를 수 있습니다. 장기 기억에서 나온 정보 역시 단기 기억으로 불러올 수 있습니다. RAM과 하드 드라이브가 떠오르네요. 하지만 이 비유가 완전히 딱 맞다고 생각하지 않도록 주의해야 합니다.

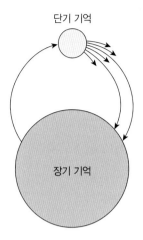

단기 기억

장기 기억

하지만 어떤 정보는 처음에 단기 기억에 있더라도 장기 기억으로 저장해둘 만큼 중요하다고 판단하는 경우도 있습니다. 예를 들어 저는 1995년 아내를 처음 만났을 때 그녀의 전화번호를 얼른 외우기로 결심했죠.

반대로 장기 기억에 있는 정보를 불러와 단기 기억에서 작업할 수도 있습니다. 예를 들어 다양한 API를 외웠다면, 코드를 작성할 때 관련된 메서드들을 단기 기억으로 가져와서 코드에 결합시키는 겁니다.

6.1.1 레거시 코드와 메모리

레거시 코드로 작업할 때는 코드베이스의 구조를 천천히, 그리고 고생스럽게 장기 기억에 저장하는 과정을 거치게 됩니다. 즉, 레거시 코드를 이용해서 작업을 진행할 수는 있지만, 적어도 다음 두 가지 문제가 있다는 점을 기억해야 합니다.

- 코드베이스를 익히는 데 시간이 걸립니다.
- 바꾸기 어렵습니다.

첫 번째 문제만으로도 채용 담당자는 잠시 채용을 멈춰야 합니다. 새로 들어온 엔지니어가 정상적인 생산성을 낼 때까지 3개월이 걸린다면, 프로그래머는 대체 불가능한 존재가 됩니다. 직원 입장에서 약간 냉소적으로 이야기하자면 레거시 코드를 만들어야 고용 안정성 확보에 유리한 셈입니다. 다만 이직에 흥미를 잃고 새로운 직업을 찾기 어려워지므로 그리 좋은 것이라 할 수는 없겠습니다. 레거시 코드에서 얻을 수 있는 기술은 별로 없습니다.

두 번째 문제는 더 안 좋습니다. 장기 기억까지 도달한 정보는 바꾸기 더 어렵습니다. 코드를 개선하려고 하면 어떤 일이 벌어질까요?

『레거시 코드 활용 전략(Working Effectively with Legacy Code)』[27]이라는 책은 복잡한 코드를 개선하는 다양한 기법을 담고 있습니다. 여기에는 코드 구조를 바꾸는 내용도 들어 있지요.

그림 6-2의 형태로 코드 구조를 변경하면 어떨까요? 장기 기억에 있는 정보와 구조가 맞지 않기 때문에 힘들게 습득한 지식을 더 이상 활용할 수 없고, 코드베이스에서 작업하는 것이 더 어려워집니다.

레거시 코드는 작업하기 어려울 뿐만 아니라, 이 상황에서 도망가기도 어렵습니다.

▼ 그림 6-2 레거시 코드 리팩터링에는 항상 발생하는 문제가 있습니다. 왼쪽 다이어그램이 복잡한 시스템이라고 가정하고, 덜 복잡한 시스템으로 리팩터링해야 하는 경우를 생각해봅시다. 오른쪽 시스템이 조금 더 단순하지만 여전히 너무 복잡하여 머리에 잘 들어오지 않는다면 어떻게 될까요? (복잡하더라도) 왼쪽 시스템은 기억하고 있었던 것인 반면 오른쪽 시스템은 새로운 것이므로 힘들게 얻은 지식은 쓸모 없어지고 그 대신 잘 모르는 것이 그 자리를 차지하게 됩니다. 애초에 레거시 코드를 작성하지 않는 것이 좋습니다.

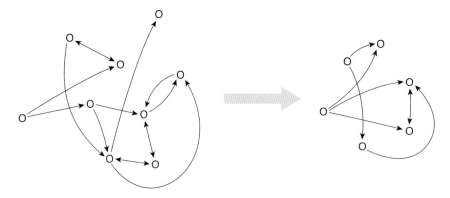

6.2 용량

소프트웨어 공학에서는 반드시 소프트웨어에 대한 책임을 가진 조직을 잘 유지해야 하며, 코드가 머리에 잘 들어오는 형태로 작성해서 지속가능한 코드베이스를 개발해야 합니다. 작업 기억의 용량은 7개에 불과하므로 동시에 진행되는 일의 수를 제한해야 하고요.

소프트웨어에서 직관적이지 않은 부분을 다룰 때는 더 많은 작업이 진행되므로 코드를 나누고, 머리가 잘 받아들일 수 있는 작은 덩어리로 분리해야 합니다.

켄트 벡은 다음과 같이 이야기했습니다.

> "소프트웨어 설계의 목표는 인간의 머리에 잘 들어오는 덩어리 혹은 조각을 만드는 것입니다. 소프트웨어는 계속 커지지만, 인간의 정신은 한계가 있기 때문에 계속 변화를 주려면 다른 방식으로 쪼개고 분리해야 합니다."[10]

소프트웨어를 잘 분리하는 방법을 찾아내는 건 소프트웨어 공학에서 가장 중요한 분야입니다. 다행히도 도움이 될 만한 휴리스틱 방법들이 있습니다.

이런 방법은 예제를 통해서 가장 잘 배울 수 있습니다. 지금까지 살펴본 예제는 간단하기 때문에, 모든 것이 머리에 잘 들어옵니다. 따라서 코드를 분해하는 것을 보려면 더 복잡한 코드베이스가 필요합니다.

6.2.1 초과 예약

지금까지 만든 레스토랑 예약 시스템은 최소한의 입력 유효성 검사만 하고 있으므로, 예약 인원이 양수라면 미래는 물론 과거 날짜에 대한 예약까지 허용합니다. 하지만 이 시스템을 사용할 레스토랑에는 물리적인 한계 인원이 있을 것이며, 특정 날자에는 이미 만석일 수도 있습니다. 따라서 시스템은 기존의 예약과 레스토랑의 수용 인원을 비교해서 예약이 가능한지 확인해야 합니다.

이 책에서 전반적으로 적용하고 있는 것처럼, 특정 기능을 추가하기 전에 테스트를 먼저 작성해서 개발 방법론에 입각한 코드 작성의 수단으로 삼겠습니다. 어떤 테스트를 작성해야 할까요?

예제 5-11에 최신 버전의 Post 메서드가 있습니다. 변환 우선순위 전제[64]에 따르면 일단 '무조건문 → 조건문' 변환부터 시작해야 합니다. 실행 경로 역시 모든 것이 잘되는 경우에는 204 No Content를 반환하고, 요청이 레스토랑의 수용 인원을 초과하는 경우에는 오류 상태를 반환하도록 분리하려고 합니다. 이 동작을 유도할 수 있는 테스트를 작성합시다. 테스트는 예제 6-1과 같습니다.

예제 6-1 초과 예약이 진행되지 않는지 확인하는 테스트입니다. 이 테스트에서는 레스토랑의 수용 인원을 암시적으로 처리했지만, 나중에 이 부분을 명확하게 바꾸는 것을 고려해야 합니다. (Restaurant/b3694bd/Restaurant.RestApi.Tests/ReservationsTests.cs)

```
[Fact]
public async Task OverbookAttempt()
```

```
{
    using var service = new RestaurantApiFactory();
    await service.PostReservation(new
    {
        at = "2022-03-18 17:30",
        email = "mars@example.edu",
        name = "Marina Seminova",
        quantity = 6
    });

    var response = await service.PostReservation(new
    {
        at = "2022-03-18 17:30",
        email = "shli@example.org",
        name = "Shanghai Li",
        quantity = 5
    });

    Assert.Equal(
        HttpStatusCode.InternalServerError,
        response.StatusCode);
}
```

테스트는 먼저 예약 하나를 시도한 다음 다른 예약을 시도하는 형태로 만들었습니다. 또한, 코드는 준비-행동-어설션 형태로 구성되어 있으며, 빈 줄을 사용해서 세 단계를 명확하게 구분합니다.

준비 단계에서 첫 번째 예약은 6명으로 진행하고, 두 번째 예약은 행동 부분에 넣습니다.

마지막으로 어설션에서는 500 Internal Server Error 오류 응답[2]이 나오는지 확인합니다.

여기서 예상 결과가 왜 오류인지 궁금해야 합니다. 테스트만 보면 그 이유가 명확하지 않기 때문에, 나중에 이 테스트를 다시 보면서 해당 부분을 개선할 수 있도록 메모를 해두는 것이 좋습니다. 이 방식은 켄트 벡이 『테스트 주도 개발(Test-Driven Development By Example)』[9]에서 설명한 적이 있습니다. 즉, 테스트를 작성하는 동안 개선해야 할 다른 사항도 생각해야 하지만, 옆길로 빠지지 말고 아이디어를 적으면서 계속 진행해야 합니다.

---

2 이렇게 설계하는 것은 논쟁의 여지가 있습니다. 이 오류를 반환하도록 설계할 때마다 500 Internal Server Error는 정말 예기치 않은 오류에 사용해야 한다고 지적하는 사람들이 있는데, 그러면 대신 어떤 HTTP 상태 코드를 사용해야 할까요? HTTP 1.1 사양이나 『RESTful 웹 서비스 쿡북(RESTful Web Services Cookbook)』[2] 모두 이 부분을 정하는 데는 별로 도움이 되지 않습니다. 어떤 경우에도 특정 상태 코드에 엮여서 동작하는 부분이 없기 때문에 500 Internal Server Error 대신 원하는 다른 상태 코드를 사용하고 있다고 가정해도 됩니다.

예제 6-1이 재현하고 있는 문제는 두 예약이 같은 날짜에 있다는 것입니다. 첫 번째 예약은 6명이며 명시적인 어설션은 없지만 테스트에서는 이 예약이 성공한 것으로 가정합니다. 즉, 레스토랑의 수용 인원은 6명 이상이어야 합니다.

두 번째 예약인 5명은 실패합니다. 테스트 이름에서 알 수 있듯이 이 테스트 케이스는 초과 예약을 시도하는 것입니다. 즉, 레스토랑은 11명을 수용할 수 없으며, 테스트에서 암시적으로 알 수 있듯이 레스토랑 수용 인원은 6~10명입니다.

코드는 이보다 더 명시적이어야 합니다. 〈파이썬의 선(Zen of Python)〉에서는 다음과 같이 말합니다.

"명시적인 것이 암시적인 것보다 낫다."[79]

이 규칙은 프로덕션 코드는 물론 테스트 코드에도 적용됩니다. 예제 6-1의 테스트에서 레스토랑의 수용 인원을 보다 명확하게 만들어야 합니다. 코드를 보여주기 전에 이 부분을 작업해놓을 수도 있었지만, 코드를 약간씩 개선하는 방법을 보여주기 위해 이렇게 진행했습니다. 여기에는 개선의 여지를 남기는 것도 포함됩니다. 불완전한 부분이 있으면 메모해두되, 그렇다고 속도를 늦추지는 마십시오. '완벽은 좋은 것의 적'이니까요. 그럼 계속 진행해봅시다.

브루클린에 있는 독특한 레스토랑에서 식사를 한 적이 있는데, 모든 좌석이 그림 6-3처럼 조리 공간이 보이는 1인용 바 좌석이었습니다. 좌석이 12개인 경우 12자리를 모두 예약하지 않는 한 다른 일행이 옆에 앉게 됩니다. 서빙은 레스토랑 도착 여부와 상관없이 정확히 18시 30분부터 시작됩니다. 생각할 수 있는 가장 간단한 예약 규칙으로 표현할 수 있을 것 같아서, 이런 레스토랑을 가정해봤습니다. 큰 테이블 하나를 모두 같이 사용하며, 좌석에는 하루에 한 명만 앉을 수 있었습니다. 일단 이런 형태를 생각해보죠.

❤ 그림 6-3 예제에서 사용할 좌석 배치. 이 레스토랑에는 주방 공간이 보이는 바 형태의 좌석만 있습니다.

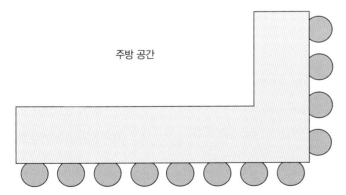

주방 공간

동작하는 가장 간단한 형태는 무엇일까요[22]? 예제 6-2에 간단한 답이 있습니다.

예제 6-2 테스트 범위(coverage)에는 만족하지만, 이 버전의 Post 메서드에 있는 분기에는 아직 원하는 비즈니스 규칙이 구현되어 있지 않습니다. (Restaurant/b3694bd/Restaurant.RestApi/ReservationsController.cs)

```
public async Task<ActionResult> Post(ReservationDto dto)
{
    if (dto is null)
        throw new ArgumentNullException(nameof(dto));
    if (!DateTime.TryParse(dto.At, out var d))
        return new BadRequestResult();
    if (dto.Email is null)
        return new BadRequestResult();
    if (dto.Quantity < 1)
        return new BadRequestResult();

    if (dto.Email == "shli@example.org")
        return new StatusCodeResult(
            StatusCodes.Status500InternalServerError);

    var r =
        new Reservation(d, dto.Email, dto.Name ?? "", dto.Quantity);
    await Repository.Create(r).ConfigureAwait(false);

    return new NoContentResult();
}
```

이 구현은 분명 잘못된 형태지만, 일단 새로운 테스트는 통과했으므로 변경 사항을 깃에 커밋합시다.

6.2.2 악마의 변호인

고의적인 방해 행위(sabotage)처럼 보이는 예를 이미 보았습니다. 예제 4-15에서 하드코딩된 데이터를 데이터베이스에 저장했죠. 저는 이렇게 의도적으로 방해하는 방법을 악마의 변호인(devil's advocate) 기법이라고 부릅니다[98]. 이 기법이 항상 필요한 것은 아니지만 쓸모가 있는 경우가 있습니다.

저는 테스트 주도 개발을 자주 가르치는데, 종종 초보자들이 좋은 테스트 케이스를 만들기 위해 고군분투하는 것을 봤습니다. 테스트 케이스를 충분히 작성했는지 어떻게 알 수 있을까요?

이 질문에 답하는 데 악마의 변호인 기법이 도움이 됩니다. 최대한 간단히 아이디어를 설명하면, 명백하게 불완전한 구현을 사용해서 의도적으로 모든 테스트를 통과시키려고 시도하는 겁니다. 바로 예제 6-2의 코드가 하는 일입니다.

이 부분은 테스트에 대한 일종의 비판으로 작용하는 것이라 상당히 쓸모가 있습니다. 간단하지만 명백하게 불충분하게 구현한 것으로 테스트를 통과한다면 실제로는 더 많은 테스트 케이스가 필요하다는 뜻입니다. 이 과정을 일종의 다각화(triangulation)[9]라고 할 수 있으며, 로버트 마틴의 말을 빌리면 이렇습니다.

"테스트가 더 구체적일수록 코드는 더 포괄적이 됩니다."[64]

올바른 구현을 만들어내려면 테스트 케이스를 적어도 하나 이상 추가해야 합니다. 다행스럽게도 (예제 6-3에서 볼 수 있듯이) 새로운 테스트 케이스는 매개변수 테스트[66]에서 새로운 데이터 데이터를 추가하기만 하면 되는 경우가 많습니다.

예상했던 테스트 방법이 아닌가요? 새로운 테스트 케이스가 '현재' 작업하고 있는 테스트(예제 6-1)의 OverbookAttempt 메서드에 추가되어야 한다고 생각했나요? 이건 '이전' 테스트(PostValid ReservationWhenDatabaseIsEmpty)에 네 번째 테스트 케이스를 추가한 형태입니다. 왜 이렇게 했을까요?

변환 우선순위 전제[64]를 생각해봅시다. 예제 6-2에는 어떤 문제가 있나요? 상수(문자열 "shli@example.org")를 이용해서 분기하고 있습니다. 코드를 개선하기 위해 어떤 형태의 코드 변환을 목표로 해야 할까요? '상수→스칼라' 변환이 가장 적합해 보입니다. 실행의 분기가 상수를 통해 이뤄지는 것이 아니라 변수를 이용해서 분기해야 합니다.

예제 6-3 예약 성공 테스트. 예제 5-10과 비교해서 변경된 사항 한 가지는 강조 표시된 네 번째 테스트 케이스가 추가된 것입니다. (Restaurant/5b82c77/Restaurant.RestApi.Tests/ReservationsTests.cs)

```
[Theory]
[InlineData(
    "2023-11-24 19:00", "juliad@example.net", "Julia Domna", 5)]
[InlineData("2024-02-13 18:15", "x@example.com", "Xenia Ng", 9)]
[InlineData("2023-08-23 16:55", "kite@example.edu", null, 2)]
[InlineData("2022-03-18 17:30", "shli@example.org", "Shanghai Li", 5)]
public async Task PostValidReservationWhenDatabaseIsEmpty(
    string at,
    string email,
    string name,
    int quantity)
```

```
{
    var db = new FakeDatabase();
    var sut = new ReservationsController(db);

    var dto = new ReservationDto
    {
        At = at,
        Email = email,
        Name = name,
        Quantity = quantity
    };
    await sut.Post(dto);

    var expected = new Reservation(
        DateTime.Parse(dto.At, CultureInfo.InvariantCulture),
        dto.Email,
        dto.Name ?? "",
        dto.Quantity);
    Assert.Contains(expected, db);
}
```

예제 6-2의 코드는 이메일 주소로 shli@example.org가 입력되면 무조건 잘못된 것으로 판단하는데, 이 부분은 정확하지 않습니다. 테스트에 내포된 개념을 없애려면 어떤 테스트 케이스를 추가해야 할까요? 성공적인 예약에 shli@example.org가 포함되는 경우일 겁니다. 예제 6-3이 이 형태를 가지고 있습니다. 정확히 같은 예약을 추가하지만 상황은 다릅니다. PostValidReservation WhenDatabaseIsEmpty 테스트 메서드에는 그 값을 가진 예약이 없는 상태이기 때문입니다.

하지만 아쉽게도 악마는 예제 6-4의 구현으로 대응할 수 있습니다.

예제 6-4 테스트는 Post 메서드가 기존 예약을 고려하여 예약을 거부할지 여부를 결정하도록 강제하지만 구현이 여전히 잘못되었습니다. (Restaurant/5b82c77/Restaurant.RestApi/ReservationsController.cs)

```
public async Task<ActionResult> Post(ReservationDto dto)
{
    if (dto is null)
        throw new ArgumentNullException(nameof(dto));
    if (!DateTime.TryParse(dto.At, out var d))
        return new BadRequestResult();
    if (dto.Email is null)
        return new BadRequestResult();
    if (dto.Quantity < 1)
```

```
            return new BadRequestResult();

        var reservations =
            await Repository.ReadReservations(d).ConfigureAwait(false);
        if (reservations.Any())
            return new StatusCodeResult(
                StatusCodes.Status500InternalServerError);

        var r =
            new Reservation(d, dto.Email, dto.Name ?? "", dto.Quantity);
        await Repository.Create(r).ConfigureAwait(false);

        return new NoContentResult();
    }
```

예제 6-3의 새로운 테스트 케이스는 dto만을 사용해서 작성된 예약을 악마가 거부하지 못하도록 효과적으로 막아줍니다. 대신 메서드는 모든 테스트를 통과시키기 위해 사용 과정에서 발생할 수 있는 모든 상황을 고려해야 합니다.

주입된 Repository에서 ReadReservations를 호출해 정상적으로 동작시켰지만, 예약 날짜에 어떤 예약이라도 있으면 예약이 거부되기 때문에 아직 제대로 동작하는 것은 아닙니다. 즉, 이전보다는 조금 더 적절한 동작에 가까워졌지만 아직 부족합니다.

6.2.3 기존 예약 다루기

ReadReservations 메서드는 예제 6-5에 있는 IReservationsRepository 인터페이스의 새 멤버이며, 주어진 날짜에 존재하는 모든 예약을 반환하도록 구현했습니다.

예제 6-5 강조 표시된 ReadReservations 메서드는 예제 4-14와 비교해 새로 추가된 것입니다.
(Restaurant/5b82c77/Restaurant.RestApi/IReservationsRepository.cs)

```
public interface IReservationsRepository
{
    Task Create(Reservation reservation);

    Task<IReadOnlyCollection<Reservation>> ReadReservations(
        DateTime dateTime);
}
```

인터페이스에 새 멤버를 추가하면 기존의 구현도 변경해야 합니다. 이 코드베이스에서는 SqlReservationsRepository와 테스트에 관련된 FakeDatabase 두 부분입니다. 가짜 구현[66]은 예제 6-6에서 봤던 것처럼 간단합니다. LINQ[3]를 사용하여 해당 날짜의 자정부터 다음 날 자정 사이의 틱(tick)[4]에 있는 모든 예약을 자체적으로 검색합니다.

예제 6-6 ReadReservations 메서드의 FakeDatabase 구현입니다. 예제 4-1에서 FakeDatabase가 컬렉션 기본 클래스에서 상속한다고 설명했습니다. 따라서 LINQ를 사용해서 자체적으로 필터링할 수 있습니다.

(Restaurant/5b82c77/Restaurant.RestApi.Tests/FakeDatabase.cs)

```
public Task<IReadOnlyCollection<Reservation>> ReadReservations(
    DateTime dateTime)
{
    var min = dateTime.Date;
    var max = min.AddDays(1).AddTicks(-1);

    return Task.FromResult<IReadOnlyCollection<Reservation>>(
        this.Where(r => min <= r.At && r.At <= max).ToList());
}
```

숫자 표현을 수직선 순서로 쓰기

예제 6-6에 있는 필터 표현식이 수직선 순서[5]로 작성되었음에 주목하세요. 변수는 왼쪽에서 오른쪽으로 오름차순으로 정렬되며, min은 가장 작은 값이어야 하므로 수직선에서 하는 것처럼 가장 왼쪽에 배치합니다.

▼ 그림 6-4 수직선 순서로 작성된 필터 표현식

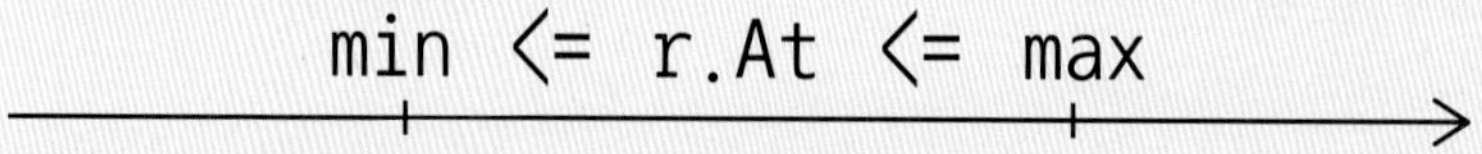

$$\text{min} <= \text{r.At} <= \text{max}$$

반면에 max는 가장 큰 값이어야 하므로 맨 오른쪽에 배치하고, 필터 표현식에 관한 변수인 r.At는 두 극단 사이에 배치합니다.

이런 형태로 비교식을 구성하면 읽는 사람에게 시각적으로 도움을 줍니다[65]. 보이지 않는 연속된 수직선 위에 값을 배치하는 것입니다.

즉, 실제로는 '크거나' 혹은 '크거나 같음' 연산자 대신 '작거나' 혹은 '작거나 같음' 연산자만 사용한다는 의미입니다.

---

3   역주 LINQ는 Language Integrated Query를 의미하며 C#에서 자체적으로 지원하는 데이터 질의 형태라고 보면 됩니다.

4   틱은 .NET에 내장된 날짜나 시간 관련 API에서 가장 작은 해상도를 가지는 단위를 의미하며, 100나노초 단위로 되어 있습니다.

5   역주 수직선(數直線, number line)은 선에 원점 기준으로 오른쪽에 큰 수, 왼쪽에 작은 수를 나타내는 선을 말합니다.

IReservationsRepository 인터페이스를 다른 형태로 구현한 것이 SqlReservationsRepository입니다. 물론 이것도 적절한 구현이 있어야 합니다. 이전과 마찬가지로 해당 클래스를 험블 객체[66]로 취급할 수 있으므로 자동화된 테스트에서는 제외하겠습니다. 간단한 SQL SELECT 쿼리이므로 여기서는 따로 표시하지 않겠습니다. 자세한 내용이 궁금하다면 이 책의 코드 저장소를 참조하세요.

6.2.4 악마의 변호인 vs. 빨강-초록-리팩터

예제 6-4의 코드는 여전히 불완전합니다. 데이터베이스에 기존 예약을 질의할 수 있지만, 예약이 하나라도 있으면 새로운 예약은 거부됩니다. 그럼에도 불구하고 모든 테스트를 통과합니다.

로버트 마틴이 말한 다각화 과정 방법을 사용해서 악마를 물리칠 때까지 테스트 케이스를 추가합시다. 다음으로 어떤 테스트 케이스를 추가해야 할까요?

주어진 날짜에 이미 예약이 있더라도 자리가 남아 있다면, 시스템에서 예약을 수락해야 합니다. 예제 6-7과 같은 테스트지요.

예제 6-7 같은 날짜에 기존 예약이 있는 경우에도 테이블을 예약할 수 있는지 테스트합니다.
(Restaurant/bf48e45/Restaurant.RestApi.Tests/ReservationsTests.cs)

```
[Fact]
public async Task BookTableWhenFreeSeatingIsAvailable()
{
    using var service = new RestaurantApiFactory();
    await service.PostReservation(new
    {
        at = "2023-01-02 18:15",
        email = "net@example.net",
        name = "Ned Tucker",
        quantity = 2
    });

    var response = await service.PostReservation(new
    {
        at = "2023-01-02 18:30",
        email = "kant@example.edu",
```

---

6 **역주** 험블 객체 패턴은 테스트하기 어려운 행위와 쉬운 행위를 나눌 때 사용하는 패턴입니다. 여기서 험블 객체는 본질적인 내용을 제외한 테스트하기 어려운 모든 것을 포함시키기 위해 만드는 객체를 의미합니다.

```
        name = "Katrine Nøhr Troelsen",
        quantity = 4
    });

    Assert.True(
        response.IsSuccessStatusCode,
        $"Actual status code: {response.StatusCode}.");
}
```

예제 6-1의 테스트처럼 준비 단계에서 예약 하나를 추가하고, 수행 단계에서 다른 하나를 추가합니다. 하지만 OverbookAttempt 테스트와는 다르게 성공할 것 같습니다. 현재 예약된 인원의 합이 6이고, 레스토랑에서 6명까지는 손님을 더 받을 수 있다는 것을 알고 있기 때문입니다.

악마의 변호인은 이 테스트를 넘어설 수 있을까요? 즉, 모든 테스트를 통과하지만, 여전히 비즈니스 규칙이 올바르게 구현되지 않은 부분을 건드리도록 Post 메서드를 바꿀 수 있을까요?

물론 가능하지만, 점점 더 어려워지고 있습니다. 예제 6-8은 Post 메서드에서 관련된 부분(즉, snippet)입니다. LINQ를 사용해서 일단 reservations를 예약 인원 컬렉션으로 변환한 다음 그 중 첫 번째 항목만 선택합니다.

SingleOrDefault 메서드는 컬렉션에 한 가지 요소만 있으면 그 값을 반환하고, 컬렉션이 비어 있는 경우에는 기본값을 반환합니다. 정수형의 기본값은 0이므로, 예약이 없거나 기존 예약이 하나만 있는 경우에도 제대로 동작합니다.

예제 6-8 예약을 거부할지 여부를 결정하는 Post 메서드의 일부입니다. 악마의 변호인은 여전히 테스트 스위트의 요구 사항을 우회하려고 시도합니다. 레스토랑의 수용 인원은 10명으로 하드코딩되어 있습니다.
(Restaurant/bf48e45/Restaurant.RestApi/ReservationsController.cs)

```
var reservations =
    await Repository.ReadReservations(d).ConfigureAwait(false);
int reservedSeats =
    reservations.Select(r => r.Quantity).SingleOrDefault();
if (10 < reservedSeats + dto.Quantity)
    return new StatusCodeResult(
        StatusCodes.Status500InternalServerError);
```

컬렉션에 둘 이상의 요소가 포함된 경우에는 SingleOrDefault 메서드에서 예외를 발생시키지만, 그러한 상황을 만들 수 있는 테스트 케이스가 없기 때문에 모든 테스트를 통과합니다.

다시 한번 악마의 변호인이 제대로 구현하려는 우리의 계획을 좌절시킨 것 같습니다. 다른 테스트 케이스를 작성해야 할까요?

물론 그렇게 할 수 있지만, 빨강-초록-리팩터 과정도 잊으면 안 됩니다. 예제 6-7은 빨강 단계를 나타내고, 예제 6-8은 초록 단계를 나타냅니다. 이제 리팩터링을 시작할 시간입니다. 예제 6-8의 코드를 개선할 수 있을까요?

이미 LINQ를 사용하고 있으므로 SingleOrDefault 대신 Sum을 사용하는 것은 어떨까요? 예제 6-9는 리팩터링된 Post 메서드 전체입니다. 메서드 중간에 있는 논리 판단 부분을 예제 6-8과 비교해보세요. 실제로 더 간단해졌습니다!

예제 6-9 Post 메서드는 이제 예약된 인원의 합을 기반으로 예약의 수락 혹은 거부를 올바르게 결정할 수 있습니다. 레스토랑의 수용 인원은 10명으로 하드코딩되어 있는데, 이 부분은 해결해야 할 불완전한 부분입니다.
(Restaurant/9963056/Restaurant.RestApi/ReservationsController.cs)

```csharp
public async Task<ActionResult> Post(ReservationDto dto)
{
    if (dto is null)
        throw new ArgumentNullException(nameof(dto));
    if (!DateTime.TryParse(dto.At, out var d))
        return new BadRequestResult();
    if (dto.Email is null)
        return new BadRequestResult();
    if (dto.Quantity < 1)
        return new BadRequestResult();

    var reservations =
        await Repository.ReadReservations(d).ConfigureAwait(false);
    int reservedSeats = reservations.Sum(r => r.Quantity);
    if (10 < reservedSeats + dto.Quantity)
        return new StatusCodeResult(
            StatusCodes.Status500InternalServerError);

    var r =
        new Reservation(d, dto.Email, dto.Name ?? "", dto.Quantity);
    await Repository.Create(r).ConfigureAwait(false);

    return new NoContentResult();
}
```

예제 6-9의 코드는 여전히 모든 테스트를 통과하지만 더 일반적인 형태이기도 합니다. 개선된 변경 사항을 깃에 반영합시다.

이렇게 리팩터링해야 할 곳을 어떻게 알아낼 수 있을까요? Sum 메서드가 있다는 걸 어떻게 알 수 있을까요? 이런 지식은 여전히 경험에 달려 있습니다. 소프트웨어 공학의 예술이 모든 것을 결정할 수 있는 절차가 되지는 않습니다. 여기서도 마찬가지입니다. 만일 모든 것을 해결할 수 있다면, 기계가 우리 일을 대신할 수도 있을 겁니다.

6.2.5 테스트는 언제 충분하다고 할 수 있을까?

리팩터링 이후에도 허점이 많나요? 누군가 나중에 SingleOrDefault를 사용하도록 코드를 다시 변경하면 어떻게 될까요? 모든 테스트를 통과하겠지만 올바른 구현은 아닙니다.

테스트는 언제 충분하다고 할 수 있을까요? 중요한 질문이지만, 정확한 답은 알 수 없습니다. 저는 스스로에게 다음과 같이 물어봅니다.

"코드가 더 나빠지는 퇴행(regression)이 일어날 가능성은 얼마나 될까?"

저는 일반적으로 다른 프로그래머들도 선의를 가지고 있다고 가정합니다[7]. 테스드는 우리의 두뇌가 자주 저지르는 실수를 하지 않도록 방지하기 위한 것입니다. 예를 들어 프로그래머가 Sum 호출을 SingleOrDefault 호출로 변경할 가능성이 얼마나 될까요?

별로 가능성이 높지는 않겠지만, 만약 변경된다면 어떤 영향이 있을까요? 프로덕션 환경에서 처리되지 않은 예외가 발생할 것입니다. 문제를 빠르게 발견하고 해결하는 것이 중요하기 때문에, 이런 결함을 재현해줄 수 있는 자동화된 테스트를 작성해야 합니다. 프로덕션 환경에서 발생할 수 있는 모든 결함은 반복적으로 발생할 수 있습니다. 즉, 한 번 발생한 문제는 다시 발생할 수 있으므로, 테스트를 해서 퇴행을 방지해야 합니다.

일반적으로 테스트가 충분한지 여부를 결정하는 것을 표준 위험 평가라고 합니다. 불리한 결과가 나올 확률을 그 영향과 더불어 같이 저울질해야 합니다. 저는 확률이나 영향을 정량적으로 평가하는 방법은 잘 모릅니다. 그래서 이를 알아내는 것은 대부분 예술의 영역이라고 생각합니다.

---

7   물론 상황에 따라 다릅니다. 보안이나 하드웨어 제어와 같은 중요한 작업에 사용되는 오픈 소스 프로젝트의 경우 기여자가 악성 코드를 넣는 경우 실질적인 영향을 미칠 수 있습니다. 따라서 이런 상황에는 더욱 깐깐하게 코드를 확인하는 것이 현명할 수 있습니다.

6.3 결론

기하학(및 지리 조사)에서 삼각 측량(triangulation)은 점의 위치를 결정하는 과정입니다. 이를 테스트 주도 개발에 대략적으로 비유할 수 있습니다.

기하학에서 사용될 때는 찾고자 하는 문제의 점이 이미 존재하지만, 정확한 위치를 모릅니다. 그림 6-5의 왼쪽과 같은 상황입니다.

테스트 기반으로 코드베이스를 만들 때 테스트는 측정하는 역할을 합니다. 다른 점은 아직 존재하지 않는 것을 측정하기 위해서 테스트를 추가한다는 점입니다. 그림 6-5의 오른쪽과 같은 상황입니다.

❤ 그림 6-5 테스트 주도 개발은 삼각 측량과 비슷하지만, 역할이 반대입니다. 지리적 측량에서는 목표로 하는 지점이 이미 존재하지만, 삼각 측량에서 대상 위치를 계산할 수 있는 위치를 측정해내야 합니다. 테스트 주도 개발에서는 테스트 대상이 되는 시스템이 초기에는 존재하지 않지만, (테스트의 형태를 가진) 측정 위치는 존재합니다.

 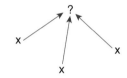

지리적 측량에서 측정을 더 많이 할수록 대상의 위치를 더욱 정확하게 파악할 수 있는 것처럼, 테스트 케이스를 추가할수록 테스트 대상 시스템(System Under Test; SUT)을 더 잘 설명할 수 있습니다. 하지만 이 작업을 하려면 매번 측정할 때마다 측정의 관점을 크게 바꿔야 합니다.

변환 우선순위 전제, 악마의 변호인, 빨강-초록-리팩터 과정의 상호작용을 사용함으로써 테스트 케이스를 너무 많이 중복시키지 않은 상태에서도 동작에 대해 포괄적이며 전방위적으로 설명할 수 있습니다.

memo

7^장

분해하기

그 누구도 의도적으로 레거시 코드를 작성하지는 않습니다. 다만 코드가 점점 악화된 결과일 뿐입니다.

왜 그런 걸까요? 한 파일에 코드가 수천 줄이라면 별로 좋지 않다는 것, 메서드가 수백 줄에 이르면 사용하기 어렵다는 것은 모두 알고 있습니다. 프로그래머들은 이런 형태의 코드베이스에서 작업해야 할 때 큰 어려움을 겪습니다.

모두들 이해하고 있는데, 도대체 왜 상황이 이렇게까지 나빠지도록 내버려둔 것일까요?

7.1 코드의 부패

코드에서 일어나는 변화를 별것 아닌 사소한 것으로 여기고, 코드 전반의 품질에 관심을 기울이지 않을 때 코드는 점점 더 복잡해집니다. 이런 변화가 하루아침에 일어나지는 않지만, 어느 날 레거시 코드베이스를 개발했다는 것을 깨달았을 때는 이미 손을 쓰기에 너무 늦었을 겁니다.

처음에는 메서드의 복잡도가 낮지만, 결함을 수정하고 기능을 추가함에 따라 그림 7-1처럼 복잡도가 증가합니다. 주의를 기울이지 않는다면, 아무도 눈치채지 못한 상태에서 순환 복잡도[1]가 7을 넘어가고, 10을 넘어가고, 15와 20을 넘어가게 됩니다.

어느 날 문제를 발견하는 건 복잡도를 측정한 결과가 아니라, 누구나 알아차릴 수 있을 정도로 코드가 복잡해졌기 때문일 것입니다. 안타깝게도 너무 늦어서 이제는 손을 쓰기에 너무 늦었습니다.

코드의 부패는 아주 조금씩 천천히 일어납니다. 서서히 끓는 물 속에 빠진 개구리 이야기처럼 말이죠.

1 　**역주** 프로그램의 제어 경로가 얼마나 복잡한지 나타내는 것으로 프로그램의 복잡도를 나타내는 지표 중 하나입니다.

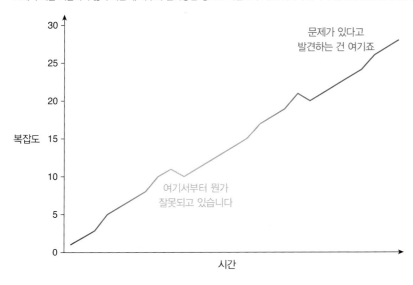

7.1.1 임계값

임계값을 두면 코드가 썩지 않도록 막는 데 도움이 됩니다. 규칙을 설정하고 복잡도를 모니터링하세요. 예를 들어 순환 복잡도를 계속 확인해서 이 값이 7을 넘어가는 경우 수정 사항을 자동으로 거부하도록 설정할 수도 있겠지요.

이런 규칙들은 점진적으로 코드가 부패하는 것을 막아주는 효과가 있습니다. 코드 품질 향상에 기여하는 것은 7이라는 특정한 값이 아니라, 임계값을 기반으로 한 규칙이 자동으로 동작하는 것입니다. 임계값으로 7 대신 10을 사용하기로 결정했더라도 이전과는 다른 결과를 이끌어낼 수 있겠지만, 저는 7이 더 좋다고 생각합니다. 엄격하게 지켜야 하는 값이 아니라 상징적인 값이라 하더라도 말이죠. 왜냐하면 3.2.1절 내용처럼 7이라는 숫자는 우리 두뇌의 작업 기억 용량이니까요.

그림 7-2를 보면 여전히 임계값을 초과할 수 있습니다. 만일 규칙을 너무 엄격히 지켜야 한다면 규칙이 작업에 방해 요인이 될 수 있습니다. 규칙을 어기는 것이 최선의 대응책인 경우가 생길 수 있지요. 하지만 이런 상황에 대처한 다음에는 문제의 코드를 다시 정리할 방법을 찾아야 합니다. 임계값을 초과했을 때 경고를 받지 않으면, 특정 코드가 점진적으로 붕괴될 위험이 있습니다.

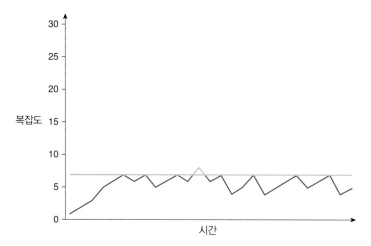

이 과정은 자동화할 수 있습니다. 지속적 통합 빌드 과정에 순환 복잡도 분석을 포함시켜서 임계값을 넘어가는 경우 변경 사항을 거부하도록 만드는 것이죠. 이 방법은 임계값 측정을 통해 관리 효율을 향상시키려는 효과적인 시도라고 할 수 있습니다. 순환 복잡도와 같은 지표를 강조함으로써 여러분과 동료들은 여기에 주의를 기울이게 될 것입니다.

하지만 의도하지 않은 결과의 법칙[2]에 주의해야 합니다. 규칙을 엄격하게 만들 때는 신중해야 합니다.

저는 임계값 규칙을 도입하여 많은 사람이 임계값 규칙을 인지하게 만드는 데 성공했습니다. 이 방법은 기술 리더가 개선하고자 하는 방향을 품질에 집중하도록 도와줄 수 있습니다. 팀의 사고방식이 바뀌면 이런 규칙 자체가 불필요해질 것입니다.

7.1.2 순환 복잡도

이 책에서 이미 순환 복잡도라는 용어를 자주 보았을 텐데, 실무에서 유용하게 사용할 수 있는 몇 안 되는 코드 품질 측정 방법 중 하나라고 생각합니다.

소프트웨어 공학에 관련된 책이라 여러 지표가 가득할 거라고 생각했는데, 지금쯤 그렇지 않다는 걸 알았을 겁니다. 여러 가지 코드 측정 방법[3]을 만들어낼 수 있지만, 대부분 실용적인 가치가 거

---

2 의도하지 않은 결과와 왜곡된 인센티브에 대한 흥미로운 이야기는 『괴짜 경제학(Freakonomics)』[57]과 『슈퍼 괴짜 경제학(SuperFreakonomics)』[58]을 참고하기 바랍니다. 제목이 좀 특이하지만 대학 교육을 받은 경제학자로서 이 책을 추천합니다.

3 『실제 사용되는 객체 지향 측정 지표들(Object-Oriented Metrics in Practice)』[56]에서 예제를 볼 수 있습니다.

의 없습니다. 예비 연구에 따르면 가장 단순한 지표인 코드의 줄 수가 가장 실용적인 복잡도 예측 지표라고 합니다[43]. 여기에 대해서는 나중에 다시 이야기하겠지만, 일단은 여기서 핵심은 꼭 이해하고 넘어가면 좋겠습니다.

코드 줄이 많아질수록 코드베이스가 나빠집니다. 코드의 줄은 '삭제한 코드의 줄 수'를 측정할 때만 생산성 측정의 도구로 사용할 수 있습니다. 코드를 추가할수록 다른 사람이 읽고 이해해야 하는 코드가 많아집니다.

코드 줄 수가 복잡도를 나타내는 실용적인 지표라면, 순환 복잡도 역시 다른 이유로 유용합니다. 복잡도에 대한 정보를 제공할 뿐만 아니라, 유닛 테스트를 어떻게 진행해야 할지 방향성을 제시하므로 유용한 분석 도구라 할 수 있습니다.

순환 복잡도는 코드 조각을 통과하는 경로의 수를 측정하는 척도라고 생각하면 됩니다.

가장 단순한 코드도 처리 경로가 적어도 하나는 존재하기 때문에 최소 순환 복잡도는 1입니다. 메서드나 함수의 순환 복잡도는 쉽게 계산할 수 있습니다. 1에서 시작해서 몇 개의 if와 for를 거치는지 세어보면 됩니다. 즉, 1에서 시작해서 위의 키워드들이 보일 때마다 숫자를 1씩 증가시키는 것이죠.

언어에 따라 키워드는 다르지만, 핵심은 분기나 루프 명령어를 세는 것입니다. 예를 들어 C#의 경우 foreach, while, do와 switch 블록의 case마다 숫자를 셉니다(다른 언어에서는 숫자를 세야 하는 키워드가 다를 것입니다).

레스토랑 예약 시스템에 있는 Post 메서드의 순환 복잡도는 어느 정도일까요? 1에서 시작해 예제 6-9의 분기 명령어를 모두 세어봅시다.

얼마가 나왔나요?

예제 6-9의 순환 복잡도는 7입니다. 혹시 6이나 5가 나왔나요?

어떻게 7이 되었는지 살펴봅시다. 1에서 시작한다는 걸 기억하세요. 분기 명령을 찾을 때마다 1씩 증가시킵니다. 예제에는 if 문장이 5개 있습니다. 따라서 1에 5를 더해 6이 됩니다. 마지막 하나는 조금 찾아내기 어렵습니다. 바로 ??입니다.

이 연산자는 널 병합(null-coalescing) 연산자로, 두 가지 분기를 나타냅니다. 한 경로는 dto.Name이 null인 경우이며, 다른 하나는 아닌 경우입니다. 이는 또 다른 분기 명령[4]이므로, Post 메서드의 경로는 총 7개입니다.

4　이 부분을 납득하기 어렵다면 아마 C#의 null 연산자를 분기 명령으로 인식하는 것이 아직 익숙하지 않기 때문일 겁니다. 비주얼 스튜디오에 내장된 코드 복잡도 계산기로 확인해도 순환 복잡도는 7이 나옵니다.

3.2.1절에서 뇌의 단기 기억력의 한계를 나타내는 상징적인 값으로 7이라는 숫자를 사용했습니다. 임계값을 7로 정하면, 예제 6-9에 있는 Post 메서드는 한계에 도달합니다. 지금은 그대로 둬도 되지만, 나중에 8번째 분기를 추가해야 한다면 리팩터링부터 해야 합니다. 그때는 시간이 부족할 수 있기 때문에, 지금 시간이 있다면 미리 리팩터링을 해두는 것이 더 좋을 수도 있습니다.

잠깐만요. 7.2.2절의 Post 메서드에서 리팩터링할텐데, 그러기 전에 지침이 될 다른 원칙들 먼저 이야기하겠습니다.

7.1.3 80/24 규칙

코드 줄 수로 복잡도를 더 간단하게 예측한다는 개념에 대해 어떻게 생각하나요?

이 부분을 항상 염두에 두어야 합니다. 너무 긴 메서드를 만들지 말고, 코드 블록을 작게 작성해야 하죠.

얼마나 작아야 할까요?

이 질문에 보편적이면서 좋은 답은 없습니다. 무엇보다 이 문제는 프로그래밍 언어에 달려 있습니다. 어떤 프로그래밍 언어는 다른 언어보다 밀도가 높습니다. 제 경험상 가장 밀도가 높았던 프로그래밍 언어는 APL[5]입니다.

하지만 대부분의 주류 언어들은 대략 비슷한 밀도를 가지고 있습니다. 저는 C# 코드를 작성할 때 메서드 코드의 길이가 20줄에 가까워지면 불편함을 느낍니다. C#은 기술할 내용이 많은 언어라서 경우에 따라서는 20줄을 넘어가는 메서드도 작성하곤 합니다. 그래도 대략 30줄 정도가 한계인 것 같습니다.

임의의 숫자를 사용해 설명했지만, 굳이 따지면 이 정도 크기일 것입니다. 어차피 임의의 숫자이므로, 일단 24로 설정합시다. 이유는 뒤에서 이야기하겠습니다.

일단 메서드를 위한 코드의 최대 줄 수는 24여야 한다고 정했습니다.

앞에서도 이야기했지만, 이것은 언어에 따라 다릅니다. 24줄짜리 하스켈(Haskell)이나 F# 함수는 너무 커서 풀 리퀘스트(Pull Request)를 받는 경우, 크기가 너무 크다고 거절할 수도 있습니다.

---

5 **역주** APL(A Programming Language)은 고급 수학용 프로그래밍 언어입니다.

대부분의 언어는 자유롭게 배치할 수 있습니다. 예를 들어 C 언어에 기반한 언어는 구분자로 ; 문자를 사용합니다. 이 구분자를 잘 사용하면 한 줄에 여러 문장을 쓸 수 있습니다.

```
var foo = 32; var bar = foo + 10; Console.WriteLine(bar);
```

이런 식으로 한 줄을 길게 써서, 24줄 길이의 규칙을 피해갈 수 있습니다. 하지만 그렇게 하면 원래의 목적에 부합하지 않습니다.

작은 메서드를 작성하는 목적은 읽기 쉬운 코드, 즉 머리에 잘 들어오는 코드를 작성하기 위한 것입니다. 작을수록 좋습니다.

완성도를 높이기 위해, 한 줄에 적을 수 있는 코드의 길이도 정합시다. 코드 한 줄의 길이는, 업계에서 가장 널리 받아들여지는 표준이 있다면 80자입니다. 저도 몇 년 동안 이 값을 사용했으며, 적절한 최대치라고 생각합니다.

80자 제한은 역사가 오래 되었는데, 24줄 제한은 어떨까요? (궁극적으로는 임의로 정한 값이지만) 사실 두 가지 값 모두 유명한 VT100 터미널의 크기인 80자 × 24줄에 맞습니다[6].

즉, 80×24 크기는 예전 터미널의 크기를 재현한 것입니다. 많은 사람이 오해하는데, 해당 단말기에서 프로그램을 작성하라는 것이 아니라, 메서드의 최대 크기[7]가 이 정도여야 한다는 것입니다. 더 큰 화면에서는 여러 개의 작은 메서드를 한 번에 볼 수 있습니다. 예를 들어 모니터 분할 화면으로 단위 테스트와 대상을 같이 볼 수 있겠죠.

구체적인 크기 값은 임의로 정한 것이지만, 과거와 연속성을 유지하는 것이 근본적으로 옳다고 생각합니다.

대부분의 코드 편집기와 개발 환경은 편집창에 세로줄을 표시하는 옵션이 있으므로, 줄 너비를 계속 확인할 수 있습니다. 예를 들어 80자 위치에 세로줄을 둘 수 있습니다. 이 책의 코드는 80자 너비 제한을 유지하므로, 작성한 모양 그대로 책에 코드를 실을 수 있었습니다.

예제 6-9의 코드는 순환 복잡도가 7이며, 정확하게 24줄입니다. 이것이 바로 리팩터링을 해야 하는 또 하나의 이유입니다. 한계에 도달했는데, 아직 리팩터링되지 않았기 때문이지요.

---

6   **역주** 80자 넓이는 예전에 프로그램을 입력하던 장치인 천공카드에서 온 것입니다. 천공카드는 80자 × 12줄 크기였습니다. 즉, VT100은 천공카드 2장 크기입니다.

7   이 값은 임의로 정한 값이라는 점을 다시 강조합니다. 중요한 건 임계값을 정해 놔야 한다는 것입니다[97]. 만일 어떤 팀이 120×40 크기로 작성하는 것이 더 편하다면, 그것도 좋습니다. 이 책에서는 위 내용의 가능성을 증명하기 위해 예제의 코드베이스를 작성할 때 80×24 크기를 임계값으로 사용했습니다. 가능할 뿐 아니라, C#에 가장 잘 맞는다고 생각합니다.

7.2 / 머리에 잘 들어오는 코드

뇌는 동시에 7개 항목을 추적할 수 있습니다. 코드베이스의 아키텍처를 설계할 때 이 부분을 고려하는 것이 좋습니다.

7.2.1 육각꽃

코드를 볼 때 뇌는 에뮬레이터를 작동시킵니다. 코드를 실행시켰을 때 어떻게 동작할지 해석해 나가는 것이죠. 이때 추적해야 할 내용이 너무 많으면 더 이상 코드를 즉시 이해할 수가 없습니다. 즉, 단기 기억을 사용할 수 없을 정도로 복잡해지면, 코드의 구조를 장기 기억으로 넘기기 위해 노력을 기울여야 합니다. 레거시 코드에 한층 가까워집니다.

따라서 다음과 같이 규칙을 정하겠습니다.

> 코드 조각 하나에서 7가지를 넘는 일이 벌어지면 안 됩니다.

벌어지는 일을 측정하는 방법은 여러 가지가 있으나, 순환 복잡도를 사용하는 것이 가장 좋습니다. 그림 7-3과 같이 단기 기억의 용량을 다이어그램으로 나타낼 수 있습니다.

각각의 원은 정보를 하나씩 저장[80]할 수 있는 '메모리 슬롯' 또는 '레지스터'라고 생각합시다.

▼ 그림 7-3 인간의 단기 기억 능력을 7개의 '레지스터'로 나타냈습니다.

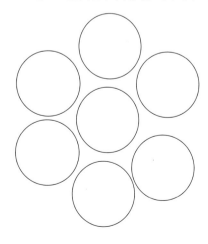

원을 둥그렇게 둘러놓은 다음, 주변의 원과 접하도록 눌러버린 모양을 상상해보면 그림 7-4 모양이 됩니다.

▼ 그림 7-4 가장 작은 형태로 배열된 7개의 '레지스터'입니다. 육각형은 이렇게 무한 격자 모양으로 배열할 수 있지만, 이 특별한 모양이 꽃처럼 보이네요. 이런 형태의 도표를 '육각꽃 다이어그램(hex flower diagram)'이라고 부르겠습니다.

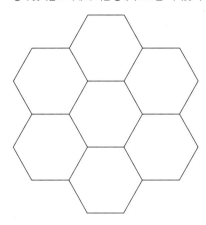

개념적으로 그림에 있는 7개의 육각형을 채우면 코드에서 무슨 일이 일어나는지 설명할 수 있어야 합니다. 예제 6-9 코드의 내용은 어떻게 채울 수 있을까요?

그림 7-5와 같을 것입니다.

▼ 그림 7-5 예제 6-9의 Post 메서드에 있는 분기를 표현한 육각꽃 다이어그램[8]

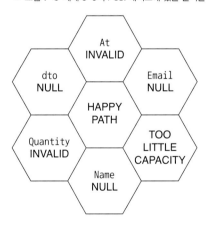

---

8 [역주] 육각꽃 다이어그램 가운데 있는 'HAPPY PATH(행복한 경로)'는 유효성 검사 규칙에 의해서 오류가 발생하지 않고, 이외의 제어 부분에 해당되지 않아서 끝까지 도달한 기본 제어 경로를 의미합니다.

각 슬롯에 코드 분기와 관련된 부분을 표시했습니다. 순환 복잡도를 통해 예제 6-9에 있는 코드를 통과하는 경로가 7개라는 것을 알았습니다. 이를 육각형 안에 채워 넣은 것입니다.

모든 '슬롯'이 채워집니다. 복잡도를 7로 강력하게 제한하는 경우[9] Post 메서드를 더 복잡하게 만들 수 없습니다. 문제는 앞으로 이 메서드에 복잡한 동작을 더 추가해야 한다는 점입니다. 예를 들어 이전의 모든 예약을 거절하게 만들 수도 있습니다. 또한, 공용 테이블 하나에 1인 좌석을 사용하는 최신 스타일의 레스토랑에만 적용되는 비즈니스 규칙을 다양한 크기의 테이블, 한 번 이상 좌석 예약 가능 등 다양한 요청을 처리할 수 있도록 규칙을 바꿔서 더욱 정교한 예약 시스템을 만들 수도 있을 것입니다.

앞으로 계속 진행하려면 Post 메서드를 분해해야 합니다.

7.2.2 응집

예제 6-9의 Post 메서드를 어디서부터 어떻게 분해해야 할까요? 코드가 이미 빈 줄[10]로 구분되어 있는데, 구분된 영역들의 구성을 보면 도움이 될 것입니다. 코드는 대략 네 영역으로 구분됩니다. 첫 번째 부분은 데이터 유효성 확인부(guard clause)[7]입니다. 이 부분이 리팩터링에 가장 적합한 부분일 것 같습니다.

어떻게 가장 적합하다고 판단할 수 있을까요?

첫 번째 부분에서는 ReservationsController 클래스에 속하는 인스턴스의 멤버를 사용하지 않습니다. 두 번째와 세 번째 부분에서는 Repository 프로퍼티를 사용하고 있고, 네 번째 부분은 단 하나의 반환식만 사용하므로 개선할 것이 별로 없습니다.

두 번째와 세 번째 부분에서 인스턴스 멤버를 사용하는 부분을 도우미 메서드로 추출하는 것도 괜찮지만, 첫 번째 부분이 더 눈에 띕니다. 이 부분은 객체 지향 언어의 주요 개념 중 하나인 응집(cohesion)과 관련이 있습니다. 저는 응집에 대한 켄트 벡의 설명을 좋아합니다.

> "같은 속도로 변화하는 것들은 함께 있어야 하며, 다른 속도로 변화하는 것들은 서로 떨어져 있어야 합니다."[8]

---

9 실제로 숫자 7로 엄격하게 제한하는 것은 아닙니다. 이 책에서 제어 경로나 기타 추론 경로의 수를 엄격하게 지키고 있는 것은 아니지만, 시각화할 때는 7이란 숫자를 엄격하게 지킵니다.

10 이 책에서는 빈 줄을 사용하는 방법을 비롯해서 일반적으로 사용되는 소스 코드의 구성 방법에 대해 자세히 다루지는 않습니다. 이 부분은 『코드 컴플리트』[65]란 책에서 빈 줄을 사용하는 방법과 같습니다.

클래스의 인스턴스 필드들이 어떻게 사용되고 있는지 고려해보세요. 모든 메서드가 클래스의 모든 필드를 사용하는 경우를 최대 응집력이라 하고, 클래스에 있는 각각의 필드들이 각각의 메서드에서 개별적으로 사용하는 경우를 최소 응집력이라 합니다.

이런 관점에서 클래스 필드를 전혀 사용하지 않는 코드 블록은 매우 수상합니다. 따라서 코드에서 첫 번째 부분이 리팩터링하기에 가장 좋은 부분이라고 생각합니다.

첫 번째 시도는 예제 7-1과 비슷한 형태입니다. 여기 짧은 메서드는 코드가 6줄이고, 순환 복잡도가 3입니다. 지금까지 이야기했던 지표에 비춰보면 아주 좋아 보입니다.

단, 이 부분이 정적 메서드란 점에 주목해야 합니다. 이 부분은 코드 분석기의 규칙[11]에서 인스턴스 멤버가 사용되지 않는 것을 탐지하기 때문에 필요한 부분입니다. 이 부분은 코드 악취가 될 수 있으므로 잠시 후에 다시 살펴보도록 하겠습니다.

예제 7-1 예약 DTO가 유효한지 판단하는 도우미 메서드 (Restaurant/f8d1210/Restaurant.RestApi/ReservationsController.cs)

```csharp
private static bool IsValid(ReservationDto dto)
{
    return DateTime.TryParse(dto.At, out _)
        && !(dto.Email is null)
        && 0 < dto.Quantity;
}
```

IsValid 도우미 메서드를 사용함으로써 Post 메서드가 개선되었을까요? 예제 7-2에서 그 결과를 볼 수 있습니다.

예제 7-2 새로운 IsValid 도우미 메서드를 사용한 Post 메서드
(Restaurant/f8d1210/Restaurant.RestApi/ReservationsController.cs)

```csharp
public async Task<ActionResult> Post(ReservationDto dto)
{
    if (dto is null)
        throw new ArgumentNullException(nameof(dto));
    if (!IsValid(dto))
        return new BadRequestResult();

    var d = DateTime.Parse(dto.At!, CultureInfo.InvariantCulture);
```

---

11 "CA1822: 멤버를 static으로 표시하세요"

```
    var reservations =
        await Repository.ReadReservations(d).ConfigureAwait(false);
    int reservedSeats = reservations.Sum(r => r.Quantity);
    if (10 < reservedSeats + dto.Quantity)
        return new StatusCodeResult(
            StatusCodes.Status500InternalServerError);

    var r =
        new Reservation(d, dto.Email!, dto.Name ?? "", dto.Quantity);
    await Repository.Create(r).ConfigureAwait(false);

    return new NoContentResult();
}
```

언뜻 보기에는 개선된 것처럼 보입니다. 줄 수가 22줄로 줄었고, 순환 복잡도 역시 5로 줄었습니다.

순환 복잡도가 줄었다는 사실이 놀랍지 않나요?

Post 메서드와 IsValid 도우미 메서드가 결합된 동작을 고려했을 때, 결국 바뀐 것이 없어 보입니다. IsValid 메서드의 복잡도 역시 Post 메서드의 복잡도에 포함시켜야 하지 않을까요?

타당한 질문이기는 하지만, 그런 방식으로 복잡도를 측정하지는 않습니다. 이렇게 호출된 메서드까지 같이 해석하는 것은 위험성과 가능성을 모두 가지고 있습니다. IsValid가 어떻게 동작하는지 자세히 추적해서 얻을 수 있는 것은 별로 없는 반면, 하나의 동작으로 취급하는 경우에는 그림 7-6처럼 육각꽃 다이어그램으로 복잡도를 더 잘 나타낼 수 있습니다.

❤ 그림 7-6 예제 7-2의 복잡도를 그린 육각꽃 다이어그램. 비어 있는 레지스터 두 개가 단기 기억에 남은 용량을 나타냅니다. 다시 말해 이 코드는 머리에 잘 들어옵니다.

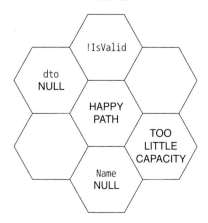

작은 조각 3개가 조금 더 큰 조각 하나로 대체되었습니다.

> "단기 기억은 덩어리(chunk) 단위로 측정되는데 [...] 장기 기억에 있는 더 큰 정보 구조를 가리키
> 는 레이블로 사용될 수 있기 때문입니다."[80]

위와 같은 대체의 핵심은 사물의 본질을 추상화할 수 있다면, 많은 부분을 하나로 대체할 수 있다
는 것입니다. 익숙한 이야기인가요?

로버트 마틴은 추상화에 대해 다음과 같이 정의했습니다.

> "추상화는 무관한 것을 제거하고, 본질적인 것을 강조하는 것입니다."[60]

IsValid 메서드는 DTO(Data Transfer Object; 데이터 전송 객체)의 유효성을 검사하는 부분을 강조하
는 반면, 어떻게 검사할 것인지에 대한 세부적인 부분은 제거합니다. 그림 7-7과 같이 단기 기억
의 형태를 또 다른 육각꽃 다이어그램으로 그릴 수 있습니다.

▼ 그림 7-7 예제 7-1의 복잡도를 나타낸 육각꽃 다이어그램

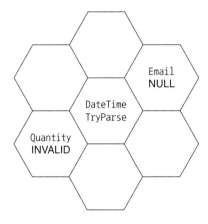

IsValid 코드를 볼 때 주변 상황에 대해 아무것도 알 필요가 없습니다. 호출 코드는 인수를 전달
하는 것 외에는 IsValid 메서드에 영향을 미치지 않습니다. 따라서 IsValid와 Post 둘 다 여러분
의 머리에 잘 들어옵니다.

7.2.3 기능 편애

위의 리팩터링으로 복잡도가 감소했지만, 이로 인해 다른 문제가 발생했습니다.

가장 분명한 문제는 IsValid 메서드가 static이라는 코드 악취 부분입니다[12]. 이 메서드는 ReservationDto 매개변수를 사용하지만, ReservationsController 클래스의 인스턴스 멤버는 사용하지 않습니다. 이 경우는 코드의 악취 중 '기능 편애(feature envy)'에 해당합니다. 『리팩터링』[34] 책에서 제시한 대로 해당 메서드에서 참조하는 데이터 혹은 기능이 많은(즉, 기능이 편애된) 객체로 메서드를 이동시켜봅시다.

예제 7-3은 메서드를 ReservationDto 클래스 안으로 옮긴 형태입니다. 지금은 함수를 internal로 두기로 결정했지만, 나중에는 이 결정이 바뀔 수도 있습니다.

예제 7-3 IsValid 메서드를 ReservationDto 클래스 안으로 이동시킨 형태
(Restaurant/0551970/Restaurant.RestApi/ReservationDto.cs)

```
internal bool IsValid
{
    get
    {
        return DateTime.TryParse(At, out _)
            && !(Email is null)
            && 0 < Quantity;
    }
}
```

또한, 멤버를 메서드 대신 프로퍼티[13]로 구현했습니다. 이전 메서드는 ReservationDto의 기능을 과도하게 사용하고 있었으나, 이젠 멤버가 클래스의 일부가 되면서 더 이상 매개변수가 필요하지 않습니다. 입력을 사용하지 않는 메서드로 만들 수도 있지만, 이 경우에는 프로퍼티를 이용하는 것이 더 좋은 선택으로 보입니다.

이 동작은 전제 조건이 없으며, 예외를 발생시킬 수 없는 간단한 동작입니다. .NET의 프로퍼티 획득자(property getter)에 관련된 프레임워크 가이드라인 규칙과도 잘 맞습니다.

예제 7-4는 Post 메서드에서 dto가 유효한지 확인하는 부분입니다.

---

12 메서드가 static이라고 해서 항상 문제가 되는 것은 아니지만, 객체 지향 설계에서는 문제가 될 수 있습니다. 따라서 static 사용에 주의를 기울여야 합니다.

13 프로퍼티는 획득자(게터, getter) 또는 설정자(세터, setter) 메서드에 대한 C#의 문법적 설탕(syntactic sugar)입니다. 문법적 설탕이란 프로그래머가 읽고 쓰기 편하도록 설계된 문법을 말합니다.

```
if (!dto.IsValid)
    return new BadRequestResult();
```

모든 테스트를 통과합니다. 변경 사항을 깃에 커밋하고, 배포 파이프라인을 통과시켜 푸시해야 한다는 걸 잊지 마세요[49].

7.2.4 바꾸는 과정에서 잃는 것들

코드의 작은 부분에서도 여러 가지 문제가 발생할 수 있으므로, 한 가지 문제를 해결했다고 해서 더 이상 문제가 발생하지 않는다는 말은 아닙니다. Post 메서드도 마찬가지입니다.

이제 C# 컴파일러에서 At과 Email이 null이 아닌지를 확인할 수 없으므로, 널 허용 연산자 !를 사용한 참조에 대한 정적 흐름 분석을 꺼야 코드가 컴파일될 것입니다. 기본적으로 컴파일러의 널 가능 참조 형식 기능을 꺼야 한다는 말인데, 이건 올바른 방향으로 가고 있다고 보기 어렵습니다.

예제 7-2의 또 다른 문제는 At 프로퍼티를 IsValid 메서드에서 한 번, Post 메서드에서 또 한 번 분석함으로써 실질적으로 두 번 분석한다는 점입니다.

아무래도 코드를 바꾸는 과정에서 너무 많은 부분을 잃어버린 것 같습니다. IsValid 추상화 과정에서 너무 많은 부분이 제거된 반면 강조된 부분은 적기 때문에 좋은 추상화가 아닙니다.

이 부분은 객체 지향적 유효성 검사(object-oriented validation)의 일반적인 문제입니다. IsValid와 같은 멤버는 부울값 플래그를 만들어내지만, 그 밑의 코드에서 필요한 모든 정보(🔃 분석된 날짜)를 가지고 있는 것은 아닙니다. 따라서 다른 부분에서도 검사를 반복해야 하므로 코드가 중복되는 것이죠.

유효성 검사가 끝난 데이터를 가져오면 더 좋겠지요? 검사된 데이터를 어떻게 표현해야 할까요?

5장에서 배운 캡슐화 내용을 떠올려봅시다. 객체는 변하지 않는 것들을 보호해야 하는데, 여기서 변하지 않는 것들은 사전 및 사후 조건입니다. 올바르게 초기화된 객체는 유효한 상태여야 합니다. 그렇지 않으면 생성자가 사전 조건을 확인하지 못하므로, 캡슐화가 깨지게 됩니다.

이것이 도메인 모델에 대한 동기입니다. 도메인을 모델링한 클래스는 변하지 않는 것들을 포함하고 있어야 합니다. 이는 나머지 부분과 복잡한 상호작용을 모델링하는 데이터 전송 객체(DTO)와 대조적입니다.

레스토랑 예약 시스템에는 이미 예약의 유효성을 확인하기 위한 도메인 모델이 있습니다. 바로 예제 5-13 마지막 부분에서 본 Reservation 클래스입니다. 따라서 해당 클래스의 객체를 반환합시다.

7.2.5 유효성 검사 대신 분석하라

부울값을 반환하는 IsValid 멤버를 사용하는 대신, 사전 조건이 충족되면 데이터 전송 객체(DTO)를 도메인 객체로 변환하는 것이 좋습니다. 예제 7-5처럼 말이죠.

예제 7-5 Validate 메서드는 캡슐화된 객체를 반환합니다. (Restaurant/a0c39e2/Restaurant.RestApi/ReservationDto.cs)

```
internal Reservation? Validate()
{
    if (!DateTime.TryParse(At, out var d))
        return null;
    if (Email is null)
        return null;
    if (Quantity < 1)
        return null;

    return new Reservation(d, Email, Name ?? "", Quantity);
}
```

Validate 메서드는 유효성 확인부(guard clause)[7]를 사용하여 Reservation 클래스의 사전 조건을 확인합니다. At 문자열을 적절한 DateTime 값으로 분석하는 것도 포함됩니다. 모든 사전 조건이 충족되어야 Reservation 객체를 반환하고, 충족되지 않으면 null을 반환합니다.

> **Maybe 형식**
>
> Validate 메서드의 메서드 시그니처(method signature)[14] 부분에 주목해봅시다.
>
> ```
> internal Reservation? Validate()
> ```
>
> 메서드의 이름과 형식은 익숙하지 않은 코드를 읽을 때 가장 먼저 만나는 부분이므로, 이 시그니처 부분에 어떤 형태로든 본질적인 내용을 담을 수 있다면, 아주 좋은 추상화입니다.
>
> Validate 메서드의 반환 형식에는 중요한 정보가 들어 있습니다. 물음표는 객체가 null일 수 있음을 나타내기 때문에 메서드를 호출하는 코드를 작성할 때 중요한 정보가 됩니다. C#의 널 가능 참조 형식 기능이 켜져 있는 상태에서 null인 경우에 대한 처리를 잊으면 컴파일러에서 경고를 표시할 것입니다.

---

14 **역주** 메서드 시그니처란 메서드의 선언부에 명시되는 매개변수의 리스트를 의미합니다.

이 부분은 객체 지향 언어 영역에서 비교적 새로운 기능입니다. 예전 버전의 C#에서는 모든 객체가 null일 수 있었습니다. 자바 등 다른 객체 지향 언어에서도 마찬가지입니다.

반면 일부 언어(에 하스켈)는 null 참조가 없거나, 존재하지 않는 척(에 F#)하기 위해 많은 노력을 기울이고 있습니다.

이러한 언어에서는 값의 존재를 모델링할 수 있는데, 하스켈은 Maybe 형식을, F#은 Option 형식을 이용해서 명시적으로 나타낼 수 있습니다. 이 개념은 예전 버전의 C#이나 다른 객체 지향 언어로 쉽게 이식할 수 있으며, 이때 필요한 것이 다형성(polymorphism)과 (조금 더 선호되는 방식인) 일반성(generic)입니다[94].

이렇게 하면 Validate 메서드를 다음과 같이 모델링할 수 있습니다.

```
internal Maybe<Reservation> Validate()
```

Maybe API가 작동하는 방식은 호출자가 예약이 없는 경우와 예약이 딱 하나만 있는 경우를 모두 처리할 수 있도록 만드는 것입니다. C# 8의 널 가능 참조 유형이 도입되기 전에는 null을 사용하는 대신 Maybe 객체를 사용하도록 권장했습니다. 이를 사용함으로써 코드를 더욱 안전하게 만들 수 있다는 것을 개발자들은 빠르게 배웠지요.

만일 C#의 널 가능 참조 형식 기능을 사용할 수 없다면, 대신 Maybe 컨테이너를 사용하여 null 참조가 잘못된 값을 반환할 수 있으며 반환값이 없을 수도 있다는 것을 나타내세요.

호출 코드는 반환값이 null인지 확인하고 그에 따라 동작해야 합니다. 예제 7-6은 Post 메서드에서 null 값을 처리한 모습입니다.

예제 7-6 Post 메서드는 매개변수로 dto를 사용해서 Validate 메서드를 호출하며, 그 반환값이 null인지 여부에 따라 분기합니다. (Restaurant/a0c39e2/Restaurant.RestApi/ReservationsController.cs)

```csharp
public async Task<ActionResult> Post(ReservationDto dto)
{
    if (dto is null)
        throw new ArgumentNullException(nameof(dto));

    Reservation? r = dto.Validate();
    if (r is null)
        return new BadRequestResult();

    var reservations = await Repository
        .ReadReservations(r.At)
        .ConfigureAwait(false);
    int reservedSeats = reservations.Sum(r => r.Quantity);
    if (10 < reservedSeats + r.Quantity)
        return new StatusCodeResult(
            StatusCodes.Status500InternalServerError);

    await Repository.Create(r).ConfigureAwait(false);

    return new NoContentResult();
}
```

이렇게 하면 예제 7-1에서 보았던 정적 IsValid 메서드를 사용함으로써 발생했던 문제를 모두 해결할 수 있습니다. Post 메서드에서 더 이상 컴파일러의 정적 흐름 분석기의 기능을 끌 필요가 없으며, 날짜 구문 분석을 중복해서 할 필요도 없습니다.

Post 메서드의 순환 복잡도는 이제 4로 떨어졌고, 이 코드는 그림 7-8과 같이 우리 머리에 잘 들어옵니다.

▼ 그림 7-8 예제 7-6의 Post 메서드를 표현한 육각꽃 다이어그램

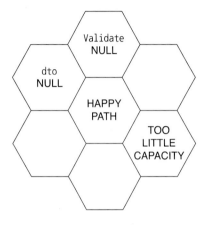

Validate 메서드는 dto가 유효한 예약인지 확인하는 필수적인 요소를 더욱 강조했습니다. 따라서 더 좋은 추상화입니다. 입력된 데이터를 받아서 같은 값을 가지지만 조금 더 강력한 표현 방식으로 투영(projecting)하는 방식으로 구현한 것입니다.

알렉시스 킹(Alexis King)은 이 기법을 '유효성 검사 대신 분석하라(parse, don't validate)'라고 표현합니다.

> "생각해보세요. 파서가 뭔가요? 실제로 파서는 덜 구조화된 입력을 받아서, 조금 더 구조화된 출력을 생성하는 기능일 뿐입니다. 파서는 본질적으로 부분 함수이며, 도메인의 일부 값은 적절한 범위에 해당하지 않으므로, 모든 파서는 어느 정도 실패에 대한 개념을 가져야 합니다. 파서의 입력은 텍스트인 경우가 많지만, 이는 필수 조건이 아닙니다."[54]

Validate 메서드는 덜 구조화된 ReservationDto를 입력받아서 더 잘 구조화된 Reservation을 출력으로 만들기 때문에 실제로 파서입니다. 이쯤 되면 Validate 메서드 대신 Parse라고 이름을 지어야 할 것 같지만, 파싱이라는 이름이 여러분의 시야를 좁게 만들면서 혼란을 줄까봐 걱정이 되었습니다.

7.2.6 프랙탈 구조

그림 7-8에서 Post 메서드를 도식화한 다이어그램을 보면, 슬롯 7개 중 4개만 덩어리로 채워져 있습니다.

덩어리로 묶음으로써 Validate 메서드가 필수적인 요소를 강조하면서도 복잡도를 일부분 줄였음을 알 수 있습니다. 덩어리 뒤에 감춰진 복잡도에 대해 생각할 필요는 없지만 그림 7-9와 같이 복잡도 자체가 사라진 건 아닙니다.

❤ 그림 7-9 육각꽃은 각각의 덩어리 뒤에 다른 복잡도를 숨겨두고 있습니다.

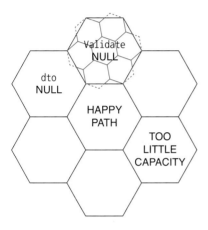

Validate 덩어리 부분을 확대한 그림 7-10을 보면 기본적으로 구조는 같습니다.

Validate 메서드의 순환 복잡도는 5이므로, 이것을 복잡도의 척도로 사용한다면 슬롯 7개 중 5개를 덩어리로 채웠다는 말이 됩니다.

❤ 그림 7-10 예제 7-5 Validate 메서드의 육각꽃 다이어그램

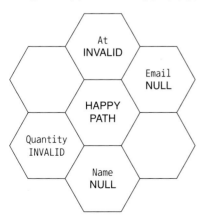

이제 세부 사항을 확대하면, 호출하는 메서드와 같은 육각꽃 모양입니다. 그럼 축소하면 어떻게 될까요?

Post 메서드의 경우는 직접적인 호출자가 없습니다. ASP.NET 프레임워크는 Startup 클래스의 구성을 기반으로 컨트롤러 메서드를 호출합니다. 이 클래스는 어떻게 측정해야 할까요?

이 부분은 예제 4-20 이후로 변경된 적이 없습니다. 전체 클래스의 순환 복잡도는 5로 낮으며, 그림 7-11과 같이 육각꽃 형태로 쉽게 그릴 수 있습니다.

❤ 그림 7-11 Startup 클래스의 모든 복잡도 요소. 대부분의 클래스 멤버는 순환 복잡도가 1이므로 육각형 한 칸만 차지하지만, Configure 메서드는 IsDevelopment가 true인 경우와 false인 경우가 있으므로 순환 복잡도가 2이며, 두 칸을 차지합니다.

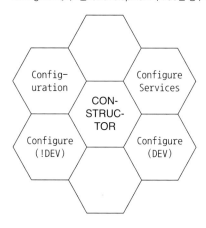

심지어 애플리케이션의 전반적인 정의도 머리에 잘 들어옵니다. 계속 이렇게 유지되어야 합니다.

여러분이 새로운 팀의 일원이고, 처음으로 코드베이스를 본다고 상상해봅시다. 애플리케이션의 동작 방식을 이해하려고 할 때 가장 처음 보기 좋은 부분은 프로그램의 진입점일 것입니다. 이 부분이 바로 Program 클래스이며, 예제 2-4 이후로 변경된 적이 없습니다. 만일 ASP.NET을 알고 있다면 여기에 별로 특별한 부분이 없다는 것을 금방 알아차릴 겁니다. 애플리케이션을 이해하려면 Startup 클래스를 살펴봐야 합니다.

Startup 클래스를 열어보면 코드가 머리에 잘 들어온다는 사실에 기분 좋게 놀라게 될 것입니다. 일반적인 라우팅 엔진처럼 Configure 메서드는 ASP.NET의 표준 모델-뷰-컨트롤러[33] 시스템을 사용하고 있습니다.

ConfigureServices 메서드부터 애플리케이션이 구성 시스템에서 연결 문자열을 읽고, 이를 이용해서 SqlReservationsRepository 객체를 프레임워크의 의존성 주입 컨테이너[25]에 등록합니다. 이는 코드가 의존성 주입과 관계형 데이터베이스를 사용한다는 것을 나타냅니다.

이 부분이 시스템을 높은 수준에서 개괄적으로 보여줍니다. 아직 자세한 부분까지 보지 않았지만,

각 부분의 자세한 내용이 궁금하다면 어떻게 따라가야 하는지를 알 수 있습니다. 데이터베이스 구현에 대해 알고 싶다면 SqlReservationsRepository 코드를 살펴보면 됩니다. 특정한 HTTP 요청이 어떻게 처리되는지 알고 싶다면 연결되어 있는 컨트롤러 클래스를 확인하면 됩니다.

코드베이스에서 해당 부분을 살펴보면 각각의 클래스, 각각의 메서드들이 머리에 잘 들어오게 추상화되어 있을 것입니다. 이 장에서 반복해서 보았던 것처럼 코드 덩어리를 육각꽃 다이어그램에 표기할 수 있습니다.

'확대 수준'에 상관없이 '복잡성 구조'는 비슷한 형태로 보입니다. 이런 특성이 수학의 프랙탈과 비슷하기 때문에, 저는 이런 형태의 구조를 프랙탈 구조(fractal architecture)라고 부릅니다. 추상화의 모든 단계에서 코드는 여러분의 머리에 잘 들어와야 합니다.

수학적 프랙탈과 달리 코드베이스에서는 무제한으로 확대와 축소를 계속할 수 없으므로, 조만간 가장 높은 수준의 해상도, 즉 다른 코드를 호출하지 않는 메서드에 도달하게 될 것입니다. 예를 들어 (예제 4–19에 있는) SqlReservationsRepository 클래스의 메서드는 사용자의 다른 코드를 호출하지 않습니다.

이런 형태의 구조는 트리로도 설명할 수 있으며, 이때는 리프 노드(leaf node)가 가장 높은 해상도, 즉 가장 많이 확대한 부분을 나타냅니다.

일반적으로 그림 7–12와 같은 프랙탈 트리로 머리에 잘 들어오는 구조를 설명할 수 있습니다. 나무의 몸통 부분(trunk)에서 나온 7개의 가지, 즉 뇌에서 7개의 덩어리를 다룰 수 있으며, 각각의 가지에서 다시 7개의 가지가 분기되면서 다시 7개의 덩어리를 반복적으로 다룰 수 있습니다. 수학적 프랙탈 트리는 개념적으로는 무한하지만, 실제로는 어느 정도까지만 트리 그림을 그릴 수 있습니다.

▼ 그림 7–12 프랙탈 트리의 7개 가지

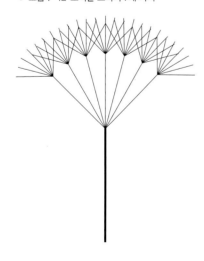

프랙탈 구조는 어디를 보든지, 머리에 잘 들어오도록 코드를 정리하는 방법입니다. 하위 수준의 세부 정보는 하나의 추상화된 덩어리로 표현하고, 상위 수준 세부 정보는 확대/축소 수준과 관련이 없거나 메서드 매개변수 혹은 주입된 의존성의 형태로 명시적으로 표현되어야 합니다. 보이는 것이 전부라는 것을 기억하세요[51].

프랙탈 구조는 저절로 만들어지는 것이 아닙니다. 작성하는 각 코드 블록에서의 복잡도를 명확하게 고려해야 합니다. 순환 복잡도를 계산하거나 코드 줄을 세거나, 혹은 메서드에 포함된 변수의 수를 셀 수도 있습니다. 다만 복잡도를 정확하게 평가하는 것이 복잡도를 낮게 유지하는 것보다 중요하진 않습니다.

16장에서는 완성된 예제 코드베이스를 살펴볼 것입니다. 완성된 시스템은 지금까지 본 것보다는 복잡하지만 프랙탈 구조의 요구 사항을 충족합니다.

7.2.7 변수 세기

앞에서 대략 이야기한 것처럼, 메서드에 있는 변수의 수를 세어서 복잡도에 대한 다른 관점을 얻을 수 있습니다. 저는 사물을 다른 관점에서 보기 위해 가끔 이 방법을 사용하곤 합니다.

이 방법을 사용하기로 결정했다면 관련된 모든 것을 계산해야 합니다. 로컬 변수, 메서드 인수, 클래스 필드까지 전부 셉니다.

예를 들어 예제 7-6의 Post 메서드는 dto, r, reservations, Repository, reservedSeats로 변수가 5개입니다. 이 중 3개는 로컬 변수, dto는 매개변수, Repository는 (묵시적으로 자동 생성 클래스 필드에 의해 지원되는) 프로퍼티입니다. 이렇게 5개를 따라가야 하는데, 이 정도는 여러분의 머릿속에서 추적할 만합니다.

저는 메서드에 매개변수를 추가해도 될지 확인해야 할 때 이 방법을 사용합니다. 매개변수가 4개면 너무 많은가요? 매개변수 4개는 7개라는 한계를 넘지 않은 것 같지만, 인수 4개가 로컬 변수 5개와 더불어 클래스 필드 3개와 상호작용하고 있다면 너무 많은 것이 진행되고 있는 셈입니다. 이 상황에서 벗어나는 방법 중 하나는 매개변수 객체[34]를 사용하는 것입니다.

물론, 이러한 유형의 복잡도 분석은 인터페이스나 추상 메서드처럼 구현이 없는 경우에는 제대로 동작하지 않습니다.

7.3 / 결론

코드베이스가 처음부터 레거시 코드로 태어나는 것은 아닙니다. 시간이 지남에 따라 퇴화되지요. 불필요한 부분이나 결함이 눈치채지 못하는 사이에 점점 쌓여서 만들어진 것입니다.

브라이언 푸트(Brian Foote)와 조셉 요더(Joseph Yoder)가 지적했듯이 품질이 높은 코드는 불안정한 균형을 유지하는 상태와 같습니다.

> "아이러니하게도, 이해 가능성이 높을수록 우리가 만들어낸 결과물을 이해할 수 있는 속도보다 빠르게 변화시킬 수 있게 되면서 보존에 불리하게 작용할 수 있습니다 […] 인터페이스가 분명하고 내부를 이해하기 어려운 결과물은 비교적 온전하게 남아 있을 수 있습니다."[28]

코드가 썩지 않도록 적극적으로 막아야 합니다. 코드의 줄, 순환 복잡도 혹은 단순히 변수의 수를 세는 등의 다양한 척도로 복잡도를 측정하는 데 주의를 기울여야 합니다.

위와 같은 지표들이 보편적이라는 환상을 품을 필요는 없습니다. 척도는 유용한 지침이 될 수 있지만, 궁극적으로는 자신이 판단을 내려야 합니다. 하지만 측정 척도에 계속 관심을 기울이면 코드 부패에 대한 경각심을 높일 수 있습니다.

척도에 조금 더 공격적인 임계값을 결합시키면 코드 품질에 적극적으로 주의를 기울이는 문화가 만들어지고, 코드 블록을 더 작은 구성 요소로 분해해야 하는 시기를 알 수 있습니다.

복잡도 척도가 어떤 부분을 분해해야 하는지 알려주지는 않습니다. 이 문제는 이미 많은 다른 책들[60][27][34]에서 다뤘던 큰 주제지만, 몇 가지 살펴봐야 할 사항으로 응집도, 기능 편애, 유효성 검사가 있습니다.

어디를 보든지 코드가 머리에 잘 들어오도록 코드베이스의 아키텍처를 만드는 것을 목표로 해야 합니다. 높은 수준에서는 7개 이하의 일이 일어나야 하며, 하위 수준 코드에서는 추적해야 할 것이 7개를 넘지 않아야 합니다. 중간 수준에도 이 사항은 여전히 유효합니다.

모든 확대/축소 수준에서, 코드의 복잡성은 인간적인 범위 안에서 유지됩니다. 서로 다른 해상도에서의 자기 유사성이 프랙탈을 닮았으므로, 프랙탈 구조라고 부릅니다.

자체적으로 일어나는 것은 아니지만 만약 이를 해낼 수 있다면, 코드의 대부분이 여러분의 단기 기억 내에서 일어나기 때문에 레거시 코드보다는 훨씬 이해하기 쉬울 것입니다.

16장에서 '완료된' 코드베이스를 확인하면서 프랙탈 아키텍처의 개념이 실제 환경에서 어떻게 발휘되는지 살펴보겠습니다.

memo

8^장

API 설계

코드 블록이 너무 복잡해지면 그림 8-1처럼 코드 블록을 분해(decompose)해야 합니다. 7장에서는 코드의 어떤 부분을 분해해야 하는지 살펴보았습니다. 이 장에서는 새로운 부분을 설계하는 방식에 대해 알아보겠습니다.

❤ 그림 8-1 너무 복잡해지면 코드 블록을 더 작은 블록으로 분해해야 합니다. 새 블록은 어떻게 만들어야 할까요? 이 장에서 API 설계의 원칙을 몇 가지 배워봅시다.

여러 가지 방식으로 코드를 분해할 수 있습니다. 올바른 방법도 여럿이지만, 올바른 방법보다는 잘못된 방법이 훨씬 더 많습니다. 좋은 API를 설계하는 좁은 길을 가기 위해서는 기술을 갖추고 코드의 맛을 느낄 줄 알아야 합니다. 다행히도 기술은 배울 수 있습니다. 이 책의 주제에 맞게 API 설계에도 경험을 통해서 발견한 방법, 즉 휴리스틱을 적용할 수 있습니다. 이 장에서는 이 부분을 살펴볼 것입니다.

8.1 / 설계의 원칙

API는 응용 프로그래밍 인터페이스(Application Programming Interface)의 약자로, 클라이언트 코드를 작성할 수 있는 인터페이스를 의미합니다. API라는 약자가 다른 의미로 사용되는 경우도 있기 때문에 주의해서 사용해야 합니다.

8.1.1 행동 유도성

인터페이스라는 단어를 어떻게 이해하고 있나요? 예제 6-5에서 본 것처럼 프로그래밍 언어의 키워드로 생각할 수도 있지만, 여기서는 인터페이스를 API의 맥락에서 더 넓은 의미로 사용할 것입니다. 인터페이스란 행동을 유도하는 것(affordance)이자, 다른 코드와 상호작용하기 위해 사용할 수 있는 메서드, 값, 함수, 객체의 집합입니다. 인터페이스는 적절한 캡슐화를 통해서 관련된 객체의 불변성을 보존하는 일련의 작업을 의미합니다. 다른 말로 인터페이스의 동작은 객체의 상태가 항상 유효하도록 보장하는 것이라 할 수 있지요.

API를 사용하면 손잡이와 문이 상호작용하는 것처럼 캡슐화된 코드 패키지와 상호작용할 수 있습니다. 도널드 A. 노먼(Donald A. Norman)은 이 관계를 묘사하기 위해 '행동 유도성'이라는 개념을 사용합니다.

"행동 유도성(어포던스, affordance)은 물체나 사람(또는 동물, 인간, 기계, 로봇 등 상호 관계하는 모든 중개자) 사이의 관계를 설명하는 것입니다. 또 객체의 속성과 해당 객체의 사용 가능성을 결정하는 중개자(agent) 관계라고 이야기할 수도 있습니다. 예를 들어 의자는 받침을 제공하기 때문에 앉을 수 있으며(afford sitting), 대부분 한 사람이 옮길 수 있지만(afford lifting), 어떤 의자는 힘이 센 사람이 필요하거나, 여러 명이 힘을 합쳐야 들어 올릴 수 있는 것도 있습니다. 만일 어린이나 힘이 약한 사람이 의자를 들 수 없는 경우에는, 의자를 들어올린다는 행동을 유도할 수 없으므로 결과적으로 이 의자는 들어올릴 만하지 않다고 이야기할 수 있습니다."[71]

저는 이 개념을 통해 API 설계를 조금 더 깊게 이해할 수 있었습니다. 예제 6-5에 있는 IReservationsRepository 같은 API는 특정 날짜의 예약을 확인하고 새로운 예약을 추가하는 동작을 하는데, 반드시 필요한 입력 인자를 넣어야 메서드를 호출할 수 있습니다. 클라이언트 코드와 API 간의 관계는 호출자와 (올바르게 캡슐화된) 객체의 관계와 비슷합니다. 객체는 필수 전제 조건을 충족시키는 클라이언트 코드에만 제시된 기능을 제공합니다. 즉, Reservation 정보를 주지 않으면 Create 메서드를 호출할 수 없습니다.

노먼의 이야기를 더 들어보죠.

"우리는 매일 수많은 물체를 보는데, 아마 처음 보는 물체도 많을 겁니다. 새로운 물체 중 대부분은 이전에 알고 있는 물체와 비슷하지만, 생전 처음 보는 독특한 물체라 할지라도 비교적 잘 다룹니다. 어떻게 그럴 수 있을까요? 자연계의 많은 것들, 특이한 것들을 마주했을 때 상호작용하는 방법을 우리는 어떻게 알고 있는 걸까요? 혹은 사람들이 만든 여러 가지 특이한 것과 상호작용하는 방법을 어떻게 아는 걸까요? 답은 몇 가지 기본 원칙에 있습니다. 원칙 중에서 가장 중요한 것은 행동 유도성에 대한 고려에서 비롯됩니다."[71]

처음 의자를 보면 모양만 봐도 어떻게 사용할 수 있는지 명확하게 알 수 있습니다. 사무용 의자는 높이를 조절하는 등의 추가 기능이 있는데, 어떤 모델은 조절 레버를 쉽게 찾을 수 있는 반면, 레버를 찾기 조금 더 어려운 모델도 있고, 모양이 똑같은 레버임에도 불구하고 높이가 아닌 좌석 각도를 조절하는 데 사용되기도 합니다.

API는 어떻게 행동을 유도하는 걸까요? 컴파일된 정적 형식(statically typed) 언어를 사용해서 작업하는 경우에는 형식을 통해서 유도할 수 있습니다. 예를 들어 그림 8-2와 같이, 개발 환경에서는 주어진 객체 형식에서 사용할 수 있는 작업들을 표시할 수 있습니다.

❤ 그림 8-2 IDE는 입력하는 동안 객체에서 사용할 수 있는 메서드를 표시합니다. 비주얼 스튜디오에서는 이런 기능을 IntelliSense 라고 부릅니다.

일종의 검색 기능을 제공하는 것인데, 객체 뒤에 점(마침표)을 입력해 객체에서 사용할 수 있는 메서드 선택지를 보여주므로 점(dot) 기반 개발[1]이라고 부릅니다.

8.1.2 포카요케

흔한 실수 중 하나는 스위스 군용 칼처럼 설계하는 것입니다. 좋은 API는 가능한 한 기능이 많아야 한다고 생각하는 개발자들을 많이 만났습니다. 스위스 군용 나이프처럼 하나의 API에 많은 기능을 모아야 한다고 생각하는데, 그림 8-3처럼 한 가지 특정 목적에 특화된 도구가 더 좋습니다. 이러한 설계의 극단적인 예로 갓 클래스(God Class)[2]가 있습니다.

잘 설계된 인터페이스는 어떤 것이 가능한지 나타내는 것뿐만 아니라, 불가능한 것도 의도적으로 알려줘야 합니다. 즉, 행동을 유도해야 합니다. API에서 겉으로 보이는 멤버를 통해서 제공하는 기능을 알려 주고, 수행해서는 안 되는 기능이 어떤 것인지도 알려줘야 하는 것이죠.

API는 잘못 사용하기 어렵게 설계해야 합니다. 『린 소프트웨어 개발의 적용』[82]이란 책에 따르면 린 소프트웨어 개발(Lean software development)의 중요한 개념은 만드는 과정에서도 품질을 유지하

---

1 2012년 GOTO 코펜하겐 컨퍼런스에서 진행된 필 트렐포드(Phil Trelford)의 강연에서 이 용어를 처음 들었습니다. 그 전에 언제 어디서 정의되었는지는 찾지 못했습니다.

2 갓 클래스[15]란 한 파일에 수십 개의 멤버가 수천 줄의 코드로 구현된 클래스를 설명하는 안티 패턴입니다.

는 것입니다. 즉, 마지막 단계에서 결점을 감지하고 수정하는 것이 아니라 결과물과 과정 모두를 실수로부터 보호하는 것입니다. 린 제조 방식에서는 이 과정을 실수 방지를 뜻하는 일본어 용어인 '포카요케(ポカヨケ, Poka-yoke)'라고 부릅니다. 이 용어는 소프트웨어 공학에서도 잘 적용되는 용어입니다[1].

❤ 그림 8-3 스위스 군용 칼은 급한 상황에서는 편리하겠지만 적절한 도구를 대체할 수는 없습니다. 참고로 그림 속 도구들의 크기는 보기 좋게 적절히 맞춘 것입니다.

포카요케는 능동적인 실수 방지와 수동적인 실수 방지, 두 가지로 나뉩니다. 능동적인 실수 방지는 어떤 부분을 만든 직후에 검사하는 것을 포함하며, 테스트 주도 개발이 대표적인 예라 할 수 있습니다[1]. 자동화된 검사는 항상 켜두어야 합니다.

하지만 수동적인 실수 방지 개념도 매력적입니다. 실생활에서도 비슷한 예를 많이 찾을 수 있습니다. USB나 HDMI는 올바른 방향으로만 끼울 수 있고, 그림 8-4와 같은 높이 제한 장벽은 운전자에게 차량이 통과할 수 있는지 경고합니다. 이런 시스템은 따로 작동시킬 필요가 없습니다.

❤ 그림 8-4 높이 제한 장벽. 가벼운 막대가 쇠사슬에 매달려 있으므로 트럭이 너무 높은 경우, 앞에 있는 막대를 들이받으면 큰 소음이 들리지만 피해는 크지 않게 설계되어 있습니다.

이와 비슷하게 허용되지 않는 상태가 발생하지 않도록 API를 설계하세요[69]. 상태가 허용되지 않는 경우 코드에서 표현 자체가 되지 않도록 API를 설계하는 것이 가장 좋습니다. 즉, API 설계 과정에서 기능을 제거해서 불가능한 기능을 사용하는 경우에는 컴파일조차 되지 않도록 만들어야 합니다[3]. 컴파일러 오류가 런타임 예외보다 훨씬 빠른 피드백을 주기 때문이죠[99].

8.1.3 읽는 사람을 위한 코드 작성

학창 시절에 작문을 했던 기억을 떠올려보세요. 선생님은 문맥, 발신인, 수신인 등을 모두 고려해서 글을 써야 한다고 강조했지요. 발신인은 글을 작성해서 전달하는 사람이며, 수신인은 글을 받아 읽는 사람이기 때문에 쓰는 사람과 읽는 사람 간의 관계를 확실히 고려해서 글을 써야 한다고 설명했을 겁니다.

저는 작문에 대해 좋은 기억을 가지고 있지 않은 소프트웨어 개발자를 여럿 만났습니다. 이제 프로그래머가 되어서 문학적인 분석에서 멀어진 것에 만족하고 있더군요.

하지만 나쁜 소식을 전해야 할 것 같군요.

여러분이 배운 모든 것은 여러분의 직장 생활과 관련이 있습니다. 학교에서 이런 기술을 알려주는 데는 다 이유가 있겠죠. 발신인과 수신인은 이메일을 작성하는 경우뿐만 아니라, 문서를 작성할 때도 중요하며, 코드를 작성할 때도 역시 중요합니다.

코드는 작성하는 일보다 읽는 일이 훨씬 더 많습니다.

미래의 독자를 위해서 코드를 작성하세요. 그 독자가 여러분 자신이 될 수 있습니다.

8.1.4 주석보다 중요한, 잘 지은 이름

주석보다 코드를 깔끔하게 작성해야 한다는 말을 들어본 적이 있을 겁니다[61]. 주석은 코드가 변하면 낡은 내용이 될 수 있습니다. 한때는 옳은 내용이었더라도, 시간이 지나면서 오해를 불러일으킬 가능성이 있습니다. 결국 믿을 수 있는 유일한 작성물은 코드뿐입니다. 동작하는 소프트웨어는 주석이 아닌 코드의 실제 명령어와 표현식이 컴파일되어 만들어지는 것입니다. 예제 8-1에서 전형적인 예를 보겠습니다.

---

3 이런 형태는 하스켈이나 F#처럼 sum 형식이 있는 프로그래밍 언어에서는 손쉽게 처리할 수 있습니다. 객체 지향 설계에서는 약간 복잡하긴 하지만 방문자 패턴(Visitor Pattern)이 여기에 대응됩니다.

```
// 영업 시간 외에 들어온 예약은 거부하기
if (candidate.At.TimeOfDay < OpensAt ||
    LastSeating < candidate.At.TimeOfDay)
    return false;
```

가능하면 예제 8-2와 같이 주석 대신 이해에 유용한 메서드 이름[61]을 사용하십시오.

예제 8-2 예제 8-1에 있는 주석 대신 메서드의 이름이 의미를 나타내도록 바꾼 예제입니다.
(Restaurant/f3cd960/Restaurant.RestApi/MaitreD.cs)

```
if (IsOutsideOfOpeningHours(candidate))
    return false;
```

주석을 작성하는 게 나쁘다는 것이 아니라[61], 주석보다는 메서드 이름을 잘 짓는 것이 더 좋다는 이야기입니다.

8.1.5 X로 이름 바꾸기

하지만 이 원칙도 항상 그런 건 아닙니다. 시간이 지남에 따라 주석이 오래되면서 오해를 불러일으킬 수 있는 것처럼 메서드 이름도 마찬가지입니다. 주석보다 메서드 이름에 주의를 더 기울이겠지만, 메서드 구현을 변경하면서 메서드 이름을 바꾸는 것을 잊어버리는 경우가 여전히 있습니다.

다행히 정적 형식 언어에서는 형식(type)이 정확하게 유지될 수 있습니다. API 계약 부분의 의미를 형식과 더불어 잘 나타낼 수 있도록 설계하세요. 예제 8-3에 수정된 IReservationsRepository를 보면 세 번째 메서드로 ReadReservation이 있습니다. 메서드 이름 자체가 설명을 포함하고 있어서, 메서드가 어떤 동작을 하는지 나타내기에 충분합니다.

예제 8-3 예제 6-5와 비교해서 ReadReservation 메서드가 추가된 IReservationsRepository
(Restaurant/ee3c786/Restaurant.RestApi/IReservationsRepository.cs)

```
public interface IReservationsRepository
{
    Task Create(Reservation reservation);

    Task<IReadOnlyCollection<Reservation>> ReadReservations(
```

```
    DateTime dateTime);

    Task<Reservation?> ReadReservation(Guid id);
}
```

익숙하지 않은 API를 뒤적거릴 때 자주 하는 질문이 있지요. "반환값이 null인지 확인해야 하는가?"라고 말이죠. 이 부분을 어떻게 하면 일관되고 지속적인 방식으로 전달할 수 있을까요?

메서드 이름 자체에 설명을 포함시켜 전달할 수 있습니다. 예를 들어 GetReservationOrNull 메서드를 호출할 수 있습니다. 하지만 기능상으로는 제대로 동작하더라도 동작의 변화에는 취약합니다. 나중에 API를 바꿔서 null이 더 이상 반환되지 않도록 변경하면서 이름 바꾸는 것은 잊어버릴 수 있지요.

그러나 C#의 널 참조 가능 형식을 사용하면 해당 정보를 메서드의 형식 정보[4]에 포함시킬 수 있습니다. 즉, 반환 형식이 Task<Reservation?>라고 되어 있으면, 물음표를 통해 예약 객체가 null이될 수 있음을 알려주는 것입니다.

API 설계 연습을 위해 메서드 이름을 X로 바꾸고, 이렇게 해도 메서드가 어떤 동작을 하는지 판단할 수 있는지 확인해보십시오.

```
public interface IReservationsRepository
{
    Task Xxx(Reservation reservation);
    Task<IReadOnlyCollection<Reservation>> Xxx(DateTime dateTime);
    Task<Reservation?> Xxx(Guid id);
}
```

Task Xxx(Reservation reservation)는 어떤 작업을 처리하는 것 같습니까? Reservation 객체를 입력으로 받지만, 반환하는 것은 없습니다[5]. 반환값이 없으므로 특정한 형태의 부수 효과(side effect)[6]가 있어야 합니다. 어떤 것이 있을까요?

---

4 언어에서 null이 될 수 있는 형식을 명확하게 구분하지 않는 경우에는 앞에서 설명한 Maybe의 개념을 적용할 수 있습니다. 이 경우 ReadReservation 메서드의 시그니처(signature, 메서드의 이름과 입력 인자, 반환값을 표시하는 부분을 의미합니다.)를 Task<Maybe<Reservation>> ReadReservation(Guid id) 형태로 만들면 됩니다.

5 엄밀히 말하면 Task를 반환하지만, 객체가 추가 데이터를 포함하고 있지 않기 때문에 Task는 void와 비동기적으로 동일(asynchronously equivalent)하다고 생각할 수 있습니다.

6 역주 부수 효과는 메서드에서 반환값을 만드는 것 이외의 방법으로 프로그램의 상태를 바꾸거나 동작을 수행하는 것을 의미합니다. 참고로 부수 효과가 없으며 입력에만 의존해서 출력을 만드는 함수를 순수 함수(pure function)라고 합니다.

이 메서드는 예약을 저장할 수 있으며, 예약을 이메일로 변환해서 보낼 수도 있고, 로그를 기록할 수도 있습니다. 즉, 객체를 어떤 방식으로 처리할 것인지 정의한 것일 것입니다. 메서드를 정의하는 객체가 IReservationsRepository란 이름을 가진 경우, 영구 기억장치에 저장할 것이라는 것을 암시하며, 로그를 기록하거나 이메일을 전달하는 등의 대안을 선택할 여지를 주지 않습니다.

그러나 이 메서드가 데이터베이스에 새로운 행을 작성하는지 혹은 기존 행을 업데이트하는지는 명확하지 않습니다. 두 가지 모두 할 수도 있지요. 기술적으로는 한 행을 삭제할 수도 있지만, 삭제 작업에 적합한 메서드 시그니처는 Task Xxx(Guid id)일 것입니다.

그럼 Task<IReadOnlyCollection<Reservation>> Xxx(DateTime dateTime)는 어떻습니까? 이 메서드는 날짜를 입력으로 사용하고 Reservation 컬렉션을 출력으로 반환하기 때문에, 이 질문이 날짜 기반의 쿼리 메서드라는 것을 추측하기 어렵지 않을 것입니다.

마지막으로 Task<Reservation?> Xxx(Guid id)는 ID를 입력으로 받아서 하나의 예약을 반환하거나 혹은 반환하지 않을 수 있습니다. 이 메서드는 명백하게 ID 기반으로 예약을 조회하는 메서드일 것입니다.

이 기법은 객체와 상호작용이 그리 많지 않은 경우에만 잘 동작합니다. 이 예제에는 세 멤버가 있는데 형식이 모두 다릅니다. 메서드 시그니처와 클래스 혹은 인터페이스의 이름을 같이 살펴보면 메서드가 수행하는 작업을 추측할 수 있습니다.

하지만 Create 메서드의 이름을 숨겼을 때는 동작을 추측하는 데 더 많은 노력이 필요했다는 걸 기억하세요. 반환 형식이 없어서 입력 형식만 가지고 의도를 추측해야 했기 때문입니다. 쿼리를 사용하면 입력 형식과 출력 형식을 통해 메서드의 의도를 추측하기 편합니다.

메서드 이름을 X로 만들어보는 연습은 미래의 독자에게 코드가 어떻게 보일 것인지 확인하는 데 유용합니다. 방금 만든 메서드 이름이 그 자체로 충분한 설명이 되어서 도움이 될 것이라 생각하겠지만, 다른 맥락이나 환경을 가진 사람에게는 그렇지 않을 수 있습니다.

이름에 설명을 포함시키는 것은 여전히 유용하지만, 형식을 통해서 추정할 수 있는 부분까지 반복해서 이름에 포함시킬 필요는 없습니다. 읽는 사람이 형식을 통해서 추정하기 어려운 부분을 이름에 포함시켜서 추가로 기능을 설명하는 것이죠.

말하자면 도구를 항상 날카롭게 유지하는 것이 중요합니다. 이것은 스위스 군용 칼보다 특화된 API가 더 나은 또 다른 이유입니다. 객체에서 서너 개의 메서드만 노출되어 있는 경우, 해당 객체에 있는 다른 메서드와는 서로 다른 형식을 가지는 경향이 있습니다. 하지만 하나의 객체에 수십 개의 메서드가 있는 경우, 이처럼 형식을 가지고 구분하는 것은 쉽지 않습니다.

메서드 형식은 다른 것과 명확하게 구분될 때 가장 유용합니다. 모든 메서드가 string이나 int를 반환한다면 메서드를 파악하는 데 형식이 큰 도움이 되지는 않을 것입니다. 이것이 문자열 형식의 API를 피해야 하는 또 다른 이유[3]입니다.

8.1.6 명령과 쿼리의 분리

메서드 이름을 X로 표시하면 정적 형식의 역할에 초점이 맞춰집니다. void Xxx() 같은 메서드 시그니처를 생각해봅시다. 이 시그니처는 메서드가 어떤 동작을 하는지 거의 알려주지 않습니다. 값을 반환하지 않기 때문에 다른 영향을 주기 위해서 뭔가 다른 형태의 부수 효과가 필요하다는 정도만 알 수 있을 것입니다. 만일 그런 부수 효과도 없다면 이 함수의 존재 이유가 없기 때문이죠.

당연하지만, 메서드에 void MoveToNextHoliday()나 void Repaint()처럼 이름을 붙이면 메서드가 어떤 동작을 할 것인지 추정하기 쉬워집니다. 가능성은 무궁무진합니다.

void Xxx() 같은 메서드 구조의 경우, 독자에게 정보를 제공할 수 있는 유일한 방법은 좋은 이름을 선택하는 것뿐입니다. 여기에 형식이 추가되면 더 많은 정보를 제공할 수 있습니다. 예를 들어 void Xxx(Email x) 같은 메서드 시그니처를 생각해보면, Email 매개변수로 어떤 작업을 하는지 아직 명확하지 않지만, 이걸 이용해서 반환값을 만드는 대신 뭔가 부수 효과가 있어야 한다는 것은 알 수 있습니다. 어떤 일을 하는 걸까요?

이메일과 관련된 가장 명확한 부수 효과는 이메일을 보내는 것입니다. 하지만 이 메서드를 이용해서 이메일을 삭제할 수도 있기 때문에 명확하지는 않습니다.

그럼 부수 효과란 무엇일까요? 프로시저가 어떤 것의 상태를 변화시키는 것을 의미합니다. 객체의 상태를 바꾸는 것과 같은 지역적인 효과일 수도 있고, 데이터베이스에서 한 줄을 삭제하거나, 디스크에 있는 파일을 편집하거나, GUI를 다시 그리거나, 이메일을 보내는 것과 같이 애플리케이션 전체의 상태를 바꾸는 전역적인 효과일 수도 있습니다.

좋은 API 설계의 목표는 코드가 머리에 잘 들어오도록 코드를 요소화하는 것입니다. 캡슐화의 목적이 구현의 세부 사항을 숨기는 것임을 떠올려보세요. 따라서 메서드 자체가 지역적인 상태를 변경하기 위해 구현된 것일 수 있으므로, 이런 동작을 부수 효과로 생각하면 안 됩니다. 예제 8-4의 도우미 메서드를 확인해봅시다.

(Restaurant/9c134dc/Restaurant.RestApi/MaitreD.cs)

```csharp
private IEnumerable<Table> Allocate(
    IEnumerable<Reservation> reservations)
{
    List<Table> availableTables = Tables.ToList();
    foreach (var r in reservations)
    {
        var table = availableTables.Find(t => t.Fits(r.Quantity));
        if (table is { })
        {
            availableTables.Remove(table);
            if (table.IsCommunal)
                availableTables.Add(table.Reserve(r.Quantity));
        }
    }
    return availableTables;
}
```

이 메서드는 availableTables라는 지역 변수를 만들어서 이를 수정한 후 반환합니다. availableTables 변수의 상태를 바꿨기 때문에 부수 효과라고 생각할 수 있겠지만, 찬찬히 들여다보면 Allocate 메서드를 이용해서 내부적으로 정의한 객체의 상태를 바꾼 것이 아니라 availableTables를 읽기 전용 컬렉션[7]으로 반환한 것입니다.

Allocate 메서드를 호출하는 코드를 작성할 때는 이 메서드에 예약 컬렉션을 입력하면 테이블 컬렉션을 반환받는다는 사실만 알면 됩니다. 생각과 달리 이 메서드에는 관찰할 수 있는 부수 효과가 없습니다.

부수적인 동작을 하는 메서드는 데이터를 반환하지 않아야 합니다. 즉, 반환 유형은 void여야 하므로, 이 키워드를 통해서 데이터를 반환하지 않는다는 것을 쉽게 알아볼 수 있습니다. 데이터를 반환하는 않는 메서드를 보면, 그 메서드의 존재 이유가 부수 효과를 발생시키는 것임을 알 수 있습니다. 이런 메서드를 명령(command)[67]이라고 합니다.

메서드의 데이터 반환 여부를 통해 부수 효과가 있는 프로시저와 그렇지 않은 프로시저를 구분하려면 데이터를 반환하는 메서드는 부수 효과가 없도록 만들어야 합니다. 따라서 IEnumerable<Table> Allocate(IEnumerable<Reservation> reservations) 같은 형식의 메서드 시그니처를

---

7 IEnumerable<T>는 .NET의 반복자 패턴[39] 표준 구현입니다.

살펴볼 때 메서드에 반환형이 있으므로 별다른 부수 효과가 없을 거라고 추측할 수 있어야 합니다. 이런 형태의 메서드들을 쿼리(Query)[67][8]라고 합니다.

명령과 쿼리를 분리하면 API를 추측하기가 훨씬 편해집니다. 데이터를 반환하지 않는 메서드에서만 부수 효과가 있고, 데이터를 반환하는 메서드는 부수 효과가 없어야 한다는 규칙을 따르면 코드의 구현 부분을 읽지 않아도 두 가지 형태의 함수를 구분할 수 있습니다.

이런 개념을 명령 쿼리 분리 원칙(Command Query Separation; CQS)[9]이라고 합니다. 이 책에 있는 다른 기법들과 마찬가지로 이 부분은 자동적으로 처리되거나, 컴파일러가 규칙을 강제할 수 없으므로[10], 여러분이 책임져야 하는 부분입니다. 필요하다면 이 규칙에 대한 체크리스트를 만드는 것도 좋습니다.

8.1.5절에서 본 것처럼 명령에 대해 추정하는 것보다는 쿼리의 동작을 추론하는 것이 더 편리하기 때문에 명령보다는 쿼리가 낫습니다.

분명히 말하지만, 데이터를 반환하면서 부수 효과도 있는 메서드를 작성하는 것은 기술적인 측면에서 아주 간단하지만, 이런 메서드는 명령도, 쿼리도 아닙니다. 이렇게 해도 컴파일러에서 오류를 내는 것은 아니지만, 명령 쿼리 분리 원칙에 따르면 이렇게 조합하면 안 됩니다. 이 원칙은 항상 적용할 수 있지만, 이 원칙을 적용하기 어려운 상황[11]을 해결하는 방법을 익히는 데는 연습이 좀 필요합니다.

8.1.7 정보 전달 단계

주석이 더 이상 코드와 맞지 않는 낡은 내용이 될 수 있는 것처럼, 메서드 이름 역시 낡은 이름이될 수 있습니다. 이 부분을 일반화할 수 있는 규칙이 있을 것 같습니다.

> 메서드 이름을 통해 알려줄 수 있는 것은 주석에 쓰지 않습니다. 형식을 통해 알려줄 수 있는 것은 메서드 이름에 적지 않습니다.

---

8   주의할 점: 쿼리가 데이터베이스의 쿼리를 의미하는 것은 아닙니다. 명령과 쿼리는 1988년경에 버트란드 메이어가 구분했습니다[67]. 그 당시에는 관계형 데이터베이스가 지금처럼 보편화되어 있지 않았으므로, 오늘날처럼 데이터베이스와 밀접하게 연관되어 있지는 않았습니다.

9   CQS와 CQRS(Command Query Responsibility Segregation; 명령/쿼리 책임 분리)를 혼동하지 않도록 주의하세요. CQRS 기법은 CQS와 비슷한 약자를 가졌다는 점에서 추측할 수 있듯이, CQS에서 나왔지만 훨씬 더 발전된 개념을 가진 아키텍처 형식입니다.

10   하스켈이나 퓨어스크립트(PureScript) 컴파일러를 사용하는 것이 아니라면 말이죠.

11   일반적으로 겪을 만한 가장 곤란한 문제는 데이터베이스에 한 행을 추가하고, 생성된 ID를 호출자에게 반환해야 하는 경우에 어떻게 할 것인지입니다. 물론 이런 문제도 CQS[95]를 준수하면서 해결할 수 있습니다.

중요한 것부터 순서대로 나열해보겠습니다.

1. API에 특유의 데이터 형식을 제공해서 독자에게 정보를 줄 것

2. 메서드에 유용한 이름을 지정해서 독자에게 정보를 줄 것

3. 좋은 주석을 작성해서 독자에게 정보를 줄 것

4. 자동화된 테스트로 코드를 사용하는 예제를 제공해서 독자에게 정보를 줄 것

5. 깃 커밋 메시지를 잘 작성해서 독자에게 정보를 줄 것

6. 좋은 문서를 작성해서 독자에게 정보를 줄 것

데이터 형식은 컴파일 과정에서 확인되기 때문에 API 형식에 문제가 있다면 코드가 컴파일되지 않을 것입니다. 따라서 독자에게 정보를 제공하는 것들 중에서 이 정도의 품질을 제공할 수 있는 다른 대안은 없습니다.

잘 지어진 메서드 이름 역시 코드베이스의 일부입니다. 메서드 이름은 여러분이 매일 들여다보는 것입니다. 이 부분도 독자에게 작성자의 의도를 알릴 수 있는 좋은 방법입니다.

좋은 이름만으로 전달할 수 없는 부분도 있습니다. 예를 들어 특정 방식으로 코드를 구현하겠다고 결정한 이유 같은 것이죠. 주석이 필요한 가장 좋은 이유는 이런 부분을 설명하기 위해서[61]입니다.

마찬가지로 코드에서 특정 변경 사항과 관련된 부분도 있습니다. 이 부분은 커밋 메시지 형태로 문서화되어야 합니다.

마지막으로, 높은 수준의 질문은 문서로 답을 주는 것이 좋습니다. 개발 환경 설정 방법, 코드베이스의 전반적인 목적 등이 이에 해당합니다. 이러한 내용은 readme 파일이나 다른 종류의 문서로 문서화할 수 있습니다.

오랫동안 사용해온 문서화라는 방식을 무시하는 것은 아니지만, 이 방식이 다른 개발자와 정보를 교환하는 데 있어 가장 효과적인 방법은 아니라고 생각합니다. 코드는 낡아질 수 없습니다. 정의대로, 코드는 작성자가 만든 것 중에 항상 최신 상태를 유지하는 유일한 것입니다. 반면 다른 모든 것(이름, 주석, 문서)은 쉽게 정체되어 낡은 것이 되어 버립니다.

8.2 API 설계 예제

이러한 API 설계 원칙을 코드에 어떻게 적용할 수 있을까요? 간단하지 않은 문제를 해결하는 데 사용하면 어떤 모습일까요? 이 절에서 예제를 통해 설명하도록 하겠습니다.

지금까지 ReservationsController에 구현된 부분들은 간단했습니다. 예제 7-6에서 확인할 수 있는 것처럼 레스토랑이 수용할 수 있는 손님의 수는 10개 좌석으로 하드코딩되어 있었고, 예약을 받을 수 있을지 결정하는 규칙은 같이 오는 손님의 수를 따지지 않으므로, 단순하게 하나의 테이블에 자리만 있으면 손님을 받을 수 있었습니다. 즉, 주방이 보이는 하나의 바 테이블에 모든 손님이 앉는 형태의 요즘 유행하는 독특한 레스토랑에만 적합합니다.

예제 7-6의 로직은 예약 시간도 고려하지 않습니다. 하루에 좌석 하나를 한 번만 사용할 수 있다는 뜻입니다.

물론 이런 레스토랑도 있긴 하지만 매우 드뭅니다. 대부분의 레스토랑은 테이블이 두 개 이상이고, 한 좌석에 한 번 이상 손님을 받습니다. 손님이 식사를 마칠 때까지의 시간을 할당해주면 됩니다. 예를 들어 18시 30분에 예약한 경우 그 테이블을 21시가 되어야 다른 사람이 예약할 수 있도록 하면 식사 시간을 2시간 30분 동안 할당해줄 수 있습니다.

예약 시스템은 영업 시간도 고려해야 합니다. 만일 레스토랑이 18시에 문을 연다면 17시 30분 예약은 거부되어야 합니다. 마찬가지로 시스템은 과거에 대한 예약도 거부해야 합니다.

마지막으로 이 모든 것(테이블 구성, 두 번째 예약과 영업 시간 등)에 대한 설정은 변경 가능해야 합니다. 요구 사항이 상당히 복잡하기 때문에, 코드가 책에서 제안했던 제한 조건들을 만족시키도록 주의를 기울여야 합니다. 즉, 코드의 순환 복잡도는 7 이내여야 하고, 메서드가 너무 크거나 너무 많은 변수를 포함하지 않아야 합니다.

이러한 비즈니스 결정은 별도의 객체에 위임하도록 하겠습니다.

8.2.1 지배인

예제 7-6에서는 코드 두 줄로 비즈니스 로직[12]을 처리했습니다. 조금 더 명확하게 하기 위해 이 코드 두 줄을 예제 8-5에 다시 한번 적었습니다.

---

12 **역주** 도메인 로직이라고도 하며, 프로그램의 핵심 처리 부분을 의미합니다. 데이터의 생성, 저장, 수정에 대해서 정의하는 부분입니다.

예제 8-5 예제 7-6에서 실제 비즈니스 결정을 내리는 코드 두 줄

(Restaurant/a0c39e2/Restaurant.RestApi/ReservationsController.cs)

```
int reservedSeats = reservations.Sum(r => r.Quantity);
if (10 < reservedSeats + r.Quantity)
```

새로운 요구 사항으로 인해 결정이 훨씬 더 복잡해질 것이므로, 도메인 모델을 정의하는 것이 합리적입니다[33]. 이 클래스를 뭐라고 부를까요? 해당 분야의 도메인 전문가들이 이미 사용하는 유비쿼터스 언어(ubiquitous language)13[26]에서 사용하는 용어를 채택하는 경우 이를 지배인(maître d')이라고 부를 수 있습니다. 정식 레스토랑에서 주방을 관리하는 사람이 셰프(chef de cuisine)라면, 레스토랑의 접객 구역을 감독하는 수석 웨이터가 지배인(maître d'hôtel)입니다.

예약을 받고, 테이블을 배정하는 것도 지배인의 책임 중 하나입니다. 따라서 도메인 주도 설계[26]에 적합하도록 MaitreD 클래스를 추가하는 것이 좋겠습니다.

이전 장과는 반대로, 반복해서 개발해나가는 과정은 건너뛰고 바로 결과를 보겠습니다. 제가 작성한 유닛 테스트와 설계 과정이 궁금하다면 깃 저장소에서 커밋 로그를 모두 확인할 수 있습니다. 예제 8-6과 8-7에서 제가 작성한 MaitreD API를 확인할 수 있습니다. 잠시 시간을 내서 생각해보세요. 어떤 결론에 도달했나요?

예제 8-6 및 8-7은 공개적으로 볼 수 있는 API만 표시되고, 구현 코드 부분은 숨겨두었습니다. 이것이 캡슐화의 핵심입니다. 구현의 세부 사항을 몰라도 MaitreD 객체와 상호작용할 수 있어야 합니다. 여러분도 가능할까요?

예제 8-6 MaitreD 생성자. params 배열을 사용하는 또 다른 오버로드도 있습니다.

(Restaurant/62f3a56/Restaurant.RestApi/MaitreD.cs)

```
public MaitreD(
    TimeOfDay opensAt,
    TimeOfDay lastSeating,
    TimeSpan seatingDuration,
    IEnumerable<Table> tables)
```

---

13 **역주** 도메인 주도 설계에서 제한된 환경, 즉 해당 도메인에 소속된 사람들이 보편적으로 사용하는 용어를 유비쿼터스 언어라 합니다.

예제 8-7 MaitreD 클래스에 있는 WillAccept 인스턴스 메서드의 시그니처

(Restaurant/62f3a56/Restaurant.RestApi/MaitreD.cs)

```
public bool WillAccept(
    DateTime now,
    IEnumerable<Reservation> existingReservations,
    Reservation candidate)
```

새로운 MaitreD 객체를 어떻게 생성해야 할까요? new MaitreD(까지만 입력해도 IDE에서 그림 8-5와 같이 필요한 내용을 바로 표시해줍니다. 즉, opensAt, lastSeating, seatingDuration, tables의 인자를 넣어줘야 합니다. 모든 인자가 필수 항목이며, null이 될 수 있는 인자는 없습니다.

▼ 그림 8-5 정적 유형 정보를 기반으로 생성자의 요구 사항을 표시하는 IDE

```
var maitreD = new MaitreD()
```
▲ 1 of 2 ▼ MaitreD(**TimeOfDay opensAt**, TimeOfDay lastSeating, TimeSpan seatingDuration, params Table[] tables)

여기서 무엇을 해야 하는지 알 수 있을까요? opensAt 부분에 어떤 것을 넣어야 할까요? TimeOfDay 형식의 값이 필요합니다. 이는 어떤 목적을 위해서 만든 커스텀 데이터 형식인데, 적절한 이름을 가진 것이길 바랍시다. TimeOfDay의 인스턴스를 만드는 방법이 궁금하다면 공개된 API를 확인해볼 수 있습니다. lastSeating 매개변수 역시 같은 방식으로 사용할 수 있을 겁니다.

seatingDuration의 의미를 알아냈나요? 이 역시 이름이 충분한 설명을 갖추고 있길 바랍니다.

tables 매개변수의 용도는 무엇인가요? 이전에 Table 클래스를 본 적이 없으므로 해당 클래스의 공개 API도 배워야 합니다. 더 자세한 설명은 생략하겠습니다. 요점은 API를 통해 이야기해야 한다는 것이 아니라, API에 대해 추론할 수 있는 근거를 제공해야 한다는 점입니다.

같은 종류의 분석을 통해 WillAccept 메서드를 예제 8-7에 넣을 수 있습니다. 작업을 제대로 했다면, 메서드와 어떻게 상호작용해야 할지 명확할 것입니다. 즉, 필요한 인자를 제공하면 candidate 예약을 수락할 것인지 여부를 알려주는 메서드일 거라 추측할 수 있겠죠.

이 메서드에 부수 효과가 있을까요? 이 메서드는 값을 반환하므로 쿼리처럼 보입니다. 명령 쿼리 분리 원칙에 따르면 부수 효과가 없어야 합니다. 실제로도 그렇습니다. 이는 어떤 일이 벌어질지에 대한 걱정없이 메서드를 호출할 수 있다는 뜻입니다. 발생하는 일은 CPU 사이클을 소모하고 부울값을 반환하는 것뿐입니다.

8.2.2 캡슐화된 객체와의 상호작용

잘 설계된 API는 세부적인 구현을 몰라도 상호작용을 할 수 있어야 합니다. MaitreD 객체에서도 상호작용이 가능한가요?

WillAccept 메서드는 now를 나타내는 DateTime, existingReservations 컬렉션과 candidate 예약의 세 가지 인자가 필요하며, MaitreD 클래스의 유효한 인스턴스가 필요합니다. 메서드 시그니처는 예제 8-7을 참고하십시오.

ReservationsController에 이미 유효한 MaitreD 객체가 있다고 가정하면 예제 8-8에 있는 것처럼 예제 8-5의 코드 두 줄을 WillAccept 메서드 호출로 바꿀 수 있습니다. 전체 시스템의 복잡성이 증가했음에도, Post 메서드의 크기와 복잡성은 여전히 낮으며, 새로운 동작은 모두 MaitreD 클래스에 있습니다.

예제 8-8 예제 8-5에 있는 비즈니스 로직 부분의 두 줄을 WillAccept 호출로 대체했습니다.
(Restaurant/62f3a56/Restaurant.RestApi/ReservationsController.cs)

```
if (!MaitreD.WillAccept(DateTime.Now, reservations, r))
```

ReservationsController의 Post 메서드에서 DateTime.Now를 now 인자로 전달하고 있습니다. 이미 주입된 Repository에서 이전의 예약을 가지는 reservations 컬렉션을 가져와서 전달하고, 검증된 예약 후보인 r(예제 7-6 참조)을 인자로 전달합니다. 조건식은 논리 부정(!)을 사용하므로 WillAccept가 false를 반환하는 경우에는 Post 메서드가 예약을 받아들이지 않습니다.

예제 8-8에 있는 MaitreD 객체는 어떻게 정의될까요? 예제 8-9처럼 ReservationsController 생성자를 통해 초기화된 읽기 전용 프로퍼티(property)로 정의됩니다.

예제 8-9 ReservationsController 생성자 (Restaurant/62f3a56/Restaurant.RestApi/ReservationsController.cs)

```
public ReservationsController(
    IReservationsRepository repository,
    MaitreD maitreD)
{
    Repository = repository;
    MaitreD = maitreD;
}

public IReservationsRepository Repository { get; }
public MaitreD MaitreD { get; }
```

MaitreD가 다형성에 대한 의존성을 가지지 않았다는 점을 제외하면 생성자 주입(constructor injection)[25]을 사용한 것처럼 보이는데, 왜 이런 방식을 사용했을까요? MaitreD에 정형적 의존성을 취하는 것이 좋은 생각일까요? 구현의 세부 사항은 아닐까요?

대안을 고려해봅시다. 예제 8-10처럼 ReservationsController의 생성자를 통해 모든 구성값을 하나씩 전달해보죠.

설계가 약간 이상하게 보일 수 있습니다. 물론 ReservationsController에는 더 이상 MaitreD에 대해 공개적으로 확인할 수 있는 의존성이 없는 것 같지만, 여전히 존재합니다. MaitreD의 생성자를 변경하면 ReservationsController의 생성자도 변경해야 합니다. 하지만 예제 8-9 형태로 만들면 유지보수 부담을 줄일 수 있습니다. MaitreD 생성자를 변경하는 경우 주입된 MaitreD 객체가 생성되는 부분만 편집하면 되기 때문입니다.

예제 8-10 MaitreD를 위한 구성값이 분리된 ReservationsController 생성자. 예제 8-9보다 더 좋은 대안으로 보이지는 않습니다. (Restaurant/0bb8068/Restaurant.RestApi/ReservationsController.cs)

```
public ReservationsController(
    IReservationsRepository repository,
    TimeOfDay opensAt,
    TimeOfDay lastSeating,
    TimeSpan seatingDuration,
    IEnumerable<Table> tables)
{
    Repository = repository;
    MaitreD =
        new MaitreD(opensAt, lastSeating, seatingDuration, tables);
}
```

이 부분은 예제 8-11에 있는 것처럼 Startup 클래스의 ConfigureServices 메서드에서 생성됩니다. MaitreD는 변경할 수 없는 클래스이므로 한 번 생성하면 변경할 수 없으며, 이는 의도된 설계입니다. 상태를 저장하지 않는 서비스의 수많은 장점 중 하나는 스레드에 대해서 안전하기 때문에 싱글턴(Singleton) 수명으로 등록할 수 있다는 점입니다[25].

예제 8-11 애플리케이션의 설정에서 레스토랑의 설정을 로드하고, 해당 값이 포함된 MaitreD 객체를 등록합니다. ToMaitreD 메서드는 예제 8-12에 있습니다. (Restaurant/62f3a56/Restaurant.RestApi/Startup.cs)

```
var settings = new Settings.RestaurantSettings();
Configuration.Bind("Restaurant", settings);
services.AddSingleton(settings.ToMaitreD());
```

예제 8-12에서 ToMaitreD 메서드를 확인할 수 있습니다. OpensAt, LastSeating, SeatingDuration, Tables 속성은 캡슐화가 잘 되지 않은 형태로 RestaurantSettings 객체 안에 포함됩니다. ASP. NET의 구성 시스템의 작동 방식 때문에 파일에서 읽은 값을 채우는 방식으로 구성 객체를 정의해야 합니다. 어떤 측면에서 보면 이런 객체는 데이터 전송 객체(DTO)[33]와 같다고 할 수 있습니다.

다만 서비스가 실행되는 동안 JSON 문서의 형태로 전달되는 DTO와 달리 구성값의 구문 분석이 실패하는 경우에는 할 수 있는 것이 별로 없으며, 애플리케이션을 시작할 수도 없습니다. 따라서 ToMaitreD 메서드는 MaitreD 생성자로 전달하는 값을 확인하지 않습니다. 만일 값이 유효하지 않은 경우에 생성자는 예외를 발생시키고 애플리케이션이 중단되면서 서버에 로그를 남깁니다.

예제 8-12 ToMaitreD 메서드는 애플리케이션 구성에서 읽은 값을 MaitreD 객체로 변환합니다.
(Restaurant/62f3a56/Restaurant.RestApi/Settings/RestaurantSettings.cs)

```
internal MaitreD ToMaitreD()
{
    return new MaitreD(
        OpensAt,
        LastSeating,
        SeatingDuration,
        Tables.Select(ts => ts.ToTable()));
}
```

8.2.3 구현의 자세한 부분

구현의 세부 사항을 몰라도 MaitreD 같은 클래스를 사용할 수 있다는 것을 알아두면 좋습니다. 하지만 가끔은 객체의 동작을 변경해야 하는 경우도 있습니다. 만일 이런 일을 해야 한다면 프랙탈 아키텍처에서 한 단계 더 들어가서 코드를 읽어야 합니다.

WillAccept 구현은 예제 8-13에 있으며, 순환 복잡도는 5, 코드 20줄, 너비 80자 이내, 객체 7개를 사용하고 있으므로, 사람이 읽고 이해할 만한 코드에 속합니다.

이것은 전체를 모두 구현한 것이 아닙니다. 읽기 편한 수준으로 코드를 유지하는 방법은 구현의 일부를 다른 부분에 적극적으로 위임하는 것입니다. 잠시 시간을 내서 코드를 살펴보고 요점을 파악했는지 확인하세요.

이전에 Seating 클래스를 본 적이 없고, Fits 메서드가 어떤 일을 하는지도 모르지만, 코드를 봐야할 때 코드의 어떤 부분부터 살펴봐야 할지에 대한 감을 잡기를 바랍니다. 만일 메서드에서 테이블을 할당하는 방식을 변경해야 한다면 어디를 봐야 할까요? 좌석의 중복 예약을 감지하는 부분에 버그가 있다면 어디로 가야 할까요?

Allocate 메서드를 확인해야 한다고 생각했나요? 이 부분의 코드는 이미 예제 8-4에서 보았습니다. 이 코드를 살펴보는 동안 WillAccept 메서드에 대해서는 잊어버릴 수 있습니다. Allocate를 살펴보는 것 자체가 프랙탈 아키텍처에서 또 다른 형태의 확대(zoom-in) 작업입니다. 보이는 것이 전부라는 점을 명심하세요[51]. 여러분이 알아야 할 모든 것은 코드 안에 있어야 합니다.

예제 8-13 WillAccept 메서드 (Restaurant/62f3a56/Restaurant.RestApi/MaitreD.cs)

```csharp
public bool WillAccept(
    DateTime now,
    IEnumerable<Reservation> existingReservations,
    Reservation candidate)
{
    if (existingReservations is null)
        throw new ArgumentNullException(nameof(existingReservations));
    if (candidate is null)
        throw new ArgumentNullException(nameof(candidate));
    if (candidate.At < now)
        return false;
    if (IsOutsideOfOpeningHours(candidate))
        return false;

    var seating = new Seating(SeatingDuration, candidate);
    var relevantReservations =
        existingReservations.Where(seating.Overlaps);
    var availableTables = Allocate(relevantReservations);
    return availableTables.Any(t => t.Fits(candidate.Quantity));
}
```

Allocate 메서드[14]는 해야 할 일을 잘 처리하고 있습니다. 객체의 프로퍼티인 Tables을 제외한 다른 모든 프로퍼티는 메서드 내에서 선언해서 사용합니다. 메서드의 동작에 영향을 줄 수 있는 다른 문맥을 머릿속에 기억할 필요가 없다는 뜻입니다. 즉, 이 코드는 여러분의 머리에 잘 들어옵니다.

이 메서드는 여전히 구현의 일부를 다른 객체에 위임하고 있습니다. Table 속성에 대해 Reserve를 호출하며, Fits 메서드는 형태가 다릅니다. Fits 메서드에 대해 궁금하다면 예제 8-14를 살펴보세요.

---

14 역주 예제 8.4를 보세요.

두뇌 용량의 한계까지는 아직 한참 남았지만, Seats와 quantity, 두 덩어리를 하나로 추상화했습니다. 이는 프랙탈 아키텍처에서 또 다른 형태의 확대 작업이라고 할 수 있습니다. Fits의 소스 코드를 읽을 때는 Seats와 quantity만 따라가면 됩니다. 또한 어떻게 동작하는지 이해하기 위해 Fits를 호출하는 코드에 신경 쓸 필요도 없으므로, 이 코드 역시 머리에 잘 들어옵니다.

예제 8-14 Fits 메서드. Seats는 읽기 전용이며, int 형의 프로퍼티입니다. (Restaurant/62f3a56/Restaurant.RestApi/Table.cs)

```
internal bool Fits(int quantity)
{
    return quantity <= Seats;
}
```

Reserve 메서드나 Seating 클래스에 대해서는 설명하지 않았지만 같은 설계 원칙을 따릅니다. 모든 구현은 인간의 인지적 한계를 잘 따르고 있으며, 모두 쿼리의 형태를 가지고 있습니다. 만일 세부적인 구현 정보를 알고 싶다면 깃 저장소를 확인해보세요.

8.3 / 결론

CODE THAT FITS IN YOUR HEAD

코드를 읽는 사람을 위한 코드를 작성하세요. 마틴 파울러는 다음과 같이 말했습니다.

> "컴퓨터가 인식 가능한 코드는 바보라도 작성할 수 있지만, 인간이 이해할 수 있는 코드는 실력 있는 프로그래머만 작성할 수 있다."[34]

코드로 동작하는 소프트웨어를 만들어야 한다는 것은 당연합니다. 이것만 따지는 것은 기준이 너무 낮습니다. 파울러가 이야기한 '컴퓨터가 이해할 수 있는 코드'란 바로 이런 의미입니다. 다시 이야기하지만, 충분히 높은 기준은 아닙니다. 코드가 지속가능하려면 사람이 이해할 수 있도록 코드를 작성해야 합니다.

캡슐화 역시 이런 노력의 중요한 부분이며, 구현의 세부적인 내용은 몰라도 되도록 API를 설계하는 작업도 포함됩니다. 로버트 마틴이 이야기한 추상화의 정의를 기억하세요.

> "추상화는 무관한 것을 제거하고, 본질적인 것을 강조하는 것입니다."[60]

구현의 세부 내용은 그 내용을 변경해야 할 때까지 알아야 할 필요가 없어야 합니다. 따라서 API 의 동작을 외부에서 추론할 수 있도록 설계해야 합니다. 이 장에서는 이러한 방향으로 API를 설계 해나가는 데 있어서 도움이 될 만한 몇 가지 기본적인 설계 원칙을 다루었습니다.

9^장

팀워크

어렸을 때 저는 팀워크가 싫었습니다. 여럿이 할 때보다 혼자 할 때 학교 과제를 더 빨리 끝낼 수 있었고, 같이 하는 친구들이 저의 주의 집중력을 빼앗아 간다고 생각했기 때문이죠. 또한 제가 뻔히 옳은데도 제 방식을 놓고 다른 사람과 논쟁해야 하는 것도 분했습니다.

어린 시절로 돌아간다면 저도 제 자신을 별로 좋아하지 않을 것 같습니다.

돌이켜 생각해보면, 저는 사회 관계에 대한 별로 관심이 없는 사람에게 가장 유망한 직업을 선택했던 것 같습니다. 다른 프로그래머들도 비슷한 면이 있다고 생각합니다.

하지만 나쁜 소식은 소프트웨어 개발자가 혼자 일하는 경우는 거의 없다는 겁니다.

여러분은 소프트웨어 개발팀에서 다른 프로그래머, 상품 기획자, 관리자, 운영팀, 디자이너 등 여러 사람과 함께 일해야 합니다. 1.3.4절에서 이야기한 '실제' 엔지니어들 역시 별반 다르지 않게 팀으로 일합니다.

엔지니어가 되는 데 중요한 부분 중 하나는 다양한 프로세스를 따르는 것입니다. 이 장에서는 소프트웨어 공학에 유용한 몇 가지 프로세스에 대해 배울 겁니다. 프로세스를 사용해서 자신의 코드만이 아니라 팀원들의 코드도 더 쉽게 이해할 수 있습니다.

반드시 주의해야 할 부분이 있습니다. 프로세스와 결과를 혼동하지 마십시오. 체크리스트와 마찬가지로 프로세스를 따르면 성공 가능성이 높아집니다. 그러나 프로세스에서 가장 중요한 건 해당 프로세스가 만들어진 근본적인 동기를 이해하는 것입니다. 어떤 프로세스가 유익한 이유를 이해하면, 그 프로세스를 따라야 할 때와 따르지 않아야 할 때를 판단할 수 있습니다. 결국 중요한 것은 결과입니다.

결과는 긍정적일 수도, 부정적일 수도 있습니다. 3.1.2절에서 설명한 것처럼 행동의 직접적인 결과를 측정하는 것은 거의 불가능합니다. 지금 당장은 긍정적이더라도 6개월 후에는 부정적인 영향을 미칠 수 있습니다. 기술 부채(technical debt)가 시간이 지남에 따라 점점 더 쌓여나가는 것처럼 말이죠.

프로세스는 실제로 얻고자 하는 효과까지 도달할 수 있도록 하는 대리자 역할을 합니다. 도움이 될 수 있으나 모든 게 잘된다고 보장하는 것은 아닙니다.

9.1 깃

대부분의 소프트웨어 개발 조직은 CVS나 서브버전 같은 버전 관리 도구 대신 이제 깃을 사용합니다. 분산 제어 속성을 가졌음에도 불구하고 일반적으로 깃허브, 애저 데브옵스 서비스(Azure DevOps Services), 스태시(Stash), 깃랩(GitLab) 등과 같은 중앙 집중형 서비스와 함께 사용합니다.

이러한 서비스는 작업 아이템 관리, 통계와 자동 백업 등 추가 기능들을 제공합니다. 관리자들은 이런 기능이 꼭 필요하다고 생각하곤 하지만, 실제 소스 버전 제어 기능에 대해서는 그다지 많이 생각하지 않습니다.

마찬가지로 대부분의 소프트웨어 개발자들은 깃을 팀의 코드베이스에 자신의 코드를 통합하는 방법으로 생각하며, 팀원들과 상호작용하기 위한 방법으로는 거의 생각하지 않습니다.

이렇게 사용한다면 굳이 깃을 사용할 필요가 없고, 기회를 낭비하는 셈입니다. 깃을 조금 더 전략적으로 사용하세요.

9.1.1 커밋 메시지

커밋할 때는 커밋 메시지를 작성해야 합니다. 대부분의 프로그래머에게 커밋 메시지는 비교적 손쉽게 처리할 수 있는 (걸리적거리는) 장애물이라 할 수 있습니다. 깃에서 커밋 메시지를 넣지 않으면 오류가 발생하지만, 어떤 내용이든 넣기만 하면 됩니다.

사람들은 보통 커밋에 '무엇'이 포함되는지 적고, 그 외의 내용은 적지 않습니다. 예를 들면 '첫 번째 이름 추가됨', '빈 이야기 부분 제거', 'CustomerUpated 핸들 추가됨' 같은 메시지[1]입니다. 하지만 이런 메시지는 생각만큼 쓸모가 있지 않습니다.

8.1.7절에서 설명한 통신의 계층 구조를 생각해보세요. 여러분이 적고 보존하는 모든 메시지는 미래의 여러분과 팀원들에게 보내는 메시지입니다. 메시지를 적는 것 자체보다 의사소통에 초점을 맞춰야 합니다. `git diff` 명령어로 이미 변경된 부분을 비교해서 볼 수 있으니, 커밋에서 수정한 사항을 설명하는 데 많은 시간을 할애할 필요가 없습니다.

1　작성한 사람을 밝히지는 않았지만 실제 작성된 예입니다.

믿거나 말거나 깃 커밋 메시지에도 50/72 규칙이라는 표준이 있습니다. 공식적인 표준은 아니지만 도구를 사용한 경험에 기반한 사실상의 표준입니다[81].

- 요약은 50자 이내, 명령형으로 작성합니다.

- 추가 내용을 넣어야 하는 경우 두 번째 줄은 빈 줄로 둡니다.

- 이후 원하는 만큼 설명을 추가할 수 있으나, 각각의 줄은 72자를 넘지 않아야 합니다.

이런 규칙은 깃의 다양한 기능이 동작하는 방식에 기반을 두고 있습니다. 예를 들어 커밋 목록을 보려면 git log --oneline을 사용할 수 있습니다.

```
$ git log --oneline
8fa3e47 (HEAD) Make /reservations URL segment lowercase
fbf74ae Return IDs from database in range query
033388a Return 404 Not Found for non-guid id
0f97b34 Return 404 Not Found for absent reservation
ee3c786 Read existing reservation
62f3a56 Introduce TimeOfDay struct
```

이때 출력되는 목록에는 커밋의 요약 부분만 표시되고, 나머지 커밋 메시지는 나타나지 않습니다. 깃을 명령줄에서 사용하지 않고, 다른 곳에서 목록을 확인하더라도 마찬가지입니다. 깃을 더 편하게 사용할 수 있도록 만들어주는 GUI 도구 역시 깃 명령줄 API를 이용해서 동작하므로, 50/72 규칙을 따르면 별다른 문제없이 잘 처리됩니다.

요약 부분은 헤드라인 또는 각 장의 제목처럼 사용되어 저장소의 기록을 탐색하도록 도와주기 때문에 커밋에서 변경된 사항을 설명할 필요가 없다는 규칙에서 예외가 됩니다.

요약은 명령형으로 작성하세요. 이 규칙의 강력한 동기가 될 만한 부분은 없지만, 일종의 관습이라 할 수 있습니다. 저는 몇 년 동안 50/72 규칙 형식을 따르면서 과거형 문장으로 커밋 메시지를 작성해왔는데, 별다른 문제가 없었습니다. 명령형 문장을 사용하라는 규칙을 알려준 사람이 없었고, 처리한 작업을 과거형으로 적는 게 더 자연스럽다고 생각해 한동안 과거 시제로 메시지를 작성했습니다. 하지만 규칙을 알게 된 후 마지못해 적는 방식을 바꿨는데 나쁘지 않았습니다.

일반적으로 명령형은 과거형보다 짧습니다. 예를 들어 'return'은 'returned'보다 짧기 때문에, 50자 안에 요약하기 더 좋습니다.

커밋할 내용이 많지 않고 자명하다면 요약 이외에 뭔가를 더 적을 필요가 없으므로 요약문만 적으면 됩니다.

커밋의 내용은 언제 명확해질까요? 코드가 명확해지면 됩니다. 하지만 명확한 코드를 작성하는 것이 생각만큼 흔히 있는 일은 아니죠. 따라서 되도록 궁금한 부분이 생기지 않도록 변경의 배경에 대해 더 설명하는 것이 좋습니다.

git diff의 결과에는 변경된 내용에 대한 정보를 담고 있고, 코드 자체는 소프트웨어가 어떻게 동작할지 나타내는 생성물(artefact)입니다. 커밋 메시지에 이 정보를 다시 적을 필요는 없습니다.

'무엇'을 '어떻게' 변경했는지 다른 곳에서 알 수도 있지만, 보통은 커밋 메시지가 변경이 일어난 이유나 이런 형태를 취한 이유를 설명하기에 가장 좋은 장소입니다. 다음 간단한 예를 봅시다.

```
TimeOfDay struct를 도입

MaitreD에 대한 생성자 매개변수를 명확하게 하는 역할을 합니다.
TimeOfDay 형식의 많은 부분은 비주얼 스튜디오에서 자동적으로 생성된 것입니다.
```

앞의 메시지는 다음 두 가지 질문에 대한 답을 줍니다.

- TimeOfDay 형식을 도입한 이유

- 대부분의 코드가 테스트 주도로 만들어지지 않은 이유

이 책의 저장소에서도 '왜'라는 질문에 답해주는 여러 커밋 메시지의 예를 찾을 수 있습니다.

소프트웨어 개발에 있어서 코드 이면에 있는 코드 작성 이유를 이해하는 것이 가장 중요한 문제일 수 있으므로[24] 이를 최대한 명확하게 하는 것이 중요합니다.

9.1.2 지속적 통합

지속적 통합(continuous integration)은 대부분의 소프트웨어 개발 조직에서 이미 구축되어 있으나, 확립되었다고 이야기하기 어려운 부분도 있습니다.

지속적 통합이 적절한 소프트웨어 공학적인 프랙티스라는 점을 모두가 '알고' 있는 것처럼 보이지만, 대부분은 지속적 통합 서버를 사용하는 것과 혼동합니다. 이런 서버가 있으면 좋지만 지속적 통합을 보장하지는 않습니다.

지속적 통합은 프랙티스(실천)이자, 일하는 방법입니다. 즉, '동료가 작업 중인 코드와 지속적으로 코드를 통합해야 한다.'라는 내용이 지켜져야 합니다.

여기서 통합(integration)은 병합(merge)을 의미하며, 지속적(continuous)이란 용어를 너무 문자 그대로 받아들일 필요는 없습니다. 중요한 점은 다른 사람과 자주 코드를 공유해야 한다는 것입니다. 얼마나 자주 공유해야 할까요? 경험적으로는 최소 4시간에 한 번은 공유되어야 합니다[2].

깃이 매우 뛰어나다고 이야기하는 개발자를 많이 만났는데, 대부분 그 이유로 '병합 지옥' 문제를 해결할 수 있다는 점을 꼽았습니다. 아이러니하게도 그렇지는 않습니다. 하지만 중앙 집중식 소스 제어 시스템에서 사용했던 워크플로와는 다른 형태의 워크플로를 사용할 수 있는 환경을 조성하고 있습니다.

병합 지옥의 근본적인 문제는 공유된 자원에 대해 다른 종류의 작업이 동시에 진행될 때 발생합니다. 즉, 데이터베이스의 트랜잭션과 비슷한 문제입니다. 소스 제어에서 사용하는 자원이 데이터베이스의 내용이 아니라 코드라는 부분이 다르지만, 둘 이상의 클라이언트가 공유된 자원을 수정하고자 한다는 문제는 같습니다.

---

2   더 자주 통합하면 더 좋습니다. 극단적으로는 뭔가를 바꾸고 모든 테스트를 통과시킬 때마다 통합할 수 있습니다.

이 문제는 몇 가지 방법으로 해결할 수 있습니다. 데이터베이스는 예전부터 트랜잭션을 해결 방법으로 사용했으며, 여기에는 자원을 잠그는 방식도 포함됩니다. 비주얼 소스세이프(Visual SourceSafe) 역시 같은 방식으로 동작합니다. 파일이 변경되면 비주얼 소스세이프는 해당 파일이 체크아웃(checkout)된 것으로 표시하고 다시 체크인할 때까지 누구도 편집할 수 없도록 막습니다.

간혹 파일을 체크아웃한 상태로 두고 퇴근하는 경우, 다른 일정으로 일하던 다른 사람들이 해당 파일을 이용해서 작업을 진행하는 것을 효과적으로 방지할 수 있습니다. 이런 형태의 잠금 알고리즘을 비관적 잠금(pessimistic locking) 방식이라고 이야기하는데, 이 방식은 조직이 커지면 이용하기 어렵습니다.

낙관적 잠금(optimistic locking) 방식은 충돌이 일어나지 않는 한, 더 확장성이 좋은 전략입니다[55]. 어떤 자원을 수정하기 전에, 해당 자원의 스냅샷[3]을 만든 다음 편집을 진행합니다. 이후에 변경 사항을 저장하려 할 때 그림 9-1처럼 현재 상태를 스냅샷과 비교합니다. 수정을 시작한 이후 자원이 변경되지 않았다는 것을 확인하면 변경 사항을 안전하게 저장할 수 있습니다.

▼ 그림 9-1 낙관적 잠금. 클라이언트는 먼저 데이터베이스에서 현재 버전의 자원을 읽고, 자원을 편집하는 동안 스냅샷의 복사본도 유지합니다. 자원을 업데이트하려는 경우 스냅샷의 복사본을 같이 보냅니다. 데이터베이스는 스냅샷과 현재 상태를 비교해서 스냅샷이 현재 상태와 일치하는 경우에만 업데이트를 완료합니다.

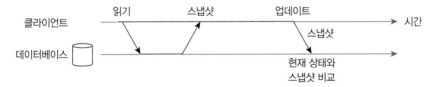

자원이 편집된 경우에는 두 변경 사항을 병합할 수 있습니다. 만일 데이터베이스의 행이 수정되었지만, 여러분이 변경한 것과 다른 행이 변경된 경우에도 여러분의 수정 사항을 큰 문제없이 적용시킬 수 있습니다. 마찬가지로 여러분이 변경한 코드에서 동료가 다른 부분을 변경한 경우에도 병합이 가능합니다[4].

그러나 여러분과 동료가 동시에 같은 코드의 같은 부분을 편집한 경우에는 병합 충돌(merge conflict)이 발생합니다. 이는 어떻게 피할 수 있을까요? 낙관적인 잠금과 같은 방식을 사용하면 됩니다. 충돌이 일어나지 않는다고 보장하기는 어렵지만, 가능성을 낮출 수는 있습니다. 즉, 코드 편집을 짧은 시간 내에 할수록 다른 사람과 동시에 같은 부분을 변경할 가능성은 줄어듭니다.

---

3 해시 혹은 데이터베이스가 만든 데이터 열의 버전을 사용할 수도 있습니다.

4 물론 병합한 결과가 정상적으로 동작한다는 것을 보장하는 것은 아닙니다.

지속적 통합이 'trunk 브랜치에서 동작된다'는 것을 의미한다는 이야기를 들어 보았을 겁니다. 어떤 사람들은 이를 문자 그대로 받아들여 깃에서 다른 브랜치를 만들지 않고, 모든 내용을 master에 반영합니다.

이렇게 하는 것은 여러분이 어떤 것이 진짜 문제인지 이해하지 못하고 있다는 점을 보여주는 것입니다. 문제는 작업하고 있는 깃 브랜치의 이름이 아니라 동시성(concurrency)입니다. 모든 동료와 몹 프로그래밍(mob programming)[5]을 하지 않는 이상 동료 중 한 사람이 여러분이 편집하고 있는 것과 같은 줄을 편집할 위험은 항상 있습니다.

위험을 줄이세요. 작게 변경하고, 가능한 한 자주 병합하세요. 최소 4시간마다 통합하는 것을 권장합니다. 이 기간은 임의로 정한 것이지만, 대략 반나절의 작업이므로 괜찮은 선택입니다. 반나절 이상 팀원들과 공유하지 않은 상태로 뭉개고 있는 것은 좋지 않습니다. 이 기간을 넘기면 여러분의 로컬 깃 저장소 내용이 분기되면서 병합 지옥에 빠지게 될 수 있습니다.

만일 4시간 안에 기능을 완성시킬 수 없다면 기능 플래그[6] 뒤에 작업을 숨기고 어떻게든 코드를 통합하세요[49].

9.1.3 조금씩 커밋하기

프로그래밍하는 동안에는 다양한 버전이 만들어질 수 있으며, 때로는 4시간 안에 많은 코드가 만들어지기도 합니다. 반면 어떨 때는 반나절이 지나는 동안 코드를 한 줄도 만들지 못하는 경우도 있을 것입니다. 버그를 재현하거나 이해하는 데 몇 시간이 걸릴 수도 있기 때문이지요.

익숙하지 않은 API 사용법을 배우려면 며칠 동안 연구해야 하는 경우도 있습니다. 때로는 몇 시간 동안 작성한 코드를 버려야 하는 경우도 있을 수도 있습니다. 모두 일상적으로 일어날 수 있는 일입니다.

깃의 중요한 장점은 기동성(manoeuvrability)입니다. 그림 9-2와 같이 실험 예를 통해 확인할 수 있습니다. 어떤 코드를 실험해보고, 제대로 동작하면 커밋하세요. 동작하지 않으면 되돌리세요. 이런 실험은 조금씩 커밋해나갈 때 가장 잘 동작합니다. 마지막으로 커밋한 코드의 양이 적다면, 실제로 제거하려는 코드만 버릴 수 있습니다.

---

5   몹 프로그래밍에 대한 자세한 사항은 9.2.2절을 참고하세요.

6   자세한 사항은 10.1절을 확인하세요.

▼ 그림 9-2 작은 커밋을 많이 하면 실수를 쉽게 처리할 수 있습니다. 나중에 필요할지도 모르는 부분이라면 브랜치를 만들고, 실수한 것이라도 커밋한 다음 그냥 내버려두면 됩니다. 그림의 yeah 브랜치가 괜찮게 고쳐지고 있는 것 같다면, 해당 브랜치가 적절한 지점에 도달했을 때 master에 통합시키면 됩니다.

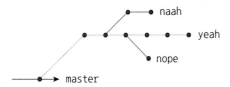

기동성

환경의 변동성이 클수록 예기치 못한 사건에 대처하는 능력이 더욱 중요해집니다. 깃은 전술적 기동성을 제공합니다.

기동성(manoeuvrability)은 위치 에너지를 운동 에너지로 얼마나 빨리 바꿀 수 있는지를 나타내는, 전투기에서 사용하는 군사 용어입니다. 즉, 얼마나 빠르게 추진력을 올리거나 떨어뜨릴 수 있는지[74], 얼마나 빨리 방향을 바꿀 수 있는지를 나타내는 지표입니다.

여기서 중요한 것은 단지 빠르기만 한 것이 아니라, 방향을 바꾸고 가속하는 능력을 포함한다는 것입니다. 이 개념은 소프트웨어 개발에도 유용합니다.

전술적 수준에서 깃은 뛰어난 기동성을 제공합니다. 어떤 일을 하다가 이게 아닌 다른 일을 해야 한다는 사실을 깨달았을 때 손쉽게 변경 사항을 숨기고 새로 작업을 시작할 수 있습니다. 리팩터링이 코드를 더 좋게 만들지 확신이 없더라도 일단 그냥 시도해보십시오. 변경 사항이 개선되었다고 생각하면 커밋하고, 그렇지 않은 경우에는 되돌아가면 됩니다*.

단순한 버전 관리 시스템이 아니라, 전술적인 이점을 제공합니다.

---

* 혹은 새로운 브랜치로 커밋하는 것이 더 좋을 수도 있습니다. 이 브랜치는 따로 공유할 필요 없이 여러분의 하드 드라이브에 남을 것이며, 지금은 쓸모 없어 보여도 나중에 유용하게 사용될 수 있습니다. 예를 들어 누군가 여러분이 시도한 것과 같은 방식의 리팩터링을 제안하는 경우, 이전에 했던 방법을 보여주면서 "이미 했던 방법이야. 여기 결과가 있어"라고 설명해줄 수 있습니다.

깃은 분산 버전 관리 시스템입니다. 변경 사항을 다른 사람이나 시스템과 공유할 때까지는 커밋이 로컬 하드 드라이브에만 있습니다. 즉, 커밋 기록을 푸시하기 전에는 내용을 편집할 수 있습니다.

저는 로컬 깃 브랜치를 푸시하기 전까지 편집할 수 있다는 점을 좋아합니다. 실수를 숨기거나 초자연적인 선견지명이 있는 것처럼 보일 수 있어서가 아니라, 편하게 실험하고 일관된 커밋 흔적을 남길 수 있기 때문입니다.

띄엄띄엄 커밋을 하면 코드의 기록을 처리하기 쉽지 않습니다. 변경 사항의 일부를 되돌려야 하는 경우가 있더라도, 그림 9-3처럼 관련 없는 변경 사항들이 하나의 큰 커밋으로 묶여 있으면 제거하려는 변경 사항만 쉽게 취소할 수 없기 때문이죠.

❤ 그림 9-3 띄엄띄엄 커밋을 하면 나중에 일부분만 취소하기 어려울 수 있습니다. 거대한 커밋에는 취소하고 싶은 코드와 함께 유지하고 싶은 부분도 일부 포함되어 있으므로 이를 피해 직접 제거해야 하기 때문입니다.

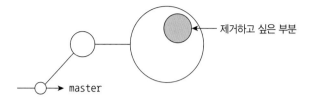

커밋 기록은 동작하는 소프트웨어에 대한 일련의 스냅샷이어야 합니다. 동작하지 않는 코드를 커밋하지 마십시오. 반면에 코드가 성공적으로 빌드되면 그때마다 커밋하십시오. 다음과 같이 자주 커밋하세요[78].

- 심볼의 이름을 바꾼 경우: 커밋하세요

- 메서드를 만든 경우: 커밋하세요

- 메서드를 인라인으로 만든 경우: 커밋하세요

- 테스트를 추가하고 통과시킨 경우: 커밋하세요

- 데이터 유효성 확인부를 추가한 경우: 커밋하세요

- 코드 형식을 수정한 경우: 커밋하세요

- 주석을 추가한 경우: 커밋하세요

- 중복 코드를 삭제한 경우: 커밋하세요

- 오타를 수정한 경우: 커밋하세요

실제로 모든 커밋을 작게 만들 수는 없습니다. 이 책의 깃 저장소를 보면 작은 커밋의 예제가 많지만, 간혹 큰 커밋도 있습니다.

작은 커밋이 많을수록 마음을 쉽게 바꿀 수 있습니다[7].

몇 시간 동안 여러 가지를 시도하고 포기했나요? 그 결과 작지만 좋은 커밋 몇 개를 만들었나요? 이제 로컬 브랜치를 정리하고 master와 통합하세요.

7 　역주　깃의 cherry-pick 명령을 이용해서 작은 커밋들을 효과적으로 조합할 수도 있습니다.

9.2 / 코드의 공동 소유

만일 코드의 일부를 팀원인 이리나(Irina) 혼자 전담해서 작업했다고 예를 들어봅시다. 그녀가 휴가를 가면 어떤 일이 벌어질까요? 혹은 아프거나 회사를 그만 두면 어떻게 될까요?

코드의 소유권은 여러 가지 방식으로 구성할 수 있지만, 코드베이스의 일부를 한 사람이 소유(own)한다면 팀의 조직 변경에 매우 취약해지며, 특정 지점에서 문제가 발생하는 경우 팀원 각자가 중요한 자원이 됩니다. 리팩터링 역시 어려워집니다. 어떤 개발자가 소유한 메서드를, 다른 개발자가 호출해서 사용한다면 메서드의 이름을 쉽게 바꿀 수 없습니다[30].

코드를 공유하면 버스 지수(bus factor)가 증가합니다. 이상적으로는 코드베이스에서 한 사람만 접근 가능한 부분이 있어서는 안 됩니다.

버스 지수

몇 명의 개발자가 버스에 치여야 개발이 중단될까요?

이 숫자를 버스 지수(bus factor)라고 하며, 가능한 높아야 합니다. 만약 1이라면 팀 구성원 중 1명이라도 자리를 비우면 개발이 실패한다는 의미니까요.

어떤 사람들은 이 용어를 병적으로 싫어해서, "팀원인 베라가 복권에 당첨돼서 그만두어도 팀이 유지될 수 있을까요?"처럼 다른 방식으로 물어보면서 복권 지수(lottery factor)라고 부르기도 하지만[8], 기본적인 생각은 같습니다.

어떤 방식으로 이야기하든 중요한 건 상황이 변할 수 있다는 인식을 높이는 것입니다. 로또에 당첨되거나 버스에 치이는 것 외에도 팀원이 재배치되거나 수많은 이유로 직장을 그만두면서 팀원이 변동될 수 있습니다.

핵심은 실제로 어떤 부분을 측정하는 것이 아니라, 한 사람이라도 없으면 안 되는 상황이 발생하지 않도록 업무를 구성하는 것입니다.

한 팀에 프로그래머가 2명 이상 있는 경우, 각자 특정 부분을 맡아서 하는 경우가 많습니다. 어떤 개발자는 사용자 인터페이스 프로그래밍을 선호하는 반면, 다른 개발자는 백앤드 개발을 좋아하기 때문입니다. 코드를 같이 개발하는 것, 즉 코드의 공동 소유(collective code ownership)는 각각의 프로그래머에게 특화된 부분을 금지하는 것이 아니라 그림 9-4에 있는 것처럼 담당할 코드를 겹치게 만드는 것입니다.

저는 최대한 사용자 인터페이스 개발을 피하고 싶지만, 팀에서 사용자 인터페이스 프로그래머가 1명 밖에 없다면 어쩔 수 없이 코드베이스에서 해당 부분도 담당해야 할 것입니다. 사용자 인터페

---

8 역주 오히려 더 과격하게 트럭 지수(truck factor)라고 표현하기도 합니다.

이스를 처리할 수 있는 팀원이 2명 이상이라면 이미 잘 처리될 것이므로, 조금 더 마음이 가는 부분에 집중할 수 있을 것입니다.

▼ 그림 9-4 개발자(앤, 맥스, 수) 셋이 하나의 코드베이스에서 작업합니다. 앤은 왼쪽 및 위쪽의 모듈(⑪ HTTP API 및 도메인 모델)에서 작업하는 것을 선호하는 반면, 맥스는 위쪽과 오른쪽 모듈을, 수는 아래쪽 두 모듈을 가장 좋아합니다. 모두 다른 팀원과 코드베이스의 일부를 공유합니다.

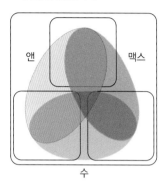

3장에서 설명한 것처럼 코드는 가장 중요하고 유일한 저작물입니다. 따라서 코드의 공동 소유에 대한 다음 질문에 "예"라고 답할 수 있어야 합니다.

"팀 코드의 특정 부분을 작업하는 데 익숙한 사람이 2명 이상 있나요?"

다시 말해 코드베이스를 관리하고 변경 사항을 승인할 수 있는 담당자가 적어도 2명 이상 있어야 한다는 의미입니다.

짝 프로그래밍과 코드 리뷰 등 공식적인 방법과 비공식적인 방법을 통해 이렇게 만들 수 있습니다. 핵심은 모든 코드 변경에는 2명 이상의 사람이 관련되어야 한다는 것입니다.

9.2.1 짝 프로그래밍

짝 프로그래밍(pair programming)[5]은 소프트웨어 개발자 2명이 같은 문제를 풀기 위해서 실시간으로 협력하는 것을 말합니다. 짝 프로그래밍에는 다양한 형태가 있지만[12], 실시간으로 협업이 이루어진다는 점은 같습니다.

이 과정에서 코드 리뷰[12]가 끊이지 않고 계속됩니다. 짝 프로그래밍으로 만들어진 코드는 세부 구현까지 합의된 상태로 만들어지기 때문에, 결과적으로 커밋에는 이미 최소 2명에게 익숙한 코드가 포함되어 있습니다. 짝 프로그래밍 내의 승인 과정이 진행되면서 코드가 더욱 공식화됩니다.

이런 과정이 너무 비공식적이라고 생각하는 팀도 있어서, 커밋 메시지나 변경 사항을 master에 병합할 때 공동 제작자에 대해서 짧게 적는 경우도 있는데 이는 전적으로 선택 사항입니다.

짝 프로그래밍은 코드의 공동 소유를 이루는 효과적인 방법입니다.

> "짝 프로그래밍을 일관되게 적용하면 모든 코드를 최소 2명 이상이 만지거나 보게 됩니다. 이를 통해 모든 팀원이 코드의 어떤 부분이든 편하게 변경할 수 있는 가능성을 높이고, 한 명이 작성할 때보다 코드베이스의 일관성을 높입니다.
>
> 짝 프로그래밍만으로 코드의 공동 소유를 보장하기는 어렵습니다. 특정 구성원이 지식을 독점하지 않도록 프로그래밍 짝을 바꾸거나, 코드 작성 부분을 바꾸는 등 계속 순환시켜야 합니다."[12]

짝 프로그래밍은 실시간 코드 리뷰 및 비공식적인 승인 절차를 부수 효과로 제공합니다. 즉, 거의 지체 없이 리뷰가 이뤄지는 것과 마찬가지입니다. 이미 2명의 팀원이 코드 작업을 하고 있으므로, 다른 사람이 나중에 변경 사항을 승인해 줄 때까지 기다릴 필요가 없습니다.

여러 장점에도 불구하고, 모든 사람이 짝 프로그래밍을 좋아하는 건 아닙니다. 저는 전형적인 내향형 인간[16]이라 어떤 활동을 남과 같이 하는 것이 피곤하다고 생각합니다. 또한, 짝 프로그래밍 과정에서는 깊이 생각할 여유가 별로 없으며, 서로의 일정도 맞춰야 합니다.

모든 팀이 짝 프로그래밍을 해야 하는 건 아니지만, 앞에서 설명한 여러 가지 장점에 대해 이의를 제기하기도 어렵습니다[9]. 하지만 항상 짝 프로그램만 진행하는 것은 실용적이지 않을 뿐 아니라, 바람직하지도 않습니다[12]. 짝 프로그래밍과 이 장에서 설명할 다른 절차들을 잘 섞으면 여러분의 조직에 적합한 방식을 찾을 수 있을 것입니다.

9.2.2 몹 프로그래밍

만일 어떤 문제에 대해 2명의 프로그래머가 같이 작업하는 게 좋다면 3명이 같이 작업하면 더 좋지 않을까요? 4명이나 5명은 어떨까요?

여러 사람이 같이 코드를 작성할 수 있는 회의실 같은 공간을 구할 수 있다면, 몹 프로그래밍[10]을 할 수 있습니다.

경영진에게(혹은 동료 개발자에게) 짝 프로그래밍이 생산적이라는 점을 설득시키는 것은 쉽지 않습니다. 같은 문제를 두 사람이 동시에 푼다면 각자 다른 문제를 푸는 것보다 생산성이 절반으로

9　심지어 효율적인 방법이라는 증거도 있습니다[116].

10　몹(mob)이란 생각 없는 무리들을 의미하기 때문에 몹 프로그래밍보다는 앙상블 프로그래밍(ensemble programming)이라는 용어가 낫다고 생각합니다.

떨어진다고 생각하는 경우가 많기 때문입니다. 심지어 같은 문제를 3명 이상의 사람들이 작업해도 생산성이 떨어지지 않는다고 설득하는 일은 더욱 더 어렵습니다.

이 책을 지금까지 읽어오면서 생산성이 높다는 건 타이핑 속도를 의미하는 것이 아니라는 점을 확실히 이해했기를 바랍니다.

물론 투입 대비 수익이 줄어드는 지점이 있을 수 있습니다. 50명이 같이 몹 프로그래밍을 하는 경우를 상상해봅시다. 대다수는 기여하는 부분이 거의 없을 것이며, 코드를 작성하는 과정에서 합의를 얻는 데도 별로 참여하지 않을 것입니다.

즉, 많지 않은 사람으로 이루어진 가장 효과적인 그룹의 크기가 있을 것입니다.

저는 몹 프로그래밍을 항상 기본으로 두지는 않지만 특정 상황에서는 유용하다고 생각합니다.

저는 프로그래밍 코치로서 몹 프로그래밍을 사용해 큰 성공을 거둔 적이 있습니다. 한 번은 일주일에 2~3일 정도 여러 명의 프로그래머와 함께 작업하면서 프로덕션 코드베이스에 테스트 주도 개발 방식을 적용하도록 도와주었습니다. 그렇게 몇 달을 보내고 저는 휴가를 떠났지요. 그래도 프로그래머들은 계속해서 테스트 주도 개발 방식을 사용했습니다. 이처럼 몹 프로그래밍은 지식을 전달하는 데 아주 좋습니다.

몹 프로그래밍은 한 가지 코드 변경에 대해 두 명 이상의 프로그래머가 협력하는 것이기 때문에 짝 프로그래밍과 마찬가지로 검토나 승인이 편합니다.

가능하면 한번 시도해보고, 마음에 들면 계속 사용하십시오.

9.2.3 코드 리뷰 대기 시간

로랑 보사비트(Laurent Bossavit)가 주장한 것처럼 소프트웨어 개발에서 대부분의 '상식'은 현실이 아니라 헛된 상상에 가깝습니다[13]. 그 효과가 문서로 입증되어 있는 프랙티스는 몇 가지 되지 않습니다. 그중 하나가 코드 리뷰입니다[20].

코드 리뷰는 코드의 결함을 찾아내는 가장 효과적인 방법이지만[65], 대부분의 조직에서는 사용하지 않습니다. 사용하지 않는 이유는 일반적으로 코드 리뷰가 개발 속도를 늦춘다고 생각하기 때문이죠.

코드 리뷰를 진행하면서 개발 속도가 약간 느려질 수 있다는 점은 맞습니다. 하지만 버그가 확인되지 않은 상태로 빠르게 개발을 진행해, 결국 늦게까지 버그가 발견되지 않는다고 해서 더 효율적이라고 생각하는 것은 잘못된 생각입니다.

제가 도와준 대부분의 조직에서는 개발자 1명이 하나의 작업(일반적으로 기능이라 부르는)을 담당했으며, 프로그래머가 작업을 완료했다고 보고하면 따로 검수하지 않는 경우가 많았습니다.

'완료'라는 용어의 정의는 조직마다 다릅니다. 어떤 조직에서는 일종의 구호로 '완전히 완료(done done)'[11]라는 표현을 쓰기도 하는데, 기능이 완성된 후 실제 시스템에서 사용할 수 있는 상태가 되어야 진짜 완료된 것이라는 함의를 담고 있습니다.

3.1.2절에서 배운 것처럼 근시안적으로 '가치'를 제공하는 데 지나치게 초점을 맞추면 엉성하고, 불규칙하며, 잘못된 기능을 실제 시스템에 포함시킬 가능성을 간과하게 됩니다.

그림 9-5는 기능이 완료되었음을 '선언'한 상황입니다. 이후에 결함이 발견되었을 때는 이미 다른 작업을 하는 중일 겁니다. 버그를 고치는 것은 계획의 일부가 아니기 때문에, 팀에서 버그를 고치기로 결정하더라도 팀의 작업량에 부담을 주며, 이로 인해 초과 근무를 하거나 다른 기능에 대한 마감일을 넘기게 됩니다.

❤ 그림 9-5 많은 조직에서 코드 리뷰를 하지 않습니다. 개발자가 기능 완료를 선언하면 버그가 발견되기까지 시간이 오래 걸릴 수 있으며, 이는 계획되지 않은 작업으로 이어집니다.

마감일을 넘기면 야근과 주말 근무를 반복하면서 오랜 시간 동안 마치 불 끄기 작업처럼 일하는 비상 근무체제(crunch mode)로 돌입하는 경우가 많습니다. 예상치 못한 새로운 문제가 항상 발생하기 때문에 일을 '올바르게 제대로' 처리할 시간이 없는 악순환이 이어집니다.

코드 리뷰를 사용하면 작업 완료를 선언하기 전에 문제를 효과적으로 찾아낼 수 있습니다. 결점이 발생하지 않도록 만드는 것이 문제 해결의 일부가 아닌 프로세스의 일부가 됩니다.

일반적인 접근 방식의 문제는 그림 9-6처럼 개발자가 리뷰를 위해 작업의 일부를 올리더라도, 실제 리뷰가 이뤄지기 전까지 많은 시간이 소요된다는 점입니다.

❤ 그림 9-6 코드 리뷰가 적절히 이루어지지 않는 경우: 기능 완료와 리뷰 사이에 상당한 시간 간격이 존재합니다. (리뷰 오른쪽의 작은 상자들은 초기 리뷰를 기반으로 진행한 개선 사항들과 개선된 부분에 대한 추가 리뷰를 나타냅니다.)

그림 9-7의 방식은 이 문제를 확실히 해결합니다. 바로 대기 시간을 줄이는 것이죠. 코드 리뷰를 조직에서 매일 진행하는 일상적인 과정으로 만드세요.

---

11 **역주** done done은 사용자에게 전달할 수 있을 정도의 결과물이 만들어진 것을 의미하는 용어입니다.

✔ 그림 9-7 기능 완료와 코드 리뷰 사이의 대기 시간을 줄이세요. 일반적으로 리뷰를 통해서 개선할 부분을 찾고, 개선점에 대해서는 작은 규모로 모여서 검토하는 경우가 많습니다. 리뷰 오른쪽에 있는 작은 상자로 검토 활동을 표시했습니다.

사람들은 대부분 자신만의 루틴을 가지고 있습니다. 코드 리뷰 역시 루틴의 일부로 만들어야 합니다. 개인 수준에서는 물론이고, 팀에서 매일 진행하는 루틴으로 구성할 수도 있습니다. 이미 많은 팀이 매일 스크럼 미팅을 합니다. 매일 정기적으로 발생하는 이벤트는 어떤 작업을 하루하루 고정적으로 진행할 수 있도록 만들어줍니다. 점심 시간도 업무에서는 자연스러운 휴식 시간인 것처럼요.

예를 들어 매일 아침 30분과 점심 이후 30분[12]을 코드 리뷰에 할애하는 것을 고려하십시오.

코드는 반나절 미만의 작은 작업 단위로만 변경해야 한다는 점을 명심하세요. 모든 팀 구성원이 하루에 두 번씩 작은 변경 사항을 리뷰한다면 코드 리뷰의 대기 시간은 최대 약 4시간이 됩니다.

9.2.4 큰 변경 사항 거부하기

저는 한 개발 조직에서 개발자들이 서로 협력하지 않고 고립되어 작업하던 방식에서 코드 공동 소유(collective code ownership) 방식으로 전환하는 것을 도왔던 적이 있습니다. 이들에게 알려주고 싶었던 것은 작업 단계를 작게 쪼개는 일이었습니다.

얼마 지나지 않아 몇 주 동안 연락이 없던 원격 개발자로부터 풀 리퀘스트(pull request)를 받았는데, 엄청난 양이었습니다. 리뷰해야 할 내용이 수천 줄에 달했고, 50개가 넘는 파일에 분포되어 있었습니다.

내용이 너무 컸기 때문에 리뷰하지 않고 바로 거절한 다음[13] 전체 팀원과 협력해서 작은 변화를 만들어가는 방법을 알려주었습니다. 이후로는 다시 그 정도 크기의 풀 리퀘스트를 받지 않았습니다.

코드 리뷰를 수행할 때 필요하다면 리뷰를 거부할 수도 있어야 합니다. 코드 리뷰가 단지 요식 행위에 불과하다면 아무런 가치가 없기 때문입니다.

간혹 리뷰를 위해서 큰 변경 사항을 제출하는 것을 봅니다. 큰 변경 사항은 몇 일(혹은 몇 주)간 작업한 결과일 테니, 검토하는 데도 오랜 시간이 걸립니다[78]. 이런 큰 변경에 대한 리뷰는 작성자

---

12 점심 이전 30분 전과 퇴근 전 30분을 할애할 수도 있지만, 다른 일 때문에 활동을 건너뛸 가능성이 높습니다.

13 경영진의 지원을 받았기에 가능한 일이었습니다. 때때로 컨설턴트는 정규 직원이 할 수 없는 일을 할 수 있어야 하기 때문이죠. 불공평하지만 사실입니다.

가 여러분의 여러 고려사항을 해결하려 노력하면서 며칠 동안 질질 끌 수 있습니다.

아니면 다른 할 일을 하기 위해 리뷰 없이 변경 사항을 바로 수락할 수도 있습니다.

하지만 그렇게 하지 마십시오. 그냥 큰 변경 사항은 거부해버리세요.

검토자는 며칠 동안 작업한 결과인 큰 변경 사항을 거부하기 어려워하는 경우가 많은데, 이는 매몰 비용 오류(sunk cost fallacy)[51]라는 일반적인 문제입니다. 여러분의 동료가 많은 시간을 들여 변경 사항을 만든 것은 사실이지만, 좋지 않은 설계를 유지보수하기 위해 더 많은 시간을 허비할 수 있다는 점을 생각해보면 선택은 명확합니다. 손실을 줄이세요. 동료가 낭비한 시간은 이미 지난 일이기 때문에 잘못 구성된 코드로 더 이상 시간을 낭비하지 마세요.

며칠 혹은 몇 주 간의 작업을 거부하는 것은 마음이 아프지만, 몇 시간의 작업을 거부하는 건 그나마 할 만합니다. 반나절 정도 작업한 결과인 작은 변경 사항을 사용해야 하는 또 다른 이유이기도 합니다.

게다가 1시간 이상 걸리는 코드 리뷰는 비효율적입니다[20].

9.2.5 코드 리뷰

코드 리뷰에서 답해야 하는 근본적인 질문은 다음과 같습니다.

   "이 코드를 유지해도 괜찮은가?"

이게 다입니다[14]. 작성자는 자신의 코드를 유지/관리할 만한 코드라고 생각하고 있을 것이므로, 여러분만 유지할 만한 코드라 판단하면 해당 코드는 두 사람에게 코드의 공동 소유권을 가지는 방향으로 바뀐 것입니다.

코드 리뷰에서는 무엇을 찾아야 할까요?

가장 중요한 기준은 코드가 잘 읽히는지 여부입니다. 즉, 머릿속으로 이해하기 쉬운지 확인하는 것입니다.

문서는 있다 해도 보통 낡아버린 경우가 많고, 주석은 오히려 오해를 부를 수 있습니다. 궁극적으로 믿을 수 있는 유일한 생성물은 코드입니다. 코드를 유지보수해야 할 시점에는 작성자가 없을

---

14 공정성을 위해 말하자면 "변경 사항이 주요한 문제를 해결했는가?"라는 중요하고 기본적인 질문을 잊으면 안 됩니다. 간혹 자신의 가장 중요한 임무를 오해하는 경우가 있을 수 있습니다. 우리 모두 오해할 수 있으므로 코드 리뷰 중에는 이 질문을 염두에 두는 것이 좋습니다. 물론 유지 부분이 변경을 거부하는 원인이 될 수 있지만, 코드 리뷰의 주요 초점은 아니라고 생각합니다.

수도 있습니다.

어떤 사람은 함께 앉아서 리뷰를 같이 진행하기도 합니다. 이때 작성자가 검토자에게 변경 사항을 설명해주는데, 그다지 바람직하지 않습니다.

- 검토자가 코드 자체만으로 가독성을 판단할 수 없습니다.
- 작성자가 검토자에게 문제 가능성이 있는 프랙티스가 있더라도 어물쩍 넘어가도록 설득할 가능성이 있습니다.

코드 리뷰는 검토자가 자신의 속도에 맞춰 코드를 읽으면서 진행해야 합니다. 작성자는 코드를 방금 작성했기 때문에 코드가 얼마나 읽기 쉬운지 평가할 수 없습니다. 따라서 코드 읽기에 깊게 개입해서는 안 됩니다.

실제로 변경 사항을 거절할 수 있어야 하지만, 검토자의 임무는 작성자에게 상처를 주거나 자기가 잘났다고 증명하는 것이 아닙니다. 어떻게 하면 더 앞으로 나아갈 수 있을지 합의하는 것입니다.

사소한 부분을 지적하는 것은 보통 도움이 되지 않으므로, 코드 형식이나 변수 이름[15] 등에 대해 너무 걱정할 필요는 없습니다. 코드가 읽고 이해하기 쉬운지 고려하십시오. 메서드가 너무 길거나 복잡하지는 않습니까?

코리 하우스(Cory House)는 찾아야 할 부분을 다음과 같이 제시했습니다[47].

- 코드가 의도한 대로 동작하는가?
- 의도가 명확한가?
- 불필요한 중복이 있는가?
- 기존 코드로도 이 문제를 해결할 수 있었는가?
- 이보다 더 간단할 수 있는가?
- 테스트가 포괄적이고 명확한가?

이것 말고도 많지만 무엇을 찾아봐야 하는지 대략의 아이디어는 얻을 수 있습니다.

코드 리뷰의 결과는 승인 혹은 거부라는 이분법적인 결정이 아니라, 리뷰를 통해 검토자와 작성자가 이야기할 제안 목록을 작성하는 것입니다. 작성자는 코드 읽기에 참여하지 않아야 하지만, 검토자와의 우호적인 상호작용은 전체 과정의 속도를 높이는 데 도움이 될 수 있습니다.

---

15 나중에 언제든지 형식을 바꾸거나 변수 이름의 오타를 고칠 수 있습니다. 바꿔야 할 부분이 중요한 부분이 아니라면, 계속해서 리뷰를 진행하십시오. 반면 공개 API를 사용할 때 오타를 냈다면 문제가 발생할 변경 사항이므로 반드시 즉시 수정해야 합니다.

보통은 몇 가지 개선 사항에 동의할 것입니다. 작성자는 그림 9-7처럼 돌아가서 다시 구현하고, 새로운 변경 사항을 제출하여 리뷰 받는 과정을 반복합니다. 이어지는 후속 리뷰는 보통 더 빨리 진행되므로, 곧 합의에 도달하고 변경 사항을 통합합니다.

모든 팀원은 작성자이자, 다른 팀원이 작성한 코드를 리뷰해야 합니다. 코드 리뷰를 하는 것은 선택된 소수에게만 주어진 특권도 아니며, 부담도 아닙니다.

이는 코드의 공동 소유를 촉진할 뿐 아니라, 모든 사람이 예의 바른 태도로 리뷰를 진행하도록 만들어줍니다.

9.2.6 풀 리퀘스트

깃허브, 애저 데브옵스 서비스 등의 온라인 깃 서비스는 로컬 컴퓨터에서 브랜치를 생성하지만, 병합은 중앙 집중식 서비스를 사용하는 경량형 팀 워크플로우인 깃허브 작업절차(GitHub Flow)[16]를 지원합니다.

브랜치를 master로 병합할 때는 풀 리퀘스트를 요청해야 합니다. 풀 리퀘스트는 브랜치의 변경 사항을 master 브랜치에 통합해달라고 요청하는 것입니다.

보통 팀 단위 설정에서 병합을 수행할 수 있는 충분한 권한을 부여하고 있겠지만, 다른 사람이 변경 사항을 충분히 검토하고 승인할 수 있도록 팀 정책을 만들어야 합니다. 이 역시도 코드 리뷰를 수행하기 위한 다른 방식일 뿐입니다.

풀 리퀘스트를 만들 때는 다음과 같은 깃 작업에 대한 규칙을 염두에 두십시오. 구체적으로는 다음 부분[91]을 참고하세요.

- 풀 리퀘스트는 가능한 한 작게 만드세요. 여러분이 생각하는 것보다 더 작게 만들어야 합니다.
- 풀 리퀘스트는 한 가지만 처리하세요. 다양한 일을 처리하려면 풀 리퀘스트도 몇 개로 나누세요.
- 풀 리퀘스트에서 코드 형태만 바꾸는 경우는 되도록 피하세요.
- 코드가 빌드 가능하도록 만드세요.
- 모든 테스트를 통과해야 합니다.
- 새로운 동작에 대해서는 테스트를 추가하세요.

---

16 깃 작업절차(Git flow)와 혼동하지 마세요.

- 적절한 커밋 메시지를 작성하세요.

풀 리퀘스트를 리뷰할 때는 코드 리뷰에 사용되는 모든 부분이 적용되는데, 깃허브 작업절차는 비동기 작업절차이므로 일반적으로 코드가 작성된 이후에 리뷰를 진행하게 됩니다. 글을 쓸 때의 의도와 어조는 쉽게 사라질 수 있다는 점을 명심하세요. 어떤 문장을 사용해서 다른 사람에게 상처를 줄 의도가 없다고 해도, 읽는 사람은 상처받을 수 있으므로 조금 더 예의를 갖추고, 이모티콘을 이용해 친근한 태도를 나타내는 것이 좋습니다.

검토자는 제대로 검토하기 위해 충분히 시간을 들여야 합니다. 풀 리퀘스트가 너무 크면 대충 보고 승인하는 것보다 그냥 거부해버리는 것이 더 좋습니다[17].

코드를 리뷰하기로 결정했다면 작성자와 협력해서 개선점을 찾아보세요. 마음에 들지 않는 부분만을 지적하지 말고, 구체적인 대안을 제시하십시오. 마음에 드는 부분이 있다면 응원하는 것도 잊지 마십시오. 코드를 풀(pull)로 내려 받아 자신의 컴퓨터에서 실행해보세요[113].

9.3 / 결론

팀원들은 모두 잘하는 기술을 몇 가지씩 가지고 있습니다. 자신에게 가장 잘 맞는 코드베이스에 끌리는 것은 당연하며, 그렇게 하면 모든 사람이 해당 부분에 대해 소유권을 가지게 됩니다. 약한 코드 소유(weak code ownership)[30]를 유지한다면 괜찮습니다. 이는 일부 코드에 대해 '자연스러운' 소유자 혹은 주 개발자가 있지만, 모든 사람이 변경할 수 있는 경우입니다.

코드베이스에서 이뤄지는 모든 변경 사항에 대해 두 사람 이상 참여하도록 만듦으로써 코드의 공동 소유를 촉진해야 합니다. 짝 프로그래밍 혹은 몹 프로그래밍을 통해서 비공식적으로 이런 작업을 수행하거나, 코드 리뷰를 통해 더욱 공식적으로 이런 작업을 수행할 수 있습니다.

1.3.4절에서 설명한 것처럼 '실제' 엔지니어들은 팀으로 일하며, 서로의 작업을 승인합니다[40]. 진행되는 모든 작업을 둘 이상의 눈으로 지켜보는 것은 소프트웨어 개발에서 사용할 수 있는 가장 공학에 가까운 방식 중 하나입니다.

---

17 초보자는 작업을 나누는 방법을 잘 모르기 때문에 간혹 매우 큰 풀 리퀘스트를 날리는 경우가 있습니다. 모든 사람이 처음부터 읽고 이해하기 쉬운 작은 코드를 작성하는 방법을 알지는 않습니다. 동료들을 도와주세요.

제 **2** 부

지속가능성

1부에서는 속도를 붙이는 것에 대해 다루었습니다. 코드베이스에 아무 코드도 없는 상태에서 시작해 배포 가능한 기능을 만들기까지 가속해나가는 구조를 예제 중심으로 설명했습니다.

배포된 기능이 하나라도 있다면 작동하는 시스템이 있는 것입니다. 하지만 한 가지 기능만으로는 충분하지 않기 때문에 기능을 더 추가해야 합니다. 그 과정에서 최선의 노력에도 불구하고 소프트웨어에 버그가 있다는 사실을 알게 될 것입니다.

0에서 엄청난 속도로 가속하다가 벽에 부딪치는 건 당연히 재미가 없습니다. 충분한 속도에 도달했다면 그 속도를 유지하고 싶을 것입니다.

2부에서는 좋은 순항 속도를 유지하는 데 중점을 둡니다. 기존의 코드베이스에 어떻게 새로운 기능을 추가할 수 있을까요? 문제를 어떻게 해결할까요? 횡단 관심사(cross-cutting concerns)는 어떻게 처리하며, 성능 문제는 어떻게 해야 하나요?

2부에서는 기존 코드를 보강하는 데 중점을 두고 위와 같은 주제에 대해 설명합니다. 예제는 1부와 동일한 코드베이스에서 가지고 왔지만, 더 광범위한 커밋에서 필요한 부분들을 골라왔습니다.

깃 저장소를 따라가고 싶어하는 분들을 위해 커밋 부분은 조금 더 솔직하게, 별로 꾸미지 않고 남겨두었습니다. 제 실수를 숨기지 않았으므로, 이전 커밋의 작업을 취소하기 위한 커밋도 볼 수 있습니다.

커밋에서 적어둘 만한 가치가 있는 내용이라고 판단하면 더 자세한 커밋 메시지를 작성했습니다. 로그 메시지 자체가 설명이기 때문에, 일종의 부록처럼 읽어보는 것도 좋을 것 같습니다.

10^장

코드를
보강해봅시다

현실에서 전문적인 소프트웨어 개발 과정의 대부분은 기존 코드 기반으로 작업을 진행합니다. 앞에서는 아무것도 없는 새로운 코드베이스에서 시작해 어떻게 하면 최대한 효율적으로 동작하는 시스템까지 전환해 갈 수 있을지를 많이 설명했습니다. 맨땅에서 시작하는 그린필드 개발에도 여러 가지 도전적인 과제가 있지만, 기존 코드베이스를 변경할 때 발생하는 문제와는 다릅니다.

여러분은 대부분 프로덕션 코드를 편집할 것입니다. 테스트 주도 개발을 하는 경우에도 대부분 새로운 테스트를 추가하고, 기존의 프로덕션 코드를 변경하는 경우가 많을 것입니다.

동작을 바꾸지 않고, 기존 코드의 구조를 변경하는 것을 리팩터링(refactoring)이라고 합니다. 이 분야는 이미 다른 여러 자료[34][53][27]에서 다루고 있으므로, 여기서 다시 설명하지는 않겠습니다. 대신 코드베이스에 새로운 동작을 추가하는 방법을 중점적으로 살펴보겠습니다.

저는 동작을 추가하는 것을 다음 세 가지 형태로 구분해서 생각하는 편입니다.

- 완전히 새로운 기능
- 기존 동작 개선
- 버그 수정

처음 두 가지는 이 장에서 다루고, 버그 수정은 12장에서 설명합니다. 그럼 완전히 새로운 기능을 추가하는 형태부터 시작하겠습니다. 여러 가지 측면에서 가장 쉽게 변경할 수 있는 부분이니까요.

10.1 / 기능 플래그

완전히 새로운 기능을 추가하는 경우에는 작성하는 대부분의 코드가 기존의 코드베이스를 바꾸는 게 아니라, 코드베이스에 새롭게 코드를 추가하는 형태일 것입니다.

활용할 수 있는 기존 코드가 있을 수도 있고, 새로운 기능을 추가하기 전에 이를 수정해야 할 수도 있지만, 대부분 새로운 기능을 추가하는 일은 크게 어렵지 않습니다. 여러분이 직면할 가장 큰 도전[1]은 그간 진행되어 왔던 지속적 통합(coutinuous integration)의 프랙티스를 따르는 것입니다.

---

1 기능 자체가 구현하기 어렵다는 점은 제외하고요.

9.1.2절에서 배운 것처럼, 경험상 하루에 두 번 이상 코드를 master 브랜치에 병합해야 합니다. 즉, 4시간 동안 작업을 한 다음에 통합해야 한다는 것인데, 4시간 안에 기능을 전부 완료하지 못하면 어떻게 해야 할까요?

사람들은 대부분 완전하지 않은 기능을 master 브랜치에 병합하는 것을 불편해합니다. 팀이 지속적 배포(continuous deployment)라는 프랙티스를 가지고 있는 경우, 불완전한 기능이 프로덕션 시스템에 배포된다는 의미이기 때문에 더욱 더 그렇습니다. 물론 바람직하지 않은 생각입니다.

해결 방법은 기능 자체와 이를 구현하는 코드를 구분하는 것입니다. 즉, 구현하려는 동작을 아직 사용할 수 없다면, 완전하지 않은 코드를 프로덕션 시스템에 배포할 수 있는 가능성이 있으므로 기능 플래그(feature flag)를 사용해서 기능을 숨기세요[49].

10.1.1 캘린더 플래그

레스토랑 예약 시스템 코드베이스 예제를 봅시다. 예약 기능을 완성한 다음, 시스템에 캘린더 기능도 추가하고 싶습니다. 이 기능이 있으면 고객들은 한달 혹은 하루 동안 사용 가능한 좌석을 확인할 수 있습니다. 또한 사용자 인터페이스에서 해당 날짜에 추가 예약이 가능한지 표시하는 등의 작업도 처리할 수 있을 것입니다.

캘린더를 추가하는 것은 복잡한 작업입니다. 월별 탐색이 가능해야 하고, 주어진 시간에 남은 자리가 얼마인지 계산할 수 있어야 하는 등 다양한 작업이 필요하기 때문입니다. 따라서 이 작업을 4시간 안에 끝마치는 건 어렵지요. 저도 못했습니다[2].

이 작업을 진행하기 전에 REST API의 'home' 리소스가 예제 10-1에 있는 JSON 표현 방식으로 응답을 보냈습니다.

예제 10-1 REST API에서 'home' 리소스와의 HTTP 상호작용 예제. /의 'index' 페이지를 GET하는 경우, JSON 형식으로 된 링크의 배열을 받습니다. URL의 localhost 부분에서 알 수 있듯이, 이 예제는 제 개인 개발 컴퓨터에서 동작하는 것을 가져온 것이며, 배포된 시스템에서 리소스를 요청하는 경우에는 URL을 통해 적절한 호스트 이름을 알아낼 수 있습니다.

```
GET / HTTP/1.1

HTTP/1.1 200 OK
```

2　예제의 코드베이스에서 이 작업을 시작하는 커밋과 끝내는 커밋을 비교해보면, 거의 두 달 차이가 납니다. 그 사이에 4주 간 여름 휴가를 갔고, 다른 고객의 작업을 여러 개 했기 때문에 실제로 해당 작업에 사용한 시간은 1~2주 정도지만, 어쨌든 분명 4시간 만에 완성할 기능은 아닙니다.

```
Content-Type: application/json
{
  "links": [
    {
      "rel": "urn:reservations",
      "href": "http://localhost:53568/reservations"
    }
  ]
}
```

이 시스템은 OpenAPI(Swagger 같은) 등이 아닌 하이퍼미디어 제어(⊞ 링크)[2]를 사용하는 진정한 RESTful API입니다. 예약을 원하는 클라이언트는 API의 문서화된 유일한 URL('home' 리소스)을 요청해서 관계 유형이 "urn:reservations"인 링크를 찾아냅니다. 실제 URL은 클라이언트에게 불투명(opaque) 형식이 되어야 합니다.

캘린더 기능을 작업하기 전에 예제 10-1의 응답을 생성한 코드는 예제 10-2 형태였습니다.

예제 10-2 예제 10-1에 표시된 출력을 생성하는 코드입니다. CreateReservationsLink는 private 도우미 메서드입니다. (Restaurant/b6fcfb5/Restaurant.RestApi/HomeController.cs)

```
public IActionResult Get()
{
    return Ok(new HomeDto { Links = new[]
    {
        CreateReservationsLink()
    } });
}
```

캘린더 기능 작업을 시작한 후, 이 작업을 4시간 안에 끝낼 수 없다는 것을 깨닫자마자 기능 플래그[49]를 적용했습니다. 덕분에 예제 10-3 형태로 Get 메서드를 작성할 수 있었습니다.

예제 10-3 기능 플래그 밑에 숨겨진 캘린더 링크 생성 부분. 기본적으로 enableCalendar 플래그는 'false'로 설정되어 있으므로, 예제 10-1의 출력과 같은 결과가 출력됩니다. 예제 10-2의 코드와 비교해 강조된 부분이 새로운 기능을 구현하는 부분입니다. (Restaurant/cbfa7b8/Restaurant.RestApi/HomeController.cs)

```
public IActionResult Get()
{
    var links = new List<LinkDto>();
    links.Add(CreateReservationsLink());
    if (enableCalendar)
    {
```

```
        links.Add(CreateYearLink());
        links.Add(CreateMonthLink());
        links.Add(CreateDayLink());
    }

    return Ok(new HomeDto { Links = links.ToArray() });
}
```

enableCalendar 변수는 부울값(플래그)입니다. 예제 10-3을 처리하는 과정에서는 예제 10-4에 있는 것처럼 컨트롤러의 생성자를 통해서 받는 클래스 필드를 이용해 값을 받아서 처리하고 있지만, 궁극적으로 이 값은 구성 파일에서 가지고 오는 것입니다.

예제 10-4 HomeController 생성자가 기능 플래그를 받습니다. (Restaurant/cbfa7b8/Restaurant.RestApi/HomeController.cs)

```
private readonly bool enableCalendar;

public HomeController(CalendarFlag calendarFlag)
{
    if (calendarFlag is null)
        throw new ArgumentNullException(nameof(calendarFlag));

    enableCalendar = calendarFlag.Enabled;
}
```

CalendarFlag 클래스는 부울값을 감싸고 있는 래퍼(wrapper)일 뿐이며, 개념적으로는 불필요하지만 다음에 설명하는 기술적인 사항 때문에 사용하는 것입니다. 즉, ASP.NET의 의존성 주입 컨테이너는 의존 관계가 있는 클래스의 구성을 담당하는데, 이 컨테이너에서는 값 형식[3]을 의존성으로 간주하지 않습니다. 따라서 이 문제를 피하기 위해 CalendarFlag 래퍼[4]를 사용한 것입니다.

시스템이 시작되면 구성 시스템에서 다양한 값을 읽어오고, 읽어온 값을 이용해 적절한 서비스를 구성합니다. 예제 10-5는 EnableCalendar 값을 읽어서 CalendarFlag 서비스를 구성하는 방법입니다.

---

3 C#에서는 struct에 해당합니다.

4 이 방식이 임시적으로 문제를 피해 가는 방식이라는 것을 알고 있지만, 기능을 완성한 다음에는 기능 플래그를 삭제할 것이므로 일단 이 방식을 사용했습니다. 원시 의존성을 처리하기 위해 래퍼 클래스를 사용하는 방식 외에도 내장 의존성 주입 컨테이너를 완전히 없애는 방향으로 설계할 수도 있습니다. 만일 장기간 유지보수를 고려해야 하는 코드라면 이런 형태로 만드는 것이 더 좋습니다. 물론 이 방식도 장점과 단점이 있습니다. 여기서 장단점을 따질 수는 없으니, 자세한 내용은 스티븐 반 데우르센(Steven van Deursen)의 책 『의존성 주입의 기초, 실무, 그리고 패턴(Dependency Injection Principles, Practices, and Patterns)』[25]을 참고하기 바랍니다.

```
var calendarEnabled = new CalendarFlag(
    Configuration.GetValue<bool>("EnableCalendar"));
services.AddSingleton(calendarEnabled);
```

만일 "EnableCalendar" 설정값이 없다면 GetValue 메서드는 .NET에서 부울 형식 변수의 기본값인 false를 반환합니다. 따라서 이 설정값을 사용하지 않는 방식으로 간편하게 작업 중인 기능을 노출하지 않으면서 프로덕션 서비스에 계속 코드를 병합하고 배포할 수 있게 만들 수 있습니다.

하지만 자동화된 통합 테스트 과정에서는 설정 부분에서 해당 기능을 재정의해서 켤 수 있도록 만들었습니다. 이 부분은 예제 10-6에서 확인할 수 있습니다. 이런 방식으로 통합 테스트를 사용해서 새로운 기능의 동작을 확인해볼 수 있습니다.

예제 10-6 테스트하기 위해 기능 플래그 설정을 재정의했습니다. 강조된 부분은 예제 4-22와 비교해 바뀐 부분을 나타냅니다.
(Restaurant/cbfa7b8/Restaurant.RestApi.Tests/RestaurantApiFactory.cs)

```
protected override void ConfigureWebHost(IWebHostBuilder builder)
{
    if (builder is null)
        throw new ArgumentNullException(nameof(builder));

    builder.ConfigureServices(services =>
    {
        services.RemoveAll<IReservationsRepository>();
        services.AddSingleton<IReservationsRepository>(
            new FakeDatabase());

        services.RemoveAll<CalendarFlag>();
        services.AddSingleton(new CalendarFlag(true));
    });
}
```

또한 임시로 새로운 캘린더 기능을 사용해보면서 탐색하듯 테스트하고 싶다면, 로컬 구성 파일의 "EnableCalendar" 플래그를 true로 설정해서 해당 동작이 켜지도록 만들면 됩니다.

몇 주간의 작업 끝에 마침내 기능을 완성한 뒤 프로덕션 환경에서도 이 기능을 사용할 수 있게 되었을 때 CalendarFlag 클래스를 삭제했습니다. 이로 인해 플래그에 의존성을 가진 모든 조건부 코드가 더 이상 컴파일되지 않게 됩니다. 이때부터는 기본적으로 컴파일러의 출력 메시지를 따라가며[27] 플래그가 사용되는 모든 위치를 찾아가 의존성을 가진 코드를 삭제해야 합니다. 코드를 삭제하면 유지보수할 코드의 양이 줄어들기 때문에 항상 흐뭇합니다.

이제 'home' 리소스는 예제 10-7과 같은 출력으로 응답합니다.

예제 10-7 캘린더 링크가 추가된 REST API의 'home' 리소스와의 상호작용 예제. 예제 10-1과 비교해보세요.

```
GET / HTTP/1.1

HTTP/1.1 200 OK
Content-Type: application/json
{
  "links": [
    {
      "rel": "urn:reservations",
      "href": "http://localhost:53568/reservations"
    },
    {
      "rel": "urn:year",
      "href": "http://localhost:53568/calendar/2020"
    },
    {
      "rel": "urn:month",
      "href": "http://localhost:53568/calendar/2020/10"
    },
    {
      "rel": "urn:day",
      "href": "http://localhost:53568/calendar/2020/10/20"
    }
  ]
}
```

이 예제에서는 기능 플래그를 이용해 기능이 완전하게 구현될 때까지 기능을 숨기는 방법을 살펴보았습니다. 이 예제는 불완전한 동작을 쉽게 숨길 수 있는 REST API에 기반하고 있는데, 이때 새로운 기능을 간단하게 링크로 표시하지는 말아야 합니다. 다른 유형의 애플리케이션에서는 플래그를 사용하여 특정한 사용자 인터페이스 요소나 그 외 여러 가지 기능을 숨길 수 있습니다.

10.2 스트랭글러 패턴

새로운 기능을 추가할 때는 기존 코드베이스에 새로운 코드를 추가하는 방식으로 작업하는 경우가 많지만, 기존 기능을 개선하고 향상시키는 것은 다른 문제입니다.

코드에 대한 '더 깊은 통찰(insight)을 얻기 위해 리팩터링'[26] 작업을 주도했던 적이 있습니다. 동료들과 저는 새로운 기능을 구현하려면 기존 코드베이스의 기반 클래스를 바꿔야 한다는 사실을 알아냈습니다.

적절한 시점에 이런 통찰을 얻는 경우가 아주 드물기는 했지만, 당시 우리는 기존 코드를 변경하는 것이 좋겠다고 판단했고, 관리자 역시 이를 허용했습니다.

하지만 일주일이 지나도록 코드는 여전히 컴파일되지 않았습니다.

문제의 클래스를 변경하고 난 뒤 기본적으로 컴파일러의 출력 메시지를 따라가며[27] 이 부분을 호출하는 위치들을 찾아내서 고칠 수 있을 거라고 생각했는데, 실제로는 컴파일 오류가 너무 많이 발생했고 이 부분을 찾아가면서 수정하는 것이 생각만큼 간단한 일이 아니었기 때문입니다.

결국 관리자가 저를 따로 불러서 현재 상황이 만족스럽지 않다고 말했고, 저도 동의할 수밖에 없었습니다.

약간의 질책이 이어진 후 작업을 계속하라고 허락했고, 며칠 간의 영웅적인 노력[5] 끝에 작업을 완료할 수 있었습니다.

두 번 다시 반복하고 싶지 않은 실패였습니다. 켄트 벡의 다음 말처럼 말이죠.

> "원하는 각각의 변경 사항을 바꾸기 쉽게 만들어두면, 나중에 쉽게 바꿀 수 있습니다(경고: 이게 말처럼 쉽지 않습니다)."

저 역시 바꾸기 쉽게 만들려고 노력했지만, 이게 얼마나 어려운 일인지 깨닫지 못했습니다. 하지만 그렇게 어려운 일이 아닐 수도 있습니다. 다음의 간단한 경험 법칙을 따르십시오.

중요한 변경 사항이 있다면 그 위치에서 바로 바꾸지 말고, 대안을 만들어서 바로 옆에 놓고 같이 적용하세요.

5　분명히 이야기하지만, 영웅주의는 공학적 프랙티스라고 할 수 없습니다. 이 방식은 예측하기 매우 어려울 뿐 아니라 매몰 비용 오류가 발생할 가능성을 높이기 때문에 사용하지 않도록 노력해야 합니다.

이런 형태를 스트랭글러(Strangler) 패턴[35]이라고 부릅니다. 이 단어에 목을 졸라 죽이는 사람(교살범)이라는 뜻이 있지만, 여기서는 범죄가 아니라 스트랭글러 무화과 나무(stangler fig)에서 따온 이름입니다. 이 나무는 숙주(host)가 되는 나무를 감아 돌면서 몇 년에 걸쳐 숙주에게 가야 할 빛과 물을 모두 빼앗아 결국 숙주를 (목 졸라) 죽이는 특징을 가지고 있습니다. 이 정도가 되면 덩굴이 숙주 없이 자기 혼자 지탱할 정도로 튼튼해지면서, 그림 10-1처럼 숙주였던 죽은 나무와 거의 비슷한 크기와 형태를 가진, 속이 빈 새로운 나무만 남게 됩니다.

❤ 그림 10-1 스트랭글러 덩굴 나무의 생장 단계. 왼쪽은 보통 나무, 가운데는 보통의 나무에 스트랭글러 덩굴 나무가 얽히기 시작한 상태, 오른쪽은 스트랭글러 덩굴 나무만 남은 상태입니다.

마틴 파울러는 원래 이 패턴을 대규모 아키텍처에서 오래된 레거시 시스템을 새로운 시스템으로 점진적으로 교체하는 방법으로 소개했습니다. 하지만 이 방법은 규모에 관계없이 유용합니다.

객체 지향 프로그래밍에서는 메서드와 클래스 수준 모두에서 이 패턴을 적용할 수 있습니다. 메서드 수준에서는 일단 새로운 메서드를 추가하고 점진적으로 호출자를 바꿔 나가다가 최종적으로 이전 메서드를 삭제하면 됩니다. 클래스 수준에서도 먼저 새로운 클래스를 추가한 후, 점진적으로 호출자를 바꿔가다가 최종적으로 예전 클래스를 삭제하면 됩니다.

두 가지 경우에 대한 예제를 모두 보겠지만, 일단 메서드 수준부터 살펴보겠습니다.

10.2.1 메서드 수준의 스트랭글러

10.1절에서 설명한 캘린더 기능을 구현할 때 여러 날짜의 예약을 읽을 수 있는 방법이 필요했습니다. 하지만 현재 구현된 IReservationsRepository 인터페이스는 예제 10-8과 같이, ReadReservations 메서드에서 하나의 DateTime을 입력 받아 해당 날짜에 대한 모든 예약을 반환하는 형태입니다.

```
public interface IReservationsRepository
{
    Task Create(Reservation reservation);

    Task<IReadOnlyCollection<Reservation>> ReadReservations(
        DateTime dateTime);

    Task<Reservation?> ReadReservation(Guid id);

    Task Update(Reservation reservation);

    Task Delete(Guid id);
}
```

일정 기간 다양한 날짜에 대한 예약을 반환할 수 있는 메서드가 필요합니다. 이 요구 사항을 처리하기 위해 기존 메서드는 그대로 두고 추가로 메서드를 오버로드하는 방법을 사용할 수도 있을 겁니다. 이 방식이 기술적으로는 가능하지만 유지보수에 대한 부담이 있다는 점도 같이 생각해야 합니다. 코드를 추가하면 더 많은 코드를 유지보수해야 하며, 여러 메서드가 하나의 인터페이스를 공유하면 모든 구현체를 같이 유지보수해야 합니다.

따라서 예전의 ReadReservations 메서드를 새로운 메서드로 바꾸는 것이 더 좋습니다. 특정한 하루가 아닌 특정 기간에 대한 예약을 읽어내는 것은 전제 조건을 약화시키는 것이므로 이렇게 바꾸더라도 문제가 생기지 않습니다. 즉, 현재 사용하고 있는 메서드는 하루의 기간을 확인하는 특정한 경우로 생각할 수 있습니다.

그러나 코드의 많은 부분에서 이미 현재 메서드를 호출하고 있다면, 한 번에 바꾸는 것이 쉽지 않습니다. 따라서 새로운 메서드를 먼저 추가하고 점진적으로 호출하는 부분을 변경한 다음, 마지막으로 예전에 있던 메서드를 삭제하는 방법을 사용하겠습니다. 예제 10-9는 새로운 메서드가 추가된 IReservationsRepository 인터페이스입니다.

새로운 메서드를 추가하면 인터페이스를 구현하는 모든 클래스가 추가되기 전까지는 코드가 컴파일되지 않습니다. 레스토랑 예약 프로그램의 코드베이스에는 SqlReservationsRepository와 FakeDatabase, 두 가지 구현자(implementer)만 있습니다. 같은 커밋에서 두 클래스의 구현을 모두 추가한 것이 전부입니다. SQL 구현을 사용하더라도 5~10분 정도만 작업하면 충분하죠.

예제 10-9 IReservationsRepository 인터페이스에 기간을 받도록 변경한 형태의 ReadReservations 메서드를 추가합니다. 코드에서 강조된 부분이 예제 10-8과 비교했을 때 새로 추가된 부분입니다.

(Restaurant/fa29d2f/Restaurant.RestApi/IReservationsRepository.cs)

```
public interface IReservationsRepository
{
    Task Create(Reservation reservation);

    Task<IReadOnlyCollection<Reservation>> ReadReservations(
        DateTime dateTime);

    Task<IReadOnlyCollection<Reservation>> ReadReservations(
        DateTime min, DateTime max);

    Task<Reservation?> ReadReservation(Guid id);

    Task Update(Reservation reservation);

    Task Delete(Guid id);
}
```

위 방식 대신 SqlReservationsRepository와 FakeDatabase 모두에 대해 ReadReservations 메서드를 오버로드한 다음 해당 메서드에서 NotImplementedException을 발생시킬 수도 있습니다. 그래서 이후 커밋에서 테스트 주도 개발 방식으로 해당 부분을 원하는 동작으로 대체해나가는 방식을 사용할 수 있는 것이죠. 이 작업의 모든 과정에서 master와 병합할 수 있는 커밋을 가지게 됩니다.

또 다른 방법으로는 일단 같은 시그니처를 가진 메서드를 구상 클래스(concrete class)에 추가하고, 모든 것이 준비된 후에 인터페이스에 메서드를 추가하는 것입니다.

이 시점에는 아직 새로운 메서드를 사용하는 코드가 없으므로, 어떤 방식으로든 새로운 메서드를 점진적으로 개발할 수 있습니다.

새로운 메서드가 제대로 적용되면 기존 메서드 대신 이 메서드를 호출하도록 하나씩 편집할 수 있습니다. 이 방법을 사용하면 작업 중인 코드베이스를 언제든 master와 병합해서 프로덕션에 배포할 수 있으므로, 작업에 필요한 만큼 시간을 사용할 수 있습니다. 예제 10-10은 새로 오버로드된 메서드를 호출하는 코드 조각입니다.

코드를 보강해봅시다

새로 오버로드된 ReadReservations 메서드를 호출하는 코드 조각. 강조되어 있는 앞부분의 두 줄은 새로운 것이고, 마지막 부분에 강조된 줄은 원래 ReadReservations 메서드 대신 새 메서드를 호출하도록 편집되었습니다. (Restaurant/0944d86/Restaurant.RestApi/ReservationsController.cs)

```
var min = res.At.Date;
var max = min.AddDays(1).AddTicks(-1);
var reservations = await Repository
    .ReadReservations(min, max)
    .ConfigureAwait(false);
```

호출하는 코드를 한 번에 하나씩 바꾸고, 변경할 때마다 깃에 커밋했습니다. 커밋이 몇 번 진행되자 ReadReservations 메서드를 호출하는 코드가 더 이상 남아 있지 않습니다. 그러면 작업은 완료입니다.

마지막으로 원래 ReadReservations 메서드를 지운 IReservationsRepository 인터페이스는 예제 10-11과 같습니다.

예제 10-11 스트랭글러 과정이 끝난 후의 IReservationsRepository 인터페이스. 원래 ReadReservations 메서드는 사라지고, 새 버전만 남았습니다. 예제 10-8, 10-9와 비교해보세요. (Restaurant/bcffd6b/Restaurant.RestApi/IReservationsRepository.cs)

```
public interface IReservationsRepository
{
    Task Create(Reservation reservation);

    Task<IReadOnlyCollection<Reservation>> ReadReservations(
        DateTime min, DateTime max);

    Task<Reservation?> ReadReservation(Guid id);

    Task Update(Reservation reservation);

    Task Delete(Guid id);
}
```

잊지 마세요. 인터페이스에서 메서드를 삭제할 때는 모든 구현 클래스에서도 삭제해야 합니다. 이 부분을 그대로 둬도 컴파일러는 불평하지 않겠지만, 여러분이 불필요한 유지보수 부담을 가질 필요는 없으니까요.

10.2.2 클래스 수준의 스트랭글러

클래스 수준에서도 스트랭글러 패턴을 적용할 수 있습니다. 리팩터링하고 싶은 클래스가 있는데 바꾸는 데 시간이 너무 오래 걸릴 것 같아 걱정된다면, 새로운 클래스를 추가하고 호출하는 부분을 하나씩 순차적으로 바꾼 후에 최종적으로 예전 클래스를 삭제하는 것입니다.

레스토랑 온라인 예약 프로그램의 코드베이스에서 이에 대한 몇 가지 예를 찾을 수 있습니다. 예를 들어 과도하게 설계된 기능(over-engineered feature)[6]이 있다는 것을 발견했습니다. 즉, 특정 시간에 테이블별 예약 상황을 모델링해야 했기 때문에 모든 유형의 객체와 시간을 연동시킬 수 있는 일반화된 클래스 Occurrence<T>를 추가했습니다. 예제 10-12는 이해를 돕기 위한 생성자와 속성들입니다.

예제 10-12 Occurrence<T> 클래스의 생성자 및 속성. 이 클래스는 모든 유형의 객체를 시간과 연결하기 위해서 만든 것이지만, 과도하게 설계된 클래스입니다. (Restaurant/4c9e781/Restaurant.RestApi/Occurrence.cs)

```
public Occurrence(DateTime at, T value)
{
    At = at;
    Value = value;
}


public DateTime At { get; }
public T Value { get; }
```

Occurrence<T> 클래스에 필요한 기능을 구현한 후, 이 클래스가 일반화된 형태를 가질 필요가 없다는 것을 깨달았습니다. 이 객체를 사용하는 모든 코드는 예약된 좌석 정보의 컬렉션을 가지고 있기 때문입니다.

일반화(generic)는 코드를 약간 더 복잡하게 만듭니다. 적절한 상황에서는 일반화가 유용하며, 일반화를 통해 더욱 추상화시킬 수도 있습니다. 예를 들어 예제 10-13 메서드의 시그니처를 봅시다.

---

6 네. 이 책에 있는 모든 프랙티스를 지키려고 최선을 다했음에도 저 역시 실수할 때가 있습니다. 가능한 한 간단하게 작업을 진행하라는 권고에도 불구하고[22], '나중에 꼭 필요할거야'라는 생각에 너무 복잡하게 만들기도 합니다. 하지만 잘못했다고 자책하는 것은 생산적이지 않습니다. 실수를 발견했다면 바로 인정하고 고치면 됩니다.

예제 10-13 삼중으로 중첩해서 일반화된 형식을 반환하는 메서드. 너무 추상적인가요?
(Restaurant/4c9e781/Restaurant.RestApi/MaitreD.cs)

```
public IEnumerable<Occurrence<IEnumerable<Table>>> Schedule(
    IEnumerable<Reservation> reservations)
```

8.1.5절의 조언들을 생각해보십시오. 형식을 보고 Schedule 메서드가 무엇을 하는지 알 수 있을까요? IEnumerable<Occurrence<IEnumerable<Table>>> 같은 형식은 어떻게 생각하나요?

예제 10-14와 같은 시그니처가 있다면 메서드를 이해하기 더 쉬울까요?

예제 10-14 TimeSlot 객체의 컬렉션을 반환하는 메서드. 예제 10-13의 메서드와 같지만, 반환 형식이 좀 더 구체적입니다.
(Restaurant/7213b97/Restaurant.RestApi/MaitreD.cs)

```
public IEnumerable<TimeSlot> Schedule(
    IEnumerable<Reservation> reservations)
```

IEnumerable<TimeSlot>이 더 좋은 반환 형식 같네요. 그러니 Occurrence<T> 클래스를 여기 있는 TimeSlot 클래스로 리팩터링하는 것이 좋겠습니다.

이미 상당히 많은 코드에서 Occurrence<T>를 사용하고 있기 때문에 짧은 시간 안에 리팩터링을 수행하기는 어려울 듯합니다. 따라서 스트랭글러 패턴을 사용하기로 합시다. 먼저 새로운 TimeSlot 클래스를 추가한 다음 호출자를 하나씩 변경하고, 마지막으로 Occurrence<T> 클래스를 삭제할 것입니다.

먼저 코드베이스에 TimeSlot 클래스를 추가했습니다. 예제 10-15에 생성자와 프로퍼티(property)를 적어두었으므로, 어떻게 생겼는지 확인할 수 있습니다.

이 클래스를 추가한다고 기능에 문제가 생기는 것이 아니기 때문에, 클래스를 추가하고 바로 깃에 커밋한 후 master 브랜치와 병합할 수 있습니다.

그런 다음 코드에서 Occurrence<T> 대신 TimeSlot을 사용하도록 바꿔나갈 수 있습니다. 예제 10-16과 같은 몇 가지 도우미 메서드부터 시작했습니다.

예제 10-15 TimeSlot 클래스의 생성자와 프로퍼티 (Restaurant/4c9e781/Restaurant.RestApi/TimeSlot.cs)

```
public TimeSlot(DateTime at, IReadOnlyCollection<Table> tables)
{
    At = at;
    Tables = tables;
}
```

```
public DateTime At { get; }
public IReadOnlyCollection<Table> Tables { get; }
```

예제 10-16 Occurrence 매개변수를 사용하는 도우미 메서드의 시그니처. 예제 10-17과 비교해보세요.
(Restaurant/4c9e781/Restaurant.RestApi/ScheduleController.cs)

```
private TimeDto MakeEntry(Occurrence<IEnumerable<Table>> occurrence)
```

Occurrence<IEnumerable<Table>>을 매개변수로 사용하는 대신 예제 10-17처럼 TimeSlot을 매개변수로 변경하려고 합니다.

예제 10-17 TimeSlot 매개변수를 사용하는 도우미 메서드의 시그니처. 예제 10-16과 비교해보세요.
(Restaurant/0030962/Restaurant.RestApi/ScheduleController.cs)

```
private static TimeDto MakeEntry(TimeSlot timeSlot)
```

MakeEntry 도우미 메서드를 호출하는 코드는 그 자체가 IEnumerable<Occurrence<IEnumerable<Table>>>을 인수로 받는 도우미 메서드였으므로, 호출자를 점진적으로 바꿔나가면 됩니다. 예제 10-18처럼 임시 변환 메서드를 추가해서 작업을 진행할 수 있습니다. 이 메서드는 이전 클래스를 새 클래스로 변환하는 것을 지원하므로, 스트랭글러 형태로 변환하는 작업이 완료된 이후 해당 클래스와 함께 삭제했습니다.

또한 예제 10-13의 Schedule 메서드를 예제 10-14의 형태로 바꿔야 합니다. 호출자가 여러 개있기 때문에, 각각의 호출자를 하나씩 바꾸면서 변경된 부분을 깃에 커밋하려고 합니다. 따라서 작업이 완료되기 전까지는 반환 유형이 다른 두 가지 버전의 Schedule 메서드가 동시에 존재해야하는데, C#은 반환 유형 오버로드를 지원하지 않기 때문에 엄밀하게 이야기하면 이런 작업은 불가능합니다.

예제 10-18 Occurrence에서 TimeSlot으로 임시로 바꾸기 위한 메서드
(Restaurant/0030962/Restaurant.RestApi/Occurrence.cs)

```
internal static TimeSlot ToTimeSlot(
    this Occurrence<IEnumerable<Table>> source)
{
    return new TimeSlot(source.At, source.Value.ToList());
}
```

이 문제를 해결하기 위해 메서드 이름을 바꾸는(Rename Method) 리팩터링[34]을 사용해서 원본의 Schedule 메서드의 이름을 ScheduleOcc[7]로 변경합시다. 다음으로 이 메서드를 복사하고, 반환 형식을 바꾼 다음, 메서드 이름을 다시 Schedule로 바꿔줍니다. 이제 ScheduleOcc라는 원래 메서드와 더 개선된 반환 유형을 가졌으나 호출자가 없는 새로운 메서드가 생겼습니다[8]. 이 지점에서 변경 사항을 커밋하고 master에 병합해야 합니다.

이 두 메서드를 이용해서 호출자를 한 번에 하나씩 바꿔나가고, 각각의 메서드를 변경할 때마다 깃에 변경 사항을 커밋하면 나중에 다시 확인할 수 있습니다. 다시 말하지만, 이 작업은 다른 작업에 방해가 되지 않도록 점진적으로 진행할 수 있습니다. 모든 호출자가 새로 만든 Schedule 메서드를 호출하도록 변경하고 나면 ScheduleOcc 메서드를 삭제합니다.

Schedule 메서드가 Occurrence⟨T⟩를 사용한 데이터를 반환하는 유일한 메서드는 아니지만, 동일한 기법을 적용시켜서 다른 메서드들도 TimeSlot을 사용하도록 변경해나갈 수 있습니다.

모든 부분을 바꾸고 나서, 예제 10-18에 있는 변환 도우미 메서드를 포함해 Occurrence⟨T⟩ 클래스를 삭제합니다.

이 과정에서 각각의 커밋을 처리하는 데 걸린 시간은 5분을 넘지 않았으며, 모든 커밋에 대해서 시스템은 통합과 배포가 가능한 한 일관된 상태를 유지했습니다.

10.3 버전 관리하기

여러분의 기술을 향상시키기 위해 잠깐 시간을 내서 ⟨유의적 버전 사양(Semantic Versioning Specification)⟩[83]을 읽어보십시오. 전부 다 한번 읽어보세요. 15분이 채 걸리지 않을 것입니다. 간단히 이야기하면, 여기서는 major.minor.patch 형식을 사용합니다. 주 버전(major version)은 변경의 연속성이 중단되는 경우에 올리고, 보조 버전(minor version)은 새로운 기능이 추가되는 경우에 올립니다. 또한, 버그가 수정된 경우에는 패치 버전(patch version)을 올려서 버그가 수정되었다는 것을 나타낼 수 있습니다.

7　Occ는 Occurrence를 나타냅니다.

8　역주 메서드 이름을 바꾸는 리팩터링을 하면 메서드의 이름과 더불어 호출하는 위치의 호출자 이름도 ScheduleOcc로 모두 변경되어 있을 것이기 때문이죠.

유의적 버전 관리 방식을 채택하지 않더라도, 이런 방식으로 버전을 관리하면 변경된 코드가 어떤 부분의 연속성을 깨고, 어떤 부분에 대해서는 연속성을 유지하는지 조금 더 명확하게 파악하는 데 도움이 될 것이라 생각합니다.

API가 없는 모놀리식 애플리케이션(monolithic application)[9]을 개발하고 유지보수하는 경우에는 변경의 연속성이 그다지 중요하지 않을 수도 있겠지만, 다른 코드가 여러분의 코드에 의존성을 가지는 경우에는 변경의 연속성이 매우 중요합니다.

종속된 코드의 위치에 관계없이 변경의 연속성은 중요합니다. 특히 API에 의존하는 외부 유료 고객이 있는 경우에는 이전 버전과의 호환성이 매우 중요합니다. 또한 여러분의 코드가 '오직' 여러분의 회사 안에 있는 다른 코드베이스에만 의존하는 경우라 해도, 이전 버전과의 호환성을 고려하는 것이 좋습니다.

호환성이 깨질 때마다 호출하는 함수도 조정해야 합니다. 때로는 코드를 배포한 이후에 고객이 "당신들이 코드를 바꿔서 우리 코드도 문제가 발생하잖아요!"라고 항의하기도 합니다. 따라서 고객에게 미리 경고를 할 수 있다면 더 좋을 것입니다.

변경을 하더라도 연속성이 깨지지 않는다면 모든 일이 순조롭게 진행될 것입니다. 이는 유의적 버전 관리 관점에서 보면, 하나의 주 버전(major)에서 가능한 오랫동안 머물러야 한다는 것을 의미하는데, 이 부분에 익숙해지는 데 시간이 좀 걸릴 수 있습니다.

저는 4년 넘게 주 버전 번호를 3으로 유지한 오픈 소스 라이브러리를 유지보수한 적이 있습니다. 버전 3의 마지막 배포 버전은 3.51.0이었습니다. 4년 동안 새로운 기능을 51개 추가했음에도 호환성이 깨지지 않았으므로 주 버전을 높이지 않았습니다.

10.3.1 미리 경고하기

호환성을 깨야 하는 경우는 신중하게 결정해야 합니다. 가능하면 사용자에게 미리 경고해야 합니다. 8.1.7절의 정보 전달 단계(Hierarchy of Communication)[10]를 고려해서 어떤 방법으로 메시지를 전달하는 것이 가장 효과적일지 파악해야 합니다.

---

9 역주 모놀리식이란 사용자 인터페이스와 데이터 접근 부분을 포함한 모든 (혹은 대부분) 기능이 하나의 프로그램 안에 결합되어 들어 있는 경우를 의미합니다.

10 역주 정보 전달 단계란 프로그램을 이해하기 쉽게 만드는 방법으로, 이 부분에서 API의 데이터 형식, 메서드의 이름, 주석 등을 이용해서 코드를 읽고 추정하기 좋게 만들 수 있는 방식에 대해 이야기했습니다.

예를 들어 일부 언어에서는 어노테이션(annotation)[11]을 이용해서 메서드가 나중에 더 이상 사용되지 않을 것임을 나타낼 수 있습니다. 예를 들어 .NET에서는 [Obsolete]를, 자바에서는 @Deprecated를 사용할 수 있습니다. 예제 10-19에 이 부분의 예시가 나와 있습니다. 어노테이션은 C# 컴파일러가 이 메서드를 호출하는 모든 코드에 대해 컴파일러 경고를 표시하도록 만들어줍니다.

예제 10-19 사용되지 않을 메서드(deprecated method). [Obsolete] 속성은 메서드가 나중에 사용되지 않을 것임을 알리며, 대신 처리해야 할 부분에 대한 힌트를 제공합니다. (Restaurant/4c9e781/Restaurant.RestApi/CalendarController.cs)

```
[Obsolete("Use Get method with restaurant ID.")]
[HttpGet("calendar/{year}/{month}")]
public Task<ActionResult> LegacyGet(int year, int month)
```

만일 반드시 호환성을 깨야 하는 경우에는 연속성을 깨야 할 만한 변경 사항을 2개 이상 모아서 하나의 배포로 묶는 것을 고려하십시오. 항상 가능하지는 않겠지만, 되도록 이렇게 하는 게 좋습니다. 연속성을 깨야 하는 변경 사항이 포함될 때마다 클라이언트 개발자들은 이 부분을 수정해야 합니다. 따라서 연속성을 깨는 여러 개의 작은 변경을 하나로 모아서 배포하는 것이, 여러 번 배포하는 것보다 클라이언트 개발자의 작업을 조금이나마 더 편하게 만들 수 있습니다.

반면에, 클라이언트 개발자에게 대규모의 작업이 필요한 변경 사항들을 여러 번에 걸쳐서 배포하는 것은 좋은 생각이 아니라고 볼 수도 있겠죠. 결국 소프트웨어 공학이란 것은 판단력을 발휘해야 하는 기술(art)입니다.

10.4 / 결론

기존의 코드베이스에서 작업하면서 새로운 기능을 추가하거나, 이미 있는 기능을 개선·향상시키거나, 버그 수정이 필요한 경우에는 기존 코드를 변경하게 됩니다. 이때는 조금씩 점진적으로 진행해야 한다는 점에 주의하십시오.

---

11 **역주** 어노테이션이란 클래스에 메타데이터 혹은 특별한 의미나 기능을 주입할 수 있는 문법입니다. C#에서는 어트리뷰트(attribute)라고 부릅니다.

구현하는 데 시간이 오래 걸리는 기능을 작업할 때는 기능 브랜치에서 개발하고 싶을 수도 있습니다. 하지만 그러면 병합 지옥에 빠지게 될 가능성이 높기 때문에 그 대신, 기능 플래그 뒤에 기능을 숨기고 자주 통합하세요.

상당한 크기의 리팩터링을 수행해야 하는 경우라면 스트랭글러 패턴의 사용을 고려하십시오. 그 자리에서 바로 수정하는 대신 오래된 방식과 새로운 방식이 한동안 공존하도록 하고 코드를 변경해나가는 것이 좋습니다. 이렇게 하면 한 번에 하나씩 호출자를 점진적으로 변경할 수 있으며, 이 작업을 다른 작업과 같이 진행하는 유지보수 작업으로 수행할 수 있습니다. 모든 변경이 완료된 이후에만 이전 메서드나 클래스를 삭제하세요.

메서드나 클래스가 이미 외부로 알려진 객체 지향 API의 일부인 경우에는 해당 메서드나 클래스를 삭제하는 변경이 API에 문제를 일으킬 수 있습니다. 이런 경우에는 버전 관리를 사용하는 것을 심각하게 고민해야 합니다. 먼저 사용자에게 변경이 임박했다는 것을 경고해서 기존의 API를 더 이상 사용하지 않도록 돕고, 새로운 주 버전을 배포하면서 더 이상 사용하지 않기로 한 API를 삭제합시다.

memo

11장

유닛 테스트
편집하기

1부에서 다룬 예제에는 부트스트랩된 코드베이스[1]가 거의 없습니다. 이러한 코드베이스는 보통 메서드가 길고, 복잡도가 높으며, 캡슐화가 잘되어 있지 않고, 자동화된 테스트 범위 역시 좁습니다. 이런 코드베이스를 보통 레거시 코드(legacy code)라고 부릅니다. 『레거시 코드 활용 전략』[27]이라는 훌륭한 책에서 관련 내용을 다루고 있기 때문에 여기서 그 교훈을 반복하지는 않겠습니다.

11.1 유닛 테스트 리팩터링하기

신뢰할 수 있는 자동화된 테스트 스위트(test suite)가 이미 있다면, 『리팩터링』[34]이라는 책에서 많은 교훈을 얻을 수 있습니다. 이 책에서는 동작을 변경하지 않고 기존의 코드 구조를 변경하는 방법을 설명합니다. 이 책에서 설명하는 이름 바꾸기, 도우미 메서드 추출하기, 코드 이동 등 다양한 기법이 이미 최신 IDE에 내장되어 있습니다. 이 부분도 다른 자료[34]에서 매우 깊게 다루고 있으므로, 여기서는 같은 이야기를 반복하지 않겠습니다.

11.1.1 안전망 변경하기

『리팩터링』[34]은 자동화된 테스트 스위트로 구성된 안전망을 두고 프로덕션 코드의 구조를 변경하는 방법을 설명하고 있는 반면, 『xUnit 테스트 패턴(xUnit Test Pattern)』[66]은 '테스트 코드 리팩터링하기(Refactoring Test Code)'[2]라는 부제가 붙어 있습니다.

테스트 코드는 프로덕션 코드가 제대로 동작한다는 확신을 얻기 위해 작성하는 코드입니다. 이 책에서도 주장했듯이 코드를 작성하는 과정에서는 실수하기 쉽습니다. 그러면 테스트 코드에 실수가 없다는 것을 어떤 방식으로 알 수 있을까요?

---

1 **역주** 부트스트랩은 부츠 뒤에 있는 끈으로, 부츠를 쉽게 신을 수 있게 해줍니다. 즉, 중요한 부분을 불러올 수 있는 쉬운 방식이 있다는 의미입니다. 여기서는 잘 추상화되고 구조화되어 있어서 추상화된 부분을 통해 중요한 서비스나 이벤트에 대한 구현체를 유연하게 불러올 수 있게 연결해주는 부분이 있는 코드를 의미합니다.

2 사실 이 책은 리팩터링에 대한 책이라기보다는 디자인 패턴에 대한 책입니다.

정확히 알 수는 없겠지만, 앞에서 설명한 몇 가지 프랙티스를 통해 가능성을 높일 수 있습니다. 테스트 주도 개발을 채택하면 테스트를 통해 프로덕션 코드가 제대로 동작하고 있는지 확인할 수 있습니다. 프로덕션 코드가 테스트에 대한 피드백을 제공할 수도 있기 때문에 일종의 복식부기[63]를 수행하는 것과 같습니다.

신뢰를 쌓아 나갈 수 있는 또 다른 매커니즘으로는 빨강–초록–리팩터 체크리스트를 따르는 것입니다. 테스트가 실패하는 것을 보면 검증해야 할 내용을 실제로 확인한다는 것을 알 수 있습니다. 이후에 테스트를 바꾸지 않으면, 테스트가 계속 잘 처리되고 있다고 믿을 수 있습니다.

테스트 코드를 바꾸면 어떤 일이 벌어질까요?

테스트 스위트는 리팩터링의 근간이 되지만, 테스트 코드는 편집할수록 신뢰할 수 없게 됩니다.

> "리팩터링을 위해서 필수적인 선결 조건은 [⋯] 확고한 테스트입니다."[34]

공식적으로 말하면 유닛 테스트는 리팩터링할 수 없습니다.

그렇지만 실제로는 유닛 테스트 코드를 편집해야 합니다. 여기서 중요한 것은 프로덕션 코드와 달리 테스트 코드를 편집하는 것에는 안전망이 없다는 점을 인식하는 것입니다. 테스트를 편집할 때는 조심스럽고, 신중하게 하나씩 처리하십시오.

11.1.2 새로운 테스트 코드 추가하기

테스트 코드를 가장 안전하게 편집하는 방법은 새로운 코드를 추가하는 것입니다. 당연하지만 완전히 새로운 테스트를 추가할 수 있으며, 추가된 테스트가 기존 테스트의 신뢰성을 떨어트리지 않습니다.

물론 완전히 새로운 테스트 클래스를 추가하는 것이 가장 독립적으로 편집할 수 있는 방법이라는 점은 명확하지만, 기존 테스트 클래스에 새로운 테스트 메서드를 추가하는 것도 괜찮습니다. 각각의 테스트 메서드는 다른 테스트 메서드와 독립적으로 동작하므로 새로운 메서드가 기존 테스트에 영향을 주지 않습니다.

테스트 케이스를 매개변수화된 테스트에 추가할 수도 있습니다. 예를 들어 예제 11-1과 같은 테스트 케이스가 있다면, 예제 11-2처럼 코드에 한 줄을 추가할 수 있습니다. 이건 그다지 위험하지 않습니다.

예제 11-1 매개변수화된 테스트 메서드에 테스트 케이스가 3개 있습니다. 예제 11-2는 새로운 테스트 케이스를 추가해서 갱신한 코드입니다. (Restaurant/b789ef1/Restaurant.RestApi.Tests/ReservationsTests.cs)

```
[Theory]
[InlineData(null, "j@example.net", "Jay Xerxes", 1)]
[InlineData("not a date", "w@example.edu", "Wk Hd", 8)]
[InlineData("2023-11-30 20:01", null, "Thora", 19)]
public async Task PostInvalidReservation(
```

예제 11-2 예제 11-1에 새로운 테스트 케이스가 추가된 테스트 메서드. 추가된 줄은 강조 표시되어 있습니다.
(Restaurant/745dbf5/Restaurant.RestApi.Tests/ReservationsTests.cs)

```
[Theory]
[InlineData(null, "j@example.net", "Jay Xerxes", 1)]
[InlineData("not a date", "w@example.edu", "Wk Hd", 8)]
[InlineData("2023-11-30 20:01", null, "Thora", 19)]
[InlineData("2022-01-02 12:10", "3@example.org", "3 Beard", 0)]
public async Task PostInvalidReservation(
```

기존 테스트에 어설션을 추가할 수도 있습니다. 예제 11-3은 유닛 테스트 하나에 어설션이 하나 있는 형태이며, 예제 11-4는 같은 테스트에 어설션을 2개 추가한 것입니다.

예제 11-3 어설션이 하나 있는 테스트 메서드. 예제 11-4는 어설션을 추가해서 갱신한 코드입니다.
(Restaurant/36f8e0f/Restaurant.RestApi.Tests/ReservationsTests.cs)

```
Assert.Equal(
    HttpStatusCode.InternalServerError,
    response.StatusCode);
```

예제 11-4 예제 11-3 코드에 어설션 2개를 추가한 후의 검증 단계. 추가된 부분은 강조 표시해두었습니다.
(Restaurant/0ab2792/Restaurant.RestApi.Tests/ReservationsTests.cs)

```
Assert.Equal(
    HttpStatusCode.InternalServerError,
    response.StatusCode);
Assert.NotNull(response.Content);
var content = await response.Content.ReadAsStringAsync();
Assert.Contains(
    "tables",
    content,
    StringComparison.OrdinalIgnoreCase);
```

위의 두 예제는 레스토랑에 초과 예약을 시도하는 경우 어떻게 동작하는지 확인하는 테스트 케이스에서 가져온 것입니다. 예제 11-3의 테스트는 HTTP 응답이 500 Internal Server Error[3]인지 확인합니다. 새로 추가된 어설션 2개는 HTTP 응답 부분에 No tables available 메시지와 같이 무엇이 잘못되었는지 판단할 만한 단서가 포함되어 있는지 확인합니다.

가끔 테스트 메서드는 어설션을 단 하나만 가질 수 있고, 어설션이 여럿인 경우 어설션 룰렛(Assertion Roulette)[4] 문제라고 배운 프로그래머들을 만나곤 합니다. 이건 너무 단순하게 생각하는 것입니다. 새로운 어설션을 추가하는 것은 사후 조건을 강화하는 것으로 생각할 수 있습니다. 예제 11-3의 어설션에서는 어떤 500 Internal Server Error 응답도 테스트를 통과합니다. 여기에는 연결된 문자열의 누락 같은 '실제' 오류가 포함되어 있을 수 있습니다. 이러면 일반적인 오류가 감지되지 않아 위음성(false negative)이 나타날 수 있습니다.

여기에 어설션을 추가하면 사후 조건이 강화됩니다. 기존 문자열을 포함하지 않은 500 Internal Server Error에 대해서는 더 이상 어설션이 통과하지 못합니다. 즉, HTTP 응답과 같이 전달되는 내용에는 적어도 "tables" 문자열이 포함되어야 합니다.

이 부분은 리스코프 치환 원칙(Liskov Substitution Principle)[60]을 떠올리게 합니다. 이는 다양한 방식으로 표현할 수 있지만, 그중 한 가지는 하위 형식에서 사전 조건을 약화시키고 사후 조건을 강화하는 것은 가능하지만, 그 반대는 안 된다는 것입니다. 그림 11-1처럼 하위 형식을 순서로 생각하고, 시간에 대해서도 같은 방식으로 생각할 수 있습니다. 즉, 하위 형식이 연결된 상위 형식에 의존하는 것처럼, 특정 시점은 이전 시점에 의존합니다. 시간이 지나면서 하위 형식이 상위 형식의 사후 조건을 강화하는 방식으로 시스템의 사후 조건을 강화할 수 있습니다.

▼ 그림 11-1 하위 형식에서 상위 형식으로 가는 화살표로 표시함으로써 형식 계층 구조를 방향성 그래프의 형태로 나타낼 수 있습니다. 시간 역시 마찬가지로 t_2에서 t_1으로 가는 화살표로 표시함으로써 방향성 그래프의 형태를 가질 수 있습니다. 두 방식 모두 요소의 순서를 나타내기 위해 사용된 것입니다.

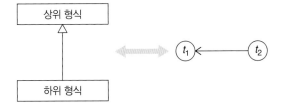

---

3   여전히 논란이 많은 설계 결정입니다. 이와 관련된 부분은 142쪽의 각주 부분을 참고하십시오.

4   역주 어설션 룰렛이란 하나의 테스트에 어설션이 여러 가지 있는 경우 어떤 어설션 때문에 테스트가 실패했는지 파악하기 어렵다는 문제를 말합니다.

다른 방식으로 생각해보면 새로운 테스트나 어설션을 추가하는 것은 괜찮지만, 반대로 삭제하는 것은 시스템에 대한 보증을 약화시킬 것입니다. 보증을 약화시키는 경우 회귀 버그가 발생하면서 지속적인 변경 적용에 문제가 발생할 수 있습니다. 아마 이런 상황을 원하지는 않겠지요.

11.1.3 테스트와 프로덕션 코드에 대한 리팩터링 분리하기

많은 코드를 변경한다 하더라도 올바르게 수행하기만 하면 '안전'합니다. 『리팩터링』[34] 책에서 설명하는 리팩터링 기법 중 일부는 이제 최신 IDE에 포함되어 있습니다. 가장 기본적인 것으로는 '변수 이름 바꾸기', '메서드 이름 바꾸기' 같은 다양한 이름 바꾸기 작업입니다. 그 외 '메서드 추출'이나 '메서드 이동'도 있습니다.

이런 리팩터링 기법은 코드의 동작을 변경하지는 않는 것이 거의 확실하다는 점에서 보통 '안전'하다고 생각할 수 있습니다. 테스트 코드에도 마찬가지로 적용 가능하기 때문에, 프로덕션 코드와 테스트 코드 모두에서 안심하고 리팩터링을 하십시오.

다른 변경[5]은 더 위험합니다. 프로덕션 코드에 이런 변경을 적용할 때는 잘 짜인 테스트 스위트가 문제를 알려주지만, 테스트 코드를 변경할 때는 별다른 안전망이 없습니다.

더 정확히 이야기하면, 사실과 다릅니다.

테스트 코드와 프로덕션 코드는 그림 11-2처럼 서로 연관되어 있습니다. 프로덕션 코드에 버그가 들어가더라도 테스트를 변경하지 않았다면 테스트에서 문제가 있다는 것을 경고할 수 있습니다. 물론 방금 들어간 결함을 밝혀낼 테스트 케이스가 없을 수도 있기 때문에, 문제에 대해 항상 경고를 해준다는 보장은 없지만, 운이 좋을 수도 있겠죠. 더욱이 해당 버그가 만일 회귀 버그라면, 해당 버그 시나리오에 대한 테스트를 이미 가지고 있어야 합니다.

❤ 그림 11-2 테스트 코드와 프로덕션 코드는 서로 연관되어 있습니다.

마찬가지로 프로덕션 코드를 변경하지 않고 테스트 코드를 편집하는 과정에서도 실수로 인해 테스트 실패가 표시될 수 있습니다. 다시 말하지만, 실제로 이런 일이 일어난다는 보장은 없습니다. 예를 들어 먼저 '메서드 추출하기'로 한 무리의 어설션을 도우미 메서드로 바꿀 수 있는데, 이 방식

---

5 예를 들면 '파라미터 추가'가 있습니다.

자체는 '안전한' 리팩터링입니다. 하지만 해당 어설션들이 여러 위치에 다른 항목으로 존재하는 경우, 이를 찾아서 모두 새로운 도우미 메서드 호출로 바꾼다고 상상해보세요. 이 과정에서는 실수를 할 수 있기 때문에 안전하지만은 않습니다. 또한 아주 미묘하게 다른 어설션까지 해당 도우미 메서드 호출로 대체해 버릴 수 있습니다. 하지만 여기서 달라졌던 부분이 더 강력한 사후 조건을 추가한 것이었다면, 실수로 인해 테스트를 약화시키는 결과를 초래할 수도 있습니다.

이런 형태의 실수[6]는 예방하기 쉽지 않은 반면, 다른 실수들은 즉시 드러납니다. 만일 사후 조건을 약화시키는 대신 실수로 사후 조건을 너무 강화하면 테스트가 실패할 수 있기 때문이죠. 이후에 실패한 테스트 케이스를 확인하는 과정에서 실수했다는 걸 깨닫게 될 것입니다.

따라서 테스트 코드를 리팩터링할 때는 프로덕션 코드를 건드리지 않도록 노력해야 합니다.

이 규칙은 그림 11-3과 같이 프로덕션 코드에서 테스트 코드로, 다시 프로덕션 코드로 이동하면서 리팩터링을 진행한다고 생각할 수 있습니다.

❤ 그림 11-3 테스트 코드의 리팩터링은 프로덕션 코드와는 별개로 진행해야 하며, 각각의 리팩터링을 개별적으로 커밋해야 합니다. 프로덕션 코드를 리팩터링하는 것이 더 안전하기 때문에, 테스트 코드보다 더 자주 리팩터링할 수 있습니다. 메서드 이름을 바꾸는 것과 같은 안전한 변경은 테스트 코드와 프로덕션 코드 모두에 적용할 수 있지만, 이 그림에는 나타내지 않았습니다.

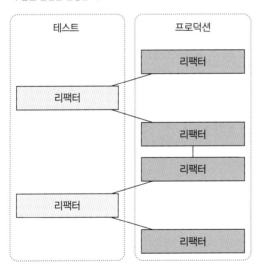

예를 들어 레스토랑 예약 코드베이스에 이메일 기능을 추가하는 작업을 하고 있다고 가정해보겠습니다. 예약을 하면 시스템에서 확인 이메일을 보내는 동작은 이미 구현해두었습니다.

외부 세계와의 상호작용은 다형성을 가진 형식으로 가장 잘 모델링할 수 있으며, 기반 클래스보다는 예제 11-5와 같은 형태의 인터페이스를 사용하는 것이 좋습니다.

___
6 **역주** 사후 조건을 약화시킨 경우를 말합니다.

시스템이 올바른 환경에서 이메일을 보내는지 유닛 테스트를 진행하기 위해, 예제 11-6과 같은 형태로 테스트 스파이(test spy)[66]를 추가해서 간접 출력[66]을 지속적으로 감시하게 했습니다.

예제 11-5 IPostOffice 인터페이스의 첫 번째 버전 (Restaurant/b85ab3e/Restaurant.RestApi/IPostOffice.cs)

```
public interface IPostOffice
{
    Task EmailReservationCreated(Reservation reservation);
}
```

예제 11-6 SpyPostOffice의 초기 버전으로 예제 11-5의 IPostOffice를 구현한 버전입니다.
(Restaurant/b85ab3e/Restaurant.RestApi.Tests/SpyPostOffice.cs)

```
public class SpyPostOffice : Collection<Reservation>, IPostOffice
{
    public Task EmailReservationCreated(Reservation reservation)
    {
        Add(reservation);
        return Task.CompletedTask;
    }
}
```

SpyPostOffice는 컬렉션 기반 클래스를 상속한 것이므로, 구현부에서 reservation을 자기 자신에게 Add할 수 있습니다. 테스트는 이 동작을 사용해서 시스템이 이메일을 전송해주는 EmailReservationCreated 메서드를 호출하는지 검증할 것입니다.

테스트는 SpyPostOffice의 인스턴스를 만들 수 있으며, 이를 생성자 혹은 IPostOffice를 인자로 받는 메서드로 보내서 테스트 대상 시스템(System Under Test)[66]을 동작시키고, 예제 11-7에 나와 있는 것처럼 그 상태를 점검할 수 있습니다.

예제 11-7 expected 예약이 postOffice 컬렉션 안에 포함되어 있는지 확인하는 어설션. postOffice 변수는 SpyPostOffice의 객체입니다. (Restaurant/b85ab3e/Restaurant.RestApi.Tests/ReservationsTests.cs)

```
Assert.Contains(expected, postOffice);
```

위 동작을 정상적으로 구현한 후 관련 기능도 개발했습니다. 예약을 삭제할 때도 시스템에서 이메일을 전달해야 하므로, 예제 11-8처럼 IPostOffice 인터페이스에 새로운 메서드를 추가했습니다.

(Restaurant/1811c8e/Restaurant.RestApi/IPostOffice.cs)

```
public interface IPostOffice
{
    Task EmailReservationCreated(Reservation reservation);

    Task EmailReservationDeleted(Reservation reservation);
}
```

IPostOffice 인터페이스에 새로운 메서드를 추가했기 때문에 SpyPostOffice 클래스 안에서도 이 메서드를 구현해야 합니다. EmailReservationCreated와 EmailReservationDeleted 메서드 모두 Reservation을 인자로 받기 때문에, 테스트 스파이[66] 자체에 reservation을 Add하기만 해도 됩니다.

하지만 새로운 동작에 대한 유닛 테스트를 추가하면서, 예제 11-7 형태의 어설션을 작성하더라도 테스트 스파이에 expected 예약이 있는지만 확인할 수 있다는 것을 깨달았습니다. 아쉽게도 EmailReservationCreated나 EmailReservationDeleted 메서드 중 어떤 것을 통해 스파이에 해당 내용이 추가된 것인지 확인할 수 없다는 것도 알게 되었습니다.

이 부분을 처리하기 위해서는 SpyPostOffice의 '민감도'를 높이는 작업을 해야 했습니다.

저는 이미 프로덕션 코드에 영향을 미치는 일련의 변경 작업을 진행했습니다. IPostOffice 인터페이스는 프로덕션 코드의 일부이며, 이에 대한 프로덕션 코드의 구현인 SmtpPostOffice도 있습니다. 하지만 프로덕션 코드를 바꾸는 과정에서 갑자기 테스트 코드도 리팩터링해야 한다는 것을 깨달았습니다.

이것이 바로 깃이 개인적인 개발을 포함한 대부분의 개발 과정의 판도를 바꾸는 이유 중 하나입니다. 이 사례는 깃이 제공하는 '기동성'을 잘 보여줍니다. 변경 사항 4개를 임시 저장(stash)[7]하고 SpyPostOffice 클래스를 독립적으로 편집했습니다. 그 결과는 예제 11-9와 같습니다.

예제 11-9 리팩터링된 SpyPostOffice의 일부분. Observation 클래스는 중첩 클래스(nested class)이므로 보이지 않습니다. 이 클래스는 Event와 Reservation만 저장할 뿐입니다. (Restaurant/b587eef/Restaurant.RestApi.Tests/SpyPostOffice.cs)

```
internal class SpyPostOffice :
    Collection<SpyPostOffice.Observation>, IPostOffice
{
```

---

7   git stash 명령은 수정한 파일을 '숨겨진' 임시 저장소에 커밋하고, 저장소를 HEAD 상태로 바꿉니다. 어떤 일이든지 하려고 했던 일이 끝난 후 git stash pop 명령을 통해서 임시 저장했던 것을 다시 꺼낼 수 있습니다.

```
    public Task EmailReservationCreated(Reservation reservation)
    {
        Add(new Observation(Event.Created, reservation));
        return Task.CompletedTask;
    }

    internal enum Event
    {
        Created = 0
    }
}
```

상호작용 형식과 예약 자체를 모두 추적하기 위해 중첩된 Observation 클래스를 도입하고, 스파이의 기반 클래스를 Observation의 컬렉션으로 변경했습니다.

예제 11-7 형태의 어설션에서는 Observation 객체의 컬렉션에서 Reservation 객체를 찾기 때문에 테스트가 더 이상 통과하지 못합니다. 해당 테스트에서는 형식 확인을 하지 않으므로, 테스트의 해당 위치도 같이 변경해야 했습니다.

간신히 프로덕션 코드를 바꾸지 않고 코드를 수정할 수 있었으며, 작업을 완료한 다음에도 여전히 모든 테스트를 통과했습니다. 이 사실이 리팩터링을 진행하는 동안 실수를 하지 않았다는 것을 보장하지는 않지만, 적어도 오류 범주에 해당하는 문제들은 없앨 수 있었습니다[8].

테스트 코드를 리팩터링한 후, 임시로 저장했던 변경 사항들을 꺼내서 중단된 부분부터 다시 작업을 진행했습니다. 예제 11-10은 갱신된 SpyPostOffice입니다. 이러한 변경 사항에는 테스트 코드의 변경도 포함되어 있지만, 새로운 부분을 추가하기만 했기 때문에 더 안전합니다. 다행히 기존 테스트 코드를 리팩터링할 필요는 없었습니다.

예제 11-10 갱신된 SpyPostOffice. 예제 11-8 버전의 IPostOffice를 구현한 것입니다.
(Restaurant/1811c8e/Restaurant.RestApi.Tests/SpyPostOffice.cs)

```
    internal class SpyPostOffice :
        Collection<SpyPostOffice.Observation>, IPostOffice
    {
        public Task EmailReservationCreated(Reservation reservation)
        {
            Add(new Observation(Event.Created, reservation));
            return Task.CompletedTask;
        }
```

---

8 이런 식으로 테스트를 바꾸는 경우에는 의도하지 않게 사전 조건을 강화했습니다.

```
public Task EmailReservationDeleted(Reservation reservation)
{
    Add(new Observation(Event.Deleted, reservation));
    return Task.CompletedTask;
}

internal enum Event
{
    Created = 0,
    Deleted = 1
}
```

CODE THAT FITS IN YOUR HEAD

11.2 테스트 실패 참조하기

만일 테스트와 프로덕션 코드를 동시에 고쳐야 하는 경우가 있다면, 잠시 동안이라도 의도적으로 테스트를 실패하게 해서 테스트가 정상적으로 동작하는지 확인하는 것이 좋습니다.

프로덕션 코드에 결함이 있더라도 절대로 실패하지 않는 어설션, 즉 항상 성공하는 어설션 (tautological assertion)[105]을 작성하는 것은 놀라울 정도로 쉽습니다.

실패한 적이 없는 테스트는 믿지 마십시오. 만일 테스트를 변경했을 때, 일시적으로 테스트할 시스템을 바꿔서 테스트가 실패하도록 만들 수 있습니다. 프로덕션 코드의 일부를 주석 처리하거나 하드코딩된 값을 반환하는 것이죠. 변경한 코드에 대해 테스트를 실행시켜서 임시적으로 방해공작을 적용한 위치에서 테스트가 실패하는지 확인해보십시오.

이때 다시 한번 깃이 기동성을 발휘합니다. 테스트와 프로덕션 코드를 동시에 변경해야 하는 경우에는 바꾸기 전에 스테이징(staging)하고 테스트 중인 시스템에 방해 공작하는 부분을 넣으면 됩니다. 테스트가 실패하는 것을 확인하면 작업 디렉터리에서 변경했던 부분을 취소하고, 스테이징한 변경 사항만 커밋합니다.

11

유닛 테스트 편집하기

11.3 결론

유닛 테스트 코드를 편집할 때는 조심하십시오. 안전망이 없습니다.

일부 변경 사항은 상대적으로 안전합니다. 새로운 테스트를 추가하는 것이나, 새로운 어설션을 넣는 것, 혹은 새로운 테스트 케이스를 추가하는 것은 안전한 편입니다. IDE에 내장된 리팩터링도 역시 안전한 경향이 있습니다.

테스트 코드에 대한 다른 변경 사항은 덜 안전하지만, 그럼에도 적용해야 하는 경우들입니다. 테스트 코드 역시 유지보수해야 하는 코드이므로, 프로덕션 코드만큼이나 읽고 이해하기 쉽게 만드는 것이 중요합니다. 이후에 내부 구조를 개선하기 위해 테스트 코드를 리팩터링해야 하는 경우도 있습니다.

예를 들어 도우미 메서드를 추출해서 코드 중복 문제를 해결하고 싶을 수 있습니다. 하지만 이 작업을 할 때는 테스트 코드만 편집하고 프로덕션 코드는 변경하지 않아야 합니다. 테스트 코드의 변경 사항을 별도 커밋으로 깃에 넣으세요. 이런 일련의 작업이 테스트 코드에서 실수하지 않았다는 걸 보장하지는 않지만, 실수하지 않을 가능성을 높여줍니다.

12장

문제 해결하기

전문적인 프로그램 개발은 기능 개발 말고도 할 일이 많습니다. 회의, 타임 리포트, 규정 준수 등과 더불어 결함도 포함되지요.

오류나 문제는 언제나 발생합니다. 코드가 컴파일되지 않거나, 소프트웨어가 제대로 동작하지 않거나, 너무 느리게 실행되는 등 온갖 문제를 만나게 됩니다.

문제를 잘 해결할수록 생산성이 높아집니다. 대부분의 문제 해결 기술은 '흘러내리는 모래 같은 개인 경험'[4]과 같이 경험을 통해 쌓은 노하우에 기반을 두고 있지만, 적절히 적용할 수 있는 기술도 있습니다.

이 장에서는 그중 몇 가지 기술을 소개하겠습니다.

12.1 / 이해하기

제가 생각할 수 있는 가장 좋은 조언은 바로 이겁니다.

> 무슨 일이 일어나고 있는지 이해하려고 노력하십시오.

왜 제대로 동작하지 않는지 이해하지 못한다면[1], 일단 그 이유를 이해하는 데 주력해야 합니다. 저는 '우연에 맡기는 프로그래밍(programming by coincidence)'[50]이 진행되는 것을 상당히 많이 보았습니다. 마치 엄청나게 많은 코드를 벽에 던져 어떤 코드가 벽에 붙는지 보자는 거죠. 코드가 동작하는 것처럼 보이면 개발자는 다음 작업으로 넘어가버립니다. 이러면 코드가 왜 동작하는지 이해하지 못하거나, 실제로는 제대로 동작하지 않는다는 것을 진짜로 이해하지 못할 수도 있습니다.

처음부터 코드를 이해한다면 문제를 더욱 쉽게 해결할 확률이 높습니다.

---

1   혹은 왜 제대로 동작하는지 이해하지 못한다면

12.1.1 과학적인 방법

문제가 드러나면 대부분은 곧바로 문제 해결 모드로 들어갑니다. 문제에 '대응해서' 해결하기를 원하니까요. 우연에 맡기는 프로그래밍[50]을 하는 사람들은 문제를 해결하기 위해 과거 비슷한 문제에 써서 효과를 본 온갖 마법 주문을 시도해봅니다. 만약 첫 번째 마법 주문이 효과가 없다면 다음 주문으로 넘어갑니다. 마법 주문에는 서비스 재시작, 컴퓨터 재부팅, 권한을 높인 상태에서 도구 실행, 코드 일부분 변경, 잘 이해되지 않는 루틴 호출 등이 있습니다. 그리고 문제가 사라진 것 같으면 그 이유를 이해하려고 노력하지 않고 일을 끝내버립니다[50].

말할 필요도 없이, 이런 방식은 문제를 다루는 데 효과적이지 않습니다.

문제가 생기면 첫 번째로 그 문제가 왜 일어나는지 이해하려고 해야 합니다. 만약 전혀 모르겠다면 도움을 요청하세요. 하지만 대개는 뭐가 문제인지 어느 정도 짐작하고 있을 것입니다. 이 경우에는 과학적인 방법[82]을 변형해서 적용해보세요.

- 예측을 해봅니다. 이를 가설(hypothesis)이라고 합니다.

- 실험을 해봅니다.

- 실험 결과와 예측을 비교합니다. 문제를 이해할 수 있을 때까지 이 과정을 반복합니다.

'과학적인 방법'이라는 용어에 부담 갖지 마세요. 실험실 가운을 입거나 무작위 대조 이중맹검 실험(randomized controlled double-blind trial)² 을 설계할 필요는 없습니다. 다만 논리 규칙이나, 경험 및 통계적 증거에 의해 확인 가능한 가설들을 생각하기 위해 노력하세요. '컴퓨터를 재부팅하면 문제가 사라진다'라든지 '이 함수를 호출하면 반환값은 42가 될 것이다'와 같은 간단한 예측일 수도 있습니다.

이 방법과 '우연에 맡기는 프로그래밍' 방법의 가장 큰 차이점은 작업의 목적이 문제를 해결하는 것이 아니라 문제를 제대로 이해하는 것이라는 점입니다.

실행하면 실패할 것이라는 가설을 세운 유닛 테스트가 전형적인 실험입니다. 이에 대한 자세한 사항은 12.2.1절에서 살펴보겠습니다.

---

2 **역주** 의약품의 임상 실험에서 실제 효과가 있는지 확인하기 위해 사용하는 방법으로, 효과가 있는 진짜 약을 준 집단과 효과가 없는 가짜 약을 준 집단을 비교해서 약의 효과를 검증합니다. 어떤 약이 실제로 효과가 있는지 알려주지 않아서 실험자, 피실험자 모두 주관적인 편견이 개입하는 않게 막는 실험입니다.

12.1.2 단순화

일부 코드를 제거하면 문제가 사라질 수 있는지 생각해보세요.

문제를 대하는 가장 일반적인 반응은 문제를 해결하기 위해 코드를 더 추가하는 것입니다. 이런 작업은 시스템이 '동작'하며, 문제는 단지 이상 현상일 뿐이라는 암묵적인 추정에 바탕을 두고 있습니다. 따라서 문제라는 특별한 경우를 처리하기 위해 더 많은 코드를 추가해서 문제를 해결해야 한다는 논리가 성립합니다.

그러나 사실 이런 경우는 별로 없으며, 근본적인 구현 오류로 인한 문제일 가능성이 훨씬 더 높습니다. 놀랍게도 코드를 단순하게 만듦으로써 생각보다 많은 문제를 해결할 수 있습니다.

업계에서 이런 '행동 편향(action bias)'의 예를 많이 보았습니다. 저는 항상 코드를 단순하게 만들기 위해 열심히 노력하기 때문에 겪지 않았지만, 편향된 행동으로 인해 문제를 해결한 (좋지 못한) 예를 몇 가지 보겠습니다.

- 코드에 객체 그래프를 구성하는 대신 복잡한 의존성 주입 컨테이너[25]를 개발합니다.
- 순수 함수를 작성하는 대신 복잡한 '모의 객체(mock object) 라이브러리'를 개발합니다.
- 소스 제어에서 의존성을 확인하는 대신 정교한 패키지 복원 방식을 만듭니다.
- 더 자주 병합하는 대신 다양한 기능을 가진 고급 diff 도구를 사용합니다.
- SQL을 공부(및 유지보수)하는 대신 복잡한 객체 관계형 매퍼(Object Relational Mapper; ORM)를 사용합니다.

계속해서 더 이야기할 수 있습니다.

솔직히 말해 더 간단한 해결 방법을 찾는 것은 어렵습니다. 예를 들어 저는 객체 지향 코드에서 점점 더 복잡한 해결 방법을 만드는 방식으로 해결하다가, 더 간단한 해결 방법을 찾아내기까지 대략 10년 정도가 걸렸습니다. 전통적인 객체 지향 프로그래밍에서는 해결하기 어려운 많은 것들이 함수형 프로그래밍에서는 단순하게 해결할 수 있다는 것이 밝혀졌기 때문입니다. 이런 개념 중 몇 가지를 배운 뒤에는 객체 지향적인 맥락에서도 사용할 수 있는 방법을 찾아냈습니다.

요점은 어떻게 단순하게 유지할 수 있는지 모른다면, KISS[3] 같은 구호는 쓸모가 없다는 것입니다.

---

3   KISS는 Keep It Simple, Stupid(간단하게 유지해. 바보야)의 줄임말입니다.

단순함[4]을 유지하기 위해서는 똑똑해야 합니다. 단순함을 추구하세요. 코드를 삭제해서 문제를 해결할 수 있는지 항상 고민하세요.

12.1.3 고무 오리 디버깅

구체적인 문제 해결 방식을 이야기하기 전에 일반적인 기술을 몇 가지 공유하고자 합니다. 어떤 문제를 제대로 풀지 못해 막히는 일은 자주 있습니다. 어떻게 하면 막혔던 문제를 풀어낼 수 있을까요?

어떻게 해결해야 할지 단서가 없는 상태에서 문제를 다뤄야 하는 경우가 있습니다. 앞에서 조언한 것처럼 최우선 과제는 문제를 이해하는 것입니다. 그러나 만일 아무것도 떠오르지 않는다면 어떻게 해야 할까요?

시간을 관리하지 않으면 한 가지 문제에 너무 오랫동안 매달려 있게 되므로 우선 시간을 관리하세요. 해당 프로세스에 시간을 설정해야 합니다. 예를 들어 문제를 들여다보는 데 25분을 할당하고, 이 시간이 지나도록 진척이 없으면 휴식을 취합시다.

쉴 때는 컴퓨터에서 멀리 떨어집니다. 커피를 한 잔 하는 것도 좋습니다. 의자에서 일어나 화면에서 멀어질 때 머릿속에서 무슨 일이 일어납니다. 문제에서 몇 분 정도 떨어지면 다른 생각이 떠오를 것입니다. 돌아다니다가 동료를 만나거나, 커피 머신에 커피를 리필해야 한다는 것을 발견할 수도 있습니다. 여하튼 일시적으로 문제에서 마음이 벗어나는데, 그 정도면 새로운 관점을 가지게 하는 데 충분합니다.

정확히 횟수를 세보지는 않았지만, 산책을 한 다음에 문제를 다시 돌아보자 그동안 잘못 생각했는 걸 깨달은 적이 여러 번 있습니다.

만약 몇 분 동안 걷는 것만으로는 충분하지 않다면 도움을 요청하세요. 귀찮게 하고 싶은 동료가 있다면 그렇게 하십시오.

저는 문제를 설명하다가 "신경 쓰지 마세요. 방금 좋은 생각이 떠올랐어요!"라면서 대화를 끊어버린 경험도 자주 있습니다.

문제를 설명하는 것만으로도 새로운 통찰력을 얻을 수 있습니다.

---

4 리치 히키는 '단순해야 쉬워진다(Simple Made Easy)'[45]에서 단순성에 대해 다루었습니다. 저 역시 이 강의를 통해서 단순함에 대한 다양한 관점을 얻었습니다.

동료가 없다면, 그림 12-1의 고무 오리에게 문제를 설명해보는 것도 좋습니다.

▼ 그림 12-1 고무 오리. 이 녀석에게 이야기를 털어놓으면 문제를 해결해줄 것입니다.

꼭 고무 오리여야 할 필요는 없지만, 한 프로그래머가 고무 오리를 사용했기 때문에[50] 이 기법은 고무 오리 디버깅(rubber ducking)이란 이름으로 알려져 있습니다.

저는 고무 오리 대신 스택 오버플로 Q&A 사이트에 질문을 작성해보곤 합니다. 질문을 다 작성하기도 전에 문제가 무엇인지 깨닫는 경우가 많습니다[5].

만일 깨달음이 오지 않으면 계속 질문을 작성하고, 글을 게시합니다.

12.2 결함

작은 소프트웨어 스타트업에서 새로운 일을 시작했던 적이 있는데, 동료들에게 테스트 주도 개발을 할 생각이 있는지 물어봤습니다. 동료들은 이전에 테스트 주도 개발을 해본 경험은 없었지만 새로운 것을 배우려는 열정이 있었으므로, 제가 요령을 알려주자 그 방식을 따르기로 했습니다.

테스트 주도 개발을 적용하고 몇 달이 지난 후 CEO가 저와 이야기를 하기 위해 잠시 들렀습니다. 그리고 지나가는 말로 테스트를 적용하기 시작한 이후, 현장에서 발생하는 결점이 현저히 감소했다고 이야기해주었습니다.

이 경험은 지금까지도 자랑스러운 기억입니다. 품질의 변화가 매우 극적이어서 CEO까지도 알아챌 정도였으니까요. 통계를 내거나, 복잡한 분석을 해야 알 수 있었던 것이 아니라 그 자체로 눈에 띄는 차이가 났기 때문이죠.

---

5   이 경우 매몰 비용의 오류에 빠지지 않습니다. 시간을 들여 질문을 작성했다 하더라도, 결국 일반적으로 흥미를 끌 만한 내용이 아니면 보통은 지워버립니다.

결함의 수를 줄일 수는 있지만, 결함을 없앨 수는 없습니다. 자신에게 도움이 되는 방향으로 작업을 해야 합니다. 즉, 결함이 쌓이게 둬서는 안 됩니다.

> 가장 이상적인 결함의 수는 0개입니다.

버그가 없다는 건 생각만큼 비현실적이지 않습니다. 린 소프트웨어 개발에서는 품질의 내재화 (building quality in)[82]라고 합니다. 결점을 '나중에 처리'하겠다며 미뤄두지 마십시오. 소프트웨어 개발에서 '나중'은 '절대 안 한다'와 같습니다.

버그가 나타나면, 이 버그를 해결하는 것을 우선순위로 삼아야 합니다. 하던 일을 멈추고[6] 결함을 우선적으로 수정하세요.

12.2.1 결함을 테스트로 재현하기

처음에는 무엇이 문제인지 정확하게 이해하지 못할 수도 있지만, 이해했다고 생각되면 실험을 해보세요. 이해했다면 가설을 세우고, 이를 바탕으로 실험을 설계할 수 있어야 합니다.

실험은 자동화된 테스트(automated test)일 수 있습니다. 가설은 테스트를 수행하면 실패할 것이라는 것입니다. 실제로 테스트를 실행했을 때 실패한다면 가설이 검증된 것입니다. 더불어 현재 실패하고 있는 테스트를 통해서 결함이 재현되고 있으므로, 향후 회귀 테스트에서 사용할 수도 있습니다.

반면에 테스트가 성공한다면 실험은 실패입니다. 가설이 틀렸다는 의미이기 때문에, 새로운 실험을 설계할 수 있도록 가설을 수정해야 합니다. 이 과정을 여러 번 반복해야 할 수도 있습니다.

드디어 테스트가 실패하면, 이제 테스트가 통과되도록 만들기만 하면 됩니다. 이 과정이 가끔 어렵기도 하지만, 대부분은 그렇지 않습니다. 결함을 해결하는 데 있어서 가장 어려운 부분은 결함을 이해하고 재현하는 것입니다.

온라인 레스토랑 예약 시스템의 예를 봅시다. 몇 가지 탐색적 테스트(exploratory testing)[7]를 진행하는 과정에서 예약을 갱신할 때 이상한 동작을 발견했습니다. 예제 12-1이 문제의 예입니다. 문제를 찾아냈나요?

---

6   깃에서는 현재 하던 작업을 스태시(stash)로 간단하게 저장할 수 있습니다. 멋지죠?

7   **역주** 테스트 케이스를 먼저 작성하지 않은 상태에서, 테스트해야 할 대상을 실행하면서 대상을 이해하고 테스트를 설계하는 기법입니다.

```
PUT /reservations/21b4fa1975064414bee402bbe09090ec HTTP/1.1
Content-Type: application/json
{
  "at": "2022-03-02 19:45",
  "email": "pan@example.com",
  "name": "Phil Anders",
  "quantity": 2
}

HTTP/1.1 200 OK
Content-Type: application/json; charset=utf-8
{
  "id": "21b4fa1975064414bee402bbe09090ec",
  "at": "2022-03-02T19:45:00.0000000",
  "email": "Phil Anders",
  "name": "pan@example.com",
  "quantity": 2
}
```

문제는 email 속성 부분에 name 값이 들어가 있고, name 속성 부분에 email 값이 들어가 있다는 것입니다. 어디선가 실수로 이 속성들이 뒤바뀌어 들어간 것 같습니다. 이것은 초기 가설이고, 어디에서 문제가 발생했는지 파악하려면 조금 조사를 해봐야 합니다.

우리는 테스트 주도 개발을 사용했는데 어떻게 이런 일이 일어날 수 있을까요?

이 문제가 발생한 이유는 SqlReservationsRepository[8]를 험블 객체[66][9]로 구현했기 때문입니다. 이 객체가 너무 간단해서 테스트를 하지 않기로 결정했을 수 있습니다. 저는 코드의 순환 복잡도가 1인 경우에는 (테스트의 순환 복잡도 역시 1이므로) 테스트를 하지 않아도 될 것이라는 경험 법칙을 따르는 경우가 많습니다.

그러나 순환 복잡도가 1인 경우에도 실수를 했을 수 있습니다. 예제 12-2에 문제가 되는 코드가 있습니다. 어떤 문제인지 발견했나요?

---

8 예제 4-19를 참조하십시오.

9 역주 험블 객체는 테스트하기 어려운 모듈을 말합니다. 따라서 험블 객체에 존재하는 코드의 양을 최소화시키는 형태로 설계 형태를 가져가는 것이 권고되고 있습니다.

```csharp
using var rdr =
    await cmd.ExecuteReaderAsync().ConfigureAwait(false);
if (!rdr.Read())
    return null;

return new Reservation(
    id,
    (DateTime)rdr["At"],
    (string)rdr["Name"],
    (string)rdr["Email"],
    (int)rdr["Quantity"]);
```

문제가 무엇인지 이미 알고 있으므로, Reservation 생성자에서 name과 email 인자의 위치가 뒤바뀌었을 것이라고 추측할 수 있습니다. 두 매개변수는 모두 string으로 선언되어 있으므로, 실수로 두 매개변수의 위치를 바꾸더라도 컴파일러는 오류(혹은 경고)를 발생시키지 않습니다. 우리가 코드에서 문자열 형식을 피해야 하는[3] 또 다른 예[10]라고 할 수 있습니다.

결함을 고치는 것 자체는 쉽지만 한 번 했던 실수는 다음에도 발생할 수 있기 때문에, 이전의 버그가 다시 발생하는 회귀(regression) 버그를 방지하는 것도 중요합니다. 코드를 수정하기 전에 버그를 재현해서 실패하는 테스트를 작성해야 합니다. 예제 12-3은 제가 작성한 테스트로, 데이터베이스에서 예약을 업데이트하고 나중에 읽어서 저장한 것과 동일한 예약이 저장되어 있었는지 확인하는 통합 테스트입니다. 이는 합리적인 예상 값으로, 예제 12-2와 같이 ReadReservation 메서드가 name과 email을 바꾸기 때문에 오류가 재현될 것입니다.

PutAndReadRoundTrip 테스트는 데이터베이스를 포함하고 있는 통합 테스트로, 새로운 형태의 테스트입니다. 지금까지 이 책의 모든 테스트는 외부 의존성 없이 동작했지만, 데이터베이스를 포함하는 것은 외부 의존성을 가지더라도 진행할 가치가 있습니다.

---

10 문자열 형식의 코드를 피하는 방법 중 하나는 각각의 string 값을 감싸주는 Email과 Name 클래스를 도입하는 것입니다. 이렇게 하면 실수로 두 인수의 위치를 바꾸는 경우는 방지할 수 있지만, 제가 실제로 수행해봤을 때 안전을 보장하지는 않았습니다. 자세한 내용이 궁금하다면 예제 코드가 저장된 깃 저장소를 참조하세요. 저는 이런 경우를 보장해줄 수 있는 통합 테스트가 필요하다고 느꼈습니다.

12.2.2 느린 테스트

데이터에 대한 프로그래밍 언어의 관점과 관계형 데이터베이스의 처리 방식은 서로 다른데, 이 차이를 줄이는 과정에서 오류가 발생하기 쉽습니다[11]. 따라서 이런 코드는 꼭 테스트를 해야 합니다.

이 절에서는 이런 작업을 처리하는 방식에 대해 개략적으로 살펴볼 텐데, 이 테스트에는 문제가 있습니다. 그동안 진행했던 다른 테스트 케이스보다 훨씬 느립니다.

예제 12-3 SqlReservationsRepository에 대한 통합 테스트
(Restaurant/645186b/Restaurant.RestApi.SqlIntegrationTests/SqlReservationsRepositoryTests.cs)

```
[Theory]
[InlineData("2032-01-01 01:12", "z@example.net", "z", "Zet", 4)]
[InlineData("2084-04-21 23:21", "q@example.gov", "q", "Quu", 9)]
public async Task PutAndReadRoundTrip(
    string date,
    string email,
    string name,
    string newName,
    int quantity)
{
    var r = new Reservation(
        Guid.NewGuid(),
        DateTime.Parse(date, CultureInfo.InvariantCulture),
        new Email(email),
        new Name(name),
        quantity);
    var connectionString = ConnectionStrings.Reservations;
    var sut = new SqlReservationsRepository(connectionString);
    await sut.Create(r);

    var expected = r.WithName(new Name(newName));
    await sut.Update(expected);
    var actual = await sut.ReadReservation(expected.Id);

    Assert.Equal(expected, actual);
}
```

---

11 객체 관계형 매퍼(ORM)의 지지자들은 이런 도구를 위해 테스트 케이스를 만들어야 한다고 주장할 수 있습니다. 이 책의 다른 부분에서 언급한 것처럼 저는 ORM이 해결하는 것보다 더 많은 문제를 발생시키기 때문에 시간 낭비라고 생각합니다. 만일 동의하지 않는다면 이번 절은 건너뛰어도 됩니다.

테스트 스위트를 실행하는 데 걸리는 시간은 테스트를 지속적으로 실행시켜야 하는 개발자들에게 특히 중요합니다. 테스트 스위트를 코딩에 대한 안전망으로서 리팩터링을 진행하는 경우, 모든 테스트를 실행하는 데 30분이 걸린다면 사용하기 쉽지 않을 것입니다. 테스트 주도 개발에서 사용하는 빨강-초록-리팩터 과정을 따르는 경우, 테스트 실행 시간이 5분을 넘어가면 사용하기 어렵습니다.

테스트 스위트에 걸리는 최대 시간은 10초여야 합니다. 그보다 오래 걸리면 집중력을 잃고 테스트를 실행하는 동안 이메일, 트위터, 페이스북 등을 보고 싶다는 유혹에 빠질 것입니다.

데이터베이스를 포함하면 아무것도 하지 않아도 10초 이상 걸립니다. 따라서 이런 테스트는 두 번째 단계의 테스트로 배치하십시오. 작업을 수행하는 방법은 여러 가지가 있지만, 가장 실용적인 방법은 비주얼 스튜디오에서 일상적으로 사용하는 솔루션과 별개로 사용할 두 번째 솔루션을 만드는 것입니다. 예제 12-4와 같이 이 솔루션을 대신 실행할 수 있도록 빌드 스크립트도 바꿔줘야 합니다.

예제 12-4 모든 테스트를 실행하는 빌드 스크립트. Build.sln 파일에는 데이터베이스를 사용하는 유닛 테스트와 통합 테스트가 모두 포함되어 있습니다. 예제 4-2와 비교해보십시오. (Restaurant/645186b/build.sh)

```bash
#!/usr/bin/env bash
dotnet test Build.sln --configuration Release
```

Build.sln 파일에는 프로덕션 코드, 유닛 테스트 코드와 더불어 데이터베이스를 사용하는 통합 테스트까지 포함되어 있습니다. 하지만 저는 일상적인 작업에서는 데이터베이스를 포함하지 않은 또 다른 비주얼 스튜디오 솔루션인 Restaurant.sln을 사용합니다. 이 솔루션에는 프로덕션 코드와 유닛 테스트만 포함되어 있으므로, 현재 상황에 대해 훨씬 빠르게 모든 테스트를 실행시킬 수 있습니다.

예제 12-3의 테스트는 통합 테스트 코드의 일부이므로 빌드 스크립트를 실행하거나, 명시적으로 Restaurant.sln 대신 Build.sln 솔루션을 선택할 때만 실행됩니다. 데이터베이스 코드를 포함해서 리팩터링하는 경우에는 여기 있는 것처럼 명시적으로 테스트를 선택해서 동작시키는 것이 실용적입니다.

예제 12-3의 테스트 작동 방식에는 .NET과 SQL 서버의 상호작용 방식과 관련된 부분들이 있기 때문에 너무 자세히 설명하지는 않겠습니다. 자세한 내용이 궁금하다면 예제 코드베이스에서 확인하세요. 간략히 이야기하면 모든 통합 테스트는 [UseDatabase] 속성을 가지고 있습니다. 이 사용자 정의 속성은 xUnit.net 유닛 테스트 프레임워크에 연결되어, 각각의 테스트 케이스 앞뒤에서 특정한 작업이 수행되게 만들어주는 역할을 합니다. 따라서 각각의 테스트 케이스는 다음과 같은 동작으로 둘러싸여 있습니다.

1. 새로운 데이터베이스를 만들고, 이를 위한 모든 DDL[12] 스크립트를 실행합니다.
2. 테스트를 실행합니다.
3. 데이터베이스를 분리한 후 테스트의 후처리(tear down)를 진행합니다.

맞습니다. 각각의 테스트는 새로운 데이터베이스를 만든 후에 몇 밀리초(ms) 이후에 다시 삭제합니다[13]. 테스트 속도가 상당히 느리기 때문에, 이런 테스트를 항상 실행하고 싶지 않을 것입니다.

느린 테스트는 빌드 파이프라인에서 두 번째 단계로 미뤄둡시다. 위에서 설명한 대로 동작하거나, 지속적 통합 서버에서만 실행되는 새로운 단계를 정의해서 동작시킬 수 있습니다.

12.2.3 비결정적 결함

레스토랑 예약 시스템을 한동안 운영해본 후, 레스토랑의 지배인(maître d') 파일에서 초과 예약을 허용하는 버그를 가끔 발견할 수 있었습니다. 의도적으로 문제를 재현할 수는 없었지만, 예약 데이터베이스의 상태를 부정할 수는 없습니다. 어떤 날에는 예제 12–5에 표시된 비즈니스 로직에서 허용하는 것보다 많은 예약이 포함되어 있었습니다. 이게 어떻게 된 것일까요?

예제 12–5 분명히 아래 코드에는 초과 예약을 허용하는 버그가 있습니다. 어떤 부분이 문제일까요?
(Restaurant/dd05589/Restaurant.RestApi/ReservationsController.cs)

```
[HttpPost]
public async Task<ActionResult> Post(ReservationDto dto)
{
    if (dto is null)
        throw new ArgumentNullException(nameof(dto));

    var id = dto.ParseId() ?? Guid.NewGuid();
    Reservation? r = dto.Validate(id);
    if (r is null)
```

---

12 데이터 정의 언어(Data Definition Language). 일반적으로 SQL의 일부분으로 관련 예제는 예제 4–18을 참조하세요.

13 데이터베이스를 이용한 통합 테스트에 대한 접근 방법을 설명할 때마다 이런 방법 대신 트랜잭션(transaction)을 롤백해서 테스트할 수도 있지 않냐는 반응이 있습니다. 네, 맞습니다. 데이터베이스 트랜잭션 동작을 테스트할 수 없다는 점만 제외하면 말이죠. 또한, 트랜잭션 롤백이 정말로 더 빠른지 확인해본 적이 있는지도 궁금합니다. 제가 한 번 측정해봤지만 큰 차이를 발견하지 못했기 때문이죠. 성능 최적화에 대한 제 의견은 15.1절을 참조하십시오.

```
        return new BadRequestResult();

    var reservations = await Repository
        .ReadReservations(r.At)
        .ConfigureAwait(false);
    if (!MaitreD.WillAccept(DateTime.Now, reservations, r))
        return NoTables500InternalServerError();

    await Repository.Create(r).ConfigureAwait(false);
    await PostOffice.EmailReservationCreated(r).ConfigureAwait(false);

    return Reservation201Created(r);
}
```

애플리케이션의 로그[14]를 자세히 확인해본 결과, 문제를 발견할 수 있었습니다. 경쟁 상태(race condition)[15]로 인해 초과 예약이 일어났던 것입니다. 만일 하루에 받을 수 있는 인원의 한계에 거의 도달한 상태에서 예약 2개가 동시에 들어오면, ReadReservations 메서드가 두 스레드에 같은 데이터 값을 전달하면서 둘 다 예약이 가능한 것으로 인식합니다. 그림 12-2에서 볼 수 있듯이, 각 스레드는 예약을 수락할 수 있다고 판단해서 예약 테이블 부분에 새로운 행을 추가합니다.

❤ 그림 12-2 동시에 예약을 시도하는 2개의 스레드(圖 두 HTTP 클라이언트) 간의 경쟁 상태

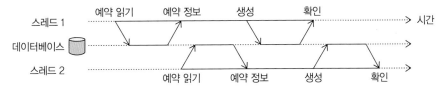

이 부분은 명백한 결함이므로 테스트를 통해서 재현해야 하지만, 이 동작의 조건이 정확히 결정되어 있지 않다는 것이 문제입니다. 자동화된 테스트는 결정된 조건을 가져야 하지 않나요?

테스트의 조건을 정확하게 잡을 수 있다면 가장 좋겠지만, 가끔은 조건을 정확하게 잡기 힘든 비결정적 개념을 받아들여봅시다. 어떤 방식으로 가능할까요?

---

14 13.2.1절을 확인하십시오.

15 [역주] 동시에 동작하고 있는 둘 이상의 입력(여러 개의 스레드에서 보내는 입력이 됩니다.)의 타이밍이나 순서로 인해서 결과가 바뀌는 경우를 이야기합니다.

테스트는 다음 두 가지 방식으로 실패할 수 있습니다. 잘못된 것이 없는데도 실패한 것으로 판정할 수 있는데, 이를 위양성(false positive)이라 합니다. 또 실제 오류가 있는데도 알아내지 못할 수 있는데, 이는 위음성(false negative)이라 합니다.

위양성은 불필요한 정보(잡음)가 증가하면서 테스트 스위트의 신호 대 잡음비가 떨어지게 되어 문제가 됩니다. 즉, 실제 오류가 아님에도 별 이유 없이 테스트 스위트가 자주 실패한다면 테스트 스위트의 결과에 주의를 기울이지 않게 될 것입니다[31].

위음성은 아주 나쁜 건 아니지만, 너무 많이 발생하면 테스트 스위트의 신뢰도가 떨어집니다. 하지만 위음성의 경우 잡음을 발생시키지는 않기 때문에 적어도 테스트 스위트가 실패하면 문제가 있음을 알 수 있습니다.

예약 시스템에서 경쟁 상태를 처리하는 방식 중 하나는 예제 12-6처럼 비결정형 테스트로 재현해보는 것입니다.

예제 12-6 경쟁 상태를 재현하기 위한 비결정형 테스트
(Restaurant/98ab6b5/Restaurant.RestApi.SqlIntegrationTests/ConcurrencyTests.cs)

```
[Fact]
public async Task NoOverbookingRace()
{
    var start = DateTimeOffset.UtcNow;
    var timeOut = TimeSpan.FromSeconds(30);
    var i = 0;
    while (DateTimeOffset.UtcNow - start < timeOut)
        await PostTwoConcurrentLiminalReservations(
            start.DateTime.AddDays(++i));
}
```

이 테스트 메서드는 실제 유닛 테스트를 조정하는 역할만 합니다. 예제 12-7에 있는 PostTwoConcurrentLiminalReservations 메서드를 30초 동안 반복적으로 실행해서 실패하는지 확인합니다. 30초 동안 오류 없이 실행되면 시스템이 정상적으로 동작한다고 가정(혹은 희망)해볼 수 있습니다.

이 가정이 사실이라는 보장은 없습니다. 저는 겪은 적이 없지만, 만일 경쟁 상태가 매우 낮은 확률로 발생한다면 테스트에서 위음성이 나타날 수도 있습니다.

제가 이 테스트를 작성했을 때는 몇 초 만에 테스트가 실패했습니다. 따라서 30초라는 제한 시간이 충분히 여유가 있다고 어느 정도 확신하지만, 이 부분 역시 추측이라는 것은 인정합니다. 이런

것도 소프트웨어 공학의 기술에 해당하는 또 다른 예입니다.

예약 시스템에서 이전에 있던 예약을 갱신할 때도 새로운 예약을 만들 때와 같은 형태의 버그가 있는 것으로 밝혀졌으므로, 이 경우에 대해 유사한 테스트를 작성했습니다.

예제 12-7 예제 12-6의 코드에 의해 호출되어 조정(orchestrated)되는 실제 테스트 메서드로서 2개의 예약을 동시에 게시하려고 시도합니다. 시스템 상태는 거의 매진되어 있는 상황이므로(레스토랑의 정원이 10석인데, 이미 9석이 예약되어 있음), 오직 한 좌석만 예약을 받아야 합니다. (Restaurant/98ab6b5/Restaurant.RestApi.SqlIntegrationTests/ConcurrencyTests.cs)

```
private static async Task PostTwoConcurrentLiminalReservations(
    DateTime date)
{
    date = date.Date.AddHours(18.5);
    using var service = new RestaurantService();
    var initialResp =
        await service.PostReservation(new ReservationDtoBuilder()
            .WithDate(date)
            .WithQuantity(9)
            .Build());
    initialResp.EnsureSuccessStatusCode();

    var task1 = service.PostReservation(new ReservationDtoBuilder()
        .WithDate(date)
        .WithQuantity(1)
        .Build());
    var task2 = service.PostReservation(new ReservationDtoBuilder()
        .WithDate(date)
        .WithQuantity(1)
        .Build());
    var actual = await Task.WhenAll(task1, task2);

    Assert.Single(actual, msg => msg.IsSuccessStatusCode);
    Assert.Single(
        actual,
        msg => msg.StatusCode == HttpStatusCode.InternalServerError);
}
```

이 테스트는 느린 테스트의 예입니다. 12.2.2절에서 설명한, 두 번째 단계에서 진행하는 테스트에 포함되어야 합니다.

여기서 논의했던 결함들을 해결할 수 있는 다양한 방법이 있습니다. 작업 단위(Unit of Work) 패턴[33]을 사용할 수도 있으며, 메시지를 소모해주는 단일 스레드 작성기가 있는 내구성 큐(durable queue)[16]를 도입해서 아키텍처 수준에서 문제를 처리할 수도 있습니다. 어떤 경우든 작업 과정에서 읽기/쓰기 동작이 직렬화(serialize)되어야 합니다.

저는 예제 12-8처럼, 조금 더 실용적인 해결 방법이라 할 수 있는 .NET의 경량 트랜잭션을 사용했습니다. Post 메서드의 임계 구간(critical part)[17]을 TransactionScope로 감싸서 읽기와 쓰기 동작을 효과적으로 직렬화[18]하면 문제를 해결할 수 있습니다.

예제 12-8 Post 메서드의 임계 구간은 이제 읽기/쓰기 메서드를 직렬화할 수 있는 TransactionScope로 감싸져 있습니다. 코드에서 강조된 부분은 예제 12-5와 비교해서 새로 추가된 부분입니다.
(Restaurant/98ab6b5/Restaurant.RestApi/ReservationsController.cs)

```
using var scope = new TransactionScope(
    TransactionScopeAsyncFlowOption.Enabled);
var reservations = await Repository
    .ReadReservations(r.At)
    .ConfigureAwait(false);
if (!MaitreD.WillAccept(DateTime.Now, reservations, r))
    return NoTables500InternalServerError();

await Repository.Create(r).ConfigureAwait(false);
await PostOffice.EmailReservationCreated(r).ConfigureAwait(false);
scope.Complete();
```

제 경험상 대부분의 결함은 결정론적 테스트를 통해서 재현할 수 있지만, 이런 이상적인 범주를 벗어나는 결함도 있습니다. 특히 멀티스레드 코드가 이런 종류의 문제로 악명이 높습니다. 저는 테스트를 하지 않는 것과 비결정적 테스트를 진행하는 것, 두 가지 나쁜 선택지 중에서 후자를 선호합니다. 이런 테스트는 일반적으로 문제가 있는 테스트 케이스를 충분히 확인했다는 확신을 얻기 위해 테스트 시간이 초과될 때까지 테스트를 돌려야 하는 경우가 있습니다. 따라서 요청하는 경우에만 실행되거나 배포 파이프라인의 일부로 실행되는 두 번째 단계의 테스트로 배치해야 합니다.

---

16 역주 내구성 큐는 전달된 메시지가 손실되지 않도록 제어되는 메시지 큐입니다.

17 역주 임계 구간은 병렬 컴퓨팅에서 공유 자원에 접근하는 부분을 의미하며, 해당 부분은 보통 경쟁 상태를 피하기 위해서 직렬화되어야 합니다.

18 여기서 직렬성(serialisability)은 데이터베이스의 트랜잭션이 마치 하나씩 직렬화된 것처럼 동작하는 것을 의미합니다[55]. JSON 또는 XML에서 객체를 변환할 때 말하는 직렬화와는 관계가 없습니다.

12.3 / 이분법

어떤 결함은 파악하기 어려울 수 있습니다. 저도 레스토랑 예약 시스템을 개발할 때 이해하는 데만 거의 하루를 온전히 사용해야 했던 결함이 있었습니다. 몇 번의 실패를 거듭하면서 시간을 소모한 후에 코드를 오래 쳐다보는 것만으로는 문제를 해결할 수 없다는 걸 깨달았습니다. 뭔가 다른 방법을 사용해야 했죠.

다행히도 다른 방법이 있습니다. 더 적합한 용어가 없으므로 이 방식을 '이분법(bisection)'이라고 부르겠습니다. 간단하게 설명하면 이 방식은 다음과 같이 동작합니다.

1. 문제를 감지하거나 재현할 방법을 찾습니다.
2. 코드의 절반을 제거합니다.
3. 만일 문제가 계속되면, 2단계부터 반복합니다. 문제가 해결되면 제거한 코드를 복원하고 나머지 절반을 제거한 후 다시 2단계부터 반복합니다.
4. 문제가 재현되는 코드에서 어떤 일이 일어나는지 이해할 수 있을 정도로 충분히 코드가 작아질 때까지 위 과정을 반복하십시오.

문제가 있는지 확인하기 위해 자동화된 테스트 혹은 몇 가지 임시적인 방법을 사용할 수도 있습니다. 정확하게 어떤 방법을 사용해야 하는지는 기술적으로 크게 중요하지 않지만, 반복적으로 수행되는 자동화된 테스트가 보통 가장 쉬운 방법인 경우가 많습니다.

저는 스택 오버플로에 올릴 질문을 작성하면서 고무 오리 디버깅을 수행할 때 보통 이 방식을 사용하곤 합니다. 스택 오버플로에 질문을 제대로 올리려면 적어도 최소한의 동작 예제를 같이 올려야 합니다. 대부분의 경우 최소한의 동작 예제를 만드는 과정에서 많은 부분을 살펴보다가 질문을 게시하기도 전에 문제가 해결되는 경우가 많았습니다.

12.3.1 깃에서 이분법 방식 사용하기

깃에서 이분법 방식을 사용해 결함을 발생시킨 커밋을 알아낼 수도 있습니다. 저도 직면한 문제를 해결하기 위해서 결국은 이 방법을 사용했습니다.

특정 날짜의 일정을 나열하기 위해 보안 리소스를 REST API에 추가했습니다. 레스토랑 지배인은 해당 리소스에 대한 GET 요청을 보내서 해당 날짜의 모든 예약과 도착 시간을 포함한 일정을 볼 수 있습니다. 일정 정보에는 손님의 이름과 이메일이 포함되어 있으므로 인증과 승인 없이는 사용할 수 없도록 만들어야 합니다[19].

따라서 해당 리소스를 사용하려면 클라이언트는 유효한 JSON 웹 토큰(JWT)을 제공해야 합니다. 보안 기능은 테스트 주도 개발을 통해 개발했고, 안전하다고 생각할 때까지 충분한 테스트를 거쳤다고 생각했습니다.

그러던 어느 날, 배포된 REST API를 이용해서 작업하다가 갑자기 해당 리소스에 더 이상 접근할 수 없게 되었습니다. 처음에는 잘못된 JWT를 제공했을 것이라 생각해서 문제 해결에 몇 시간을 허비했지만 별다른 원인을 찾을 수 없었습니다.

마침내 보안 기능이 이전에는 동작했으나 지금은 문제가 있다는 점을 깨달았습니다. 이전에 배포했던 REST API를 이용하면 제대로 동작된다는 것을 확인했기 때문입니다. 당시에는 제대로 동작했지만, 지금은 제대로 동작하지 않는 것이죠. 따라서 중간에 커밋했던 것들 중에 결함이 있을 수밖에 없었습니다. 코드 변경 중 어떤 것에서 문제가 발생한 것인지 정확히 식별할 수 있다면, 문제를 조금 더 잘 이해할 수 있겠지요.

그러나 불행하게도 동작하는 버전과 동작하지 않는 버전 간에는 대략 130개 정도의 커밋이 있었습니다.

다행히 커밋들이 주어지면 문제가 어디서 발생했는지 쉽게 확인할 수 있는 방법을 찾아냈습니다.

깃의 git bisect 명령을 사용하여 문제를 발생시키는 커밋을 정확하게 알아낼 수 있었습니다.

문제를 발견할 수 있는 자동화된 방법이 있어야 깃에서 자동화된 이분법을 진행시킬 수 있습니다. 하지만 보통은 그렇지 않습니다. 깃의 git bisect 명령을 사용하면 커밋 시점에서는 결함이 있는지 인지하지 못함으로써 결함이 포함되었던 커밋을 찾아낼 수 있습니다. 이는 자동화된 테스트 스위트가 있었음에도 테스트에서 해당 버그를 찾아내지 못했다는 뜻입니다.

따라서 깃은 대화형 세션에서 커밋을 둘로 나눠서 추적해나갈 수 있습니다. 이러한 대화형 세션은 예제 12-9처럼 git bisect start로 시작할 수 있습니다.

---

19 일정 정보가 어떤 식으로 보이는지에 대한 예제는 15.2.5절을 참고하십시오.

```
~/Restaurant ((56a7092...))
$ git bisect start

~/Restaurant ((56a7092...)¦BISECTING)
```

이 명령을 이용해서 대화식 세션을 시작하면, 배시의 깃 통합 모드[20]에 BISECTING이라는 내용이 표시됩니다. 만일 현재 커밋에 조사 중인 결함이 포함되어 있다면 예제 12-10처럼 표시하면 됩니다.

예제 12-10 git bisect 세션에서 커밋에 'bad'라고 표시합니다.

```
$ git bisect bad

~/Restaurant ((56a7092...)¦BISECTING)
```

만일 커밋 ID를 주지 않으면 깃은 현재 커밋을 의미한다고 가정합니다(위 예제에서는 ID가 56a7092였습니다).

이제 제대로 동작하는(good) 커밋 ID를 알려주는 경우를 살펴봅시다. 여러분이 조사해야 하는 커밋들에서 또 다른 극단에 위치하는 경우입니다. 어떻게 하면 되는지는 예제 12-11과 같습니다.

예제 12-11 git bisect 세션에서 커밋을 'good'으로 표시합니다. 페이지에 맞게 터미널의 출력 결과를 약간 다듬었습니다.

```
$ git bisect good 58fc950
Bisecting: 75 revisions left to test after this (roughly 6 steps)
[3035c14...] Use InMemoryRestaurantDatabase in a test

~/Restaurant ((3035c14...)¦BISECTING)
```

깃은 이미 예상 반복 횟수를 알려주고 있습니다. 또한, 새로운 커밋(3035c14)을 체크아웃한 것도 확인할 수 있습니다. 이 부분은 확인해야 할 커밋들의 대략 중간에 해당하는 커밋입니다.

이제 이 커밋에 결함이 있는지 확인해야 합니다. 자동화된 테스트를 실행하거나, 시스템을 시작하거나, 혹은 결함을 식별할 수 있는 다른 어떤 방법으로 이 질문에 답을 할 수 있을 것입니다.

---

20 **역주** 배시의 명령어 프롬프트에서 깃의 상태를 표시할 수 있도록 설정되어 있는 경우를 의미합니다.

제 경우에는 전체 커밋 중 중간 정도부터 결함이 사라졌으므로, 예제 12-12처럼 깃에 이 내용을 알려주었습니다.

예제 12-12 git bisect 세션을 진행하던 중간 정도의 커밋을 'good'으로 표시했습니다. 페이지에 맞게 출력 결과를 약간 다듬었습니다.

```
$ git bisect good
Bisecting: 37 revisions left to test after this (roughly 5 steps)
[aa69259...] Delete Either API

~/Restaurant ((aa69259...)¦BISECTING)
```

다시 말하지만, 깃은 얼마나 더 많은 단계가 남아 있는지 추정하고 새로운 커밋(aa69259)을 확인합니다.

예제 12-13 git bisect 세션에서 결함을 일으킨 커밋을 찾아내고 있습니다.

```
$ git bisect bad
Bisecting: 18 revisions left to test after this (roughly 4 steps)
[75f3c56...] Delete redundant Test Data Builders

~/Restaurant ((75f3c56...)¦BISECTING)
$ git bisect good
Bisecting: 9 revisions left to test after this (roughly 3 steps)
[8f93562...] Extract WillAcceptUpdate helper method

~/Restaurant ((8f93562...)¦BISECTING)
$ git bisect good
Bisecting: 4 revisions left to test after this (roughly 2 steps)
[1c6fae1...] Extract ConfigureClock helper method

~/Restaurant ((1c6fae1...)¦BISECTING)
$ git bisect good
Bisecting: 2 revisions left to test after this (roughly 1 step)
[8e1f1ce] Compact code

~/Restaurant ((8e1f1ce...)¦BISECTING)
$ git bisect good
Bisecting: 0 revisions left to test after this (roughly 1 step)
[2563131] Extract CreateTokenValidationParameters method

~/Restaurant ((2563131...)¦BISECTING)
$ git bisect bad
Bisecting: 0 revisions left to test after this (roughly 0 steps)
```

```
[fa0caeb...] Move Configure method up

~/Restaurant ((fa0caeb...)|BISECTING)
$ git bisect good
2563131c2d06af8e48f1df2dccbf85e9fc8ddafc is the first bad commit
commit 2563131c2d06af8e48f1df2dccbf85e9fc8ddafc
Author: Mark Seemann <mark@example.com>
Date:   Wed Sep 16 07:15:12 2020 +0200

Extract CreateTokenValidationParameters method

Restaurant.RestApi/Startup.cs | 32 +++++++++++++++++++-------------
1 file changed, 19 insertions(+), 13 deletions(-)

~/Restaurant ((fa0caeb...)|BISECTING)
```

각 단계마다 확인 작업을 반복하면서 검증 단계를 통과하는지에 따라 각각의 커밋이 'good'인지 'bad'인지 표시했습니다. 이 부분은 예제 12-13을 참고하십시오.

8번 반복한 끝에 결함에 영향을 주는 커밋을 깃에서 찾을 수 있었습니다. 마지막 단계에서는 어떤 커밋이 최초로 문제를 발생시켰는지 알 수 있습니다.

커밋의 내용을 확인하자마자 어떤 부분이 문제인지 바로 알 수 있었고, 문제를 쉽게 고칠 수 있었습니다. 오류에 대한 자세한 설명이나 어떻게 고쳤는지를 설명하면서 여러분을 힘들게 하지는 않겠습니다. 이 부분이 궁금하다면 자세한 사항을 적어둔 블로그 게시물[101]이나, 이 책의 깃 저장소 로그를 찬찬히 살펴보기 바랍니다.

이분법은 오류의 원인을 찾아내고 분리해내는 데 매우 강력한 기법입니다. 깃의 사용 여부와 관계없이 한번 사용해보기를 권장합니다.

CODE THAT FITS IN YOUR HEAD

12.4 결론

문제 해결에는 상당한 수준의 개인적인 경험이 필요합니다. 예전에 같이 일한 팀에서는 어떤 개발자의 컴퓨터에서 실패하던 유닛 테스트가 다른 개발자의 노트북에서는 성공한 적도 있습니다. 정확하게 같은 테스트, 같은 코드, 같은 깃 커밋이었는데도 말입니다.

그저 어깨를 한번 으쓱하고 다른 해결 방법을 찾아볼 수도 있었지만, 근본적인 원인을 이해하지 못한 상태에서 증상만 사라지게 하는 건 근시안적인 전략이란 것을 모두 이해하고 있었습니다. 두 명의 개발자가 30분간 같이 작업하며, 최소한의 작업 예제에서도 문제가 재현될 수 있도록 문제를 축소했습니다. 그러자 본질적으로 문자열 비교 문제로 귀결되었습니다.

테스트가 실패한 컴퓨터에서는 문자열 비교를 통해 "aa"가 "bb"보다 작으며, "bb"는 "cc"보다 작다고 판단했습니다. 괜찮아 보이지 않나요? 하지만 테스트가 성공한 노트북에서 "bb"는 여전히 "cc"보다 작았지만, "aa"가 "bb"보다 크다고 판단했습니다. 무슨 일이 벌어진 걸까요?

이 시점에서 제가 개입해서 재현 상황을 한번 살펴보고, 두 개발자에게 설정에 어떤 종류의 '기본 문화권(default culture)'이 적용되어 있는지 물어보았습니다. .NET에서 '기본 문화권'은 문화별 서식 규칙, 정렬 순서 등에 대한 지식을 포함하는 주변 환경에 대한 정보[25]를 의미합니다.

예상대로 "aa"가 "bb"보다 크다고 판단하는 컴퓨터는 덴마크 기본 문화권이 적용되어 있는 반면, 다른 노트북에는 미국 영어권이 기본 문화권으로 사용되고 있었습니다. 덴마크어 알파벳에는 Z 다음에 3개의 문자(Æ, Ø, Å)가 더 있지만, 예전에는 Å를 Aa로 표현했으며, 여전히 그 철자가 있는 고유명사가 있기 때문에 aa가 å와 같다고 간주합니다. Å는 알파벳에서 가장 마지막 글자이므로, B보다 크다고 간주하게 되는 것이죠.

저도 직장 생활 초창기에 덴마크어 정렬 순서로 인해 충분히 많은 문제를 겪어봤기 때문에 이 문제를 파악하는 데 1분도 채 걸리지 않았습니다. 이 부분 역시 소프트웨어 공학의 기술이자, 흘러 내리는 모래 같은 개인 경험과 같은 것이라 이야기할 수 있겠습니다.

동료들이 이분법과 같은 방법론을 사용해서 간단한 증상을 확인할 수 있도록 문제를 축소하지 않았다면, 저도 문제를 금방 파악할 수 없었을 것입니다. 최소한의 작동 예제를 만들 수 있다는 것은 소프트웨어 문제 해결에 있어서 초능력이라 할 만합니다.

이 장에서 '디버깅'에 대해 다루지 않았다는 점도 주목하십시오.

너무 많은 사람이 문제 해결을 위해 디버깅에만 의존합니다. 저도 종종 디버거를 이용하지만 과학적인 방법, 자동화된 테스트, 이분법 등을 조합해 사용하는 것이 더 효율적임을 알게 되었습니다. 프로덕션 환경에서는 디버깅 도구를 사용할 수 없기 때문에 더 보편적인 방법들을 배우고 사용해야 합니다.

13^장

관심사의 분리

애플리케이션의 데이터베이스 스키마를 변경했는데, 어떻게 된 일인지 시스템에서 전송하는 이메일의 글꼴 크기가 바뀌어버린 경우를 상상해봅시다.

어째서 이메일 템플릿의 글꼴 크기가 데이터베이스 스키마에 영향을 받는 거죠? 좋은 질문입니다. 그러면 안 되겠죠.

일반적으로 사용자 인터페이스에는 비즈니스 로직이 포함되지 않아야 하며, 보안과 관련된 코드에 데이터의 가져오기와 내보내기 관련 코드를 두지 않아야 합니다. 이 원칙을 '관심사의 분리(separation of concerns)'라고 합니다. 켄트 벡의 격언과도 일치하죠.

> "같은 속도로 변하는 것은 같이 있어야 하며, 다른 속도로 변하는 것은 분리되어 있어야 합니다." [8]

이 책의 핵심 주제는 '읽고 이해하기 쉬워야 한다'는 것입니다. 7.1.3절과 7.2.7절에서 설명한 것처럼 코드 블록은 작고 분리된 상태를 유지해야 합니다. 각각 분리된 상태를 유지하는 것이 중요합니다.

7장에서는 주로 분해(decomposition)의 원리와 임계값에 대해 다루었습니다. 즉, 코드의 큰 블록을 언제 그리고 왜 작은 블록으로 분해해야 하는지를 다루었지만, 어떻게 분해하는지는 별로 이야기하지 않았습니다.

이 장에서는 그 질문에 대한 답을 해보려 합니다.

13.1 조합

조합(composition)[1]과 분해(decomposition)는 복잡하게 연결되어 있습니다. 코드를 작성하는 궁극적인 목적은 동작하는 소프트웨어를 개발하는 것이므로, 아무렇게나 임의로 분해할 수는 없습니다. 또한 분해도 중요하지만 그림 13-1과 같이 분해한 것을 재조합할 수도 있어야 합니다.

---

1 **역주** 이 책에서는 composition을 '조합'이라고 적었습니다. 하지만 컴포지트 패턴(composite pattern)처럼 이전에 폭넓게 사용되는 용어가 있는 경우에는 그대로 사용했습니다.

❤ 그림 13-1 분해는 조합과 밀접하게 연관되어 있습니다. 분해한 부분들을 다시 조합하더라도 소프트웨어가 제대로 동작하도록 분해해야 합니다.

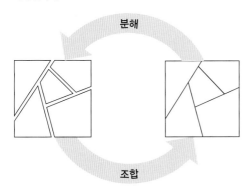

따라서 조합해서 만들어진 모델은 명확해야 합니다. 소프트웨어 구성요소[2]를 조합할 수 있는 방법은 다양하지만, 모든 방법들이 다 똑같이 좋은 건 아닙니다. 여기서 폭탄 발언을 해야겠군요. 객체 지향 조합에는 문제가 있습니다.

13.1.1 중첩 조합

소프트웨어는 궁극적으로 현실 세계와 상호작용합니다. 예를 들면 화면에 픽셀을 그리고, 데이터베이스에 데이터를 저장하고, 이메일을 전송하고, 소셜 미디어에 게시물을 올리고, 산업용 로봇을 제어하는 작업들을 처리하는 것이죠. 명령 쿼리 분리 원칙(Command Query Separation)의 맥락에서 보았을 때 이런 모든 작업은 부수 효과라 부를 수 있습니다.

부수 효과는 소프트웨어의 존재 이유이기 때문에, 이를 중심으로 모델을 조합하는 것이 자연스럽습니다. 대부분의 사람들이 객체 지향 설계에 접근하는 방식이기도 합니다. 동작을 모델링하는 것이지요.

객체 지향적인 조합은 부수 효과를 함께 구성하는 데 초점을 맞추는 경향이 있습니다. 컴포지트 패턴(composite design pattern)은 이러한 조합 형태의 대표적인 예라고 할 수 있으며, 『GoF의 디자인 패턴(Design Patterns)』[39]에 있는 대부분의 패턴은 부수 효과의 조합에 많이 의존하고 있습니다.

---

2 저는 구성요소(component)라는 용어를 폭넓게 쓰고 있어서 객체, 모듈, 라이브러리, 위젯, 혹은 다른 것을 의미할 수도 있습니다. 일부 프로그래밍 언어나 플랫폼들은 구성요소에 특정한 개념을 적용하기도 하지만, 언어마다 의미하는 개념이 약간씩 다릅니다. 유닛 테스트나 모의 객체라는 용어가 모호한 것처럼 이 용어도 의미가 명확하지는 않습니다.

그림 13-2에서 볼 수 있듯이, 이런 형태로 조합하는 경우 객체 안에 다른 객체를 중첩시키거나 부수 효과 안에 다른 부수 효과를 중첩시키는 데 의존합니다. 우리의 목표는 '읽고 이해하기 쉬운 코드를 만드는 것'이므로, 이는 문제가 됩니다.

❤ 그림 13-2 객체(또는 객체 안에 있는 메서드)는 일반적으로 중첩된 형태로 조합됩니다. 더 많이 모아서 조합할수록 그 결과는 읽으면서 이해하기 쉽지 않습니다. 그림에서 별표는 관심 있는 부수 효과를 나타냅니다. 객체 A는 하나의 부수 효과를, 객체 B는 2개의 부수 효과를 캡슐화하고 있습니다. 객체 C는 객체 A와 B를 조합해서 만들었지만, 네 번째 부수 효과도 추가했습니다. 코드를 이해하려할 때 염두에 두어야 할 부수 효과가 벌써 4개나 되는 것이죠. 이런 식으로 만들면 제대로 제어하기 어렵습니다. 객체 E는 8개의 부수 효과를, 객체 F는 9개의 부수 효과를 가지고 있습니다. 이 정도 되면 빨리 이해하기는 쉽지 않습니다.

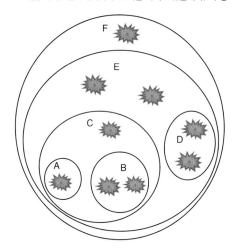

이것이 문제가 되는 이유를 알아보기 위해, 지금까지 하지 않았던 뭔가를 해보려고 합니다. 즉, 나쁜 코드를 만들어서 함께 봅시다. 예제 13-1이나 13-3처럼 코드를 작성하지 마세요.

예제 13-1 나쁜 코드: 중첩 조합된 객체와 상호작용하는 컨트롤러의 동작. 예제 13-6이 더 좋은 대안입니다.
(Restaurant/b3dd0fe/Restaurant.RestApi/ReservationsController.cs)

```
public IRestaurantManager Manager { get; }

public async Task<ActionResult> Post(ReservationDto dto)
{
    if (dto is null)
        throw new ArgumentNullException(nameof(dto));

    Reservation? r = dto.Validate();
    if (r is null)
        return new BadRequestResult();

    var isAccepted =
        await Manager.Check(r).ConfigureAwait(false);
```

```
    if (!isAccepted)
        return new StatusCodeResult(
            StatusCodes.Status500InternalServerError);

    return new NoContentResult();
}
```

예제 13-1을 보면 무엇이 잘못되었는지 궁금할 수 있습니다. 순환 복잡도는 4밖에 되지 않고, 코드는 17줄이며, 객체는 4개만 활성화되어 있기 때문이지요. 문제는 4개의 객체 중 하나인 Manager 객체가 주입된 의존성으로 사용되는데 이것이 숨겨져 있다는 것입니다. 이 객체는 예제 13-2에 있는 IRestaurantManager 인터페이스입니다. 무엇이 잘못되었는지 알아냈나요?

예제 13-2 예제 13-1에서 사용된 IRestaurantManager 인터페이스. 구현은 예제 13-3에 있습니다.
(Restaurant/b3dd0fe/Restaurant.RestApi/IRestaurantManager.cs)

```
public interface IRestaurantManager
{
    Task<bool> Check(Reservation reservation);
}
```

메서드의 이름을 X로 바꾸는 연습을 해봅시다. 이 경우 비동기 서술자(asynchronous predicate)[3]처럼 보이는 Task<bool> Xxx(Reservation reservation)만 남습니다. 이 메서드는 예약이 참인지 거짓인지 확인하는 동작을 할 것으로 보입니다. 하지만 예제 13-1을 보면 Post 메서드는 반환할 HTTP 상태 코드를 결정하기 위해서 이 부울값을 사용합니다.

프로그래머가 데이터베이스에 예약을 저장하는 것을 잊었을 때를 대비해서 이렇게 한 것일까요?

아마 아닐 것입니다. 예제 13-3에 있는 IRestaurantManager의 구현을 살펴봅시다. 짧게 유효성 검사를 진행한 다음 Manager.TrySave를 호출하고 있습니다.

예제 13-3 나쁜 코드: IRestaurantManager 인터페이스의 구현은 부수 효과가 있는 것으로 보입니다.
(Restaurant/b3dd0fe/Restaurant.RestApi/RestaurantManager.cs)

```
public async Task<bool> Check(Reservation reservation)
{
    if (reservation is null)
```

---

3 역주 predicate는 술부 혹은 서술자라 이야기할 수 있는데, 인자를 받아서 어떤 결정을 하는 함수형 인터페이스를 의미합니다. predicate의 경우 그 반환값은 항상 부울 형식이어야 합니다.

```
        throw new ArgumentNullException(nameof(reservation));

    if (reservation.At < DateTime.Now)
        return false;
    if (reservation.At.TimeOfDay < OpensAt)
        return false;
    if (LastSeating < reservation.At.TimeOfDay)
        return false;

    return await Manager.TrySave(reservation).ConfigureAwait(false);
}
```

얽혀 있는 코드를 계속 따라가 보면, 결국 Manager.TrySave가 데이터베이스에 예약을 저장하고, 부울값을 반환하는 것을 발견할 수 있습니다. 지금까지 배웠던 것을 바탕으로 무엇이 문제인지 생각해봅시다.

명령 쿼리 분리 원칙을 위반하고 있습니다. 메서드가 쿼리처럼 보이지만 부수 효과가 있습니다. 이게 왜 문제가 될까요?

추상화에 대한 로버트 마틴의 정의를 다시 한번 살펴봅시다.

"추상화는 무관한 것을 제거하고, 본질적인 것을 강조하는 것입니다."[60]

쿼리에 부수 효과를 숨김으로써 본질적인 동작을 제거한 것입니다. 다시 말해, 예제 13-1에서는 눈에 보이는 것보다 더 많은 일이 벌어집니다. 순환 복잡도는 4로 낮다고 할 수 있지만 우리가 알아야 할 숨겨진 5번째 동작이 있는 것이죠.

물론 5개의 덩어리도 머리에 잘 들어온다고 할 수 있지만, 숨겨진 상호작용이 1개 더 있으므로 1/7(뇌가 편하게 받아들일 수 있는 7개 중 1개), 즉 14%가 추가된 셈입니다. 코드가 더 이상 머리에 잘 들어오지 않을 정도로 숨겨진 부수 효과가 많은 건 아니지만, 얼마 남지 않았습니다.

13.1.2 순차적 조합

중첩 조합이 문제가 있긴 하지만, 여러 메서드(혹은 클래스)를 조합하기 위한 유일한 방법은 아닙니다. 그림 13-3처럼 동작을 순차적으로 연결해서 조합하는 방법도 있습니다.

▼ 그림 13-3 두 함수의 순차적 조합. Where에서 나온 출력은 Allocate의 입력이 됩니다.

명령 쿼리 분리 원칙에서 명령은 문제를 일으킬 수 있는 반면, 쿼리는 문제를 거의 일으키지 않습니다. 쿼리는 다른 쿼리의 입력으로 사용할 수 있는 데이터를 반환합니다.

레스토랑 예약 예제의 코드는 전반적으로 이 원칙을 염두에 두고 작성되었습니다. 예제 8-13의 WillAccept 메서드 코드를 확인해봅시다. 모든 데이터 유효성 확인부[7]를 통과한 이후에 Seating 클래스의 새로운 인스턴스를 만듭니다. 별다른 부수 효과가 없는 생성자는 쿼리로 생각할 수 있습니다[4].

다음 코드는 예제 13-4의 Overlaps 메서드를 서술자(predicate)로 사용해서 existingReservations를 필터링하는 부분입니다. 내장된 Where 메서드는 쿼리이며, Overlaps도 마찬가지입니다. relevantReservations 컬렉션은 쿼리의 출력이지만, 예제 13-5에 있는 다음 쿼리 명령인 Allocate의 입력이 됩니다.

예제 13-4 Overlaps 메서드. 부수 효과가 없으며 데이터를 반환하므로 쿼리입니다.
(Restaurant/e9a5587/Restaurant.RestApi/Seating.cs)

```
internal bool Overlaps(Reservation other)
{
    var otherSeating = new Seating(SeatingDuration, other);
    return Start < otherSeating.End && otherSeating.Start < End;
}
```

예제 13-5 또 다른 쿼리인 Allocate 메서드 (Restaurant/e9a5587/Restaurant.RestApi/MaitreD.cs)

```
private IEnumerable<Table> Allocate(
    IEnumerable<Reservation> reservations)
{
    List<Table> availableTables = Tables.ToList();
    foreach (var r in reservations)
    {
        var table = availableTables.Find(t => t.Fits(r.Quantity));
        if (table is { })
        {
            availableTables.Remove(table);
```

---

4 실제로 생성자에는 반드시 부수 효과가 없어야 합니다.

```
            if (table.IsCommunal)
                availableTables.Add(table.Reserve(r.Quantity));
        }
    }

    return availableTables;
}
```

마지막으로 WillAccept 메서드는 availableTables 중 candidate.Quantity에 대한 Fits 메서드로 찾아낸 Any 테이블을 반환합니다. Any 메서드는 또 다른 내장 쿼리이며, 예제 8-14의 Fits가 서술자입니다.

예제 13-3과 비교해보면, Seating 생성자와 seating.Overlaps, Allocate, Fits는 순차적으로 구성되어 있는 형태입니다.

이 중 부수 효과가 있는 메서드는 없습니다. 즉, WillAccept가 부울값을 반환한다면 어떻게 이 결과에 도달했는지 모를 수 없습니다. 이것이야말로 관련 없는 것을 제거하고 본질적인 것을 강조한 것이라 할 수 있습니다.

13.1.3 참조 투명성

명령 쿼리 분리 원칙이 해결하지 못하는 또 다른 문제는 예측 가능성(predictability)입니다. 쿼리는 머릿속에서 추적해야 할 부수 효과가 없지만, 같은 입력을 사용해서 호출하는데도 매번 다른 값이 반환된다면 여전히 놀랄 수 있습니다.

이런 현상은 부수 효과만큼은 아니지만 뇌에 부담을 줍니다. 명령 쿼리 분리 원칙 외에 쿼리의 결과가 결정론적(deterministic)이어야 한다는 추가 규칙을 적용하면 어떨까요?

이 규칙을 적용하면 쿼리가 난수 생성기, GUID 생성, 시간, 날짜, 혹은 환경에서 받아오는 데이터에 의존할 수 없게 됩니다. 여기에는 파일이나 데이터베이스의 내용도 포함됩니다. 아주 많은 제약이 있는 것 같은데 어떤 장점이 있을까요?

부수 효과가 없으며, 출력이 입력에 의해서만 결정되는 결정론적 메서드에 대해서 참조 투명성(referentially transparent)을 가졌다고 이야기하며, 이 함수들을 다른 말로 '순수 함수(pure function)'라 부릅니다. 이런 함수에는 매우 바람직한 특성이 몇 가지 있습니다.

그중 하나는 순수 함수가 조합(compose)하기 편하다는 것입니다. 한 함수의 출력이 다른 함수의 입력으로 적합하다면, 함수를 언제든 순차적으로 조합할 수 있습니다. 복잡한 수학적인 이유도 있지만[5], 조합이란 순수 함수로 만든 기본 뼈대에 기반한다는 이야기로 충분할 것 같습니다.

또 다른 장점은 순수 함수 호출을 그 결과값으로 치환할 수 있다는 것입니다. 함수를 호출하는 것은 결과를 얻는 것과 같습니다. 함수 호출과 결과의 유일한 차이점은 함수 호출의 경우 결과를 가지고 오는 데 시간이 걸린다는 것뿐입니다.

로버트 마틴의 추상화 정의에 비추어 생각해봅시다. 순수 함수가 반환되었을 때는 그 결과, 즉 반환값에만 신경을 쓰면 됩니다. 해당 함수가 어떤 방식으로 그 결과에 도달했는지는 구현의 세부 사항일 뿐입니다. 참조 투명성이 있는 함수는 관련 없는 것들을 제거하고 필수적인 것을 강조합니다. 그림 13-4처럼 임의의 복잡성을 하나의 결과로 축약시키는데, 앞에서 본 것처럼 하나의 덩어리로 만드는 것이 머리에 더 잘 들어옵니다.

▼ 그림 13-4 순수 함수(왼쪽)는 그 결과(오른쪽)로 축약됩니다. 복잡성에 관계없이 참조 투명성이 있는 함수의 호출은 그 출력으로 대체할 수 있습니다. 따라서 출력이 어떤 것인지 알고 나면 호출하는 코드 부분만 읽고 해석하면서 따라가면 됩니다.

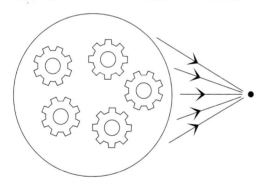

반면에 함수가 어떻게 동작하는지 알고 싶다면, 프랙탈 아키텍처의 정신에서 보았던 것처럼 함수의 구현 부분을 확대해서 보면 됩니다. 예제 8-13의 WillAccept 메서드가 그 예입니다. 사실 이 메서드는 단순한 쿼리가 아니라 순수 함수입니다. 이 함수의 소스 코드 부분을 확대해서 살펴보면, 이 함수는 주변의 다른 부분에 영향을 받지 않습니다. 오로지 입력 인자와 변경할 수 없는 클래스의 필드만 이용해서 동작합니다.

다시 축소해서 보면 함수 전체가 그 결과로 축약됩니다. 이 부분이 뇌가 추적해야 하는 유일한 내용이죠.

---

5 하스켈 같은 함수형 프로그래밍 언어에서 사용하는 범주론(category theory)의 관점입니다. 프로그래머를 위한 좋은 입문서가 필요하다면, 바르토즈 밀렙스키(Bartosz Milewski)의 『프로그래머를 위한 범주론(Category Theory for Programmers)』[8]을 참고하십시오.

비결정적이고 부수 효과를 가진 부분들은 어떻게 해야 할까요? 이를 어떻게 처리해야 할까요?

이런 형태를 가지는 Main 메서드, 컨트롤러, 메시지 핸들러 등의 함수들은 모두 시스템의 가장자리로 밀어내야 합니다. 예를 들어 예제 13-1보다 더 좋은 형태를 가진 예제 13-6을 고려해보세요.

분명히 말하지만, Post 메서드 자체가 참조 투명성을 가지고 있는 것이 아닙니다. 이 메서드는 새로운 GUID(비결정적인 값)를 만들고, 데이터베이스에 질의하며(비결정적 동작), 현재 날짜와 시간을 가져오고(비결정적 동작), 조건에 따라 예약을 데이터베이스에 저장합니다(부수 효과).

예제 13-6 순차적으로 조합된 메서드. 예제 13-1과 비교해봅시다.
(Restaurant/e9a5587/Restaurant.RestApi/ReservationsController.cs)

```
[HttpPost]
public async Task<ActionResult> Post(ReservationDto dto)
{
    if (dto is null)
        throw new ArgumentNullException(nameof(dto));

    var id = dto.ParseId() ?? Guid.NewGuid();
    Reservation? r = dto.Validate(id);
    if (r is null)
        return new BadRequestResult();

    var reservations = await Repository
        .ReadReservations(r.At)
        .ConfigureAwait(false);
    if (!MaitreD.WillAccept(DateTime.Now, reservations, r))
        return NoTables500InternalServerError();

    await Repository.Create(r).ConfigureAwait(false);

    return Reservation201Created(r);
}
```

모든 데이터를 수집하고 나면, 순수 함수인 WillAccept를 호출합니다. WillAccept가 true를 반환한 경우에만 Post 메서드에서 부수 효과가 발생합니다.

비결정적인 쿼리와 부수 효과를 가진 동작들은 시스템의 바깥 부분에 가깝게 유지하고, 프로그램의 핵심이 되는 복잡한 논리는 순수 함수로 작성하십시오. 대부분의 코드를 순수 함수로 프로그래밍하는 것은 함수형 프로그래밍의 영역이기 때문에, 이런 형식으로 프로그래밍하는 것을 함수형 코어, 명령 셸(functional core, imperative shell) 패턴[11]이라고 합니다.

시간을 내서 함수형 프로그래밍을 공부하기 바랍니다[6]. 함수형 프로그래밍은 쉽게 읽히고, 이해하기 쉽습니다.

13.2 / 횡단 관심사

서로 다른 다양한 부문에 고려해야 하는 기능들도 있습니다. 이런 기능을 '횡단 관심사(cross-cutting concerns)'라고 하며, 예를 들면 다음과 같습니다[25].

- 로그 남기기(logging)
- 성능 모니터링(performance monitoring)
- 감사(auditing)
- 계량(metering)
- 계측(instrumentation)
- 캐싱(caching)
- 내결함성(fault tolerance)
- 보안(security)

모든 기능이 필요하지 않을 수도 있지만, 한 가지 기능이라도 사용하게 되면 해당 기능을 다른 여러 기능에 적용하는 경우가 많습니다.

예를 들어 웹 서비스 호출에 회로 차단기(circuit breaker)[7][73]를 추가하는 경우, 해당 웹 서비스를 호출하는 모든 곳에 이 기능을 추가해야 할 것입니다. 또 데이터베이스 쿼리를 캐싱하는 경우에도 일관되게 작업을 추가해야 합니다.

제 경험에 의하면 횡단 관심사에는 한 가지 공통점이 있습니다. 바로 데코레이터 패턴(decorator design pattern)[39]으로 구현하는 것이 가장 좋다는 것이죠. 예제를 같이 보겠습니다.

---

6 함수형 프로그래밍을 배우려 한다면, 적절한 함수형 프로그래밍 언어를 배우는 것을 권합니다. 하스켈이 가장 좋지만 배우기가 쉽지 않습니다. 여러분 취향에 잘 맞는 것을 고르세요. 함수형 프로그래밍에서 배운 대부분의 것들은 객체 지향 프로그래밍 코드베이스에서도 사용할 수 있습니다. 이 책의 예제 코드베이스는 객체 지향 언어인 C#을 사용했지만, 함수형 코어, 명령 셸 형태로 작성되어 있습니다.

7 역주 회로 차단기란 특정 문제에 대해서 접근을 끊어 더 큰 문제가 발생하는 것을 막아주는 장치를 의미합니다.

13.2.1 로그 남기기

앞에서 본 목록의 대부분은 일종의 로그 데이터를 작성한다는 측면에서 로그 남기기를 변형한 것입니다. 성능 모니터링은 성능을 측정해서 성능 로그를 기록하는 것이고, 감사는 감사 데이터를 감사 추적 로그로 기록하는 것이며, 계량은 결과적으로 계산서에 실리게 될 사용량 데이터를 기록하는 것이며, 계측은 로그에 디버깅 정보를 기록하는 것입니다.

위의 횡단 관심사 중 필요한 일부분만 구현하면 됩니다. 어떤 기능이 필요한지는 시스템의 요구사항에 따라 달라집니다.

하지만 시스템에 최소한의 로깅은 포함되어 있어야 합니다. 소프트웨어를 사용하다 보면 예상치 못한 상황에서 충돌하거나 결함이 드러날 수 있습니다. 문제를 해결하려면 문제를 이해해야 하는데, 로그를 보면 실행 중인 시스템이 어떻게 동작하는지에 대한 귀중한 통찰력을 얻을 수 있습니다.

별도의 조치를 취하지 않더라도, 최소한 처리되지 않은 모든 예외는 로그에 기록되도록 만들어야 합니다. 예를 들어 ASP.NET은 윈도우와 애저에서 발생하는 처리되지 않은 예외를 자동적으로 로그에 기록합니다.

로그를 계속 살펴보세요. 처리되지 않은 예외의 수는 0이 되어야 이상적입니다. 마일 예외가 로그에 나타나면 결함으로 처리하십시오. 자세한 내용은 12.2절을 참고하세요.

일부 결함은 동작 과정에서 충돌을 일으키지만, 다른 결함은 잘못된 동작으로 나타납니다. 이 경우 시스템이 동작은 하지만 계속해서 잘못된 동작을 할 것입니다. 12.2절에서는 시스템이 초과 예약을 허용하고, 이메일 주소와 이름을 뒤바꾸는 등 잘못 동작하는 예제를 몇 가지 봤습니다. 무슨 일이 일어나고 있는지 이해하려면 처리되지 않은 예외보다 더 많은 로그가 필요합니다.

13.2.2 데코레이터

데코레이터 디자인 패턴은 가끔 그림 13-5처럼 인형이 안쪽으로 중첩되어 있는 러시아 전통 인형인 마트료시카의 이름을 따서 '러시아 인형'이라 부르기도 합니다.

이 인형처럼 다형성을 가진 객체는 다른 객체 안에 중첩될 수 있습니다. 이는 기존 구현과 연관성이 없는 기능을 추가할 수 있는 좋은 방법입니다. 예제 13-7은 데이터베이스 접근 인터페이스에 로그를 기록하는 기능을 추가하는 예제입니다.

▼ 그림 13-5 자신과 같은 모양 안으로 중첩되어 들어갈 수 있는 러시아 마트료시카 인형은 데코레이터 디자인 패턴의 비유로 자주 사용됩니다.

코드베이스에는 이미 인터페이스를 구현하는 클래스가 포함되어 있습니다. SqlReservations Repository 클래스는 SQL 서버 데이터베이스에서 읽고 쓰는 작업을 수행합니다. 이 클래스의 동작에 대한 로그를 남기려면, 문제를 서로 분리시켜야 합니다. 즉, 로깅을 추가하기 위해서 SqlReservationsRepository 클래스를 편집하는 대신 데코레이터를 추가하세요. 예제 13-8은 클래스 선언과 생성자입니다. 이 코드에 있는 클래스는 IReservationsRepository 인터페이스를 구현하면서 동시에 다른 IReservationsRepository 객체도 둘러싸고 있습니다.

예제 13-7 멀티 테넌트(multi-tenant)[8]를 지원하는 또 다른 버전의 IReservationsRepository 인터페이스. 다른 버전은 예제 10-11이나 예제 8-3을 참고하세요. (Restaurant/3bfaa4b/Restaurant.RestApi/IReservationsRepository.cs)

```
public interface IReservationsRepository
{
    Task Create(int restaurantId, Reservation reservation);

    Task<IReadOnlyCollection<Reservation>> ReadReservations(
        int restaurantId, DateTime min, DateTime max);

    Task<Reservation?> ReadReservation(Guid id);

    Task Update(Reservation reservation);

    Task Delete(Guid id);
}
```

---

8 [역주] 멀티 테넌트란 하나의 코드에서 여러 사용자에게 서비스를 제공할 수 있는 기능을 의미합니다. 이를 위해서는 내부 상태에 영향을 받지 않아야 하기 때문에, 순수 함수들로 만드는 것이 매우 유리합니다.

인터페이스를 구현하는 것이기 때문에 모든 메서드를 구현해야 합니다. Inner에서 같은 메서드를 그대로 호출하면 되기 때문에 구현 자체는 언제든 가능하지만, 이때 데코레이터가 각각의 메서드 호출을 가로챌 수 있는 기회가 제공됩니다. 예를 들어 예제 13-9는 ReadReservation 메서드 주변에서 로그를 기록하는 방법을 보여줍니다.

예제 13-8 LoggingReservationsRepository 데코레이터를 위한 클래스 선언과 생성자
(Restaurant/3bfaa4b/Restaurant.RestApi/LoggingReservationsRepository.cs)

```
public sealed class LoggingReservationsRepository : IReservationsRepository
{
    public LoggingReservationsRepository(
        ILogger<LoggingReservationsRepository> logger,
        IReservationsRepository inner)
    {
        Logger = logger;
        Inner = inner;
    }

    public ILogger<LoggingReservationsRepository> Logger { get; }
    public IReservationsRepository Inner { get;
}
```

예제 13-9 데코레이터가 추가된 ReadReservation 메서드
(Restaurant/3bfaa4b/Restaurant.RestApi/LoggingReservationsRepository.cs)

```
public async Task<Reservation?> ReadReservation(Guid id)
{
    var output = await Inner.ReadReservation(id).ConfigureAwait(false);
    Logger.LogInformation(
        "{method}(id: {id}) => {output}",
        nameof(ReadReservation),
        id,
        JsonSerializer.Serialize(output?.ToDto()));
    return output;
}
```

먼저 Inner 구현에서 ReadReservation을 호출해서 output을 가져옵니다. output을 반환하기 전에 주입된 Logger를 이용해서 메서드가 호출되었음을 로그로 남깁니다. 예제 13-10은 해당 코드에 의해 생성된 일반적인 로그 내용입니다.

LoggingReservationsRepository의 다른 메서드도 같은 방식으로 작동합니다. Inner 구현을 호출하고, 결과를 로그로 기록한 후 반환합니다.

실제 구현 위에 데코레이터를 사용하려면 ASP.NET에 내장된 의존성 주입 컨테이너를 구성해야 하는데, 그 방법은 예제 13-11과 같습니다. 의존성 주입 컨테이너 중 일부는 기본적으로 데코레이터 디자인 패턴을 알고 있는 경우도 있지만, 내장 컨테이너는 그렇지 않습니다. 다행히 람다 표현식을 이용해 서비스로 등록함으로써 이런 제약을 피할 수 있습니다.

예제 13-10 예제 13-9에 의해서 생성된 로그 내용의 예. 실제 로그 내용은 길게 한 줄로 되어 있지만, 가독성을 높이기 위해서 줄바꿈을 하고 들여쓰기를 약간 추가했습니다.

```
2020-11-12 16:48:29.441 +00:00 [Information]
Ploeh.Samples.Restaurants.RestApi.LoggingReservationsRepository:
ReadReservation(id: 55a1957b-f85e-41a0-9f1f-6b052f8dcafd) =>
{
  "Id":"55a1957bf85e41a09f1f6b052f8dcafd",
  "At":"2021-05-14T20:30:00.0000000",
  "Email":"elboughs@example.org",
  "Name":"Elle Burroughs",
  "Quantity":5
}
```

예제 13-11 ASP.NET 프레임워크에서 데코레이터를 설정하는 방법 (Restaurant/3bfaa4b/Restaurant.RestApi/Startup.cs)

```
var connStr = Configuration.GetConnectionString("Restaurant");
services.AddSingleton<IReservationsRepository>(sp =>
{
    var logger =
        sp.GetService<ILogger<LoggingReservationsRepository>>();
    return new LoggingReservationsRepository(
        logger,
        new SqlReservationsRepository(connStr));
});
```

예제로 사용한 레스토랑 예약 시스템은 IReservationsRepository 외에 다른 의존성도 가지고 있습니다. 예를 들면 이메일을 보내기 위해 IPostOffice 인터페이스를 사용하고, 이런 상호작용의 로그를 남기기 위해 LoggingReservationsRepository에 해당하는 LoggingPostOffice 데코레이터를 이용합니다.

데코레이터를 이용하면 대부분의 횡단 관심사를 해결할 수 있습니다. 캐싱을 하려면 먼저 캐시에서 읽기를 시도하는 데코레이터를 구현해야 합니다. 캐시에 값이 없는 경우에만 기본 데이터 저장 장치에서 데이터를 읽고, 반환 전에 캐시를 업데이트합니다. 이런 형태를 연속 읽기 캐시(read-through cache)라고 합니다.

내결함성과 관련하여 제 이전 책[25]에 회로 차단기[73] 예제가 있습니다. 데코레이터로 보안 문제를 해결할 수도 있지만 프레임워크는 대부분 보안 기능을 내장하고 있으므로 이를 사용하는 것이 좋습니다. 이와 관련된 예제는 15.2.5절을 참고하십시오.

13.2.3 무엇을 로그로 남길까?

딱 적당한 로그 분량을 찾아낸 팀과 일한 적이 있습니다. 이 팀은 REST API 제품군을 개발하고 유지보수하는 일을 하고 있었습니다. 각각의 API는 각 HTTP 요청과 반환하는 HTTP 응답의 자세한 사항[9]을 로그로 기록했으며, 입력 인자와 데이터베이스가 반환하는 전체 결과를 포함해 데이터베이스와의 모든 상호작용을 로그로 남겼습니다.

매우 적당한 양을 로그로 남기고 있었으므로, 추적하고 이해할 수 없었던 결함은 단 하나도 없었던 것으로 기억합니다.

대부분의 개발 조직은 너무 많은 것을 로그로 남깁니다. 특히 계측과 관련해서는 '과도한 로깅' 문제를 자주 봅니다. 향후에 일어날 수 있는 문제를 해결하기 위해 로깅을 하는 경우에는 어떤 것이 필요할지 모르기 때문에 너무 적게 기록하는 것보다는 넉넉하게 기록하는 것이 좋습니다. 적어도 이 사실은 '과도한 로깅'의 합리적인 근거가 되곤 합니다.

하지만 딱 필요한 내용만 로그를 남기는 것이 더 좋습니다. 너무 적지도, 많지도 않은 딱 적당한 양의 로그 말입니다. 이런 로그를 금쪽 같은 로그(goldilogs)라 부를 수 있겠습니다.

무엇을 로그로 남겨야 할지 어떻게 알 수 있을까요? 미래의 요구 사항을 모르는 상태에서 필요할지 모르는 사항을 모두 로그로 남겼는지 어떻게 알 수 있을까요?

가장 중요한 것은 반복성입니다. 빌드를 재현하고 배포를 반복할 수 있어야 하는 것처럼 실행도 재현할 수 있어야 합니다.

문제가 나타났을 때 발생한 문제를 재현할 수 있다면 해당 문제를 해결할 수 있습니다. 즉, 해당 상황을 재현하기에 충분한 데이터만 있으면 됩니다. 이 데이터는 어떻게 판별해낼 수 있을까요?

---

9   JSON 웹 토큰과 같이 민감한 정보는 제외했습니다.

예제 13-12 코드로 살펴보죠. 로그를 남겨야 할까요?

예제 13-12 이 문장에 대해 로그를 남길 건가요?

```
int z = x + y;
```

만일 x와 y가 실행 과정에서 입력되어 사용되는 값이라면(예를 들자면 사용자 입력값이거나, 웹 서비스 호출 결과 등), 어떤 값이었는지 로그를 남기는 것이 합리적일 것입니다. 예제 13-13에 있는 작업을 수행할 수 있습니다.

예제 13-13 입력값을 로그로 남기는 것이 합리적일 것 같습니다.

```
Log.Debug($"Adding {x} and {y}.");
int z = x + y;
```

자, 그러면 예제 13-14의 결과도 로그를 남겨야 할까요?

예제 13-14 덧셈의 출력도 로그를 남겨야 할까요?

```
Log.Debug($"Adding {x} and {y}.");
int z = x + y;
Log.Debug($"Result of addition: {z}");
```

계산 결과를 굳이 기록할 이유는 없습니다. 덧셈은 순수 함수이므로 결정론적입니다. 입력을 알고 있다면, 다시 연산해서 출력을 얻을 수 있습니다. 예를 들어 2 더하기 2는 항상 4니까요.

코드에 순수 함수가 많을수록 로깅을 해야 할 부분이 줄어듭니다[103]. 이는 참조 투명성이 바람직한 이유 중 하나이며, 되도록 함수형 코어, 명령 셸 형태의 아키텍처를 선택해야 하는 이유이기도 합니다.

> 순수 함수에 의하지 않은 동작은 모두 로그를 남기되, 그 외에는 하지 마십시오. 필요하지 않습니다.

재생산할 수 없는 모든 것은 로그로 남겨야 합니다. 여기에는 현재 날짜, 시간, 난수 생성, 파일이나 데이터베이스에서 읽은 내용 등 비결정적인 코드 부분이 모두 포함됩니다. 또한, 부수 효과가 있는 모든 것이 포함됩니다. 그 이외의 것은 로그를 남길 필요가 없습니다.

물론 코드베이스에서 순수 함수와 순수하지 않은 작업을 분리하지 않았다면 모든 것을 기록해야 합니다.

13.3 결론

관련 없는 관심사들은 분리하십시오. 사용자 인터페이스를 바꾸는 데는 데이터베이스 코드를 편집하는 부분이 들어 있지 않아야 하며, 그 반대도 마찬가지입니다.

관심사의 분리는 코드베이스의 다양한 부분을 분리(즉, 분해)해야 함을 의미합니다. 분해는 분리되었던 부분을 재조합할 수 있을 때만 의미가 있습니다.

객체 지향 설계에 적합한 작업처럼 들리지만 원래 약속과 다르게 객체 지향 설계에서는 그다지 잘 맞지 않는 작업임이 판명되었습니다. 객체 지향 분해를 할 수는 있지만, 제대로 동작하게 만들려면 다양한 단계를 거쳐야 하기 때문입니다. 대부분의 개발자들은 어떻게 진행해야 할지 잘 모르기 때문에 객체를 중첩시키는 형태로 조합해나가는 경향이 있습니다.

이런 식으로 중요한 동작을 숨기는 형태로 작성하면, 코드가 읽고 이해하기 어려워집니다.

순수 함수의 반환값이 다른 순수 함수의 입력으로 들어가는 형태를 가지는 순차적 조합이 머리에 잘 들어오는, 더 좋은 대안입니다.

회사에서 소위 객체 지향 코드베이스라 부를 만한 것을 단번에 내버리고, 하스켈에 자리를 내주리라 기대하지 않습니다. 대신 함수형 코어, 명령 셸의 형태로 나아가는 것을 권하고 싶습니다.

그렇게 하면 코드베이스에서 순수 함수 형태로 구현되지 않은 부분을 분리하기가 쉬워집니다. 이런 작업은 일반적으로 횡단 관심사 문제를 적용해야 하는 부분이면서, 데코레이터로 가장 잘 처리할 수 있는 부분이기도 합니다.

14장

리듬

지금까지 수많은 소프트웨어 개발 조직을 만나 함께 일해왔습니다. 어떤 조직은 특정한 프로세스를 따르는 반면 어떤 조직은 다른 프로세스를 따르고 있습니다. 여러 조직에서 특정한 프로세스를 따른다고 이야기하지만, 실제로는 다르게 행동하는 경우도 많습니다.

어떤 팀은 매일 스탠드업 미팅[1]을 하는 게 기본이지만, 기분에 따라 이틀에 한 번 하는 경우도 있습니다.

저 역시 매일 아침마다 스탠드업 미팅을 진행하는 팀에서 일한 적이 있습니다. 그런데 한 팀원은 항상 어떻게든 자기 책상을 중심으로 회의를 열게 해 미팅 내내 자기 자리에 앉아 있었습니다. 게다가 '어제 어떤 일을 했는지', '오늘 어떤 일을 할 것인지', '어떤 어려움이 있는지' 이야기하는 회의의 형식을 깡그리 무시하고, 15분 동안 횡설수설했고 저는 계속 서 있다 보니 다리가 점점 아파졌습니다.

어떤 팀에는 훌륭한 칸반 보드[2]가 있었는데, 안타깝게도 그 팀은 대부분의 시간을 문제 해결에 소모했습니다. 작업 방식이 좋다고 해도 실제로 작업이 어떻게 진행되는지에 대해서는 별다른 통찰을 얻지 못한 거죠.

제가 협업했던 최고의 팀 한 곳에서는 별다른 프로세스가 없었습니다. 지속적 배포를 구현해두었기 때문에 별로 중요하지 않았던 거죠. 이 팀은 이해관계자들이 받아들일 수 있는 것보다 빠르게 기능을 배포해나갔습니다. 팀원들은 "이 작업이 아직 안 끝났나요?"라고 계속 묻는 대신, 이해관계자에게 자신들이 요청한 기능을 사용해보고 감탄할 시간이 있는지 물어보기도 했습니다. 대부분 그럴 시간이 없다는 대답이 돌아왔지요.

여기서 어떤 방식으로 조직을 구성해야 하는지 말하려는 것이 아닙니다. 스크럼, XP[5], PRINCE2[3]와 같은 방법을 따르든 혹은 날마다 난리통을 겪든, 이 책에서 여러분이 사용할 수 있는 아이디어를 찾길 바랍니다. 특정한 소프트웨어 개발 방법을 채택하라고 이야기하고 싶지는 않지만, 하루의 리듬이나 구조를 느슨하게 가져가는 것이 도움이 될 수 있음을 깨달았습니다. 이는 개인적으로 일하는 방법에도, 팀이 일하는 방법에도 적용될 수 있습니다.

---

1 **역주** 스탠드업 미팅이란 매일 짧게 어제 어떤 일을 했고, 오늘 어떤 일을 할 것인지, 어려운 점이 있는지를 이야기하는 미팅으로, 에자일 방법론에서 스크럼(scrum) 미팅이라는 용어를 사용하곤 합니다.

2 **역주** 칸반 보드란 작업을 포스트잇 카드에 적어서 할 일, 진행 중, 한 일로 나눠서 처리하는 방식입니다. 중요한 것은 진행 중인 일의 개수가 일정 숫자를 넘어가지 않도록 잘 조절하는 것이죠.

3 **역주** PRINCE2란 Projects In Controlled Environment Version 2의 약자로 구조화된 프로젝트 방법론의 한 가지입니다.

14.1 개인적인 리듬

매일매일이 다르겠지만, 기본적으로 느슨한 구조가 유용한 것 같습니다. 하루 단위로 빡빡하게 의무적인 규칙을 만들면 안 됩니다. 하루라도 그 일을 빠뜨리면 스트레스를 받으니까요. 하지만 구조가 있으면 어떤 일을 하는 데 도움이 됩니다.

제 아내는 저를 보고 자신이 아는 사람 중에 규율을 가장 잘 지키는 사람이라고 하지만, 저도 일을 미루는 경향이 있습니다. 자신의 하루 일과에 맞는 자신만의 리듬을 가지는 것은 시간 낭비를 최소화하는 데 도움이 됩니다.

14.1.1 타임 박싱

시간 간격(타임 박스)을 두고 일을 해보세요. 예를 들어 25분 단위로 말이죠. 그리고 5분 동안 휴식을 취해보세요. 이런 게 포모도로 테크닉(Pomodoro technique)이라고 알고 있을지도 모르지만 그렇지 않습니다. 『시간을 요리하는 뽀모도로 테크닉』[18]을 보면 포모도로 테크닉은 더 많은 작업을 해야 하고, 추가적인 활동들은 불필요하다고 생각합니다.

하지만 25분 동안 일하면 몇 가지 장점이 있습니다. 이 중에는 명백한 장점도 있고, 분명하게 드러나지 않는 장점도 있습니다.

명백한 부분부터 봅시다. 25분 동안 방해받지 않고 작업하면 큰 작업을 더 잘 처리할 수 있습니다. 작업이 벅차 보이거나 별로 흥미가 없어도, '적어도 25분 동안 확인하겠다'라고 스스로를 설득하는 것은 어렵지 않습니다. 제 경험상 업무에 있어서 가장 어려운 건 무언가를 시작하는 일입니다.

일하는 중에도 카운트다운 시간이 줄어드는 게 보이게 하세요. 그림 14-1처럼 실제 주방용 타이머를 써도 되고, 소프트웨어를 사용할 수도 있습니다. 저는 화면의 시스템 트레이⁴에 항상 남은 시간을 표시하는 프로그램을 사용합니다. 계속해서 시간이 줄어드는 것을 보면 좋은 점이 있습니다. 트위터, 이메일 등을 '그냥' 확인하고 싶은 유혹에 대항할 수 있는 것이죠. 딴짓을 하고 싶은 충동이 들 때마다 남은 시간을 확인하며 속으로 '그래, 이번 타임 박스가 16분 밖에 안 남았어. 다 하고 나서 쉴 거야.'라고 생각하게 됩니다.

14
일정

4　윈도우 시스템 트레이는 일반적으로 화면의 오른쪽 하단에 위치하며, 알림 영역이라고 부르기도 합니다.

❤ 그림 14-1 25분 단위로 작업하는 것을 포모도로 테크닉이라 부릅니다. 사실은 그렇지 않을 수도 있습니다만, 어쨌든 테크닉의 이름은 포모도로 주방 타이머에서 따온 것입니다.

휴식은 명백하게 드러나지 않는 장점들을 제공해줍니다. 휴식을 취할 때는 적절한 휴식을 취하십시오. 의자에서 일어나 걸어서 방 밖으로 나가거나 적어도 컴퓨터에서 벗어나야 합니다. 12.1.3절에서 이렇게 휴식을 취하는 것의 장점에 대해 설명했습니다. 주변의 풍경이 바뀌면 관점과 시각도 자주 바뀐다는 사실에 놀라게 될 것입니다.

생각이 막혀 있지 않더라도, 휴식을 취하다 보면 지난 15분을 낭비했다는 사실을 깨달을 수도 있습니다. 좋은 상황은 아니겠지만, 3시간을 허비하는 것보다는 15분을 낭비하는 편이 낫겠지요.

타이머가 종료되고도 집중 상태를 유지한 적이 여러 번 있습니다. 모든 게 잘 돌아가고 있는데 일을 멈추고 컴퓨터에서 떨어지자니 거의 고통에 가까운 느낌을 받기도 했습니다. 하지만 휴식을 취하면 그 덕분에 이후에 발생할 문제 때문에 지금까지 한 일이 별 효과가 없었음을 깨닫기도 했습니다.

만약 이때 계속해서 집중 상태에 머물러 있었다면 결과적으로 몇 분이 아니라 몇 시간을 낭비했을지도 모릅니다.

프로그래머들은 집중 상태에 머무르는 동안 생산성이 극대화된다고 생각하기 때문에 집중 상태를 좋아하지만, 실제로 그렇다는 보장은 없습니다. 집중한다고 해서 깊게 생각할 수 있는 것은 아닙니다. 많은 코드를 작성하더라도, 실제로 유용할 거라는 보장은 없죠.

가장 흥미로운 부분은 바로 이겁니다. 만일 집중 상태에서 작업하는 것이 유용했다면, 5분 정도 쉬는 것은 큰 문제가 되지 않습니다. 저는 컴퓨터에서 몇 분 정도 떨어져 있더라도, 제대로 하고 있다고 느껴지면 휴식 후 바로 다시 집중 상태로 돌아가는 데 문제가 없었습니다.

14.1.2 휴식 취하기

오픈 소스 소프트웨어를 개발하여 어느 정도 인기를 얻은 적이 있습니다. 사용자들이 원래 계획하지 않았던 다양한 기능을 제안할 정도로 인기였습니다. 첫 번째 버전은 제대로 동작했지만, 더 유연하게 확장할 수 있도록 만들려면 대부분의 코드를 다시 작성해야 한다는 것을 깨달았습니다.

새롭게 설계를 하는 것에는 많은 고민이 필요했습니다. 그 당시 저는 버스로 30분 정도 걸리는 직장으로 출퇴근하고 있었는데, 새로운 버전의 소프트웨어는 대부분 자전거로 출퇴근[5]하면서 설계했습니다.

컴퓨터에서 떨어져 있는 동안 생산성이 놀라울 정도로 매우 높아집니다. 저는 다른 일을 하다가 좋은 아이디어를 얻는 일이 많았습니다. 규칙적으로 운동하거나, 뛰거나, 샤워를 하거나, 설거지를 할 때 많은 깨달음이 찾아왔으며, 자리에서 일어나 있을 때 수많은 유레카의 순간을 느꼈습니다. 컴퓨터 앞에서 깨달음을 얻었던 순간은 단 한 번도 없습니다.

제가 인식하고 있지 못하는 경우에도 저의 시스템 1[6][51](혹은 다른 잠재의식)이 문제를 계속해서 떠올리고 있기 때문에 그런 것 같습니다. 하지만 이미 컴퓨터 앞에서 어느 정도 시간을 보내며 문제를 해결하기 위해 노력한 경우에만 효과가 있습니다. 그저 소파에 누워서 깨달음의 흐름이 스쳐 지나가기를 바랄 수는 없는 거죠. 제대로 효과를 보려면 컴퓨터 앞에서 문제에 골몰하는 것과 컴퓨터에서 떨어져 휴식하는 것을 번갈아 진행해야 합니다.

사무실에서 일하고 있다면 산책하는 것까지는 어렵겠지만, 그래도 하루 종일 컴퓨터 앞에 앉아 있기보다는 약간 걷는 게 생산성을 높여줄 것입니다.

가능하면 컴퓨터에서 벗어나 20~30분 정도 다른 일을 하면서 휴식을 취하십시오. 이때 가능하면 신체 활동을 같이 하는 것이 좋습니다. 힘든 육체 운동일 필요는 없고 그냥 산책도 좋습니다. 예를 들어 근처에 식료품점이 있으면 장을 봐도 됩니다. 저는 이틀마다 쇼핑을 하는데, 업무 시간 중에 휴식을 취할 수 있을 뿐 아니라 사람도 적어서 효율적으로 쇼핑하기도 좋습니다.

지적 노동은 육체 노동과 다르다는 것을 명심하십시오. 일한 시간으로 생산성을 측정할 수 없으며, 사실 오래 일할수록 생산성이 떨어집니다. 오랜 시간 일하는 경우 실수를 저지르게 되고, 실수를 고치는 데 시간을 낭비해야 하므로 오히려 생산성을 떨어뜨립니다. 오래 일하지 마십시오.

---

5   코펜하겐은 자전거 도시로 유명하며, 빠르기도 하고 운동도 되기 때문에 저도 되도록이면 자전거를 탑니다. 자전거를 타다가 가끔 생각에 잠길 때도 있지만 다른 사람을 위험하게 하지는 않습니다.

6   **역주** 인간의 뇌는 자동적이고 처리 속도가 빠른 시스템 1과 의식적이고 처리가 느린 시스템 2의 두 가지 모드로 사고를 처리한다는 대니얼 카너먼의 이론에서 나온 이야기입니다.

14.1.3 시간을 계획적으로 사용하기

하루를 그냥 흘려보내지 마세요. 개인의 생산성에 대해 다룬 책들이 이미 많이 있으므로 이 책에서까지 개인 생산성 강의를 할 생각은 없습니다. 하지만 시간을 계획적으로 사용하는 것이 좋습니다. 저에게 잘 맞는 루틴을 몇 가지 소개하겠습니다. 혹시라도 여러분에게 영감을 줄 수 있을지 모르니까요.

『실용주의 프로그래머』에서는 매년 새로운 프로그래밍 언어를 배워야 한다고 제안합니다[50]. 이 제안에 동의하나요? 프로그래밍 언어를 여러 개 아는 건 좋지만, 매년 하나씩 프로그래밍 언어를 배우는 것은 너무 많지 않을까요? 언어 외에도 테스트 주도 개발, 알고리즘, 라이브러리나 프레임워크, 디자인 패턴, 속성 기반 테스트 등 배워야 할 건 많습니다.

저는 매년 새로운 언어를 배우려고 노력하지는 않지만, 지식을 넓히려고 노력합니다. 특별한 약속이 없는 한 매일 아침 뭔가를 배우기 위해 25분짜리 타임 박스 두 개를 할애합니다. 요즘은 책을 읽으며 연습 문제를 풀어보곤 합니다. 회사 생활 초기에는 매일 아침 유즈넷(Usenet)[7]이나 스택 오버플로에 답을 달았습니다. 가르치면서 많은 것을 배울 수 있으니까요. 또한 카타 프로그래밍[8]도 해봤습니다.

생산성을 향상시킨 또 다른 팁은 회의 참석 횟수를 제한하는 것입니다. 한 번은 회의가 많은 회사에 컨설팅을 한 적이 있는데, 제 역할이 중요하다 보니 회의 요청을 수없이 받았습니다.

그러다 어느 순간 이 회의들이 실제로는 정보 요청이라는 사실을 알게 되었습니다. 관련자들은 자신들이 참석하지 않은 회의에서 어떤 내용이 논의되었는지 확인하기 위해, 저에게 회의를 요청한 것이죠. 이해는 되지만 비효율적이기 때문에 회의 내용을 기록하기 시작했습니다.

사람들이 회의를 요청하면 일단 안건(agenda)부터 문의하고, 많은 회의를 취소할 수 있었죠. 안건을 확인하고 이미 기록해둔 내용을 보내주기도 했습니다. 그러면 몇 시간, 며칠 동안 회의를 기다리지 않고도 정보를 바로 얻을 수 있습니다. 회의는 일정 수준 이상 커지지 못하지만, 문서는 많은 사람에게 배포할 수 있기 때문이죠.

---

7   네. 아주 오래된 일이죠!

8   **역주** 코드 카타(code kata)라고도 하는데, 카타는 일본말로 '품새'를 의미합니다. 매일 무술을 연마하는 것처럼 프로그래밍 기술을 연마하는 것을 의미합니다.

14.1.4 자판 외우기

2013년 덴마크 교사 노조와 정부의 분쟁이 발생하면서 학교가 무기한 휴교했던 적이 있습니다. 분쟁은 25일간 지속되었지만, 분쟁이 시작될 때는 얼마나 오래 지속될지 아무도 몰랐습니다.

당시 딸은 열 살이었고, 그냥 집에서 노는 것은 좋지 않다고 생각해서 딸을 위한 자체 학습 과정을 만들었습니다. 이 과정에는 타자 연습도 있었습니다. 인터넷으로 하루 한 시간씩 타자를 연습하는 건데, 분쟁이 끝난 이후에도 계속하게 되었죠.

2020년 코로나19로 학교가 문을 닫았을 때, 열세 살이었던 아들도 같은 과제를 받았습니다. 타자 연습을 하기 시작한 것이죠. 하루 한 시간씩 연습해서 자판을 외우는 데 몇 주가 걸렸습니다.

자판을 외우지 못하는 프로그래머와 일했던 적이 있는데, 생각보다 매우 비효율적이라는 점을 깨달았습니다. 소프트웨어 개발에서 타이핑 속도 때문에 문제가 발생하지는 않기 때문에 타이핑이 충분히 빠르지 않아도 문제가 되지 않습니다. 코드를 입력하는 시간보다 훨씬 더 많은 시간을 코드를 읽는 데 사용하기 때문에, 프로그래머의 생산성은 코드 읽기 능력과 밀접한 관계가 있습니다.

독수리 타법을 쓸 때 효율이 떨어지는 이유는 타이핑 속도 때문이 아니라, 타이핑을 하려면 자판을 쳐다봐야 하기 때문입니다. 즉, 코드를 입력할 때 화면에서 어떤 일이 일어나는지 알지 못합니다.

최신 IDE는 입력 과정에서 코드에 실수가 있으면 경고나 주의를 줍니다. 저는 어릴 때부터 자판을 외우고 있지만, 완벽하게 타이핑을 하는 건 아니기 때문에 삭제 키를 꽤나 자주 사용합니다.

글을 작성할 때는 꽤 많은 오타가 나지만, 코딩을 할 때는 IDE에 있는 문장 완성 기능을 비롯한 여러 기능이 '대신 타이핑해주기' 때문에 타이핑 실수가 별로 발생하지 않습니다.

타이핑할 때 다음 키를 찾느라 IDE에서 제공하는 도움을 모두 놓치는 프로그래머도 봤습니다. 더 큰 문제는 잘못 타이핑한 경우에도 코드를 컴파일하거나 실행시킬 때까지 실수를 알아채지 못한다는 점입니다. 결국 뭔가 제대로 동작하지 않으면 그제서야 당황해하면서 화면을 쳐다봅니다.

이런 유형의 프로그래머와 짝 프로그래밍을 진행했을 때, 저는 어떤 것이 잘못된 것인지 뻔히 알고도 수십 초 동안이나 오타를 봐야 하는 고통을 겪었습니다. 하지만 독수리 타법을 쓰는 사람은 화면을 다시 들여다보고 뭔가를 고쳐 나가는 데 시간이 걸릴 수밖에 없습니다.

자판을 외우십시오. IDE는 통합 개발 환경(Integrated Development Environment)을 의미하지만, 최근에는 대화형 개발 환경(Interactive Development Environment)이라는 표현이 더 적절할 것 같습니다. 하지만 IDE 화면을 보지 않으면 실제로 필요한 상호작용을 이루기는 쉽지 않을 것입니다.

14.2 팀의 리듬

팀으로 일할 때는 개인의 리듬을 팀의 리듬과 맞춰야 합니다. 팀에는 보통 반복적인 활동이 계획되어 있습니다. 매일 스탠드업 미팅을 하거나, 격주로 스프린트 회고를 하거나, 특정한 시간에 점심을 먹으러 갈 수도 있습니다.

앞에서 이야기한 것처럼 특정한 프로세스를 따로 이야기하지는 않겠습니다. 하지만 일정에 포함시켜야 하는 몇 가지 활동이 있으며, 이에 대해 체크리스트를 만드는 것도 좋습니다.

14.2.1 주기적으로 의존성 갱신하기

코드베이스는 의존성을 가지고 있습니다. 데이터베이스에서 읽을 때는 특정 회사의 데이터베이스에서 제공하는 SDK를 사용하고, 유닛 테스트를 작성할 때는 유닛 테스트 프레임워크를 사용할 것입니다. 또한 JSON 웹 토큰으로 사용자를 인증하려면 이를 위한 라이브러리를 사용해야 합니다.

일반적으로 이런 의존성은 .NET의 NuGet, 자바스크립트의 NPM, 루비(Ruby)의 RubyGems 등의 패키지 관리자를 통해 패키지의 형태로 제공됩니다. 이렇게 배포하는 경우 패키지가 자주 업데이트될 수 있음을 의미합니다. 즉, 패키지를 작성하는 사람이 손쉽게 지속적 배포를 진행할 수도 있으므로, 새로운 기능이 있을 때마다 패키지의 새 버전을 받을 수 있습니다.

최신 버전이 나올 때마다 업데이트할 필요는 없습니다. 새로운 기능이 필요하지 않다면 해당 버전은 건너뛰어도 됩니다.

반면에 너무 뒤쳐지는 것도 위험합니다. 어떤 패키지 작성자는 너무 자주 바꾸지 않는 반면, 다른 작성자는 패키지를 너무 자주 바꿔버립니다. 업데이트하지 않는 동안 적용되지 않은 변경 사항이 쌓여가면서, 업데이트를 진행하기 점점 더 어려워지고 어느 순간 더 이상 의존성을 업데이트할 엄두가 나지 않는 상황이 될 수도 있습니다.

언어나 플랫폼의 버전도 마찬가지입니다. 너무 오래된 언어를 사용하고 있다면 새로운 직원을 구하는 것 자체가 어려워질 수 있습니다. 실제로 일어나는 일입니다.

역설적인 점은 정기적으로 업데이트하면 오히려 별다른 어려움이 없다는 것입니다. 예제 코드 저장소의 깃 로그를 확인해보면, 의존성 때문에 한 번씩 업데이트한 것을 볼 수 있습니다. 예제

14-1은 로그를 발췌한 것입니다.

예제 14-1 패키지 업데이트를 보여주는 깃 로그의 발췌본. 해당 업데이트 주변에는 적절한 조치를 취하기 위해서 커밋한 내용들도 있습니다.

```
0964099 (HEAD) Add a schedule link to each day
2295752 Rename test classes
fdf2a2f Update Microsoft.CodeAnalysis.FxCopAnalyzers NuGet
9e5d33a Update Microsoft.AspNetCore.Mvc.Testing NuGet pkg
f04e6eb Update coverlet.collector NuGet package
3bfc64f Update Microsoft.NET.Test.Sdk NuGet package
a2bebea Update System.Data.SqlClient NuGet package
34b818f Update xunit.runner.visualstudio NuGet package
ff5314f Add cache header on year calendar
df8652f Delete calendar flag
```

의존성을 얼마나 자주 업데이트해야 할까요? 이는 의존성의 숫자와 의존성이 얼마나 안정적인지에 따라 달라집니다. 예를 들어 이 책의 예제 코드베이스를 작성할 때는 두 달에 한 번 정도 업데이트를 확인하는 것이 좋겠다고 생각했습니다. 코드베이스가 더 큰 경우에는 훨씬 더 많은 패키지가 포함되어 있을 것이므로, 이 작업에 자주 시간을 할애하는 것이 맞겠지요.

또한, 특정 의존성이 얼마나 자주 바뀌는지도 고려해야 할 부분입니다. 일부 패키지는 거의 변경되지 않는 반면, 어떤 패키지들은 급격하게 버전을 올려나갑니다. 코드베이스에 가장 적절한 변경 빈도를 찾아내기 위해서는 실험이 필요합니다. 적절한 빈도를 알아내기 전까지는 임의의 리듬으로 업데이트해보십시오. 이 작업은 정기적으로 수행하는 다른 작업과 같이 진행하는 것이 합리적입니다. 예를 들면 2주짜리 스프린트를 진행하는 스크럼이라면, 패키지 업데이트 활동을 새로운 스프린트의 첫 번째 작업[9]으로 할 수 있겠죠.

14.2.2 다른 작업 일정 잡기

의존성 업데이트를 위한 일정을 따로 잡아 두십시오. 매일 일상적으로 작업하는 내용이 아니므로, 업데이트를 해야 한다는 걸 잊어버리기 쉽기 때문입니다.

또한, 뭔가 잘못된 것을 알아챘을 때는 이미 손 쓰기에 너무 늦어버리는 특성을 가진 문제 유형입니다. 이런 유형에 속하는 다른 문제도 봅시다.

9　절대 마지막 작업으로 두면 안 됩니다. 더 급한 작업을 처리하느라 못하는 경우가 많아지기 때문입니다.

인증서[10]는 일반적으로 몇 년 지나면 만료되는데, 갱신하는 것을 잊어버리기 쉬운 반면, 잊어버리면 소프트웨어의 동작이 멈춰버리는 심각한 문제로 발전합니다. 이런 일이 벌어졌을 즈음에는 원래 개발자가 회사에 한 명도 남아 있지 않은 상태일 수 있습니다. 인증서는 미리 갱신해두는 것이 좋으므로, 반드시 작업 일정을 예약해두세요.

도메인 이름도 마찬가지입니다. 몇 년에 한 번씩 만료되는데, 만료되기 전에 갱신되었는지 누군가는 확인해야 합니다.

또 다른 예로 데이터베이스 백업도 있습니다. 자동 백업하게 만들기는 쉽기만 실제로 동작하고 있는지도 확인해보았나요? 백업된 데이터에서 실제로 시스템을 복원할 수 있나요? 정기적으로 백업 작업을 연습해보십시오. 실제로 백업이 필요할 때 백업이 제대로 작동하지 않는다면 대단히 낙심할 테니까요.

14.2.3 콘웨이의 법칙

첫 직장에서 개인 사무실을 받았습니다. 1994년에는 오늘날처럼 개방형 사무실이 흔하지 않았거든요. 이후로는 개인 사무실을 가져본 적이 없습니다[11]. 고용주들에게는 개방형 사무실이 비용상 이득이 있고, XP 같은 애자일 프로세스에서도 팀원들이 같이 앉아서 일하는 것을 권장합니다[5].

분명히 말하지만, 저는 개방형 사무실을 좋아하지 않습니다. 시끄럽고 산만하거든요. 하지만 얼굴을 보면서 이야기하는 것이 협력을 촉진하는 점은 인정합니다. 채팅 포럼에서 글로 깃허브 이슈나 기능의 사양에 대해 논의한 적이 있다면, 이 논의가 며칠 혹은 몇 주 동안 질질 늘어지는 것도 보았을 것입니다. 반면 상대방과 15분 정도만 의견을 나누면 의견 충돌이 해소되는 경우도 자주 보았죠.

기술적인 토론에서 '개인적인 감정'을 논하지 않는다 하더라도, 얼굴을 맞대면 서로의 오해를 푸는 데 더 효과적인 무언가가 있습니다.

그러나 함께 앉아서 대화하는 것에만 전적으로 의존하면, 일종의 구전 문화를 만들어낼 위험이 있습니다. 아무것도 기록되지 않고, 같은 토론을 반복하고, 같은 질문에 반복적으로 대답해야 하며, 사람들이 떠나면 지식도 사라집니다.

이를 콘웨이의 법칙을 통해 생각해보십시오.

---

10 예를 들면 X.509 인증서 같은 것이 있습니다.

11 사실 프리랜서로 일하는 동안 고객사가 아닌 집에서 일했고, 이 책을 쓰는 동안에도 집에서 일을 하고 있지만요.

> "시스템을 설계하는 조직은 필연적으로 해당 조직의 커뮤니케이션 구조를 복제한 설계 구조를 만들어낼 수밖에 없다."[21]

모든 사람이 함께 앉아서 다른 사람과 언제든지 이야기할 수 있다면, 알아보기 어려운 프로그램 구조를 가지고 필요에 따라 임시 방편으로 이쪽 저쪽 호출하고 통신하는 형태의 시스템을 만들게 될 수도 있습니다. 다른 말로 스파게티 코드[15]가 되는 것이죠.

여러분의 조직이 코드베이스에 어떤 영향을 미치는지 생각해보십시오.

저는 개방형 사무실과 수시로 발생하는 수다를 싫어하지만, 그 반대의 극단적인 상황이 옳다고 생각하지도 않습니다. 경직된 위계 질서와 명령 체계를 통해서는 생산성을 이끌어내기 어렵기 때문입니다. 개인적으로는 오픈 소스 소프트웨어의 일반적인 구성 방식인 풀 리퀘스트, 리뷰, 대부분을 글로 소통하는 방식을 좋아하는데, 이런 형태가 비동기식 소프트웨어 개발을 가능하게 하기 때문[96]입니다.

반드시 이런 방식을 사용할 필요는 없지만, 선호하는 소프트웨어 아키텍처와 소통 형식 모두를 촉진할 수 있는 방식으로 팀을 구성해야 합니다. 요점은 팀 구성과 아키텍처가 연결되어 있음을 인식하는 것입니다.

14.3 결론

개인 생산성에 대한 책이 많기 때문에, 이런 책들이 일반적으로 다루는 주제는 피하려고 했습니다. 어떤 방식으로 일할 것인지는 개인적인 결정이며, 팀의 구성 방식 역시 매우 다양합니다.

여기서는 제가 몇 년에 걸쳐서 깨달은 부분들을 이야기하고 싶었습니다. 휴식을 취하세요. 휴식할 때는 컴퓨터에서 벗어나세요. 저는 다른 일을 하고 있는 동안에 가장 좋은 아이디어를 얻곤 합니다. 아마 여러분도 마찬가지일 것입니다.

memo

15장

유력한 용의자

성능에 대해서는 다루지 않나요? 보안은요? 의존성 분석, 알고리즘, 아키텍처, 컴퓨터 과학은 어떻죠?

모두 소프트웨어 공학과 연관되어 있는 주제이며, 소프트웨어 공학이란 용어를 들었을 때 떠오르는 주제일 것입니다. 말하자면 소프트웨어 공학에 대해 이야기할 때 항상 불려 나오는 유력한 용의자들이죠. 지금까지는 이런 것들이 없는 척했습니다. 적절하지 않다고 생각해서가 아니라 포괄적인 처리 방법이 이미 존재한다는 것을 알고 있기 때문입니다.

개발팀과 상담할 때 성능에 대해 가르쳐야 하는 경우는 거의 없었습니다. 알고리즘이나 컴퓨터 과학을 저보다 더 많이 알고 있는 팀원도 종종 만납니다. 특히 보안에 대해서라면 저보다 잘 아는 사람을 찾는 것이 그리 어렵지 않습니다.

제가 이 책을 쓴 이유는 책에서 다루는 주제가 가르칠 필요가 있는 프랙티스이기 때문입니다. 이 책이 저보다 이전에 있던 선구자들에게 얻은 지혜의 집합체에서 부족한 부분(그림 15-1에서 느낌표가 있는 부분)을 채울 수 있기를 바랍니다.

▼ 그림 15-1 소프트웨어 공학의 유력한 용의자들: 아키텍처, 알고리즘, 성능, 보안, 그리고 「클린 코드」[61]나 「코드 컴플리트」[65] 같은 책의 예시 코드에 대한 접근 방식을 그림으로 나타낸 것입니다. 이런 주제에 대해 여러 곳에서 잘 다루고 있지만, 포괄적으로 다루지 않으면 지식에 공백이 생깁니다. 이 책은 그런 공백을 채우려는 시도입니다.

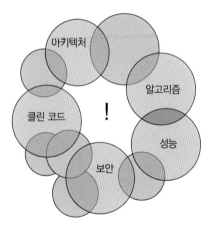

다른 것에 집중하고 싶다고 해서 유력한 용의자들을 무시한 것은 아닙니다. 16장이 마지막 장이니, 이번 15장에서는 그동안 다루지 않았던 성능, 보안을 비롯한 기타 몇 가지 부분에 대한 접근 방식을 이야기하려 합니다.

15.1 / 성능

누군가 좋아하지 않는 아이디어를 제가 제시할 때 사람들에게서 공통적인 패턴이 나타나는 걸 발견했습니다. 가끔은 상대의 표정만 봐도 싫은 일을 막기 위해 반론할 거리를 찾아내려고 애쓴다는 것을 알 수 있었습니다. 그리고 잠시 후에 다음과 같은 질문이 나옵니다.

"하지만 성능은 어떻습니까?"

과연 성능은 어떨까요? 몇몇 사람들이 성능에 대해서만 물고 늘어지는 것이 솔직히 짜증나지만, 이런 집착이 어디서 오는지는 이해합니다. 제 생각에, 일부는 예전부터 내려오던 유산이고, 일부는 일종의 액막이에 가깝습니다.

15.1.1 과거의 유산

수십 년 동안 컴퓨터는 느렸습니다. 물론 사람보다는 빨리 계산할 수 있었지만, 현재 컴퓨터에 비하면 빙하기 같았죠. 업계에서 컴퓨터 과학이라는 학문 분야가 만들어지기 시작하던 시대에 성능 문제는 보편적인 관심사였습니다. 비효율적인 알고리즘을 사용한다면 프로그램이 쓸모 없어질 수도 있었죠.

일반적인 컴퓨터 과학 커리큘럼에 알고리즘이 있고, 빅 오(big O) 표기법을 사용해 복잡도를 계산하고 메모리 사용량을 중심으로 알고리즘을 평가하는 것도 이상하지 않습니다. 문제는 이 커리큘럼이 그대로 굳어진 것입니다.

성능은 여전히 중요하지만, 최신 컴퓨터가 너무 빨라서 별다른 차이를 느낄 수 없는 경우가 많습니다. 어떤 메서드가 10나노초에 반환되건 100나노초에 반환되건 그게 중요할까요? 물론 매우 작은 루프에서 이 메서드를 반복해서 호출하는 경우라면 성능을 중시해야겠지만, 대부분은 별로 중요하지 않습니다.

데이터베이스에 쿼리[1]를 보내는 작업을 하면서 메서드 호출에서 몇 마이크로초를 줄이느라 많은 시간을 낭비하는 개발자를 많이 봤습니다. 어떤 작업을 몇 배나 느린 다른 작업과 결합시켜 동작

---

[1] 노파심에 설명하자면, 데이터베이스 쿼리 동작은 일반적으로 밀리초 단위의 시간이 걸립니다. 물론 엄밀히 말하면 세상의 모든 것이 항상 빨라지고 있으므로, 이 글을 읽을 때는 사실이 아닐 수도 있습니다.

시키는 경우에는 작업을 최적화할 필요가 '거의' 없습니다. 성능을 최적화해야 한다면 병목 구간을 최적화하기 위해 노력해야 합니다.

가장 중요한 관심사는 성능이 아닌 정확성이어야 합니다. 제럴드 와인버그(Gerald Weinberg)는 '효율성과 다른 부차적인 문제에 얽매여 있는 사람들에게 이 점을 일깨워주기 위해서' 궤도에서 벗어난 소프트웨어 프로젝트와 이를 수정하기 위해 투입된 프로그래머의 이야기를 들려줍니다[115]. 문제가 발생한 소프트웨어는 절망적일 정도로 복잡하고 수많은 버그가 있으며, 프로젝트는 취소될 위기에 처해 있습니다. 우리의 영웅은 프로그램이 동작하도록 고쳐서 원래 개발자에게 보여줍니다.

소프트웨어를 작성한 원래 개발자는 프로그램 동작에 걸리는 시간을 물어봅니다. 그리고 결함이 있는 원래 프로그램이 10배 더 빠르다는 이유로 새로운 아이디어를 무시합니다. 그러자 주인공은 다음과 같이 답합니다.

> "그렇지만 원래 프로그램은 동작하지 않아요. 프로그램이 제대로 동작하지 않아도 된다면 카드[2] 당 1밀리초밖에 안 걸리는 프로그램을 작성할 수도 있다고요"

일단 동작하도록 만들어야 성능에 대해 생각할 수 있습니다. 아마도 보안이 훨씬 더 중요할 수도 있고, 우선순위를 어떻게 가져가야 할지 다른 이해관계자들과 의논해야 할 수도 있습니다.

만일 이해관계자들이 성능을 우선시한다면 성능을 측정하십시오. 현대 컴파일러들은 매우 정교하게 동작합니다. 메서드 호출을 인라인화하고, 좋지 않은 루프 구조를 최적화하는 것을 비롯해 다양한 최적화를 수행하기 때문에, 컴파일러에서 생성한 기계어 코드는 여러분이 상상하는 것과 전혀 다르게 보일 수 있습니다. 또한 성능은 어떤 하드웨어를 사용하는지 혹은 어떤 소프트웨어가 설치되어 있는지, 다른 프로세스들은 어떤 동작을 하는지 등 기타 다른 요소에 매우 민감합니다[59]. 성능은 추정할 수 없습니다. 성능이 중요하다고 생각되면 측정해야 합니다.

15.1.2 명료성

사람들이 성능에 집중하는 다른 이유는 설명하기 어렵습니다. 이 부분은 명료성(legibility)과 관련이 있다고 생각하는데, 이 아이디어는 전혀 관련이 없는 주제를 가진 『국가처럼 보기(Seeing Like a State)』[90]라는 책을 보다가 떠올랐습니다.

---

2 천공카드를 사용하던 시절의 이야기입니다.

이 책에서는 몇 가지 제도가 모호한 것을 이해하기 쉽게 만들기 위해서 도입되었다고 주장합니다. 예를 들면 그림 15-2에 있는 지적도 역시 어떤 문제를 해결하기 위해서 도입된 것입니다. 중세의 마을은 구전 문화를 기반으로 형성되었으므로, 오직 현지인만이 누가 언제 어느 부지를 사용할 권리를 가지고 있는지 알 수 있었습니다. 이런 식으로는 왕이 직접 세금을 부과하는 것이 불가능했으므로, 지역에 대한 충분한 지식을 가진 지역의 귀족만이 농민들에게 세금을 부과할 수 있었습니다[90].

❤ 그림 15-2 지적도는 왕이 지방 귀족에 대한 의존성을 피하기 위해서 도입했습니다. 이 과정에서 세부적인 내용이 희생된 대신 명료성이 부가되었습니다. 이 지도는 지형을 알아보기 위한 지도를 것이 아님에 주의해야 합니다.

봉건제 사회가 중앙집권화된 국가로 바뀌면서 왕은 지방 귀족에 대한 의존성을 피할 방법을 원했습니다. 지적도는 모호한 세계에 명료성을 부여할 수 있는 방법인 셈입니다[90].

하지만 이런 변환 과정에서 많은 것을 잃을 수도 있습니다. 예를 들어 중세 마을에서는 토지를 사용할 권리가 어떤 사람에게만 부여되는 것이 아니라 다른 여러 가지 기준에 의해 정해질 수도 있었습니다. 작물을 재배할 수 있는 시기에는 특정 토지에서 작물을 재배할 권리를 가지지만, 작물을 수확하고 나면 모든 토지가 공유지로 전환되어 그다음 작물 재배 시간까지 개인의 권리를 허용하지 않을 수도 있습니다. 지적도에는 이런 복잡한 '비즈니스 규칙'을 반영할 수 없으므로 단순한 소유권만 제도화하고 기록해두었습니다. 즉, 지도에 현재 상황을 그대로 기록할 수 없으므로, 지도가 현실을 바꾼 것입니다.

소프트웨어 개발에도 이런 일이 많이 일어납니다. 형태가 전혀 없으므로, 다양한 측정 방법과 처리 과정을 도입해서 실체를 파악하려고 시도하는 것이죠. 일단 이런 장치들이 도입되면 우리의 인식에도 영향을 줍니다. 망치를 든 사람에게는 모든 것이 못처럼 보인다는 속담처럼 말이죠.

15

우발한 요인자

▼ 그림 15-3 망치를 든 사람에게는 세상 모든 것이 못처럼 보입니다.

한 번은 지속적 배포를 도입하길 원하는 회사에 자문을 해준 적이 있습니다. 여러 개발자와 몇 주 동안 일했을 때 매니저 중 한 명이 저를 한쪽으로 데리고 가더니 물었습니다.

"어떤 개발자가 괜찮던가요?"

그는 기술 매니저가 아니고, 한 번도 프로그래밍을 한 적이 없으므로 알 수 없었던 거겠지요.

개발자들은 함께 일하는 동안 저를 믿고 이야기를 했으므로 이런 질문은 비윤리적이라고 생각했습니다. 그래서 질문에 답을 하지 않았습니다.

관리자는 소프트웨어처럼 형태가 없는 것을 측정할 수 있는 방법을 모르기 때문에 소프트웨어 개발을 관리하는 데 어려움을 겪습니다. 보통은 근무 시간 같은 간접적인 방법으로 성과를 측정하려고 합니다. 만일 시간당 보수를 받은 적이 있다면 이런 인센티브가 얼마나 잘못된 것인지 알고 있을 것입니다.

성능에 대한 집착이란 어떤 사람에게는 형태가 없는 것의 본질을 이해하려는 시도라고 생각합니다. 측정 가능한 성능은 소프트웨어 공학의 지적도가 됩니다. 어떤 사람들에게는 소프트웨어 공학에 내재된 기술 혹은 예술이라 불리는 부분들이 매우 불편할 수 있습니다. 이런 문제를 성능의 문제로 만들어서 명료하게 이해하려는 것이죠.

15.2 / 보안

소프트웨어 보안은 보험과 같습니다. 정말로 비용을 지불하고 싶지 않지만, 보험에 가입하지 않으면 나중에 정말 후회하게 됩니다.

소프트웨어 공학의 다양한 측면과 마찬가지로, 보안 역시 적절한 균형을 찾아야 합니다. 완벽하게 안전한 시스템이란 없습니다. 컴퓨터의 인터넷을 끊고, 무장한 경비원을 배치하더라도 누군가 컴퓨터를 사용하기 위해서 뇌물을 주거나, 강요하거나, 속임수를 사용할 수도 있습니다.

보안 위협과 적절한 완화 조치를 가능한 제대로 파악하려면 다른 이해관계자들과 긴밀하게 협력해야 합니다.

15.2.1 STRIDE 위협 모델

STRIDE 위협 모델[48]을 사용해서 잠재적인 보안 문제를 식별할 수 있습니다. 이는 시스템에 관련된 위협을 가능한 한 많이 생각해보는 연습 혹은 토론입니다. 잠재적인 문제를 생각하는 것을 돕기 위해, STRIDE라는 약자를 일종의 체크리스트로 사용할 수 있습니다.

- 스푸핑(spoofing): 공격자가 다른 사람인 것처럼 위장하여 시스템에 무단으로 접근하려는 시도를 말합니다.

- 변조(tampering): 공격자가 SQL 주입 등을 통해 데이터를 변조하려는 시도를 말합니다.

- 거부(repudiation): 공격자가 결재한 상품을 받는 등 정상적인 작업이 수행되었음을 부인하는 것입니다.

- 정보 노출(information disclosure): 공격자가 읽을 수 없어야 하는 데이터를 읽는 것입니다. 예를 들어 중간자 공격이나 SQL 주입 등이 있습니다.

- 서비스 거부(denial of service): 일반 사용자가 서비스를 이용하지 못하도록 공격하는 것입니다.

- 권한 상승(elevation of privilege): 공격자가 자신이 가진 권한보다 더 많은 권한을 얻기 위해 시도를 말합니다.

위협 모델링은 프로그래머, IT 전문가, 세일즈 담당자 등 이해관계자들이 모두 참여하는 영역입니다. 어떤 문제는 코드로 해결하는 것이 최선인 반면, 어떤 문제는 네트워크 구성을 통해 처리하고, 어떤 문제는 대처할 방법이 별로 없는 경우도 있습니다.

예를 들어 온라인 시스템에서 서비스 거부 문제를 완벽하게 방지할 방법은 없습니다. 마이크로소프트가 STRIDE 위협 모델을 개발했을 때, 네트워크 관련 코드는 대부분 C와 C++로 작성되었습니다. 이 언어들은 버퍼 오버플로에 취약하기 때문에[4], 악의적인 입력이 전송되었을 때 시스템에서 충돌이 일어나거나 시스템이 멈출 수도 있습니다.

C#과 자바 같은 관리형 코드(managed code)[3]는 이런 문제를 방지해주지만, 분산 서비스 거부 공격으로 인해 시스템이 무력화되지 않는다고 보장할 수는 없습니다. 트래픽 급증에 대처할 수 있을 정도로 용량을 충분히 확보해둘 수도 있겠지만, 공격이 충분히 대규모일 경우에는 할 수 있는 일이 별로 없습니다.

시스템마다 위협 프로파일이 다릅니다. 휴대폰 앱이나 데스크톱 애플리케이션은 웹 서비스와는 다른 형태의 공격에 취약합니다.

레스토랑 예약 시스템에 대한 위협 모델을 만들어봅시다. 모두 알다시피 이 시스템은 고객이 예약을 하고, 수정할 수 있는 REST API입니다. 또한, 레스토랑 지배인은 리소스에 대해 GET 요청을 보내 누가 언제 오는지를 포함한 특정 날짜의 전체 예약 상황을 확인할 수 있습니다. 일정에는 손님의 이름과 이메일이 포함됩니다.

STRIDE 항목을 체크리스트처럼 하나씩 확인해볼 예정이지만, 여기서는 비공식적으로만 진행하여 각각의 내용에 대해 어떤 방식으로 고려해야 하는지 알아보는 것에 집중하겠습니다. 나중에 조금 더 체계적으로 실행하는 것도 고려해보세요.

15.2.2 스푸핑

이 시스템이 스푸핑(spoofing)에 취약할까요? 그렇습니다. 예약을 할 때 원하는 어떤 이름을 사용해도 됩니다. 자신의 이름을 '키아누 리브스'라고 입력해도 시스템이 이 이름을 받아들일 것입니다. 이게 문제가 될까요? 될 수도 있지만, 이 부분은 레스토랑 주인에게 문제가 생길지 물어봐야 할 것 같습니다.

결국 현재 구현된 시스템은 이름에 따라 판단을 바꾸는 부분이 없기 때문에, 스푸핑을 통해서 시스템의 동작을 바꾸지는 못합니다.

15.2.3 변조

우리가 만든 시스템이 변조(tampering)에 취약할까요? SQL 서버의 데이터베이스에 예약 테이블이 있습니다. 누군가 권한이 없는 상태에서 이 데이터를 편집할 수 있을까요?

---

3 **역주** 관리형 코드는 런타임에서 실행되고 관리되는 코드를 의미합니다. 코드 컴파일 과정에서 중간 언어가 생성되며, 실제 기계어로의 컴파일과 수행은 런타임에서 처리되므로 (보통 가상머신과 JIT 기술을 이용해서) 런타임에서 메모리 관리나 보안 처리 등의 기능을 추가로 제공할 수 있습니다.

몇 가지 시나리오를 따져봐야 할 것 같습니다.

REST API 자체만으로도 HTTP 요청인 PUT과 DELETE 요청을 보내서 예약을 수정할 수 있습니다. 별다른 인증 없이 새 예약을 할 수 있는 것처럼, 리소스 주소(URL 같은)만 있으면 예약을 수정할 수 있습니다. 신경을 써야 할 문제일까요?

그럴 수도 있고, 아닐 수도 있습니다. 각각의 리소스 주소는 고유한 하나의 예약을 식별합니다. 리소스 주소의 한 부분은 GUID 형태를 사용하는 예약 ID를 가집니다. 공격자가 GUID를 추측할 수 있는 방법이 없다는 점에서는 약간 안심해도 될 것 같습니다[4]. 한편으로는 새로 예약할 때 사용하는 POST 요청에 대한 응답 메시지에는 리소스 주소를 포함하는 Location 헤더가 포함되기 때문에, 중간에 있는 사람이 이를 가로채서 주소를 볼 수도 있습니다.

이 위협은 HTTPS를 사용해서 간단하게 완화시킬 수 있습니다. 보안 연결은 선택 사항이 아니라 필수 사항입니다. 이 기법은 IT 전문가가 더 잘 처리할 수 있는 위협 완화 조치의 좋은 예입니다. 일반적으로는 코드를 작성하는 것보다 서비스를 적절하게 구성하는 것이 중요합니다.

고려해야 할 또 다른 변조 시나리오는 직접적인 데이터베이스 접근입니다. 데이터베이스에 직접 접근할 수 있을까요? 이 질문에 대한 실질적인 대답은 데이터베이스 배포를 안전하게 보호하거나, 충분히 신뢰할 수 있는 클라우드 기반의 데이터베이스를 사용하는 것입니다. 즉, 이 문제는 프로그래머가 아닌 IT 전문가에게 필요한 역량입니다.

공격자는 SQL 주입을 통해 데이터베이스에 액세스할 수도 있으며, 이러한 위협을 완화하는 책임은 전적으로 프로그래머에게 있습니다. 레스토랑 예약 코드베이스는 예제 15-1에 있는 것처럼 이름이 있는 매개변수를 사용합니다. 이런 방식은 ADO.NET에서 SQL 주입 위협을 완화하는 방식으로 권장되고 있습니다.

예제 15-1 이름이 있는 SQL 매개변수인 @id를 사용했습니다.
(Restaurant/e89b0c2/Restaurant.RestApi/SqlReservationsRepository.cs)

```
public async Task Delete(Guid id)
{
    const string deleteSql = @"
        DELETE [dbo].[Reservations]
        WHERE [PublicId] = @id";

    using var conn = new SqlConnection(ConnectionString);
```

---

4 이 부분이 모호함을 이용한 보안이라고 생각할 수 있는데, 그렇게 생각하는 이유는 이해가 됩니다. 하지만 실제로는 GUID가 다른 128비트 암호화 키만큼이나 추측하기 어렵기 때문에 그렇지 않다고 생각합니다. 암호화 키도 결국 128비트 숫자일 뿐이니까요.

```
    using var cmd = new SqlCommand(deleteSql, conn);
    cmd.Parameters.AddWithValue("@id", id);

    await conn.OpenAsync().ConfigureAwait(false);
    await cmd.ExecuteNonQueryAsync().ConfigureAwait(false);
}
```

SQL 주입 공격에 대한 보호는 개발자의 책임이므로, 코드 리뷰와 짝 프로그래밍을 할 때 이 부분이 잘 처리되어 있는지 반드시 확인해야 합니다.

15.2.4 거부

시스템 사용자가 작업 실행을 거부(repudiation)할 수도 있을까요? 그렇습니다. 더 심각한 문제는 사용자가 예약을 한 다음에 나타나지 않을 수 있다는 것입니다. 레스토랑 외에 병원, 미용실 등 예약을 통해 영업을 하는 많은 장소에서 발생하는 문제죠.

어떻게 하면 이런 위협을 완화시킬 수 있을까요? 사용자에게 인증을 요구하고, 디지털 서명을 사용해서 감리 및 추적을 할 수 있는 내용을 기록해둘 수 있습니다. 또한, 사용자에게 신용카드로 예약비를 지불하도록 요청힐 수도 있습니다. 하지만 레스토랑 주인의 의견을 물어봐야 합니다.

대부분의 레스토랑은 이런 조치가 고객들에게 부담을 줘서 오지 않도록 만들 수 있다고 걱정합니다. 이 예는 보안에 있어서 적절한 균형을 찾아내야 한다는 것을 보여줍니다. 즉, 시스템을 너무 안전하게 만드는 경우 원래 목적을 달성하지 못할 수도 있습니다.

15.2.5 정보 노출

우리가 만든 예약 시스템이 정보 노출(information disclosure)에 취약할까요? 비밀번호를 저장하지는 않지만, 개개인을 식별하기 위해 이메일 주소를 저장하고 있습니다. 이 정보는 나쁜 사람들의 손에 넘어가면 안 됩니다.

예약의 리소스 주소(URL) 역시 중요한 정보로 간주해야 합니다. 이 주소가 있다면 해당 리소스를 DELETE할 수도 있기 때문입니다. 이 정보를 이용해서 이미 매진된 레스토랑에서 다른 사람의 예약을 삭제한 다음 예약을 할 수도 있을 것입니다.

공격자는 이런 정보에 어떻게 접근할 수 있을까요? 중간에서 패킷을 가로챌 수도 있지만, 우리는 HTTPS를 사용하기로 했으니 안심해도 좋습니다. SQL 주입 공격 역시 다른 공격 방식으로 사용될 수 있겠지만, 앞에서 이 문제를 해결하기로 결정했습니다. 따라서 이 부분은 크게 걱정할 필요는 없습니다.

하지만 한 가지 문제가 남아 있습니다. 레스토랑 지배인이 리소스에 대해 GET 요청을 보내서 모든 예약과 손님의 도착 시간을 포함한 특정 날짜의 전체 일정을 확인해볼 수 있는데, 이 결과에는 도착할 손님의 신원 확인을 위해 이름과 이메일 주소가 포함되어 있습니다. 어떤 방식으로 이 문제를 완화시킬 수 있는지 예제 15-2를 봅시다.

예제 15-2 일정을 요청하는 GET에 대한 응답의 예. 읽기 쉽게 만들기 위해서 실제 예제 시스템이 생성하는 것과 다르게 요청 부분과 응답 부분 모두 중요한 부분만 남겨두었습니다.

```
GET /restaurants/2112/schedule/2021/2/23 HTTP/1.1
Authorization: Bearer eyJhbGciOiJIUzI1NiIsInCI6IkpXVCJ9.eyJ...

HTTP/1.1 200 OK
Content-Type: application/json; charset=utf-8
{
  "name": "Nono",
  "year": 2021,
  "month": 2,
  "day": 23,
  "days": [{
    "date": "2021-02-23",
    "entries": [{
      "time": "19:45:00",
      "reservations": [{
        "id": "2c7ace4bbee94553950afd60a86c530c",
        "at": "2021-02-23T19:45:00.0000000",
        "email": "anarchi@example.net",
        "name": "Ann Archie",
        "quantity": 2
      }]
    }]
  }]
}
```

지배인이 인증하도록 하는 방식으로 이 문제를 완화시킬 수 있습니다. 인증 메커니즘으로는 JSON 웹 토큰을 선택했으며, 만일 해당 동작을 수행할 수 있는 역할임을 증명하는 유효한 토큰을 제시하지 않으면 403 Forbidden 응답을 받습니다.

예제 15-3과 같은 통합 테스트를 만들어서 올바른 동작을 하는지 확인할 수도 있습니다.

예약 리소스는 민감한 정보를 포함하는 유일한 리소스이므로, 여기에 대해서만 인증을 요구했습니다. 레스토랑은 일하는 직원에게는 필요한 인증을 요구하고, 고객에게는 따로 인증을 요청하지 않았습니다. 고객이 귀찮아서 예약하지 않는 위험에서 벗어날 수 있는 합리적인 선택이라 할 수 있습니다.

예제 15-3 클라이언트가 '지배인' 역할을 요청할 수 있는 적절한 JSON 웹 토큰을 제시하는지 확인하는 테스트로, 적절한 토큰을 제시하지 않는 경우 API는 403 Forbidden 응답으로 요청을 거부합니다. 이 테스트에서는 "Foo"와 "Bar" 역할만 요청하고 있습니다.

```
[Theory]
[InlineData(    1, "Hipgnosta")]
[InlineData( 2112, "Nono")]
[InlineData( 90125, "The Vatican Cellar")]
public async Task GetScheduleWithoutRequiredRole(
    int restaurantId,
    string name)
{
    using var api = new SelfHostedApi();
    var token =
        new JwtTokenGenerator(new[] { restaurantId }, "Foo", "Bar")
            .GenerateJwtToken();
    var client = api.CreateClient().Authorize(token);

    var actual = await client.GetSchedule(name, 2021, 12, 6);

    Assert.Equal(HttpStatusCode.Forbidden, actual.StatusCode);
}
```

15.2.6 서비스 거부

공격자가 REST API로 일련의 바이트 스트림을 전송해서 시스템을 충돌(crash)시킬 수 있을까요? 그렇게 할 수 있다면, 이 문제는 우리가 해결할 수 없습니다.

C#, 자바, 자바스크립트 등의 고급 언어로 작성된 API는 동작 과정에서 포인터를 조작하지 않습니다. 즉, 관리 코드를 사용하는 경우에는 버퍼 오버플로를 통해서 시스템을 충돌시킬 수 없습니다. 만일 이런 일이 발생한다면, 이건 사용자 코드의 버그가 아니라 오히려 플랫폼의 결함일 것입니다. 이런 형태의 위협을 완화하기 위해서 할 수 있는 유일한 방법은 프로덕션 시스템을 최신 상태로 유지하는 것입니다.

분산 서비스 거부 공격(DDoS)은 문제가 될까요? 그럴 수 있습니다. 이 부분은 IT 전문가와 상의해서 어떤 일을 할 수 있는지 확인해야 합니다.

예상치 못한 대규모 트래픽에도 대응할 수 있도록 시스템을 강인하게 만드는 것을 고려할 수 있는데, 일부 시스템에서는 이렇게 만드는 것이 좋습니다. 우리가 만든 레스토랑 예약 시스템과 유사한 경우로 콘서트 티켓을 판매하는 시스템을 생각해봅시다. 유명 아티스트가 대형 경기장에서 진행하는 콘서트 티켓을 발매하는 시점에는 초당 수천 건 이상의 요청이 발생하면서 시스템이 망가질 수 있습니다.

갑자기 폭발적으로 증가하는 부하에 대해 시스템을 강인하게 만드는 방법 중 하나는 시스템을 이런 경우에 맞춰 적절하게 설계하는 것입니다. 예를 들어 구체화 뷰(materialized view)를 기반으로 읽기가 진행되는 동안 잠재적인 모든 쓰기 동작은 내구성 큐(durable queue)에 넣는 방식을 사용할 수 있을 것입니다. 이런 형태를 CQSR 아키텍처[5]라고 하는데, 자세한 내용은 이 책의 범위를 벗어나기 때문에 따로 설명하지 않겠습니다.

이런 아키텍처는 쓰기가 발생했을 때 바로 처리하는 것보다 훨씬 복잡합니다. 물론 레스토랑 예약 시스템을 이런 방식으로 설계하는 것도 가능하지만, 이 시스템의 경우는 투입되는 복잡도에 비해 얻을 수 있는 것이 크지 않다고 판단하여 작업을 진행하지는 않았습니다.

위협 모델링에서는 위협을 인식한 후에 굳이 해결하지 않기로 결정해도 괜찮습니다. 궁극적으로 모두 사업상의 결정이기 때문이죠. 다만 조직의 다른 구성원에게도 해당 위협을 인지시켜야 합니다.

15.2.7 권한 상승

공격자가 일반 사용자로 접근한 후에 교묘한 속임수를 통해서 서비스의 관리자 권한을 획득할 수 있을까요?

다시 말하지만, SQL 주입은 권한 상승(elevation of privilege)에 영향을 끼치는 취약성입니다. 공격자가 데이터베이스에서 임의의 SQL 명령을 실행할 수 있다면, 운영체제의 외부 프로세스도 생성해낼 수 있습니다[6].

---

5 [역주] CQRS(Command Query Responsibility Segregation) 패턴을 적용한 아키텍처를 의미하며, 읽기와 쓰기를 분리함으로써 독립적인 관리, 확장이 용이하게 만든 것입니다.

6 예를 들어 SQL 서버에서 xp_cmdshell 명령을 이용해 외부 명령을 실행시킬 수 있습니다. 하지만 SQL 서버 2005부터는 해당 명령이 기본적으로 비활성화되어 있습니다. 절대 이 명령을 활성화하지 마십시오.

효과적인 해결 방법은 가능한 한 제한된 권한으로 데이터베이스와 기타 다른 서비스를 실행시키는 것입니다. 관리자 권한으로 데이터베이스를 실행시키면 안 됩니다.

이미 코드를 작성하는 시점에서 SQL 주입 공격에 주의하도록 만들기로 결정했기 때문에 이 부분은 별로 걱정할 필요 없습니다.

지금까지 레스토랑 예약 시스템을 이용해서 STRIDE 위협 모델링을 진행했습니다.

물론 보안 공학 부문에는 이것보다 훨씬 더 많은 부분이 있지만, 전문 보안 전문가가 아니기 때문에 저는 이런 방식으로 접근하곤 합니다. 위협 모델링 중에 해결 방법을 잘 모르는 문제가 발생했을 때는 아는 친구에게 연락하면 되니까요.

15.3 / 다른 기법들

성능과 보안 문제는 전통적인 소프트웨어 공학에서 다루는 가장 큰 두 가지 측면이지만, 이외에도 고려해야 할 다양한 프랙티스가 있습니다. 여기서 다루는 주제는 제 개인의 경험에 바탕을 두고 있으며, 여러 팀과 상담할 때 자주 다루던 문제들입니다. 다른 주제를 생략한 것은 중요하지 않기 때문이 아니라는 점에 유의해주십시오.

여기서 다루지 않았지만 유용하다고 생각하는 주제로는 카나리아 배포, A/B 테스팅[49], 내결함성 및 강인성[73], 의존성 분석, 리더십, 분산 시스템 알고리즘[55], 아키텍처, 유한 상태 기계, 디자인 패턴[39][33][66][46], 지속적 배포[49], SOLID 원칙[60] 등 다양합니다. 이 분야는 방대할 뿐 아니라 지속적으로 성장하고 있습니다.

하지만 여기서는 두 가지 프랙티스에 대해서만 간단하게 다루도록 하겠습니다.

15.3.1 속성 기반 테스트

자동화된 테스트를 처음 접하는 프로그래머들은 종종 테스트할 값을 찾는 데 어려움을 겪습니다. 그 이유 중 하나는 어떤 값이 테스트 케이스와 별로 관련이 없어 보임에도 테스트에 포함되어야 하기 때문입니다. 예를 들어 예제 15-4는 Reservation 생성자에 자연수가 아닌 값을 수량으로 전달되는 경우 ArgumentOutOfRangeException 오류가 발생하는지 검사합니다.

매개변수화된 테스트는 0과 -1을 잘못된 수량의 예로 사용하는데, 0은 경계값[66]이므로 포함되어야 하지만, 음수는 꼭 -1일 필요는 없습니다. -42를 사용하나, -1을 사용하나 별 차이 없이 모두 유용했을 것입니다.

예제 15-4 Reservation 생성자가 잘못된 수량을 받았을 때 ArgumentOutOfRangeException 오류를 발생시키는지 검증하기 위한 매개변수화된 테스트 (Restaurant/812b148/Restaurant.RestApi.Tests/ReservationTests.cs)

```
[Theory]
[InlineData( 0)]
[InlineData(-1)]
public void QuantityMustBePositive(int invalidQuantity)
{
    Assert.Throws<ArgumentOutOfRangeException>(
        () => new Reservation(
            Guid.NewGuid(),
            new DateTime(2024, 8, 19,  11, 30, 0),
            new Email ("vandal@example.com"),
            new Name("Ann da Lucia"),
            invalidQuantity));
}
```

어떤 음수라도 괜찮다면 숫자를 만들려고 노력할 필요 없이, 임의의 음수를 생성하는 프레임워크를 사용하는 것은 어떨까요?

재사용 가능한 소프트웨어 패키지가 몇 가지 있습니다. 이 패키지들을 이용하는 것이 속성 기반 테스팅[7]의 기본 아이디어입니다. 뒤에서 FsCheck라는 라이브러리를 사용하지만, 다른 라이브러리는 이미 있던 것들입니다[8]. FsCheck는 xUnit.net과 NUnit 모두에 통합되어 있기 때문에 속성 기반 테스트를 '전통적인' 테스트와 쉽게 통합할 수 있습니다. 즉, 예제 15-5와 같이 기존 테스트를 속성 기반 테스트로 리팩터링하기 쉽게 만들어주는 것이죠.

[Property] 속성은 해당 메서드가 FsCheck에 의해 구동되는 속성 기반 테스트임을 나타냅니다.

15 유연한 용어집

---

7 여기서 '속성(property)'이란 용어는 '특질(trait)', '품질(quality)', 혹은 '특성(attribute)'을 의미합니다. 따라서 속성 기반 테스트는 테스트할 시스템의 속성을 테스트 작업에 포함시키는 것입니다. 예를 들어 Reservation 생성자의 경우 수량으로 양수가 아닌 숫자가 들어오면 예외를 발생시킵니다. 참고로 여기서 이야기하는 속성은 C#이나 비주얼 베이직에서 getter와 setter 메서드에 대해서 지정하는 속성들과는 관계가 없습니다.

8 속성 기반 테스트 라이브러리의 원형은 1999년에 처음 출시된 이후에 아직까지 활발하게 사용되고 있는 하스켈 QuickCheck 패키지입니다. 여러 언어를 위해 포팅된 버전들이 많이 있습니다.

매개변수화된 테스트처럼 보이지만, 이제 모든 메서드의 인수는 [InlineData] 속성에서 나온 것이 아니라 FsCheck에서 생성된 것입니다.

임의의 값이 생성되며 일반적인 경계값인 0, 1, -1 위주로 만들어집니다. 기본적으로 각 속성은 백 번씩 실행됩니다. 한 번의 테스트마다 단순히 100개의 [InlineData] 속성이 발생했다고 생각할 수 있지만, 각각의 값은 실행될 때마다 무작위의 값이 재생성된다고 생각하면 됩니다.

예제 15-5 예제 15-4에 있는 테스트를 속성 기반 테스트로 리팩터링했습니다.
(Restaurant/05e64f5/Restaurant.RestApi.Tests/ReservationTests.cs)

```
[Property]
public void QuantityMustBePositive(NonNegativeInt i)
{
    var invalidQuantity = -i?.Item ?? 0;
    Assert.Throws<ArgumentOutOfRangeException>(
        () => new Reservation(
            Guid.NewGuid(),
            new DateTime (2024, 8, 19, 11, 30, 0),
            new Email("vandal@example.com"),
            new Name("Ann da Lucia"),
            invalidQuantity));
}
```

FsCheck는 PositiveInt, NonNegativeInt, NegativeInt과 같은 래퍼(wrapper) 형식을 내장하고 있습니다. 이 형식들은 정수를 둘러싸는 역할만 하지만, NonNegativeInt가 음수가 아닌 정수만 생성하는 것[9]처럼 형식에 맞는 값만 생성해낸다는 것을 FsCheck가 보장해줍니다.

QuantityMustBePositive 테스트를 위해서는 양의 정수가 아닌 임의의 값이 필요한데, 이런 형식을 가진 래퍼는 없습니다. 원하는 범위의 값을 생성하는 한 가지 방법은 FsCheck에서 NonNegativeInt 값을 생성하게 요청한 다음 음수로 만드는 것입니다.

Item 속성[10]은 내부적으로 NonNegativeInt로 둘러싸인 정수 값을 반환합니다. 제가 켜둔 정적 언어 분석기 중 하나는 i 매개변수가 null이 될 수 있다는 점을 지적했습니다. 여기서 물음표로 표기한 모든 부분들은 C#에서 널 참조를 처리할 때 대체값인 0으로 종료될 수 있음을 나타내는 것이기 때문에, 대부분의 경우 특별한 문제가 없는 잡음이라 생각합니다. 중요한 연산은 i 앞에 있

---

9   0보다 크거나 같은 숫자를 만듭니다.

10 이 속성은 C#의 속성이며, 속성 기반 테스트에서 이야기하는 속성이 아닙니다. 실제로 다양한 의미로 사용되는 용어이므로 혼란스러울 수 있습니다.

는 단항 빼기 연산자입니다. 음이 아닌 정수를 양이 아닌 정수로 바꿔버릴 가능성이 있기 때문입니다.

FsCheck와 같은 라이브러리를 통해 임의의 테스트 값을 만들어낼 수 있다는 것을 알고 나면, 다른 테스트 데이터도 새로운 시각으로 바라볼 수 있습니다. Guid.NewGuid()의 경우는 어떨까요? 이 값도 FsCheck에서 생성할 수 있도록 할 수는 없을까요? 예제 15-6처럼 가능합니다.

예제 15-6 예제 15-5의 속성 중 예약 ID도 FsCheck에서 만들어낼 수 있도록 리팩터링했습니다.
(Restaurant/87fefaa/Restaurant.RestApi.Tests/ReservationTests.cs)

```
[Property]
public void QuantityMustBePositive(Guid id, NonNegativeInt i)
{
    var invalidQuantity = -i?.Item ?? 0;
    Assert.Throws<ArgumentOutOfRangeException>(
        () => new Reservation(
            id,
            new DateTime(2024, 8, 19, 11, 30, 0),
            new Email("vandal@example.com"),
            new Name("Ann da Lucia"),
            invalidQuantity));
}
```

사실 하드코딩된 값들은 테스트의 결과에 영향을 주지 않습니다. "vandal@example.com" 대신 임의의 이메일 주소 형식 문자열을 사용할 수 있으며, "Ann da Lucia" 대신 어떤 문자열이라도 이름으로 사용할 수 있습니다. 예제 15-7처럼 FsCheck가 이런 값을 기꺼이 만들어줄 것입니다.

예제 15-7 예제 15-6의 속성에서 모든 매개변수를 FsCheck에서 만들어내도록 리팩터링했습니다.
(Restaurant/af31e63/Restaurant.RestApi.Tests/ReservationTests.cs)

```
[Property]
public void QuantityMustBePositive(
    Guid id,
    DateTime at,
    Email email,
    Name name,
    NonNegativeInt i)
{
    var invalidQuantity = -i?.Item ?? 0;
    Assert.Throws<ArgumentOutOfRangeException>(
        () => new Reservation(id, at, email, name, invalidQuantity));
}
```

이 개념은 생각보다 훨씬 더 멀리까지 확장할 수 있습니다. 조만간 NonNegativeInt 같은 내장 래퍼 형식 중 하나로 모델링할 수 없는 특별한 요구 사항이 있는 입력 데이터를 모델링해야 할 것입니다. FsCheck처럼 잘 짜인 속성 기반 테스트 라이브러리는 이런 상황에 대응할 수 있는 API를 가지고 있습니다.

사실 테스트 대상 시스템(System Under Test; SUT)의 일반적인 속성을 설명하는 것보다 포괄적인 테스트 케이스를 만드는 것이 더 어렵습니다. 제가 레스토랑 예제 시스템을 개발하는 과정에서도 이런 일이 두 번이나 발생했습니다.

지배인의 관점에서 하루의 일정을 확인하는 부분의 복잡한 논리 부분 때문에 구체적인 테스트 케이스를 찾아내는 데 상당한 어려움을 겪었습니다. 상황을 깨달았을 때, 더욱 더 구체적인 속성의 시퀀스[11]로 동작을 정의하는 방식으로 바꿨습니다. 예제 15-8이 핵심 부분입니다.

예제 15-8 개선된 속성 기반의 테스트의 핵심 구현부. 이 테스트 메서드는 예제 15-9 코드에 의해 구성되고 호출됩니다.
(Restaurant/af31e63/Restaurant.RestApi.Tests/MaitreDScheduleTests.cs)

```
private static void ScheduleImp(
    MaitreD sut,
    Reservation[] reservations)
{
    var actual = sut.Schedule(reservations);

    Assert.Equal(
        reservations.Select(r => r.At).Distinct().Count(),
        actual.Count());
    Assert.Equal(
        actual.Select(ts => ts.At).OrderBy(d => d),
        actual.Select(ts => ts.At));
    Assert.All(actual, ts => AssertTables(sut.Tables, ts.Tables));
    Assert.All(
        actual,
        ts => AssertRelevance(reservations, sut.SeatingDuration, ts));
}
```

위 내용이 테스트의 실제 구현 부분이며, 이 메서드에서 Schedule 메서드를 호출할 수 있도록 MaitreD 인자와 reservations의 배열을 받아들입니다.

---

11 이 책의 깃 저장소에서 커밋 진행 상황과 최종 결과를 확인할 수 있습니다. 여기서 예제 코드를 단계별로 설명하는 것은 너무 구체적이므로 따로 블로그[108]에 설명해두었습니다.

sut와 reservation 인자를 적절하게 구성하고 ScheduleImp를 호출하기 위해, FsCheck의 API를 사용해서 만든 또 다른 메서드가 있습니다. 이 메서드는 유닛 테스트 프레임워크를 실제로 실행시키는 테스트 메서드입니다. 예제 15-9를 확인해보십시오.

예제 15-9 예제 15-8에 있는 핵심 속성들을 구성하고 실행시키는 부분
(Restaurant/af31e63/Restaurant.RestApi.Tests/MaitreDScheduleTests.cs)

```
[Property]
public Property Schedule()
{
    return Prop.ForAll(
        (from rs in Gens.Reservations
         from m in Gens.MaitreD(rs)
         select (m, rs)).ToArbitrary(),
        t => ScheduleImp(t.m, t.rs));
}
```

이 속성은 이 책의 범위를 넘어선, FsCheck의 고급 기능을 사용합니다. FsCheck API에 익숙하지 않다면 자세한 부분이 거의 이해되지 않겠지만, 괜찮습니다. 코드를 보여준 것은 FsCheck를 알려주기 위해서가 아니라, 이 책에서 다루는 것보다 소프트웨어 공학의 세계가 훨씬 더 넓다는 것을 보여주기 위해서니까요.

15.3.2 행위 기반 코드 분석

이 책에서는 주로 코드를 살펴보았습니다. 코드의 한 줄 한 줄이 가지는 영향과 비용을 고려할 수 있어야 하고, 고려해야만 합니다. 그렇다고 해서 큰 그림이 중요하지 않다는 의미는 아닙니다. 7.2.6절에서 프랙탈 아키텍처를 살펴보면서 큰 그림의 중요성에 대해서 논의했던 적이 있습니다.

하지만 큰 그림 역시 정적인 관점에서 코드베이스를 보는 것입니다. 상위 수준 코드라 하더라도 코드의 현재 모습만 볼 수 있습니다. 반면 여러분에게는 버전 관리 시스템도 있으므로 이를 분석해서 통찰력을 추가로 얻을 수 있습니다. 가장 자주 변경되는 파일이 어떤 것인지, 또한 어떤 파일들이 같이 변경되는 경향을 가지고 있는지, 어떤 개발자는 특정 파일에 대해서만 작업하는지 등의 정보를 얻을 수 있습니다.

버전 관리 데이터 분석은 학문 분야[44]로 시작했지만, 아담 톤힐은 두 권의 책[111][112]을 통해 이를 실무에 적용할 수 있도록 많은 노력을 기울였습니다. 행위 기반 코드 분석을 지속적 배포의 파이프라인의 일부로 만들 수 있습니다.

행위 기반 코드 분석은 깃에서 정보를 추출해서 시간의 흐름과 같이 확인해야 보이는 패턴과 문제들을 식별해낼 수 있습니다. 어떤 파일은 크기가 크지 않고 순환 복잡도가 낮더라도 다른 이유로 문제가 있을 수도 있습니다. 예를 들어 더 복잡한 다른 파일과 결합되어 같이 변경되는 경우가 있을 수 있지요.

결합 관계 중 일부는 의존성 분석을 통해서 확인할 수 있지만, 다른 유형의 결합 관계는 찾기가 어려울 수 있습니다. 특히 복사–붙여넣기를 해서 만든 코드는 더 그렇습니다. 함께 변경되는 파일들과 파일의 일부분을 분석하면, 이전에 보지 못했던 의존성을 추가로 파악할 수 있습니다[112]. 그림 15-4는 어떤 파일이 자주 같이 변경되는지 볼 수 있는 변경 결합도 지도입니다.

❤ 그림 15-4 같이 변경되는 관계를 나타내는 지도. 선으로 연결되어 있는 파일들은 같이 변경되는 경향이 있습니다. 분석 중인 코드베이스에는 더 많은 파일이 있지만, 일정 횟수 이상 같이 변경된 파일들만 이 그림에 포함시켰습니다.

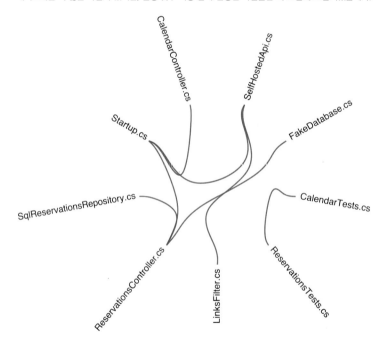

이런 변경 결합도 지도를 들여다보면 단일 파일을 X선으로 검사하듯 자세한 조사 결과를 볼 수 있습니다[112]. 어떤 메서드가 가장 많은 문제를 발생시킬까요?

올바른 도구를 사용하면 그림 15-5와 같이 코드의 핫스팟(hot spot) 지도를 만들 수도 있습니다. 각각의 파일은 이런 포함 관계도(enclosure diagram)에서 원형으로 표시됩니다. 각 원의 크기는 파일의 크기 또는 복잡도를 나타내며, 색상은 변경 빈도를 나타냅니다. 해당 파일이 포함된 커밋이 많을수록 짙은 색깔로 나타낸 것입니다.

▼ 그림 15-5 핫스팟 포함 관계도. 큰 원은 더 복잡한 파일을 나타내며, 더 진한 색은 더 자주 변경되는 파일을 나타냅니다. 그림은 마치 실험용 유리 접시 안에서 박테리아가 자라나는 형태가 연상됩니다.

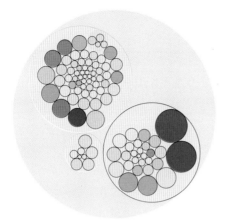

행위 기반 코드 분석을 유효한 소프트웨어 공학 도구로 사용할 수 있습니다. 매력적인 그림을 그릴 수 있을 뿐 아니라 변경 결합도와 핫스팟을 정량화할 수도 있기 때문이죠. 여기에 특정 숫자를 임계값으로 두어서 추가적인 조사에 활용할 수 있습니다.

7.1.1절에서 이야기했던 부분을 기억하세요. 특정 임계값을 사용함으로써 여러분의 관심을 조금 더 생산적인 방향으로 돌릴 수 있습니다. 물론 특정 임계값이 일종의 규칙처럼 사용되지 않도록 주의해야 합니다.

어떤 추세를 가지고 있는지 확인해보는 것도 도움이 될 수 있습니다. 보통 추세를 관찰하는 작업은 즉시 할 수 있습니다. 개발되지 않은 상태에서 코드베이스를 시작한 것이 아니라면 복잡도 수치가 별로 좋지 않을 수 있지만, 적어도 추세를 좋게 만들기 위해 어떤 것을 즉시 시작할 수 있을 것입니다.

만일 대규모 팀에 속해 있다면 행위 기반 코드 분석을 통해 지식 배포와 팀 간의 결합 관계를 확인할 수도 있습니다. 핫스팟 포함 관계도에서 각 파일의 주요 작성자를 다른 색으로 표현하는 식으로 변형해서 일종의 지식 지도로 사용할 수 있습니다. 이런 접근 방식을 통해서 팀의 버스 지수 (bus factor)[12]를 실제로 측정해낼 수 있습니다.

---

12 역주 앞에서 잠깐 설명했지만, 몇 명이 버스를 같이 타고 가다가 사고를 당해도 팀이 지식을 유지할 수 있는지 표현하는 지수입니다. 코드의 소유권과 정보 공유에 문제가 있는지 확인하는 지수라 할 수 있습니다.

15.4 결론

소프트웨어 공학이라는 용어를 들으면 성능, 보안 엔지니어링, 정규화된 코드 리뷰, 복잡도 분석, 공식적인 처리 프로세스 같은 '고전적인' 프랙티스와 개념을 쉽게 떠올립니다.

소프트웨어 공학은 이 책에서 다룬 프랙티스와 경험적인 휴리스틱 방법은 물론 위 내용까지 모두 포괄하는 개념입니다. 다른 책[48][55]에서는 이 책에서 비교적 피상적으로만 다루고 지나간 소프트웨어 공학의 전통적인 개념에 대해 깊게 다룹니다.

성능이 중요한 것은 분명하지만, 소프트웨어에서 가장 중요한 속성은 아닙니다. 소프트웨어가 제대로 동작하는 것이 성능보다 훨씬 더 중요합니다. 제대로 동작하는 소프트웨어를 개발한 후에야 성능에 대해서 고려할 수 있습니다. 하지만 자원은 한정되어 있다는 것도 고려해야 하겠습니다.

그럼 가장 중요한 건 무엇일까요? 소프트웨어가 더 좋은 성능을 제공하는 것인가요, 아니면 안전한 보안이 중요한가요? 코드베이스가 향후 몇 년간 조직을 제대로 지원할 수 있는지가 중요한가요, 아니면 조금 더 빨리 동작하는 것이 중요한가요?

프로그래머로서 이에 대해 여러 의견이 있을 수 있지만, 다른 이해관계자도 참여해야 하는 질문들입니다.

16^장

여행

이 책에 수록되어 있는 실천 가능한 여러 프랙티스를 따름으로써, 쉽게 읽고 이해할 수 있는 코드, 즉 여러분의 조직을 지탱할 수 있는 코드를 만들 가능성이 높아지길 바랍니다. 그런 코드베이스는 어떤 모습일까요?

마지막인 16장에서는 이 책의 예제 코드베이스를 살펴보면서, 특히 주목할 부분을 몇 가지 짚어 보겠습니다.

16.1 코드베이스 탐색하기

자신이 작성하지 않은 코드에서 어떻게 길을 찾을 수 있을까요? 이는 코드를 볼 때 어떤 동기를 가지고 있는지에 따라 달라집니다. 만일 유지보수 프로그래머이고, 첨부된 스택 추적 정보를 가지고 결함을 수정하라는 요청을 받았다면, 추적 정보의 최상위 프레임이 어떤 것인지부터 확인할 것입니다.

반면 당장 명확한 목표가 없고, 응용 프로그램에 대한 감각을 익히고 싶다면 프로그램의 진입점부터 실펴보는 것이 자연스럽습니다. .NET 코드베이스는 Main 메서드기 시작점입니다.

보통 코드를 읽는 사람들은 사용하는 프로그래밍 언어, 플랫폼, 프레임워크의 기본적인 동작에 대해서는 익숙하다고 가정하는 것이 합리적이겠지요.

여러분이 .NET이나 ASP.NET에 익숙할 것이라 가정하지는 않지만, 프로그래밍할 때 팀원들이 기본적인 규칙은 알고 있을 것이라 생각합니다. 예를 들어 팀원이 .NET에서 Main 메서드의 특별한 의미는 이미 알고 있기를 기대합니다.

예제 16-1은 코드베이스의 Main 메서드입니다. 이 부분은 예제 2-4 이후로 바뀐 적이 없습니다.

예제 16-1 레스토랑 예약 시스템의 진입점. 이 부분은 예제 2-4와 같습니다.

(Restaurant/af31e63/Restaurant.RestApi/Program.cs)

```
public static class Program
{
    public static void Main(string[] args)
    {
        CreateHostBuilder(args).Build().Run();
    }
```

```
    public static IHostBuilder CreateHostBuilder(string[] args) =>
        Host.CreateDefaultBuilder(args)
            .ConfigureWebHostDefaults(webBuilder =>
            {
                webBuilder.UseStartup<Startup>();
            });
}
```

ASP.NET Core 코드베이스에서 Main 메서드 부분은 거의 변경되지 않는 보일러 플레이트 코드 (boiler plate code)[1]입니다. 이 코드베이스로 작업할 다른 프로그래머들도 프레임워크의 기본은 알고 있을 것이므로, 되도록 놀랍지 않을 만한 코드를 유지하는 것이 최선이라고 생각합니다. 다만 예제 16-1은 제공하는 정보가 거의 없기는 합니다.

ASP.NET을 조금이라도 안다면 알고 있겠지만, webBuilder.UseStartup<Startup>() 문장은 Startup 클래스를 웹 호스트의 실제 작업이 시작되는 곳으로 지정하라는 뜻입니다. 따라서 코드베이스를 이해하려면 이 부분을 살펴봐야 합니다.

16.1.1 큰 그림 보기

IDE를 사용해서 Startup 클래스로 이동해봅시다. 예제 16-2는 클래스의 선언부와 생성자입니다. ASP.NET 프레임워크에서 생성자 주입[25]을 통해 IConfiguration 객체를 받고 있습니다. 이 방식은 일반적인 방식이므로, ASP.NET 프레임워크 경험자라면 이미 친숙할 것입니다. 즉, 지금까지 얻은 새로운 정보가 별로 없다는 것이 놀랄 만한 부분은 아닙니다.

관례에 따르면, Startup 클래스에서는 두 가지 메서드, Configure와 ConfigureServices를 정의해야 합니다. 예제 16-2 바로 뒤에 나오는 예제 16-3에서 Configure 메서드를 보여줍니다.

예제 16-2 Startup 선언부와 생성자. 예제 16-3이 바로 뒤에 이어집니다. (Restaurant/af31e63/Restaurant.RestApi/Startup.cs)

```
public sealed class Startup
{
    public IConfiguration Configuration { get; }

    public Startup(IConfiguration configuration)
```

---

1 역주 보일러 플레이트는 보일러 통을 찍어내는 틀을 의미하는데, 두꺼운 강판을 찍어내야 하는 만큼 거의 변경하지 않고 반복해 사용합니다. 소프트웨어 부문에서는 이와 비슷하게 거의 변경하지 않고 반복적으로 재사용할 수 있는 코드를 의미합니다.

```
    {
        Configuration = configuration;
    }
```

예제 16-3 예제 16-2에 선언된 Startup 클래스의 Configure 메서드 (Restaurant/af31e63/Restaurant.RestApi/Startup.cs)

```
public static void Configure(
    IApplicationBuilder app,
    IWebHostEnvironment env)
{
    if (env.IsDevelopment())
        app.UseDeveloperExceptionPage();

    app.UseAuthentication();
    app.UseRouting();
    app.UseAuthorization();
    app.UseEndpoints(endpoints => { endpoints.MapControllers(); });
}
```

이 부분을 통해서 시스템에서 인증, 라우팅, 권한 부여를 사용하고, 프레임워크의 기본적인 구현 형태인 MVC 패턴을 사용한다는 것도 알 수 있습니다. 추상화 수준은 높지만, 순환 복잡도가 2 이며, 활성화된 객체는 3개에 불과하고, 12줄밖에 안 되므로 읽으면서 이해하기 쉽습니다. 그림 16-1은 이를 육각꽃 다이어그램으로 표현한 것입니다. 이 그림은 코드가 프랙탈 아키텍처의 개념적 모델에 어떻게 잘 들어맞는지 보여줍니다.

▼ 그림 16-1 예제 16-3의 Configure 메서드에 대한 육각꽃 다이어그램. 육각꽃 다이어그램을 채워가는 방법은 여러 가지가 있습니다. 7장의 예에서는 순환 복잡도 분석에서 발생하는 분기를 이용해 각 육각형을 채웠지만, 여기서는 활성화된 객체를 이용해서 각 육각형을 채웠습니다.

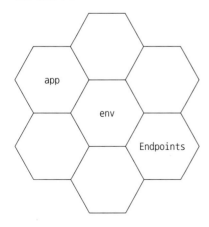

즉, 육각꽃 다이어그램이란 본질적으로 확인을 위해 모든 가능성을 나열한 목록입니다. 예제 16-3에서 호출된 모든 메서드는 프레임워크의 메서드입니다. Configure 메서드의 유일한 목적은 특정 내장 기능을 활성화시키는 것입니다. 코드를 읽어보면 코드에서 무엇을 기대하는지 약간은 알 수 있습니다. 예를 들어 각각의 HTTP 요청은 컨트롤러 클래스에 있는 메서드에서 처리되어야 합니다.

예제 16-4의 ConfigureServices 메서드에서 더 많은 정보를 수집해야 할까요?

여기에는 조금 더 많은 정보가 있지만, 여전히 추상화 수준이 높습니다. 순환 복잡도는 1이며, 활성화된 객체 6개(services, urlSigningKey, new UrlIntegrityFilter 객체 하나, opts라 불리는 변수 2개, 객체의 Configuration 속성)와 코드가 21줄 있으므로, 여전히 읽고 이해하기 쉽습니다. 그림 16-2처럼 메서드에 대한 육각꽃 다이어그램을 그려서 이 메서드가 프랙탈 아키텍처의 개념에 잘 맞는지 확인할 수 있습니다. 메서드에 있는 각 부분을 모두 육각꽃 다이어그램에 채워 넣을 수 있다면, 해당 코드는 읽기 쉬운 코드일 것입니다.

예제 16-4 예제 16-2에서 선언된 Startup 클래스의 ConfigureServices 메서드
(Restaurant/af31e63/Restaurant.RestApi/Startup.cs)

```
public void ConfigureServices(IServiceCollection services)
{
    var urlSigningKey = Encoding.ASCII.GetBytes(
        Configuration.GetValue<string>("UrlSigningKey"));

    services
        .AddControllers(opts =>
        {
            opts.Filters.Add<LinksFilter>();
            opts.Filters.Add(new UrlIntegrityFilter(urlSigningKey));
        })
        .AddJsonOptions(opts =>
            opts.JsonSerializerOptions.IgnoreNullValues = true);

    ConfigureUrSigning(services, urlSigningKey);
    ConfigureAuthorization(services);
    ConfigureRepository(services);
    ConfigureRestaurants(services);
    ConfigureClock(services);
    ConfigurePostOffice(services);
}
```

16

요약

▼ 그림 16-2 예제 16-4의 ConfigureServices 메서드에 대한 육각꽃 다이어그램. 그림 16-1처럼 이 다이어그램도 활성화된 객체로 각각의 육각형을 채웠습니다.

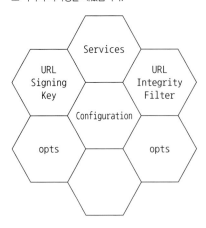

메서드에는 세부 사항이 거의 없으며, 코드베이스에 대한 목차처럼 동작합니다. 만일 인증에 대해 알고 싶다면 ConfigureAuthorization 메서드로 이동해서 살펴보면 되고, 코드베이스의 데이터 접근 구현 부분을 조사하고 싶다면 ConfigureRepository 메서드로 이동하면 됩니다.

조금 더 살펴보기 위해 메서드로 이동하는 것은 세부 사항을 확대하는 것과 같습니다. 이 부분은 7.2.6절에서 이야기했던 프랙탈 아키텍처의 예입니다. 각 수준의 코드도 마찬가지로 읽고 이해하기 무리가 없습니다. 세부 사항을 확대했을 때 해당 수준의 코드를 이해하기 위해 상위 수준의 내용이 필요하지 않아야 합니다.

세부 내용으로 들어가기 전에, 코드베이스를 탐색하는 방법에 대해 먼저 설명하겠습니다.

16.1.2 파일 정리

제가 자주 받는 질문이 있는데, 코드베이스에서 파일을 어떤 방식으로 정리해야 하냐는 질문입니다. 컨트롤러, 모델, 필터 등의 하위 디렉터리를 각각 만들어야 할까요? 혹은 기능별로 디렉터리를 만들어야 할까요?

제 대답은 "그냥 모든 파일을 한 디렉터리에 넣으세요."인데, 대부분 좋아하지 않더군요. 하지만 단지 코드를 '정리'하기 위해서 하위 디렉터리를 만들지 마십시오.

파일 시스템은 계층 구조이자, 두 지점(vertex)[2]이 정확히 하나의 경로(path)로만 연결되는 특수한 형태의 비순환 그래프(acyclic graph) 형태를 가진 트리 구조입니다. 다시 말해, 각 지점은 최대 하나의 부모만 가질 수 있습니다. 조금 더 직설적으로 말하면, 어떤 파일을 가상의 Controllers 디렉터리에 넣으면 동시에 Calendar 디렉터리에도 넣을 수 없습니다.

파이어폭스(Firefox) 코드베이스에 대한 분석에는 다음과 같이 적혀 있습니다.

> "시스템 아키텍트들은 시스템을 분할할 수 있는 다양한 방법이 있다는 것을 깨달았습니다. 즉, 가능한 횡단 관심사를 인식해내고, 모듈을 분할하면 시스템에서 연관성이 있는 다른 부분들도 여러 모듈로 분리해낼 수 있습니다. 예를 들어 파이어폭스의 경우 브라우저 부분과 툴킷 부분을 분리하기로 결정함으로써, 장소[3]와 테마 부분 역시 분리할 수 있었습니다."[110]

이것이 계층 구조의 문제입니다. 즉, 계층으로 정리하는 과정에서 자동으로 다른 방식들은 배제됩니다. C#이나 자바 같은 단일 상속 언어의 상속 계층 구조에도 같은 문제가 있습니다. 하나의 기본 클래스를 이용해서 파생 클래스를 만들기로 결정하고 나면, 다른 모든 클래스는 해당 클래스의 잠재적인 기본 클래스로 사용할 수 없게 됩니다.

> "클래스 상속보다 객체의 구성을 선호해야 합니다."[39]

상속을 피하는 것과 마찬가지로 디렉터리 구조로 코드를 정리하는 것도 피해야 합니다.

다른 모든 조언과 마찬가지로 예외가 있습니다. 샘플 코드베이스를 살펴봅시다. Restaurant. RestApi 디렉터리에는 컨트롤러, 데이터 전송 객체, 도메인 모델, 필터, SQL 스크립트, 인터페이스, 어댑터 등 65개의 코드 파일이 있습니다. 이런 파일들을 이용해서 예약과 일정 등의 다양한 기능뿐만 아니라, 로깅 등의 횡단 관심사도 구현합니다.

이 규칙의 유일한 예외는 Options라는 하위 디렉터리를 둔 것입니다. 이 디렉터리에 있는 4개의 파일은 오로지 JSON 기반의 구성 파일을 코드로 전달하는 과정을 메우기 위해 존재합니다. 이 파일에 있는 클래스들은 ASP.NET의 옵션 시스템에 맞춰서 특화되어 있습니다. 즉, 데이터 전송 객체이면서, 특정한 목적을 위해 존재하며, 다른 용도로 사용되면 안 된다고 확신했기 때문에 이 파일들은 보이지 않게 따로 두었습니다.

16

요약

---

2 역주 그래프 용어로 '정점', '버텍스' 혹은 '노드(node)'라고도 하는데, 그래프에서 연결되어야 하는 지점들을 의미합니다. 각 지점을 연결하는 것을 엣지(edge)라 부르고, 엣지의 집합이 경로(path)입니다.

3 역주 파이어폭스에서 북마크나 방문 이력 부분을 말합니다.

코드 파일을 정교한 계층 구조로 정리하는 것이 그다지 좋지 않은 생각이라고 말하면, 사람들은 믿을 수 없을 정도로 반발합니다. "그럼 도대체 파일을 어떻게 찾나요?"

IDE를 사용하세요. 이동(navigation) 기능이 있습니다. 앞에서 IDE를 사용해 Startup 클래스로 이동하라고 설명했을 때, 'Restaurant.RestApi 디렉터리로 가서 Startup.cs 파일을 찾아서 열어라.' 라는 뜻이 아닙니다.

IDE에서 '해당 심볼의 정의로 이동'하는 기능을 이용하라는 말이죠. 예를 들어 비주얼 스튜디오에서 이 명령은 '정의로 이동(Go To Definition)'이며, 기본적으로 F12 키를 눌러서 실행할 수 있습니다. 다른 명령을 사용해서 인터페이스의 구현으로 이동하거나, 참조하고 있는 모든 곳을 찾아내거나 심볼을 찾아낼 수 있습니다.

편집기에는 탭이 있으며 일반적으로 사용하는 단축키[4]를 통해 탭 사이를 이동할 수 있습니다.

한 번은 다른 개발자들에게 테스트 주도 개발을 알려주기 위해 몹 프로그래밍을 진행한 적이 있었습니다. 테스트를 살펴보다가 제가 "좋아요. 이제 테스트 대상 시스템(System Under Test)으로 가볼까요?"라고 말했죠.

그러자 개발자는 해당 클래스의 이름이 뭐였는지 잠시 생각한 다음, 파일 보기로 가서 스크롤하여 파일 이름을 찾아낸 다음, 더블클릭으로 파일을 열었습니다.

그동안 이 파일은 다른 탭에 열려 있었습니다. 우리가 3분 전에 작업했던 파일이기 때문에 단축키만 누르면 바로 열 수 있던 것이죠.

연습 삼아 IDE의 파일 보기를 숨겨보십시오. IDE에서 제공하는 다양한 코드 통합 편집 기능으로 코드베이스에서 파일을 찾아 이동하는 법을 배우세요.

16.1.3 세부 사항 찾아보기

예제 16-4와 같은 메서드는 큰 그림을 제공하지만, 가끔은 구현의 세부 사항을 살펴봐야 할 때도 있습니다. 예를 들어 데이터 접근이 어떤 방식으로 동작하는지 확인하고 싶다면, 예제 16-5에 있는 ConfigureRepository 메서드로 이동해야 합니다.

---

4 윈도우의 경우 Ctrl + TAB 을 누릅니다.

예제 16-5 ConfigureRepository 메서드. 여기서 데이터 접근 요소가 어떤 식으로 구성되어 있는지 배울 수 있습니다.

(Restaurant/af31e63/Restaurant.RestApi/Startup.cs)

```csharp
private void ConfigureRepository(IServiceCollection services)
{
    var connStr = Configuration.GetConnectionString("Restaurant");
    services.AddSingleton<IReservationsRepository>(sp =>
    {
        var logger =
            sp.GetService<ILogger<LoggingReservationsRepository>>();
        var postOffice = sp.GetService<IPostOffice>();
        return new EmailingReservationsRepository(
            postOffice,
            new LoggingReservationsRepository(
                logger,
                new SqlReservationsRepository(connStr)));
    });
}
```

ConfigureRepository 메서드를 통해 내장 의존성 주입 컨테이너에 IReservationsRepository 인스턴스를 등록할 수 있다는 것을 알 수 있습니다. 코드의 순환 복잡도는 1이고, 활성화된 객체는 6개, 코드 길이는 15줄이므로 다시 읽기 쉬운 코드가 됩니다. 그림 16-3은 이 코드에 대한 육각꽃 다이어그램입니다.

❤ 그림 16-3 예제 16-5의 ConfigureRepository 메서드를 그린 육각꽃 다이어그램. 그림 16-1과 마찬가지로 활성화된 객체로 육각꽃 다이어그램을 채웠습니다.

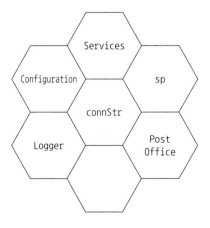

범위를 확대해서 세부 사항으로 들어온 것이므로, 주변 상황은 더 이상 중요하지 않습니다. 머릿속에서 추적해야 하는 것은 services 파라미터와 Configuration 속성, 메서드가 만들어내는 변수들입니다.

이 코드에서 몇 가지를 배울 수 있습니다.

- 응용 프로그램의 접속 문자열을 편집하려면, ASP.NET 표준 구성 시스템을 사용해야 합니다.
- IReservationsRepository 서비스는 로깅과 이메일도 포함하므로 실제로는 3단계 깊이의 데코레이터입니다.
- 가장 안쪽에 있는 구현은 SqlReservationsRepository 클래스입니다.

어떤 부분에 관심을 가지는지에 따라 관련 형식으로 이동할 수 있습니다. IPostOffice 인터페이스에 대해 조금 더 알고 싶다면, '정의로 이동' 혹은 '구현으로 이동'을 사용하세요. SqlReservationsRepository를 보고 싶다면 해당 코드로 이동하면 됩니다. 이런 작업을 통해 훨씬 더 깊은 수준의 세부 정보를 확대해볼 수 있습니다.

이 책 전반에 걸쳐서 SqlReservationsRepository에서 발췌한 코드(예를 들어 예제 4-19, 12-2, 15-1)를 찾을 수 있을 것입니다. 이미 설명한 것처럼 이 코드들은 여러분이 읽으면서 이해하기 편한 코드입니다.

코드베이스에 있는 모든 코드는 이 원칙을 따릅니다.

16.2 아키텍처

아키텍처에 대해서는 많이 이야기하지 않겠습니다. 중요하지 않다고 생각하는 것이 아니라, 이 주제를 다루고 있는 좋은 책들이 이미 있기 때문입니다. 제가 제시한 대부분의 작업은 계층화[33], 모놀리식(monolithic), 포트와 어댑터[19], 수직 슬라이스, 행위자 모델, 마이크로서비스, 함수형 코어, 명령 셸[11] 등 다양한 아키텍처를 이용해서 동작합니다.

소프트웨어 아키텍처는 코드를 구성하는 방식에 영향을 주기 때문에 연관성이 매우 큽니다. 작업하는 각 코드베이스에 사용할 아키텍처를 명확하게 고려해야 합니다. 모든 것에 적용되는 아키텍처는 없으므로, 다음에 설명하는 것 중에 어떤 것도 모두에게 통하는 진리라고 생각해서는 안 됩니다. 현재 진행하는 작업에 적합한 한 가지 아키텍처에 대한 설명일 뿐, 모든 상황에 적합한 것은 아닙니다.

16.2.1 모놀리식

책에서 제공하는 샘플 코드베이스를 보면, 당황스러울 정도로 큰 하나의 덩어리(즉, 모놀리식 (monolithic))로 되어 있다는 것을 눈치챘을 것입니다. 그림 16-4처럼 통합 테스트를 포함하는 전체 코드베이스를 고려해서, 세 패키지[5]가 모두 들어 있습니다. 물론 그중 하나만 프로덕션 코드입니다.

전체 프로덕션 코드는 하나의 실행 파일로 컴파일됩니다. 여기에는 데이터베이스 접근, HTTP 세부 사항, 도메인 모델, 로깅, 이메일 기능, 인증 및 권한 부여 등의 기능이 포함됩니다. 모든 것이 하나의 패키지에 있나요? 이게 모놀리식이 아닌가요?

어떤 의미에서는 그렇게 주장할 수도 있습니다. 예를 들어 배포의 관점에서 이 코드를 다른 컴퓨터에서 작동시키기 위해 여러 부분으로 분리할 수는 없을 것입니다. 이 샘플 애플리케이션의 목적을 고려해, 저는 이 부분이 '비즈니스' 목표가 아니라고 판단했습니다.

❤ 그림 16-4 샘플 코드베이스를 구성하는 패키지. 프로덕션 패키지가 하나이므로, 모놀리식의 냄새가 납니다.

또한 코드의 일부분을 새로운 방식으로 재사용할 수도 없습니다. 도메인 모델을 재사용해서 예약된 일괄 작업을 진행하려면 어떻게 해야 할까요? 이렇게 하려고 시도하다 보면, HTTP 관련 코드와 이메일 기능이 함께 태그되어야 함을 알아차릴 것입니다.

하지만 이 부분은 제가 코드를 어떤 방식으로 패키징할 것인지 선택함으로써 발생한 결과일 뿐입니다. 말하자면 네 개의 패키지보다는 한 개의 패키지가 더 간단합니다.

내부적으로 하나의 패키지에 함수형 코어, 명령 셸[11] 아키텍처를 적용시켰는데, 이는 포트-어댑터 스타일의 아키텍처로 이어지는 경우가 많습니다[102].

필요에 따라 코드베이스를 여러 패키지로 분리할 수 있는지는 별로 걱정하지 않습니다.

---

5   비주얼 스튜디오에서는 프로젝트라고 부릅니다.

16.2.2 순환 구조

모놀리식 형태는 의도치 않게 스파게티 코드 형태가 되는 경향이 있으므로 평판이 그다지 좋지 못합니다. 하나의 패키지 안에서 모든 코드를 쉽게[6] 호출할 수 있기 때문입니다.

이로 인해서 종종 코드의 일부분이 다른 부분에 의존성을 가지고, 다시 해당 부분이 첫 부분에 의존하는 형태를 가지게 됩니다. 종종 볼 수 있는 예로, 객체 관계형 매퍼에 의해 정의된 매개변수 객체를 주고받는 데이터 접근 인터페이스가 있습니다(그림 16-5). 이 인터페이스는 코드베이스가 가진 도메인 모델의 일부로 정의되므로, 구현 역시 이 부분과 결합되어 있습니다. 여기까지는 좋습니다. 하지만 인터페이스는 객체 관계형 매퍼 클래스에 의해 정의되므로, 추상화 역시 구현의 세부 사항에 영향을 받기 때문에 이렇게 구현하게 되면 두 부분이 결합되면서 의존성 역전 원칙[60]을 위반하게 됩니다.

❤ 그림 16-5 일반적인 데이터 접근의 순환 구조. 도메인 모델이 데이터 접근 인터페이스를 정의하는데, 여기서는 IRepository라 부르겠습니다. 인터페이스의 멤버는 반환형과 데이터 접근 계층에서 가져온 매개변수로 정의됩니다. 예를 들어 Row 클래스가 객체 관계형 매퍼에서 정의되었을 수 있습니다. 따라서 도메인 모델은 데이터 접근 계층에 의존성을 가집니다. 반면 OrmRepository 클래스는 IRepository 인터페이스의 ORM 기반 구현체입니다. 이 클래스를 참조하지 않은 상태에서 인터페이스를 구현할 수 없으므로, 데이터 접근 계층이 도메인 모델에 의존성을 가집니다. 다른 말로, 순환 형태의 의존성을 가지는 것입니다.

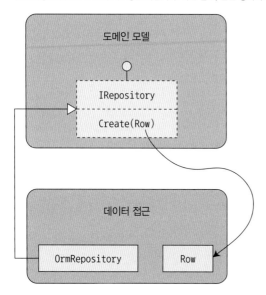

---

6 사실 C# 같은 언어에서는 다른 클래스에서 메서드를 호출하지 못하도록 막아주는 private 접근 한정자를 사용할 수 있습니다. 하지만 간단하게 접근 한정자를 internal로 바꾸고 계속 진행하면 되기 때문에 마음이 급한 개발자에게 큰 장벽이 되지는 않습니다.

이 경우 결합 역시 순환 구조(cycle)를 가집니다. 그림 16-6과 같이 A는 B에 의존하고, B는 C에 의존하고, 다시 C는 A에 의존합니다. 어떤 주류 언어도 순환 구조를 막는 기능은 없기 때문에 순환 구조를 가지지 않도록 항상 주의해야 합니다.

▼ 그림 16-6 간단한 순환 구조. A는 B에 의존하고, B는 C에, 다시 C는 A에 의존합니다.

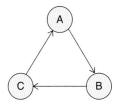

그러나 사용할 수 있는 좋은 방법이 있습니다. 주류 언어는 코드의 순환 구조를 허용하지만, 패키지의 의존성은 금지할 수 있습니다. 예를 들어 도메인 모델 패키지에서 데이터 접근 인터페이스를 정의하려고 할 때, 매개변수 혹은 반환값에 객체 관계형 매퍼 클래스를 사용해야 하는데 이 경우 데이터 접근 패키지에 의존성을 추가해야 합니다.

다음에 어떤 일이 벌어지는지 그림 16-7을 보세요. 데이터 접근 패키지에서 인터페이스를 구현하려면 도메인 모델 패키지에 의존성을 추가해야 합니다. 하지만 IDE에서는 비순환 의존성 원칙[60]을 깰 수 없어 이 동작을 거부할 것이므로, 이 작업을 할 수 없습니다.

▼ 그림 16-7 순환 의존성의 실패. 도메인 모델 패키지가 이미 데이터 접근 패키지를 참조하는 경우, 데이터 접근 패키지는 도메인 모델 패키지를 참조할 수 없습니다. 따라서 패키지 사이에서 순환 의존성을 만들 수 없습니다.

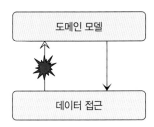

이는 코드베이스를 여러 패키지로 분리하는 동기가 됩니다. 대략적인 수준이라도 IDE를 통해 아키텍처 원칙을 강요할 수 있습니다. 이 부분은 아키텍처에 포카요케[7]를 적용한 것입니다. 이를 통해 대규모의 순환 구조가 생성되는 것을 방지할 수 있습니다.

시스템을 작은 구성 요소로 분리할 때 익숙한 방법은 도메인 모델, 데이터 접근, 포트와 사용자 인터페이스로 동작을 나누고, 이 세 가지 구성 요소를 하나로 묶기 위한 최상위 조합(composition

---

7 [역주] 8.1.2절에서 설명한 대로 포카요케는 동작을 제한해서 실수를 방지하는 기법입니다.

root)[25] 패키지를 두는 것입니다.

그림 16-8처럼 패키지 각각에 대해 유닛 테스트를 할 수도 있습니다. 이제 패키지는 3개가 아니라 7개가 되었습니다.

▼ 그림 16-8 예제로 사용된 레스토랑 예약 코드베이스를 가상적으로 분해해본 것입니다. 'HTTP 모델'에는 HTTP와 REST에 관련된 모든 논리와 구성이 들어가고, '도메인 모델'에는 비즈니스 로직 부분이, '데이터 접근' 패키지에는 데이터베이스를 사용하기 위한 부분이 들어갔습니다. 'APP 호스트' 패키지는 다른 세 개의 패키지를 묶기 위한 최상위 조합[25] 부분을 가지고 있습니다. 세 개의 테스트 패키지는 복잡한 논리를 포함하고 있는 세 개의 프로덕션 패키지를 대상으로 합니다.

수동적으로 순환 구조를 방지하는 것은 어느 정도 복잡도를 높이더라도 가치가 있습니다. 특히 같이 작업하는 팀원들이 순환 구조를 막을 수 있는 언어에 대한 경험이 풍부하지 않다면 이런 형태의 아키텍처를 권장합니다.

물론 순환 구조를 막아주는 언어도 있습니다. 예를 들어 F#은 앞에서 미리 정의하지 않은 코드는 사용할 수 없어, 순환 구조를 막는 것으로 유명합니다. 이 언어를 처음 접하는 사람들은 이 기능을 끔찍한 결함으로 보지만, 실제로는 이 언어가 가진 매우 훌륭한 기능 중 하나입니다.[117][37]

하스켈은 다른 접근 방식을 취하지만, 상위 수준에서 부수 효과를 명시적으로 처리하도록 만들어져 있기 때문에 궁극적으로는 포트-어댑터 형식의 아키텍처로 유도합니다. 만일 다른 방법으로 코드를 작성하는 경우에는 그냥 컴파일 자체가 되지 않습니다[102]!

저는 오랫동안 F#과 하스켈로 프로그램을 작성해 왔기에, 언어에서 유도하는 유익한 규칙을 자연스럽게 따르게 되었습니다. 샘플 코드의 경우 모놀리식 구조로 패키징되어 있지만, 아주 잘 분리되어 있다고 확신합니다. 하지만 비슷한 경험이 없다면 코드베이스를 여러 개의 패키지로 분리하는 것이 좋습니다.

16.3 사용법

익숙하지 않은 코드베이스를 살펴보다 보면, 실제로 어떻게 동작하는지 확인해보고 싶은 경우가 있습니다. REST API는 사용자 인터페이스가 없기 때문에, 그냥 바로 띄워서 버튼을 클릭할 수는 없습니다.

어느 정도는 확인할 수 있습니다. 응용 프로그램을 동작시키면 브라우저에서 'home' 리소스를 볼 수 있으며, API에 의해 전달되는 JSON 표현 부분에는 브라우저에서 따라갈 수 있는 링크가 포함되어 있습니다. 하지만 시스템과의 상호작용은 제한됩니다.

브라우저에서는 GET 요청만 보낼 수 있습니다. 하지만 새로 예약을 하려면 POST 요청을 보내야 합니다.

16.3.1 테스트를 통해서 배우기

코드베이스에 포괄적인 테스트 스위트가 있다면 테스트를 통해 API에서 의도하는 사용 방법을 배울 수 있는 경우가 많습니다. 예를 들어 시스템에서 새로 예약하는 방법을 배울 수 있습니다.

예제 16-6은 코드베이스를 멀티 테넌트 시스템[8]으로 확장할 때 작성한 테스트로, 이런 테스트를 작성하는 대표적인 방식입니다.

이 코드의 순환 복잡도는 1이고, 활성화된 객체가 6개이며, 14줄의 코드로 구성되어 있으므로 늘 그렇듯 읽기 쉬운 코드가 됩니다. 추상화 수준이 높기 때문에 어설션을 만드는 방법이나 PostReservation의 구현 방식에 대한 세부 사항들을 알려주지는 않습니다.

예제 16-6 'Nono'라는 레스토랑의 예약을 만드는 유닛 테스트
(Restaurant/af31e63/Restaurant.RestApi.Tests/ReservationsTests.cs)

```
[Fact]
public async Task ReserveTableAtNono()
{
    using var api = new SelfHostedApi();
    var client = api.CreateClient();
```

---

8 **역주** 하나의 인스턴스에 다수의 클라이언트가 연결되어 서비스를 제공하는 방식을 말합니다.

```
        var dto = Some.Reservation.ToDto();
        dto.Quantity = 6;

        var response = await client.PostReservation("Nono", dto);

        var at = Some.Reservation.At;
        await AssertRemainingCapacity(client, at, "Nono", 4);
        await AssertRemainingCapacity(client, at, "Hipgnosta", 10);
    }
```

미심쩍은 부분이 있다면, 예제 16-7의 PostReservation 구현 부분으로 이동해서 확인하면 됩니다.

예제 16-7 예약을 만드는 테스트 유틸리티 메서드(Test Utility Method)[66]
(Restaurant/af31e63/Restaurant.RestApi.Tests/RestaurantApiClient.cs)

```
    internal static async Task<HttpResponseMessage> PostReservation(
        this HttpClient client,
        string name,
        object reservation)
    {
        string json = JsonSerializer.Serialize(reservation);
        using var content = new StringContent(json);
        content.Headers.ContentType.MediaType = "application/json";

        var resp = await client.GetRestaurant(name);
        resp.EnsureSuccessStatusCode();
        var rest = await resp.ParseJsonContent<RestaurantDto>();
        var address = rest.Links.FindAddress("urn:reservations");

        return await client.PostAsync(address, content);
    }
```

이 테스트 유틸리티 메서드[66]는 HttpClient를 사용해 REST API와 상호작용합니다. 예제 16-6에서 질의를 보내는 클라이언트가 자체 호스팅된 서비스 인스턴스와 통신한다는 것을 기억할 것입니다. 하지만 PostReservation 메서드까지 확대해 들어가면 이 부분까지 기억할 필요는 없으며, 동작하는 client가 있다는 것만 알면 됩니다.

이는 프랙탈 아키텍처가 동작하는 방식을 보여주는 또 다른 예라고 할 수 있습니다. 확대해서 세부 사항으로 들어가면 주변 상황은 더 이상 관련이 없습니다. 즉, 더 이상 해당 정보를 머릿속에 간직할 필요가 없습니다.

메서드의 내용을 구체적으로 이야기하면 도우미 메서드가 reservation을 JSON으로 직렬화한 다음, POST 요청을 위한 적절한 주소를 찾아냅니다.

이전보다 자세한 부분까지 보았습니다. 아마도 궁금했던 부분이 해결되었을 것입니다. POST 요청 형식을 만드는 방식이나, 어떤 HTTP 헤더에 대한 부분은 더 이상 살펴볼 필요가 없습니다. 반면 특정한 레스토랑으로 이동하는 방법이 알고 싶다면 GetRestaurant 메서드를 확대해서 살펴봐야 합니다. JSON 표현 부분에서 특정한 주소를 찾아야 한다면 FindAddress 부분을 확대해볼 수 있습니다.

이처럼 잘 작성된 테스트는 아주 훌륭한 학습 자료가 됩니다.

16.3.2 테스트에 귀를 기울이자

『테스트 주도 개발로 배우는 객체 지향 설계와 실천』[36]이라는 책의 모토가 하나 있다면, '테스트에 귀를 기울이자'는 것입니다. 좋은 테스트는 테스트 대상 시스템과 상호작용하는 방법 이상의 것을 알려줍니다.

테스트 코드 역시 코드라는 점을 명심하세요. 따라서 프로덕션 코드를 유지보수하는 것처럼 테스트 역시 유지보수해줘야 합니다. 테스트 코드가 썩어가기 시작하면 프로덕션 코드처럼 리팩터링해야 합니다.

예제 16-7 혹은 16-8처럼 테스트 유틸리티 메서드[66]를 도입할 수 있습니다. 예제 16-8의 GetRestaurant 메서드는 특정 REST API와 상호작용하려는 모든 HttpClient의 범용적인 진입점 역할을 합니다. 멀티 테넌트 시스템이므로, 클라이언트의 첫 단계는 원하는 레스토랑으로 이동하는 것입니다.

예제 16-7이나 16-8을 자세히 살펴보면 테스트에 특화되어 있는 것은 없습니다. 다른 상황에서도 쓸모가 있을까요?

예제 16-8 이름을 기준으로 레스토랑 리소스를 찾는 테스트 유틸리티 메서드[66]
(Restaurant/af31e63/Restaurant.RestApi.Tests/RestaurantApiClient.cs)

```
internal static async Task<HttpResponseMessage> GetRestaurant(
    this HttpClient client,
    string name)
{
    var homeResponse =
```

```
    await client.GetAsync(new Uri("", UriKind.Relative));
homeResponse.EnsureSuccessStatusCode();
var homeRepresentation =
    await homeResponse.ParseJsonContent<HomeDto>();
var restaurant =
    homeRepresentation.Restaurants.First(r => r.Name == name);
var address = restaurant.Links.FindAddress("urn:restaurant");

    return await client.GetAsync(address);
}
```

REST API의 장점은 HTTP로 통신하는 모든 클라이언트를 지원하고 JSON[9] 구문을 분석할 수 있다는 점입니다. 그럼에도 API를 배포한 이후에는 다른 모든 프로그래머들이 자체적인 클라이언트 코드를 개발해야 합니다. 클라이언트의 상당 부분이 테스트 코드와 같은 플랫폼을 사용하게 될 경우에는 이런 테스트 유틸리티 메서드들을 '공식적인' 클라이언트 SDK로 승격하는 것이 개발에 도움이 될 수 있습니다.

이런 상황은 저에게도 자주 있었습니다. 테스트 코드를 리팩터링함에 따라, 일부 테스트 코드가 프로덕션 코드로도 유용하게 사용할 수 있다는 것을 깨닫게 되죠. 이런 발견은 언제나 행복합니다. 만일 이런 일이 벌어진다면 코드를 옮기세요. 모두에게 이득이 될 것입니다.

16.4 결론

CODE THAT FITS IN YOUR HEAD

'진짜' 공학이란 결정론적 과정과 인간의 판단이 혼합된 것입니다. 다리를 건설한다고 해봅시다. 내하중 강도[10]를 계산하는 공식도 필요하지만, 작업과 관련된 무수하게 많은 복잡한 일들을 처리하려면 여전히 사람이 참여해야 합니다. 결정해야 하는 사항은 다리가 어떤 종류의 교통 수단을 지원할 것인지, 얼마나 많은 교통량을 처리할 것인지, 견딜 수 있는 최고/최저 온도는 얼마로 할 것인지, 지하도는 어떻게 할지, 환경에 대한 우려가 있는지와 같이 다양합니다.

---

9   혹은 원한다면 XML도 가능합니다.

10   역주 내하중 강도란 부하 무게를 견디기 위한 강도를 말합니다.

공학이 완벽하게 결정론적인 과정이라면 사람이 필요하지 않겠지요. 컴퓨터와 산업용 로봇만 있어도 될 것입니다.

미래에는 일부 공학 분야가 이런 지점까지 도달할 수도 있겠지만, 그렇게 된다면 더 이상 공학이 아니라 제조업이 될 것입니다.

이런 차이가 단지 존재론적인 관점의 차이라 생각하나요? 저는 이 부분이 소프트웨어 공학의 기술이 존재하는 부분이라고 생각합니다. 사용할 수 있는 정량적 방법론이 있겠지만, 그렇다고 해서 머리를 써야 할 의무가 사라지지는 않습니다.

문제는 적절한 프로세스, 휴리스틱 방법, 과학 기술(technology)을 기술(skill)과 결합시켜 개발의 성공 가능성을 높이는 것입니다. 이 책에서는 '지금 당장' 채택할 수 있는 여러 가지 기술을 소개했습니다. 너무 진보적이라고 생각할 수 있습니다만, 모두 충분히 가능한 것들입니다.

"미래는 이미 여기 와 있습니다. 다만 고르게 퍼져 있지 않을 뿐입니다." - 윌리엄 깁슨

마찬가지로 이 책에서 설명한 기술들은 그림의 떡이 아닙니다. 일부 조직에서는 이미 사용하고 있습니다. 여러분도 할 수 있습니다.

memo

부록 A

프랙티스 목록

부록 A에서는 이 책에서 설명한 다양한 방법과 휴리스틱 기법을 찾아보기 쉽도록 목록으로 정리했습니다.

A.1 50/72 규칙

관습적으로 사용하는 규칙에 따라 깃 커밋 메시지를 작성합니다.

- 요약은 50자 이내, 명령형으로 작성하십시오.
- 내용을 추가할 경우 두 번째 줄은 빈 줄로 둡니다.
- 이후 원하는 만큼 설명을 추가할 수 있으나, 각각의 줄은 72자를 넘지 않아야 합니다.

요약 부분과는 별개로 변경을 한 '이유'를 설명하는 데 집중해야 합니다. 어떤 부분이 변경되었는지는 깃의 diff 화면에서 확인할 수 있기 때문입니다. 자세한 내용은 9.1.1절을 보세요.

A.2 80/24 규칙

코드 블록을 작게 작성하세요.

C#, 자바, C++, 자바스크립트와 같이 C에 기반한 언어인 경우, 문자 80자×24줄 크기를 유지하는 것이 좋습니다. 이 크기는 예전의 터미널 창 크기에 해당합니다.

다만, 80과 24라는 값을 너무 문자 그대로 받아들이지는 마세요. 다음 세 가지 이유로 이 값을 선택한 것입니다.

- 실제로 잘 동작합니다.
- 전통적으로 사용해온 값을 따른 것입니다.
- 80/20 법칙이라 알려져 있는 파레토 원칙과 비슷합니다.

다른 값을 정할 수도 있습니다. 이 규칙에서 가장 중요한 부분은 문자의 한계 값을 정하고 그 한도 내에서 일관성을 유지하는 것입니다.

자세한 내용은 7.1.3절을 읽어보세요.

A.3 준비-행동-어설트

준비-행동-어설트(Arrange-Act-Assert; AAA) 패턴에 따라 자동화된 테스트를 구성하십시오. 이때 각 부분이 끝나고 시작하는 것을 명확하게 구분할 수 있도록 테스트를 구성해야 합니다. 패턴에 담겨 있는 주요 아이디어는 4.2.2절을, 자세한 내용은 4.3.3절을 읽어보세요.

A.4 이분법

문제의 원인을 알아내기 어려운 상황이라면 이분법이 유용할 수 있습니다. 코드의 절반을 제거한 후 여전히 문제가 존재하는지 확인해보세요. 코드의 절반 중 어느 부분에 문제가 있는지 알아낼 수 있습니다.

동작하는 가장 작은 예제를 찾아낼 때까지 코드를 계속해서 절반으로 줄여나갑시다. 이 정도면 문제와 관련 없는 것들이 충분히 제거되었을 것이므로, 어떤 것이 문제인지 명확하게 알 수 있을 것입니다. 자세한 내용은 12.3절을 읽어보세요.

A.5 새로운 코드베이스를 위한 체크리스트

새로운 코드베이스를 만들거나, 기존 코드베이스에 새로운 프로젝트를 추가할 때는 체크리스트를 따르는 것이 좋습니다. 다음과 같은 것을 제안합니다.

- 깃을 사용하세요.
- 빌드를 자동화하세요.
- 모든 오류 메시지를 켜세요.

특정한 상황에 맞게 체크리스트를 수정할 수 있지만, 되도록 짧고 간단하게 유지해야 합니다. 자세한 내용은 2.2절을 읽어보세요.

A.6 명령과 쿼리의 분리

명령과 쿼리를 분리합시다. 명령은 부수 효과를 만드는 프로시저이며, 쿼리는 데이터를 반환하는 함수입니다. 모든 메서드는 명령 혹은 쿼리 중 하나일 수 있으나, 두 가지 기능을 모두 가져서는 안 됩니다. 자세한 내용은 8.1.6절을 읽어보세요.

A.7 변수 개수 세기

메서드 구현에 사용된 모든 변수의 개수를 세어보세요. 지역 변수, 메서드의 인수, 클래스 필드까지 모두 포함시켜야 합니다. 이 숫자를 가급적 적게 유지하세요. 자세한 내용은 7.2.7절을 읽어보세요.

A.8 순환 복잡도

순환 복잡도(cyclomatic complexity)는 실제로 유용한 몇 안 되는 코드 품질 측정 방법 중 하나입니다. 순환 복잡도는 코드를 통과하는 경로가 몇 개가 있는지 측정함으로써 메서드의 복잡도를 나타낼 수 있습니다.

저는 임계값을 7로 놓으면 실제로 잘 동작한다는 것을 알게 되었습니다. 순환 복잡도가 7이면 유용한 작업을 수행할 수 있기 때문에, 이 정도의 임계값이면 구현하기에 충분히 크고 리팩터링도 필요하지 않습니다. 반면에 이 값은 충분히 작기도 해서, 메서드가 머리에 잘 들어오기 때문에 이해하기도 쉽습니다. 자세한 내용은 7.1.2절을 읽어 보세요.

또한 이 측정 방법은 메서드를 완전하게 커버하기 위해서 작성해야 하는 최소한의 테스트 케이스 수를 알려줍니다.

A.9 횡단 관심사에 대한 데코레이터

비즈니스 로직에 로깅 의존성을 주입하면 안 됩니다. 관심사의 분리라는 원칙을 위배할 뿐 아니라 여러 관심사가 뒤섞이게 됩니다. 캐싱, 내결함성을 비롯한 대부분의 횡단 관심사 문제도 마찬가지입니다.

대신 13.2절에서 설명한 데코레이터 디자인 패턴을 사용하세요.

A

부록 스택프레임

A.10 악마의 변호인

악마의 변호인 기법은 테스트 케이스를 추가하는 것이 테스트 스위트의 신뢰성을 향상시킬 수 있을지 평가하기 위해서 사용할 수 있는 휴리스틱 기법입니다. 물론 기존의 (테스트) 코드를 리뷰할 때 사용할 수도 있지만, 새로운 테스트 케이스를 추가하려고 할 때 어떤 것을 추가할 것인지 영감을 얻는 데 사용할 수도 있습니다.

이 기법은 의도적으로 테스트 대상 시스템을 잘못 구현해보는 것입니다. 잘못 구현하는 부분이 많을수록, 더 많은 테스트 케이스의 추가를 고려해야 할 것입니다. 자세한 내용은 6.2.2절을 읽어보세요.

A.11 기능 플래그

반나절 정도의 작업으로는 일관성 있게 변경 사항을 완료할 수 없다면, 해당 부분을 기능 플래그 뒤에 숨긴 상태에서 다른 사람들의 작업과 변경 부분들을 계속 통합하십시오.

자세한 사항은 10.1절을 읽어보세요.

A.12 함수형 코어, 명령 셸

순수 함수를 사용하세요.

참조 투명성이란 프로그램의 동작을 변경하지 않고, 함수 호출을 그 결과로 대체할 수 있다는 의미입니다. 이것이 바로 궁극적인 추상화입니다. 출력을 통해 함수의 핵심 부분을 캡슐화하면서, 모든 구현의 세부 사항들은 숨겨져 있기 때문입니다.

순수 함수 역시 잘 구성되며, 유닛 테스트를 하기도 쉽습니다.

자세한 내용은 13.1.3절을 읽어보세요.

A.13 정보 전달 단계

미래의 독자(여러분 자신이 될 수도 있습니다)를 위해 코드를 작성하세요. 다음 우선순위 목록에 따라 행동과 의도를 알려주는 것이 좋습니다.

1. API에 특유의 데이터 형식을 제공해서 독자에게 정보를 주세요.

2. 메서드에 유용한 이름을 지정해서 독자에게 정보를 주세요.

3. 좋은 주석을 작성해서 독자에게 정보를 주세요.

4. 자동화된 테스트로 코드를 사용하는 예제를 제공해서 독자에게 정보를 주세요.

5. 깃 커밋 메시지를 잘 작성해서 독자에게 정보를 주세요.

6. 좋은 문서를 작성해서 독자에게 정보를 주세요.

목록에서 위에 있는 항목들이 아래에 있는 항목들보다 더 중요합니다.

자세한 내용은 8.1.7절을 읽어보세요.

A.14 예외 규정이 있을 때 이유 설명하기

좋은 규칙은 대부분 잘 동작하지만, 규칙이 방해가 되는 경우가 항상 있습니다. 상황에 따라 규칙에서 벗어나도록 만드는 것은 괜찮지만, 그 정당한 이유를 반드시 문서에 적어야 합니다. 관련 내용은 4.3.2절을 참조하세요.

규칙에서 벗어나기로 결정하기 전에 다른 사람의 의견을 구하는 것이 좋습니다. 때로는 원하는 답을 얻지 못하고 그냥 규칙을 따를 수도 있겠지만, 동료는 얻을 수 있을 것입니다.

A

목록 스테터프

A.15 유효성 검사 말고 구문 분석 하기

여러분의 코드는 밖의 세상과 상호작용을 하는데, 바깥 세상은 객체 지향으로 되어 있지 않습니다. 대신 JSON, XML, 쉼표로 구분된 값(CSV), 프로토콜 버퍼 또는 데이터의 무결성을 보장하기 어려운 형식으로 데이터를 수신합니다.

덜 구조화된 데이터를 잘 구조화된 데이터로 가능한 한 빠르게 변환하세요. 일반 텍스트를 대상으로 하지 않더라도, 이 과정을 구문 분석(parsing)이라 생각할 수 있습니다. 자세한 내용은 7.2.5절을 읽어보세요.

A.16 포스텔의 법칙

사전 조건과 사후 조건에 대해 포스텔의 법칙을 염두에 두세요.

"보내는 부분은 보수적으로, 받는 부분은 더 자유롭게 만드세요."

메서드는 최대한 받아들일 수 있는 한도에서 입력을 받아야 하지만, 그 이상은 허용하면 안 됩니다. 반환값은 가능한 한 신뢰할 수 있는 값을 주어야 합니다. 자세한 내용은 5.2.4절을 읽어보세요.

A.17 빨강-초록-리팩터

테스트 주도 개발을 진행할 때는 빨강-초록-리팩터 과정을 따르세요. 체크리스트[93]라고 생각해도 됩니다.

1. 실패한 테스트를 작성하세요.

    A. 테스트를 실행했나요?

    B. 실패했나요?

C. 어설션 때문에 실패한 건가요?

D. 가장 마지막 어설션 때문에 실패한 건가요?

2. 가능한 한 가장 간단한 방법으로 모든 테스트를 통과하세요.

3. 결과 코드를 확인해봅시다. 개선할 부분이 있나요? 있다면 개선하고, 모든 테스트가 여전히 통과하는지 확인해보세요.

4. 반복합니다.

자세한 내용은 5.2.2절을 읽어보세요.

A.18 정기적인 의존성 업데이트

코드베이스의 의존성이 너무 뒤쳐지게 놔두지 마세요. 정기적으로 업데이트를 하세요. 잊어버리기 쉽지만, 너무 뒤떨어지면 나중에 따라잡기 어려울 수 있습니다. 14.2.1절을 참고하세요.

A.19 결함을 테스트로 재현하기

가능하면 하나 이상의 자동화된 테스트를 이용해서 버그를 재현하세요. 12.2.1절을 참고하세요.

A.20 코드 리뷰

코드를 작성하면서 실수를 저지르기 쉽습니다. 다른 사람에게 코드 리뷰를 부탁하세요. 모든 실수를 찾아낼 수는 없더라도, 우리가 알고 있는 가장 효과적인 품질 보증 기법 중 하나입니다.

A

프랙티스 목록

지속적으로 진행되는 짝 프로그래밍, 몹 프로그래밍, 혹은 비동기적으로 진행되는 풀 리퀘스트 리뷰 같이 다양한 방법으로 코드 리뷰를 진행할 수 있습니다.

코드 리뷰는 건설적인 방식으로 진행되어야 하며, 실제로 거부할 수 있어야 합니다. 변경 사항을 거부할 수 없다면 리뷰하는 가치가 거의 없습니다.

코드 리뷰를 매일 일상적인 리듬의 일부로 만드세요. 자세한 내용은 9.2를 참고하세요.

A.21 유의적 버전 관리

유의적 버전(semantic versioning) 관리를 고려하세요. 자세한 사항은 10.3절을 읽어보세요.

A.22 테스트와 프로덕션 코드에 대한 리팩터링 분리하기

자동화된 테스트는 프로덕션 코드를 리팩터링할 때 확신을 심어줍니다. 반면 테스트 코드를 리팩터링할 때는 테스트 코드에 대한 자동화된 테스트가 없기 때문에 더 위험합니다.

테스트 코드를 리팩터링하면 안 된다는 의미가 아닙니다. 리팩터링할 때는 주의해야 한다는 의미입니다. 특히 테스트 코드와 프로덕션 코드를 동시에 리팩터링하지 마세요.

프로덕션 코드를 리팩터링할 때는 테스트 코드는 그냥 그대로 두세요. 테스트 코드를 리팩터링할 때는 프로덕션 코드를 그대로 두세요. 자세한 사항은 11.1.3을 읽어보세요.

A.23 슬라이스

작은 조각 단위로 작업을 늘려 나가세요. 각각의 조각은 작동하는 시스템의 동작을 개선해야 합니다. 수직 슬라이스에서 시작해서 기능을 추가합시다. 자세한 내용은 4장을 읽어보세요.

이 과정만으로 작업이 진행된다고 생각하면 안 됩니다. 대부분의 시간을 해당 작업에 투입할 때는 이 과정이 잘 동작하지만, 가끔은 잠시 멈추고 다른 일을 해야 하는 경우도 있습니다. 예를 들자면, 버그를 고치거나 횡단 관심사에 대해 작업해야 할 때가 있습니다.

A.24 스트랭글러

리팩터링은 간혹 빠르게 끝납니다. 변수, 메서드 혹은 클래스의 이름을 변경하는 기능은 대부분의 IDE에 내장되어 있으므로, 버튼 한 번만 클릭해서 끝낼 수 있습니다. 다른 변경은 몇 분 혹은 아마도 몇 시간이 걸릴 수도 있을 것입니다. 코드베이스를 하나의 일관된 상태에서 다른 일관된 상태로 바꿀 때까지 반나절이 걸리지 않는다면, 특별하게 뭔가를 해야 할 필요가 없습니다.

그렇지 않은 변경 사항들은 잠재적으로 더 큰 영향을 줍니다. 며칠 혹은 몇 주가 소모되는 리팩터링을 진행한 적이 있는데, 이런 방식으로 진행하는 것은 좋지 않습니다.

이런 상황이 발생할 수 있다고 판단되면, 변경 사항을 구현하는데 스트랭글러 과정을 적용하세요. 예전 방식과 새로운 방식을 나란히 두고, 하나씩 예전 방식에서 새로운 방식으로 점진적으로 코드를 마이그레이션하는 것입니다.

마이그레이션 과정은 몇 시간, 몇 일 혹은 몇 주가 걸릴 수 있지만, 시스템은 항상 일관성을 가지고 통합 가능한 상태를 유지합니다. 코드에서 원래 가지고 있던 오래된 API를 호출하는 곳이 더 이상 없다면, 해당 API를 삭제하면 됩니다.

자세한 부분은 10.2절을 읽어보세요.

A

프랙티스 목록

A.25 위협 모델

보안에 대한 결정에는 신중해야 합니다.

보안 전문가가 아닌 사람들도 STRIDE 위협 모델을 이용해서 충분히 쉽게 이해하고, 보안을 잘 처리할 수 있습니다.

- 스푸핑(spoofing)

- 변조(tampering)

- 거부(repudiation)

- 정보 노출(information disclosure)

- 서비스 거부(denial of service)

- 권한 상승(elevation of privilege)

일반적으로 위협을 완화하는 과정에는 보안 위협과 사업상의 관심 사항들의 경중을 따져야 하는 과정이 포함되기 때문에, 위협 모델링에는 IT 전문가와 기타 이해관계자들이 참여해야 합니다.

자세한 사항은 15.2.1절을 읽어보세요.

A.26 변환 우선순위 전제

여러분의 코드가 대부분 유효한 상태에 머무르도록 작업하세요. 유효한 상태에서 다른 유효한 상태로 변경되는 과정에서 일반적으로 잠시 코드가 제대로 컴파일되지 않는 등 코드가 유효하지 않은 상태를 가지는 단계들을 포함하게 됩니다.

변환 우선순위 전제는 유효하지 않은 상태를 가지는 단계를 최소화할 수 있는 일련의 작은 변환들을 제시한 것입니다. 이런 일련의 작은 변경을 통해서 코드를 편집해보세요. 자세한 사항은 5.1.1절을 읽어보세요.

A.27 XX-주도 개발

여러분이 작성하는 코드가 개발 방법론에 부합하도록 유도하는 수단(driver)을 사용하세요. 동기로는 정적 코드 분석, 유닛 테스트, 내장 리팩터링 도구 등이 사용될 수 있습니다. 자세한 내용은 4.2절을 참조하세요.

이 규칙에서 벗어나도 괜찮지만, 이 규칙을 철저하게 지킬수록 잘못될 확률이 줄어듭니다.

A.28 X로 이름 바꾸기

메서드 이름을 X로 바꾸면, 메서드의 시그니처 부분이 얼마나 많은 정보를 전달하는지 확인할 수 있습니다. 이 작업은 굳이 실제로 편집기에서 수행할 필요 없이 여러분의 머릿속에서 진행해봐도 됩니다. 요점은 정적 타입을 가진 언어에서 여러분이 제대로 지정하기만 한다면 형식을 통해 많은 정보를 전달할 수 있다는 것입니다. 자세한 내용은 8.1.5절을 읽어보세요.

memo

부록 B

참고 문헌

[1]   Adzic, Gojko, The Poka-Yoke principle and how to write better software, blog post at https://gojko.net, 2007.

[2]   Allamaraju, Subbu, RESTful Web Services Cookbook, O'Reilly, published 2010.

[3]   Atwood, Jeff, New Programming Jargon, blog post at https://blog.codinghorror.com/new-programming-jargon, 2012.

[4]   Barr, Adam, The Problem with Software. Why Smart Engineers Write Bad Code, MIT Press, 2018.

[5]   Beck, Kent, and Cynthia Andres, Extreme Programming Explained: Embrace Change, Addison-Wesley, published 2004. (익스트림 프로그래밍 2판, 켄트 벡, 신시아 안드레스 공저, 김창준, 정지호 역, 인사이트, 2006년)

[6]   Beck, Kent, tweet at https://twitter.com/KentBeck/status/250733358307500032, 2012.

[7]   Beck, Kent, Implementation Patterns, Addison-Wesley, published 2007. (켄트 벡의 구현 패턴 읽기 쉬운 코드를 작성하는 77가지 자바 코딩 비법, 켄트 벡 저, 전동환 역, 에이콘출판사, 2008년)

[8]   Beck, Kent, Naming From the Outside In, Facebook note at https://www.facebook.com/notes/kent-beck/naming-from-the-outside-in/464270190272517 (accessible without a Facebook account), 2012.

[9]   Beck, Kent, Test-Driven Development By Example, Addison-Wesley, published 2002. (테스트 주도 개발, 켄트 벡 저, 김창준, 강규영 공역, 인사이트, 2004년)

[10] Beck, Kent, tweet at https://twitter.com/KentBeck/status/1354418068869398538, 2021.

[11] Bernhardt, Gary, Functional Core, Imperative Shell, online presentation at https://www.destroyallsoftware.com/screencasts/catalog/functional-core-imperative-shell, 2012.

[12] Böckeler, Birgitta, and Nina Siessegger, On Pair Programming, blog post at https://martinfowler.com/articles/on-pair-programming.html, 2020.

[13] Bossavit, Laurent, The Leprechauns of Software Engineering, Laurent Bossavit, 2015.

[14] Brooks, Frederick P., Jr., No Silver Bullet − Essence and Accident in Software Engineering, 1986. 이 에세이는 다양한 출처에서 찾을 수 있으며, 인터넷으로도 쉽게 볼 수 있습니다. 이 책을 쓰면서 저는 다음 책의 16장을 참조했습니다. The Mythical Man−Month: Essays on Software Engineering, Anniversary Edition, Addison−Wesley, published 1995. 온라인에서는 다음 출처를 통해 확인해보세요. https://ko.wikipedia.org/wiki/은빛_총알은_없다, https://www.researchgate.net/publication/220477127_No_Silver_Bullet_Essence_and_Accidents_of_Software_Engineering

[15] Brown, William J., Raphael C. Malveau, Hays W. "Skip" McCormick III, and Thomas J. Mowbray, AntiPatterns: Refactoring Software, Architectures, and Projects in Crisis, Wiley Computer Publishing, 1998.

[16] Cain, Susan, Quiet: The Power of Introverts in a World That Can't Stop Talking, Crown, 2012. (콰이어트: 시끄러운 세상에서 조용히 세상을 움직이는 힘, 수전 케인 저, 김우열 역, 알에이치코리아(RHK), 2021년)

[17] Campidoglio, Enrico, tweet at https://twitter.com/ecampidoglio, 2019.

[18] Cirillo, Francesco, The Pomodoro Technique: The Life−Changing Time−Management System, Virgin Books, 2018.

[19] Cockburn, Alistair, Hexagonal architecture, online article at https://alistair.cockburn.us/hexagonal−architecture/, 2005.

[20] Cohen, Jason, Modern Code Review in [75], 2010.

[21] Conway, Melvin E., How Do Committees Invent?, Datamation, 1968. 솔직히 말해 저는 1968년 4월판 잡지를 가지고 있지 않습니다. 대신 저자가 온라인에 올린 다음 콘텐츠를 활용했습니다. http://www.melconway.com/Home/Committees_Paper.html.

[22] Cunningham, Ward, and Bill Venners, The Simplest Thing that Could Possibly Work, A Conversation with Ward Cunningham, Part V, interview at www.artima.com/intv/simplest.html, 2004.

[23] Cwalina, Krzysztof, and Brad Abrams, Framework Design Guidelines, Conventions, Idioms, and Patterns for Reusable .NET Libraries, Addison−Wesley, published 2005.

[24]   DeLine, Robert, Code Talkers in [75], 2010.

[25]   Deursen, Steven van, and Mark Seemann, Dependency Injection Principles, Practices, and Patterns, Manning, 2019.

[26]   Evans, Eric, Domain-Driven Design: Tackling Complexity in the Heart of Software, Addison-Wesley, published 2003. (도메인 주도 설계 소프트웨어의 복잡성을 다루는 지혜, 에릭 에반스 저, 이대엽 역, 위키북스, 2011년)

[27]   Feathers, Michael C., Working Effectively with Legacy Code, Prentice Hall, published 2004. (레거시 코드 활용 전략: 손대기 두려운 낡은 코드, 안전한 변경과 테스트 기법, 마이클 C. 페더스 저, 이정문, 심윤보 역, 에이콘출판사, 2018년)

[28]   Foote, Brian, and Joseph Yoder, The Selfish Class in [62], 1998.

[29]   Forsgren, Nicole, Jez Humble, and Gen Kim, Accelerate, IT Revolution Press, 2018. (디지털 트랜스포메이션 엔진 고성과 기술 조직 구축 및 진화, 니콜 폴스그렌, 제즈 험블, 진 킴 저, 박현철, 류미경 역, 에이콘출판사, 2020년)

[30]   Fowler, Martin, CodeOwnership, blog post at https://martinfowler.com/bliki/CodeOwnership.html, 2006.

[31]   Fowler, Martin, Eradicating Non-Determinism in Tests, blog post at https://martinfowler.com/articles/nonDeterminism.html, 2011.

[32]   Fowler, Martin, Is High Quality Software Worth the Cost?, blog post at https://martinfowler.com/articles/is-quality-worth-cost.html, 2019.

[33]   Fowler, Martin, David Rice, Matthew Foemmel, Edward Hieatt, Robert Mee, and Randy Stafford, Patterns of Enterprise Application Architecture, Addison-Wesley, 2003. (엔터프라이즈 애플리케이션 아키텍처 패턴 엔터프라이즈 애플리케이션 구축을 위한 객체지향 설계의 원리와 기법, 마틴 파울러 저, 최민석 역, 위키북스, 2015)

[34]   Fowler, Martin, Kent Beck, John Brant, William Opdyke, and Don Roberts, Refactoring: Improving the Design of Existing Code, Addison-Wesley, 1999. (리팩터링 2판: 코드 구조를 체계적으로 개선하여 효율적인 리팩터링 구현하기, 마틴 파울러 저, 개앞맵시, 남기혁 역, 한빛미디어, 2020년)

[35]   Fowler, Martin, StranglerFigApplication, blog post at https://martinfowler.com/bliki/StranglerFigApplication.html, 2004.

[36]   Freeman, Steve, and Nat Pryce, Growing Object-Oriented Software, Guided by Tests, Addison-Wesley, published 2009. (테스트 주도 개발로 배우는 객체 지향 설계와 실천, 스티브 프리먼, 냇 프라이스 공저, 인사이트, 2013년)

[37]   Gabasova, Evelina, Comparing F# and C# with dependency networks, blog post at http://evelinag.com/blog/2014/06-09-comparing-dependency-networks, 2014.

[38]   Gabriel, Richard P., Patterns of Software. Tales from the Software Community, Oxford University Press, 1996.

[39]   Gamma, Erich, Richard Helm, Ralph Johnson, and John Vlissides, Design Patterns: Elements of Reusable Object-Oriented Software, Addison-Wesley, published 1994. (GoF의 디자인 패턴, 에릭 감마, 리처드 헬름, 랄프 존슨, 존 블라시디스 공저, 피어슨에듀케이션코리아, 2007년)

[40]   Gawande, Atul, The Checklist Manifesto: How to Get Things Right, Metropolitan Books, 2009. (체크! 체크리스트: 완벽한 사람은 마지막 2분이 다르다, 아툴 가완디 저, 박산호 역, 김재진 감수, 21세기북스, 2010년)

[41]   Haack, Phil, I Knew How To Validate An Email Address Until I Read The RFC, blog post at https://haacked.com/archive/2007/08/21/i-knew-how-to-validate-an-email-address-until-i.aspx, 2007.

[42]   Henney, Kevlin, tweet at https://twitter.com/KevlinHenney/status/3361631527, 2009.

[43]   Herraiz, Israel, and Ahmed E. Hassan, Beyond Lines of Code: Do We Need More Complexity Metrics? in [75], 2010.

[44]   Herzig, Kim Sebastian, and Andreas Zeller, Mining Your Own Evidence in [75], 2010.

[45]   Hickey, Rich, Simple Made Easy, Strange Loop conference talk, 2011. A recording is available at https://www.infoq.com/presentations/Simple-Made-Easy.

[46]   Hohpe, Gregor, and Bobby Woolf, Enterprise Integration Patterns: Designing, Building, and Deploying Messaging Solutions, Addison-Wesley, published

B

참고 문헌

2003. (기업 통합 패턴: 기업 분산 애플리케이션 통합을 위한 메시징 해결책, 그레거 호프, 바비 울프 저, 차정호 역, 에이콘출판사, 2014년)

[47] House, Cory, tweet at https://twitter.com/housecor/status/1115959687332159490, 2019.

[48] Howard, Michael, and David LeBlanc, Writing Secure Code, Second Edition, Microsoft Press, 2003. (Writing Secure Code, 마이클 하워드, 데이빗 르블롱크 저, 지정기, 박선미, 정성훈 역, 정보문화사, 2003년)

[49] Humble, Jez, and David Farley, Continuous Delivery: Reliable Software Releases Through Build, Test, and Deployment Automation, Addison-Wesley, published 2010. (신뢰할 수 있는 소프트웨어 출시: 효과적이고 지속적인 소프트웨어 개발의 모든 것. 제즈 험블, 데이비드 팔리 저, 유석문, 김은하, 설현준 역, 에이콘출판사, 2013년)

[50] Hunt, Andy, and Dave Thomas, The Pragmatic Programmer: From Journeyman to Master, Addison-Wesley, 1999. (실용주의 프로그래머, 앤드류 헌트, 데이비드 토머스 저, 김창준, 정지호 역, 인사이트, 2005년)

[51] Kahneman, Daniel, Thinking, fast and slow, Farrar, Straus and Giroux, 2011. (생각에 관한 생각: 우리의 행동을 지배하는 생각의 반란, 대니얼 카너먼 저, 이창신 역, 김영사, 2018년)

[52] Kay, Alan, and Andrew Binstock, Interview with Alan Kay, Dr. Dobb's, www.drdobbs.com/architecture-and-design/interview-with-alan-kay/240003442, July 10, 2012.

[53] Kerievsky, Joshua, Refactoring to Patterns, Addison-Wesley, published 2004. (패턴을 활용한 리팩터링, 조슈아 케리에브스키 저, 윤성준, 조상민 역, 인사이트, 2011년)

[54] King, Alexis, Parse, don't validate, blog post at https://lexi-lambda.github.io/blog/2019/11/05/parse-don-t-validate, 2019.

[55] Kleppmann, Martin, Designing Data-Intensive Applications: The Big Ideas Behind Reliable, Scalable, and Maintainable Systems, O'Reilly, 2017.

[56] Lanza, Michele, and Radu Marinescu, Object-Oriented Metrics in Practice: Using Software Metrics to Characterize, Evaluate, and Improve the Design of Object-Oriented Systems, Springer, 2006.

[57]   Levitt, Steven D., and Stephen J. Dubner, Freakonomics—A Rogue Economist Explores The Hidden Side Of Everything, William Morrow & Company, Revised and Expanded Edition 2006. (괴짜 경제학: 상식과 통념을 깨는 천재 경제학자의 세상 읽기, 스티븐 더브너, 스티븐 레빗 저, 안진환 역, 웅진지식하우스, 2007년)

[58]   Levitt, Steven D., and Stephen J. Dubner, SuperFreakonomics: Global Cooling, Patriotic Prostitutes And Why Suicide Bombers Should Buy Life Insurance, William Morrow & Company, 2009. (슈퍼 괴짜 경제학: 세상의 이면을 파헤치는 괴짜 천재의 실전경제학, 스티븐 레빗, 스티븐 더브너 저, 안진환 역, 웅진지식하우스, 2009년)

[59]   Lippert, Eric, Which is faster?, blog post at https://ericlippert.com/2012/12/17/performance-rant, 2012.

[60]   Martin, Robert C., and Micah Martin, Agile Principles, Patterns, and Practices in C#, Prentice Hall, published 2006.

[61]   Martin, Robert C., Clean Code: A Handbook of Agile Software Craftsmanship, Prentice Hall, 2009. (클린 코드: 애자일 소프트웨어 장인 정신, 로버트 C. 마틴 저, 박재호, 이해영 역, 인사이트, 2013년)

[62]   Martin, Robert C., Dirk Riehle, and Frank Buschmann(editors), Pattern Languages of Program Design 3, Addison-Wesley, 1998.

[63]   Martin, Robert C., The Sensitivity Problem, blog post at http://butunclebob.com/ArticleS.UncleBob.TheSensitivityProblem, 2005.

[64]   Martin, Robert C., The Transformation Priority Premise, blog post at https://blog.cleancoder.com/uncle-bob/2013/05/27/TheTransformationPriorityPremise.html, 2013.

[65]   McConnell, Steve, Code Complete, Second Edition, Microsoft Press, 2004. (코드 컴플리트 2: 더 나은 소프트웨어 구현을 위한 실무 지침서, 스티브 맥코넬 저, 서우석 역, 위키북스, 2020년)

[66]   Meszaros, Gerard, xUnit Test Patterns: Refactoring Test Code, Addison-Wesley, 2007. (xUnit 테스트 패턴 68가지: 단위 테스트 패턴을 통한 테스트 코드 리팩터링 기법, 제라드 메스자로스 저, 박일 역, 에이콘출판사, 2010년)

[67]   Meyer, Bertrand, Object-oriented Software Construction, Prentice Hall, 1988.

[68]   Milewski, Bartosz, Category Theory for Programmers, originally a series of blog posts at https://bartoszmilewski.com/2014/10/28/category-theory-for-programmers-the-preface, 2014–2017. Also available as a print book, Blurb, 2019.

[69]   Minsky, Yaron, Effective ML, 하버드대학교의 강의 녹화. 녹화 영상은 다음 유튜브 링크에서 볼 수 있습니다. https://youtu.be/-J8YyfrSwTk. 또는 다음 블로그 링크를 통해 웹 페이지에서 볼 수도 있습니다. https://blog.janestreet.com/effective-ml-video, 2010.

[70]   Neward, Ted, The Vietnam of Computer Science, 2006.

[71]   Norman, Donald A., The Design of Everyday Things. Revised and Expanded Edition, MIT Press, 2013. (도널드 노먼의 디자인과 인간 심리, 도널드 노먼 저, 박창호 역, 학지사, 2016년)

[72]   North, Dan, Patterns of Effective Delivery, Roots opening keynote, 2011. A recording is available at https://vimeo.com/24681032.

[73]   Nygard, Michael T., Release It! Design and Deploy Production-Ready Software, Pragmatic Bookshelf, 2007. (릴리스 잇: 성공적인 출시를 위한 소프트웨어 설계와 배치, 마이클 나이가드 저, 신승환 역, 위키북스, 2007년)

[74]   Nygard, Michael T., DevOps: Tempo, Maneuverability, and Initiative, DevOps Enterprise Summit conference talk, 2016. 영상은 다음 유튜브 링크에서 볼 수 있습니다. A recording is available at https://youtu.be/0rRWvsb8JOo.

[75]   Oram, Andy, and Greg Wilson (editors), Making Software: What Really Works, and Why We Believe It, O'Reilly, 2010.

[76]   O'Toole, Garson, The Future Has Arrived — It's Just Not Evenly Distributed Yet, online article on https://quoteinvestigator.com/2012/01/24/future-has-arrived, 2012.

[77]   Ottinger, Tim, Code is a Liability, 2007. 원래 블로그 포스트이지만 원본 주소로는 접속이 느려서 다른 글로 대체되었습니다. 원본 블로그 포스트는 인터넷 아카이브를 통해 확인할 수 있습니다. http://web.archive.org/web/20070420113817, http://blog.objectmentor.com/articles/2007/04/16/code-is-a- liability.

[78] Ottinger, Tim, What's this about Micro-commits?, blog post at https://www.industriallogic.com/blog/whats-this-about-micro-commits, 2021.

[79] Peters, Tim, The Zen of Python, 1999. 원래 메일링 리스트 글이었지만, 한참 전부터 다음 링크에서 확인할 수 있습니다. https://www.python.org/dev/peps/pep-0020.

[80] Pinker, Steven, How the Mind Works, The Folio Society, 2013. 저는 The Folio Society 판본을 참조했는데, 이 책 판권면을 보면 1998년 Penguin 판본에서 약간의 수정된 텍스트를 따랐다고 나와 있으며, 초판은 1997년 W.W. Norton에서 나왔다고 합니다.

[81] Pope, Tim, A Note About Git Commit Messages, blog post at https://tbaggery.com/2008/04/19/a-note-about-git-commit-messages.html, 2008.

[82] Poppendieck, Mary, and Tom Poppendieck, Implementing Lean Software Development: From Concept to Cash, Addison-Wesley, published 2006.(린 소프트웨어: 개발의 적용 속도 경쟁에서 승리하기, 메리 포펜딕, 톰 포펜딕 저, 엄위상, 심우곤, 한주영 역, 위키북스, 2007년)

[83] Preston-Werner, Tom, Semantic Versioning, specification at https://semver.org. 웹 사이트의 루트에는 최신 버전이 표시되어 있습니다. 현재 집필하고 있는 2020년 10월 기준으로 유의적 버전 명세의 최신 버전은 2013년에 나온 2.0.0입니다.

[84] Pyhäjärvi, Maaret, Five Years of Mob Testing, Hello to Ensemble Testing, blog post at https://visible-quality.blogspot.com/2020/05, 2020.

[85] Rainsberger, J.B., Integration Tests Are a Scam, Agile 2009 conference talk, 2009. A recording is available at https://www.infoq.com/presentations/integration-tests-scam.

[86] Rainsberger, J.B., tweet at https://twitter.com/jbrains/status/167297606698008576, 2012.

[87] Reeves, Jack, What Is Software Design?, C++ Journal, 1992. 저처럼 C++ Journal이 없는 분이라면 다음 온라인 글을 참조하세요. https://www.developerdotstar.com/mag/articles/reeves_design.html seems to have been stable for years. Also available as an appendix in [60].

[88] Ries, Eric, The Lean Startup: How Constant Innovation Creates Radically Successful Businesses, Portfolio Penguin, 2011. (린 스타트업: 지속적 혁신을 실현하는 창업의 과학, 에릭 리스 저, 이창수, 송우일 역, 인사이트, 2012년)

[89] Robinson, Ian, Jim Webber and Emil Eifrem, Graph Databases: New Opportunities for Connected Data. Second Edition, O'Reilly, 2015.

[90] Scott, James C., Seeing Like a State: How Certain Schemes to Improve the Human Condition Have Failed, Yale University Press, 1998. (국가처럼 보기: 왜 국가는 계획에 실패하는가, 제임스 C. 스콧 저, 전상인 역, 에코리브르, 2010년)

[91] Seemann, Mark, 10 tips for better Pull Requests, blog post at https://blog.ploeh.dk/2015/01/15/10-tips-for-better-pull-requests, 2015.

[92] Seemann, Mark, A heuristic for formatting code according to the AAA pattern, blog post at https://blog.ploeh.dk/2013/06/24/a-heuristic-for-formatting-code-according-to-the-aaa-pattern, 2013.

[93] Seemann, Mark, A red-green-refactor checklist, blog post at https://blog.ploeh.dk/2019/10/21/a-red-green-refactor-checklist, 2019.

[94] Seemann, Mark, Church-encoded Maybe, blog post at https://blog.ploeh.dk/2018/06/04/church-encoded-maybe, 2018.

[95] Seemann, Mark, CQS versus server generated IDs, blog post at https://blog.ploeh.dk/2014/08/11/cqs-versus-server-generated-ids, 2014.

[96] Seemann, Mark, Conway's Law: latency versus throughput, blog post at https://blog.ploeh.dk/2020/03/16/conways-law-latency-versus-throughput, 2020.

[97] Seemann, Mark, Curb code rot with thresholds, blog post at https://blog.ploeh.dk/2020/04/13/curb-code-rot-with-thresholds, 2020.

[98] Seemann, Mark, Devil's advocate, blog post at https://blog.ploeh.dk/2019/10/07/devils-advocate, 2019.

[99] Seemann, Mark, Feedback mechanisms and tradeoffs, blog post at https://blog.ploeh.dk/2011/04/29/Feedbackmechanismsandtradeoffs, 2011.

[100] Seemann, Mark, From interaction-based to state-based testing, blog post at https://blog.ploeh.dk/2019/02/18/from-interaction-based-to-state-based-testing, 2019.

[101] Seemann, Mark, Fortunately, I don't squash my commits, blog post at https://blog.ploeh.dk/2020/10/05/fortunately-i-dont-squash-my-commits, 2020.

[102] Seemann, Mark, Functional architecture is Ports and Adapters, blog post at https://blog.ploeh.dk/2016/03/18/functional-architecture-is-ports-and-adapters, 2016.

[103] Seemann, Mark, Repeatable execution, blog post at https://blog.ploeh.dk/2020/03/23/repeatable-execution, 2020.

[104] Seemann, Mark, Structural equality for better tests, blog post at https://blog.ploeh.dk/2021/05/03/structural-equality-for-better-tests, 2021.

[105] Seemann, Mark, Tautological assertion, blog post at https://blog.ploeh.dk/2019/10/14/tautological-assertion, 2019.

[106] Seemann, Mark, Towards better abstractions, blog post at https://blog.ploeh.dk/2010/12/03/Towardsbetterabstractions, 2010.

[107] Seemann, Mark, Visitor as a sum type, blog post at https://blog.ploeh.dk/2018/06/25/visitor-as-a-sum-type, 2018.

[108] Seemann, Mark, When properties are easier than examples, blog post at https://blog.ploeh.dk/2021/02/15/when-properties-are-easier-than-examples, 2021.

[109] Shaw, Julia, The Memory Illusion: Remembering, Forgetting, and the Science of False Memory, Random House, 2017 (paperback edition; original published in 2016).

[110] Thomas, Neil, and Gail Murphy, How Effective Is Modularization? in [75], 2010.

[111] Tornhill, Adam, Your Code as a Crime Scene: Use Forensic Techniques to Arrest Defects, Bottlenecks, and Bad Design in Your Programs, Pragmatic Bookshelf, 2015.

[112] Tornhill, Adam, Software Design X-Rays: Fix Technical Debt with Behavioral Code Analysis, Pragmatic Bookshelf, 2018.

[113] Troy, Chelsea, Reviewing Pull Requests, blog post at https://chelseatroy.com/2019/12/18/reviewing-pull-requests, 2019.

[114] Webber, Jim, Savas Parastatidis, and Ian Robinson, REST in Practice: Hypermedia and Systems Architecture, O'Reilly, 2010.

[115] Weinberg, Gerald M., The psychology of computer programming. Silver anniversary edition, Dorset House Publishing, 1998. (프로그래밍 심리학, 제럴드 M. 와인버그 저, 조상민 역, 인사이트, 2008년)

[116] Williams, Laurie, Pair Programming in [75], 2010.

[117] Wlaschin, Scott, Cycles and modularity in the wild, blog post at https://fsharpforfunandprofit.com/posts/cycles-and-modularity-in-the-wild, 2013.

[118] Woolf, Bobby, Null Object in [62], 1997.

부록 C

예제 빌드해보기

C.1 예제 파일 관련 정보

이 책의 예제 파일은 깃 저장소 전체를 ZIP으로 압축한 형태로 제공되며, 본문에서 이미 본 것처럼 C# 언어를 사용하고 있습니다.

하지만 이 책은 C# 개발자를 위한 책이 아닙니다. 휴리스틱 기법 혹은 프랙티스를 소개하는 것이 중점입니다. C# 코드는 단순히 예제를 제공하는 것이므로 빌드해보는 것에 큰 의미가 있다고 생각하지는 않습니다.

본문에서도 최신 버전의 코드를 설명하는 부분은 거의 없으며, 해당 코드의 특정 깃 해시(Git hash)를 같이 제공해서 어떤 기법 때문에 코드가 중간에 어떻게 바뀌고 있는 것인지를 설명하고 있습니다.

따라서 빌드를 해보는 것보다 깃에서 각각의 코드가 어떤 방식으로 고쳐졌는지 시간순으로 살펴보는 것이 가장 많은 것을 얻을 수 있을 것입니다. 즉, 빌드 환경보다 익숙한(그리고 깃 로그를 살펴보기 편한) 환경에 이 파일들을 올려두는 것이 중요합니다.

최근에는 비주얼 스튜디오에서 워낙 깃을 잘 지원해주고 있으므로 더 필요한 것이 별로 없으나, 필요하다면 관련 플러그인을 설치해서 더 편하게 저장소를 둘러볼 수 있습니다.

앞서 설명한 것처럼 예제 파일은 깃 저장소 전체를 압축한 것이므로, 이 저장소를 깃을 실행시킬 수 있는 PC의 디렉터리에 두어서, 로컬 저장소로 인식시키는 것이 필요합니다. 사실 .git 디렉터리가 있으므로 깃이 전역적으로 실행될 수 있는 경우, 어디에 두어도 큰 문제가 되지 않을 것입니다.

참고로 한글판의 경우 주석 부분과 문서를 한글로 바꾸면서 기존 HEAD 버전에 한 버전 더 올라간 상태로 배포될 수 있으나, 크게 문제가 되는 부분은 아닙니다.

C.2 윈도우 환경에서 빌드하는 방법

다음 글은 비주얼 스튜디오 커뮤니티 2022를 기준으로 작성되었으며, 해당 IDE를 설치할 때는 C# 언어 지원, MSSQL Express, IIS Express와 테스트 관련 부분을 같이 설치해야 합니다.

단계별로 따라 해봅시다.

1. 필요에 따라서 적절한 솔루션 파일을 열면 됩니다. 솔루션에 대한 설명은 본문 혹은 README.md를 참조하세요.

   - Restaurant.sln: 일상적인 유닛 테스트를 포함하는 솔루션. 테스트가 매우 빠르게 끝납니다.

   - Build.sln: DB 테스트 포함하고 있는 2단계 테스트 솔루션. 테스트에 약간 시간이 걸립니다.

2. 이 프로젝트에서 사용하는 패키지들을 처리하기 위해서는 패키지 관리자가 잘 구성되어 있어야 합니다. 만일 Nuget package 설정이 되어 있지 않다면, '프로젝트' → 'NuGet 패키지 관리자'로 가서, 설정 부분의 패키지 소스에 다음과 같이 nuget.org를 추가해야 합니다.

   - 이름: nuget.org

   - 소스: https://api.nuget.org/v3/index.json

그림 C-1 nuget.org 추가

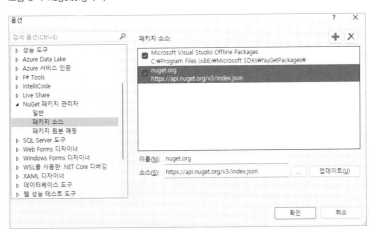

3. 프로젝트를 빌드합니다.

4. 이 프로젝트의 결과물은 RestAPI이므로, 웹 서버상에서 API를 제공하고 관련 유닛 테스트를 진행하는 방식으로 동작을 검증할 수 있습니다.

'테스트' → '테스트 탐색기'를 열어서 테스트를 동작시키고, 그 테스트 결과를 확인합니다. 정상적으로 빌드되었다면 다음과 같이 모든 테스트가 통과하는 것을 확인할 수 있습니다. 참고로 아래는 Build.sln에 대한 테스트 결과입니다.

그림 C-2 Build.sln에 대한 테스트 결과

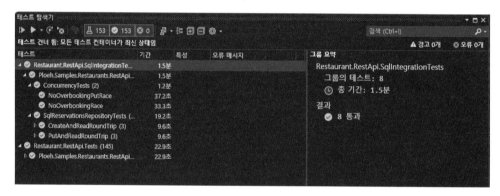

사실 본문에서 제시된 예제가 C#을 사용하고 있으므로, 윈도우 환경에서 비주얼 스튜디오를 사용한다면 크게 무리 없이 빌드할 수 있을 것이라 생각합니다. 대부분의 C# 개발자 분들이라면 이미 해당 환경에 익숙할 것입니다.

C.3 리눅스/WLS 환경에서 컴파일하는 방법

C# 프로젝트 개발은 윈도우 환경이 적합합니다. 특히 이 책처럼 LocalDB SQL에 접근하는 통합 테스트가 존재하는 경우에는 더욱 그렇습니다. 따라서 리눅스 환경에서는 이전 버전의 .NET 환경에 의존하는 코드에 대해 C# 빌드 환경을 구축하는 것이 그다지 적합하지 않습니다.

다만, 저(옮긴이)는 개인적으로 대부분의 개발을 리눅스 혹은 WSL에서 진행하기 때문에 한번 시도해보게 되었습니다. 혹시라도, 리눅스 혹은 WSL 환경에서 빌드를 시도해본다면 기본적으로 다음 사항을 염두에 두어야 합니다.

- 우분투(Ubuntu) 22.04 LTS에서는 빌드할 수 없습니다.
  - 이 프로젝트는 ASP.NET 3.5 버전을 사용하는데, 해당 버전이 우분투 22.04 이상에서는 포팅되어 있지 않기 때문에, 수정 없이 해당 버전을 돌릴 수 없습니다.
  - 따라서 우분투 20.04 이하 버전을 사용하길 바랍니다.
- SQL 통합 테스트가 쉽지 않습니다. (사실 매우 어렵습니다.)
  - 프로젝트에서 MSSQL의 LocalDB를 사용하는데, MSSQL의 LocalDB는 윈도우 환경만 지원합니다.
  - 따라서 여기서는 일단 SQL 통합 테스트를 제외하고 진행하도록 하겠습니다.
  - 도전적인 분들을 위해서 어떻게 수정하면 될지는 적어두었습니다. 사실 저는 이 정도까지 하면서 이 부분을 진행할 이유는 없다고 생각합니다.
  - 저는 WSL2, 우분투 20.04 환경에서 이 예제를 수행시켰습니다. 참고하세요.

1. 리눅스 환경에서 dotnet을 설치해야 합니다. 일단 예전 버전이 필요하므로, 리눅스의 패키지 매니저를 사용하는 대신 수동으로 설치합시다. 자세한 내용은 다음 링크를 참조하면 됩니다.
   - https://learn.microsoft.com/ko-kr/dotnet/core/install/linux-ubuntu
   - https://learn.microsoft.com/ko-kr/dotnet/core/install/linux-ubuntu-2004 (하위 페이지)

```
$ wget https://dotnet.microsoft.com/download/dotnet/scripts/v1/dotnet-install.sh
$ chmod +x dotnet-install.sh
$ ./dotnet-install.sh
$ ./dotnet-install.sh --version 3.1.426
$ ./dotnet-install.sh --version 7.0.306
```

사실 ASP core 3.5가 필요하지만, 최신 버전도 같이 설치했습니다. Path는 .bashrc에 넣는 것이 좋겠죠.

```
$ export PATH=<HOME>/.dotnet:$PATH
$ dotnet --list-sdks
```

여기에 위 버전이 모두 보이면 제대로 설치한 것입니다.

2. 이제 로컬 저장소로 이동합니다. SQL 통합 테스트를 수행하지 않고, 빠르게 유닛 테스트를 진행하는 Restaurant.sln을 테스트해봅시다.

```
dotnet test Restaurant.sln --configuration Release
```

일반적인 RESTful API를 제공하는 서버가 뜬 다음 유닛 테스트가 진행됩니다.

정상적이라면 솔루션이 빌드된 이후에 다음과 같이 유닛 테스트가 동작해야 합니다.

그림 C-3 유닛 테스트 동작

```
         GetCurrentDateTime() => 08/03/2023 00:38:31
info: Ploeh.Samples.Restaurants.RestApi.LoggingClock[0]
         GetCurrentDateTime() => 08/03/2023 00:38:31
info: Ploeh.Samples.Restaurants.RestApi.LoggingClock[0]
         GetCurrentDateTime() => 08/03/2023 00:38:31
info: Ploeh.Samples.Restaurants.RestApi.LoggingClock[0]
         GetCurrentDateTime() => 08/03/2023 00:38:31

Passed!  - Failed:     0, Passed:   168, Skipped:       0, Total:    168, Duration: 8 s - Ploeh.Samples.Res
taurants.RestApi.Tests.dll (netcoreapp3.1)
```

만일 build.sln을 사용했다면, 앞에 설명한 이유로 SQL 관련 테스트가 모두 실패할 것입니다. 크게 문제가 될 것은 없습니다. 이미 알고 있는 문제니까요.

책에서 사용하는 SQL 통합 테스트는 MSSQL의 localDB를 사용하는데, WSL에는 이게 없기 때문에 생긴 문제입니다. 개인적으로 이 아래 부분은 리눅스나 WSL, 맥OS 등에서 하기보다는 편리한 윈도우 환경을 사용하길 강력하게 권장합니다.

그래도 해보겠다면, 리눅스(저의 경우 WSL2)에 MSSQL Express를 설치해야 합니다. 다음 부분을 진행해봅시다. 정확한 설치 방법이 필요하다면 MSSQL을 리눅스에서 설치하는 방법을 웹에서 찾아봐도 됩니다.

```
wget -qO- https://packages.microsoft.com/keys/microsoft.asc | sudo tee /etc/apt/
trusted.gpg.d/microsoft.asc
sudo add-apt-repository "$(wget -qO- https://packages.microsoft.com/config/
ubuntu/20.04/mssql-server-2022.list)"
sudo apt-get update
sudo apt-get install -y mssql-server
sudo /opt/mssql/bin/mssql-conf setup
```

여기서 어떤 버전을 설치할지 선택할 수 있는데, 저희 목적에는 Express로 충분하므로, 3번을 선택합니다.

그림 C-4 3번 선택

```
Choose an edition of SQL Server:
  1) Evaluation (free, no production use rights, 180-day limit)
  2) Developer (free, no production use rights)
  3) Express (free)
  4) Web (PAID)
  5) Standard (PAID)
  6) Enterprise (PAID) - CPU core utilization restricted to 20 physical/40 hyperthreaded
  7) Enterprise Core (PAID) - CPU core utilization up to Operating System Maximum
  8) I bought a license through a retail sales channel and have a product key to enter.
  9) Standard (Billed through Azure) - Use pay-as-you-go billing through Azure.
  10) Enterprise Core (Billed through Azure) - Use pay-as-you-go billing through Azure.
```

그다음으로 비밀번호를 넣으라고 하는데 소문자, 대문자, 숫자, 특수문자가 조합되어야 합니다. 이후에 문제가 없다면 MSSQL이 나타납니다.

다만 여러분이 WSL2를 사용하고 있다면 설정에 따라 systemd 문제로 MSSQL이 나타나지 않을 수 있습니다. 이때는 다음과 같이 파워셸을 띄워서 WSL을 업데이트하고, 업데이트된 환경에서 systemd를 활성화하면 됩니다.

아래 명령은 파워셸에서 입력해야 합니다.

```
wsl --shutdown
wsl --update
wsl ~
```

위 명령을 통해서 WSL로 진입했다면, 다시 WSL에서 리눅스 커맨드를 입력합니다.

```
sudo vi /etc/wsl.conf
```

WSL에서 systemd를 띄우기 위해서 wsl.conf를 다음과 같이 편집합시다. 아래 부분이 없다면 추가하면 됩니다.

```
[boot]
systemd=true
```

WSL에서 나와서(exit하면 되겠죠.) WSL을 다시 시작합니다. 역시 파워셸 환경에서 진행합니다.

```
wsl --shutdown
wsl ~
```

이제 WSL로 들어갔으니 확인해봅시다.

```
sudo systemctl status
```

여기서 제대로 나오면 이제 MSSQL을 띄울 수 있습니다.

```
systemctl status mssql-server --no-pager
```

MSSQL을 설치한 다음에는 MSSQL command line tools를 같이 설치하는 것이 좋습니다.

```
curl https://packages.microsoft.com/keys/microsoft.asc | sudo apt-key add -
sudo add-apt-repository "$(curl https://packages.microsoft.com/config/ubuntu/16.04/
prod.list)"
```

```
sudo apt-get update
sudo apt-get install -y mssql-tools unixodbc-dev
echo 'export PATH="$PATH:/opt/mssql-tools/bin"' >> ~/.bash_profile
echo 'export PATH="$PATH:/opt/mssql-tools/bin"' >> ~/.bashrc
source ~/.bashrc
```

자, 이제 MSSQL을 띄웠으니 SqlIntegrationTests에 있는 SQL connection string을 수정해서 localDB 대신 MSSQL DB를 접근하게 만들어야 합니다.

Connection string은 아래 파일에 있습니다.

```
/Restaurant.RestApi.SqlIntegrationTests/ConnectionStrings.cs
```

``` sql
public static class ConnectionStrings
    {
        public const string Reservations =
            @"Server=(LocalDB)\MSSQLLocalDB;Database=RestaurantIntegrationTest;Integra
ted Security=true";
    }
```

ConnectionString.Reservation을 다음과 같이 수정합시다. 추가해야 할 부분은 강조해두었습니다. 여기시 〈SQL_PASSWORD〉는 MSSQL Express를 설치할 때 만든 패스워드를 사용하면 됩니다.

```
public const string Reservations =
@"Server=Localhost;Database=RestaurantIntegrationTest;User Id=SA;Password=<SQL_PASSWOR
D>;Encrypt=False;Integrated Security=False";
```

자. 이제 준비는 끝났습니다. 이제 아까 하지 못했던 Build 솔루션을 돌려서 SQL integration test도 성공하는지 확인해봅시다.

```
dotnet test Build.sln --configuration Release
```

다음과 같이 기본 테스트를 진행합니다.

그림 C-5 기본 테스트 진행

```
Passed! - Failed:      0, Passed:    168, Skipped:      0, Total:    168, Duration: 8 s - Ploeh.Samples.Restaurants.RestApi.
.dll (netcoreapp3.1)
```

그런 다음 SqlIntegrationTest를 진행합니다. 이 과정에서 Deadlock 관련 오류가 발생할 수 있는데, 테스트에 문제가 되는 건 아닙니다. 모두 끝나면 아래와 같이 8개의 테스트가 종료되는 것을 확인할 수 있습니다.

그림 C-6 SqlIntegrationTest 진행

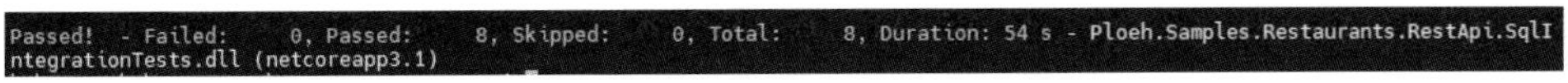
Passed! - Failed: 0, Passed: 8, Skipped: 0, Total: 8, Duration: 54 s - Ploeh.Samples.Restaurants.RestApi.SqlI
ntegrationTests.dll (netcoreapp3.1)

C.4 끝내면서

CODE THAT FITS IN YOUR HEAD

앞에서도 설명했지만, 이 책의 예제는 빌드하고 유닛 테스트를 돌리는 것 자체가 중요하지는 않습니다. 본문에 있는 내용이 어떤 방식으로 추가되었는지 시간순, 기법순으로 살펴보는 것이 더 중요합니다. 따라서 코드를 '읽는다'고 생각하고 둘러보는 것이 더 좋겠습니다.